Jus Internationale et Europaeum

herausgegeben von
Thilo Marauhn und Christian Walter

197

Matina Jozi

Die Pflicht zur Sperrung des Luftraums über Konfliktzonen

Eine Untersuchung der souveränen
Verantwortlichkeit anlässlich des Abschusses
von Flug MH17 über der Ostukraine

Mohr Siebeck

Matina Jozi, geboren 1989; Studium der Rechtswissenschaften an der Universität zu Köln und an der Université Paris I Panthéon-Sorbonne; wissenschaftliche Mitarbeiterin am Lehrstuhl für Völker- und Europarecht, Europäisches und Internationales Wirtschaftsrecht sowie Institut für Luftrecht, Weltraumrecht und Cyberrecht an der Universität zu Köln; Referendariat am Oberlandesgericht Köln mit Stationen in Brüssel und Lissabon.

Zugleich Dissertation an der Universität zu Köln.

ISBN 978-3-16- 161909-0 / eISBN 978-3-16-161932-8
DOI 10.1628/978-3-16-161932-8

ISSN 1861-1893 / eISSN 2568-8464 (Jus Internationale et Europaeum)

Die Deutsche Nationalbibliothek verzeichnet diese Publikation in der Deutschen Nationalbibliographie; detaillierte bibliographische Daten sind über *http://dnb.dnb.de* abrufbar.

© 2023 Mohr Siebeck Tübingen. www.mohrsiebeck.com

Das Werk einschließlich aller seiner Teile ist urheberrechtlich geschützt. Jede Verwertung außerhalb der engen Grenzen des Urheberrechtsgesetzes ist ohne Zustimmung des Verlags unzulässig und strafbar. Das gilt insbesondere für die Verbreitung, Vervielfältigung, Übersetzung und die Einspeicherung und Verarbeitung in elektronischen Systemen.

Das Buch wurde von Gulde-Druck in Tübingen aus der Times New Roman gesetzt, auf alterungsbeständiges Werkdruckpapier gedruckt und gebunden.

Printed in Germany.

Für Pedarjan

Vorwort

Die vorliegende Arbeit wurde im Sommersemester 2021 von der Rechtswissenschaftlichen Fakultät der Universität zu Köln als Dissertation angenommen. Die nachträglichen Entwicklungen des Konflikts in der Ukraine, insbesondere seit dem russischen Angriffskrieg im Februar 2022, sind nicht mehr in die Bearbeitung eingeflossen. Für die Veröffentlichung wurden die Auflagen der genutzten Werke auf den Stand von Ende 2022 gebracht.

Die Arbeit wurde im Juni 2022 an der Universität zu Köln mit dem Osborne Clarke Preis zur Förderung des wissenschaftlichen Nachwuchses auf dem Gebiet des internationalen Rechts ausgezeichnet.

Mein besonderer Dank gebührt zuvörderst meinem Doktorvater, Herrn Professor Dr. Dr. h.c. Dr. h.c. *Stephan Hobe*, der meine Arbeit mit großer Begeisterung für die Thematik begleitet hat. Während meiner Tätigkeit als wissenschaftliche Mitarbeiterin und Doktorandin am Institut für Luftrecht, Weltraumrecht und Cyberrecht hat mich Professor *Hobe* in meinem Weg bekräftigt, mir den nötigen wissenschaftlichen Freiraum gelassen und mir mit konstruktiven Anmerkungen zur Seite gestanden. Bei meiner Zweitkorrektorin Frau Professorin Dr. Dr. h.c. Dr. h.c. *Angelika Nußberger* bedanke ich mich herzlich für die Übernahme des Zweitgutachtens sowie die zügige Erstellung desselben. Professor Dr. *Thilo Marauhn* und Professor Dr. *Christian Walter* danke ich für die Aufnahme der Arbeit in die Schriftenreihe *Jus Internationale et Europaeum*.

Ein besonderer Dank gilt zudem meinen Freundinnen und Freunden, die mich im Zuge der Promotion immer wieder aufgefangen haben, wenn nötig. Dazu gehören insbesondere auch meine Kolleginnen und Kollegen vom Institut, durch die die Promotionsphase zu einer unvergesslichen Zeit für mich geworden ist. Meiner Freundin Dr. *Christine Schmitz* und meinem Freund und Kollegen Dr. *Martin Schwamborn* danke ich nicht nur für die vielen fachlichen Diskussionen und den persönlichen Zuspruch, sondern auch für die Durchsicht des Manuskripts sowie ihre wertvollen Hinweise, welche der Arbeit erst ihren letzten Schliff gegeben haben.

Schließlich gilt mein größter Dank meiner Familie, meiner Mutter *Mahta Nazarinia*, meinem Vater *Alireza Jozi* und meinem Bruder *Abtin Jozi*, für ihren unendlichen Glauben in mich, ihre Liebe und ihren stetigen Rückhalt, der nicht nur in der Promotionsphase von unschätzbarem Wert für mich gewesen ist. Meinem Großvater, *Mahmoud Nazarinia*, ist die Arbeit gewidmet.

Köln, im Dezember 2022 *Matina Jozi*

Inhaltsverzeichnis

Vorwort VII
Abkürzungsverzeichnis XV

Einleitung 1

Teil 1: Anlass der Untersuchung: Der Abschuss von Flug MH17 im Zuge des Ukrainekonflikts 7

A. Der Osten der Ukraine als sog. Konfliktzone 7
   I. Der bewaffnete Konflikt als Ausgangspunkt 7
      1. Der bewaffnete Konflikt als Begriff des humanitären Völkerrechts . . 9
         a) Die grundsätzliche Übertragbarkeit des Begriffs 11
         b) Die Sicherheit des Luftraums als betroffenes Rechtsgut 12
            aa) Die terminologischen Unklarheiten zum Sicherheitsbegriff . . 12
            bb) Die konzeptuelle Abgrenzung von safety und security 13
            cc) Die Einordnung des Abschusses ziviler Luftfahrzeuge 14
      2. Die geographischen Grenzen einer Konfliktzone 18
      3. Die zeitlichen Grenzen einer Konfliktzone 19
      4. Zwischenergebnis 19
   II. Das Vorliegen einer Konfliktzone im konkreten Fall 20
      1. Der bewaffnete Konflikt im Osten der Ukraine 20
      2. Die Erstreckung des Konflikts auf den Luftraum über den Osten der Ukraine 23
         a) Luftraumsperrung bis FL260 23
         b) Luftraumsperrung bis FL320 24
      3. Zwischenergebnis 25

B. Der faktische Hergang des Abschusses von Flug MH17 auf Basis des DSB-Abschlussberichtes 26
   I. Der Absturz von Flug MH17 26
   II. Die Übertragung der Flugunfalluntersuchung auf das DSB 26
   III. Die Auswertung der Datenaufzeichnungen 28

IV. Die Untersuchung der Trümmer und geborgenen Teile 30
V. Zwischenergebnis 31
C. Kritische Würdigung des DSB-Abschlussberichtes 32
  I. Politischer und sicherheitstechnischer Kontext des Abschlussberichtes 32
  II. Kritik an der Methodik des DSB 33
  III. Bedeutung für die Bearbeitung 35
D. Der Abschuss von Flug MH17 als Folge eines unzureichenden Schutzsystems 36
  I. Problemstellung 36
  II. Ergriffene Maßnahmen der Staatengemeinschaft 40
  III. Der Bedarf einer Pflicht zur Sperrung des Luftraums über Konfliktzonen 43

Teil 2: Dogmatische Grundlagen: Völkerrechtliche Schutzpflichten als Kerngehalt souveräner Staatlichkeit 49

A. Die Pflicht zur Sperrung des Luftraums über Konfliktzonen als Schutzpflicht 49
  I. Die ideengeschichtliche Entwicklung staatlicher Schutzpflichten 49
  II. Der Begriff der Schutzpflicht 51
  III. Die Einordnung der Sperrpflicht 54
B. Schutzpflichten im Spannungsverhältnis zur staatlichen Souveränität 55
  I. Die Ursprünge des Souveränitätsbegriffs 55
  II. Das moderne Souveränitätskonzept Jean Bodins 56
  III. Die Souveränität in der Ära des klassischen Völkerrechts 57
  IV. Die Souveränität im modernen Völkerrecht 58
  V. Zwischenergebnis 60
C. Die Anerkennung von Schutzpflichten in völkerrechtlichen Teilgebieten 62
  I. Pflichten zum Schutz der Rechte anderer Staaten 62
    1. Das Verbot erheblicher grenzüberschreitender Umweltschäden 62
    2. Das allgemeine völkerrechtliche Schädigungsverbot 68
    3. Zwischenergebnis 73

II. Pflichten zum Schutz von Individuen	74
1. Der Mindeststandard des internationalen Fremdenrechts	75
2. Schutzpflichten im Investitionsrecht	77
3. Schutzpflichten im Diplomaten- und Konsularrecht	80
4. Schutzpflichten aus dem humanitären Völkerrecht	82
5. Schutzpflichten aus den Menschenrechten	86
a) Menschenrechtliche Schutzpflichten auf universeller Ebene	88
b) Menschenrechtliche Schutzpflichten auf regionaler Ebene	90
aa) Die Europäische Menschenrechtskonvention	91
bb) Die Amerikanische Menschenrechtskonvention	94
cc) Die Afrikanische Menschenrechtscharta	97
6. Zwischenergebnis	99
D. Die Souveränität als Verantwortung – Rechtsgrund staatlicher Schutzpflichten	101
I. Die Responsibility to Protect	103
1. Die Responsibility to Protect nach dem ICISS Bericht	103
2. Die nachfolgenden Entwicklungen der Responsibility to Protect	104
II. Bedeutung für die Bearbeitung	106
E. Zwischenergebnis	107

Teil 3: Konkretisierung der allgemeinen Schutzverantwortung: Die Herleitung der Pflicht zur Sperrung des Luftraums über Konfliktzonen aus dem internationalen Luftrecht ... 109

A. Das Chicagoer System	110
I. Das Chicagoer Abkommen von 1944	110
1. Anwendbarkeit auf die internationale Zivilluftfahrt	111
2. Folge für eine Pflicht zur Sperrung des Luftraums	113
II. Annexe zum Chicagoer Abkommen	113
1. Rechtliche Bindungswirkung der Annexe	114
a) Recommended Practices	115
b) Standards	115
2. Zwischenergebnis	119
B. Die Lufthoheit als Rechtsgrund luftraumbezogener Schutzpflichten	120
I. Der Geltungsbereich der Lufthoheit	121
II. Der Begriff der Lufthoheit	122
III. Die Lufthoheit als Verantwortung für die Sicherheit des Luftraums	123

C. Herleitung einer Sperrpflicht aus dem internationalen öffentlichen
   Luftrecht 125
   I. Die Bedeutung der Präambel des CA für die Pflicht zur
      Luftraumsperrung 125
      1. Die rechtliche Relevanz von Präambeln 125
      2. Die rechtliche Relevanz der Präambel des CA 127
   II. Die Öffnung des Luftraums als Grundlage der Sperrpflicht 129
      1. Sperrpflicht aufgrund der Schaffung einer Gefahrenquelle 130
      2. Die Öffnung des Luftraums über multilaterale Abkommen 133
         a) Das Transit- und das Transportabkommen 133
         b) Sperrpflicht aus dem Transitabkommen 134
      3. Die Öffnung des Luftraums über bilaterale Abkommen 136
         a) Das EU-USA-Abkommen im Überblick 138
         b) Sperrpflicht aus dem EU-USA-Abkommen 139
   III. Sperrpflicht als Ausdruck der Verantwortung für das
        Luftraummanagement 142
      1. Die Verantwortung der Staaten für die Flugsicherung 142
      2. Die Pflicht zum Schutz der Zivilluftfahrt vor militärischen
         Operationen 146
      3. Die Verantwortung für die Errichtung von Luftsperrgebieten,
         Art. 9 CA 150
         a) Auslegung des Wortlauts 151
            aa) Art. 9 lit. a) CA 151
            bb) Art. 9 lit. b) CA 154
            cc) Würdigung 155
         b) Auslegung nach Ziel und Zweck 157
         c) Historischer Kontext 160
         d) Spätere Übereinkünfte und spätere Übung 162
            aa) Luftraummanagement über Konfliktzonen in der Praxis ... 164
               (1) Abschüsse ziviler Luftfahrzeuge im Überblick 164
               (2) Reaktionen der Staaten 165
               (3) Entwicklungen seit dem Abschuss des Fluges MH17 ... 167
               (4) Luftraumsperrungen durch den betroffenen Staat 169
            bb) Arbeiten der ICAO 172
               (1) Die zu berücksichtigenden Arbeiten der ICAO 172
               (2) Luftraumsperrungen über Konfliktzonen und die Praxis
                   der ICAO 174
         e) Zwischenergebnis zur Auslegung des Art. 9 CA 177
   IV. Fazit zur Sperrpflicht aus dem internationalen öffentlichen
       Luftrecht 179

D. Herleitung einer Sperrpflicht aus dem internationalen Luftstrafrecht . 182
   I. Die Abkommen zum Schutz der Zivilluftfahrt vor widerrechtlichen Handlungen 183
   II. Herleitung einer Pflicht zur Sperrung des Luftraums über Konfliktzonen 186
      1. Der Abschuss ziviler Luftfahrzeuge als Straftat i. S. d. Völkerstrafrechts 186
      2. Die Luftraumsperrung als Ausprägung staatlicher Präventionspflichten 188

Teil 4: Die Herleitung der Sperrpflicht aus sonstigen Rechtsquellen 193

A. Herleitung einer Sperrpflicht aus dem humanitären Völkerrecht . . . 193
   I. Der Schutz ziviler Personen und Objekte im bewaffneten Konflikt 194
   II. Der humanitärvölkerrechtliche Schutz der zivilen Luftfahrt 197
   III. Ableitung einer Pflicht zur Sperrung des Luftraums über Konfliktzonen 200

B. Sperrpflicht zum Schutz des Menschenrechts auf Leben 202
   I. Verhältnis zum humanitären Völkerrecht 202
   II. Herleitung aus dem Menschenrecht auf Leben 204
      1. Art. 6 Abs. 1 IPbpR 205
      2. Art. 2 Abs. 1 S. 1 EMRK 207
         a) Die Grundsätze zur Schutzpflicht aus Art. 2 EMRK 208
         b) Die Pflicht zum Schutz des Lebens im bewaffneten Konflikt . . . 210
         c) Herleitung der Sperrpflicht 212
      3. Art. 4 Abs. 1 AMRK 215
   III. Zwischenergebnis 216

C. Sperrpflicht aus Grundsätzen des allgemeinen Völkerrechts 217
   I. Sperrpflicht aufgrund des allgemeinen Schädigungsverbotes . . . 217
   II. Sperrpflicht als Ausdruck der Responsibility to Protect 220

D. Zwischenergebnis 223

Teil 5: Die Verletzung der Sperrpflicht: Die Voraussetzungen
einer Schutzpflichtverletzung am Beispiel des Falles MH17 225

A. Deliktsfähigkeit 225

B. Verstoß gegen eine völkerrechtliche Handlungspflicht 227
    I. Rechtsquellen einer etwaigen Sperrpflicht 228
    II. Unterlassen des Staates 229
    III. Bewertung als Schutzpflichtverletzung 230
        1. Entstehen einer Handlungspflicht 230
            a) Der Begriff der Gefahr 230
            b) Die erforderliche Gefahrenschwelle 232
        2. Bewertung der ergriffenen Maßnahmen am Maßstab der
           due diligence 234
            a) Die Risikobewertung zum Überflug von Konfliktzonen 236
            b) Anwendung auf den konkreten Fall 237

C. Weitere Voraussetzungen 241
    I. Rechtswidrigkeit 241
    II. Schaden 241
    III. Kausalität 243

D. Zwischenergebnis 244

Schlussbetrachtung: Ergebnis der Untersuchung 247
    I. Voraussetzungen für die Pflicht zur Sperrung des Luftraums
       über einer Konfliktzone 248
    II. Zusammenfassung zur Herleitung der Sperrpflicht 249
    III. Fazit 253

Literaturverzeichnis 255
Sachverzeichnis 283

Abkürzungsverzeichnis

a. A.	andere Ansicht
Abb.	Abbildung
ABl.	Amtsblatt
Abs.	Absatz
Abschn.	Abschnitt
ACAS	Airborne Collision and Avoidance System
ACI	Airports Council International
AcP	Archiv für die civilistische Praxis
AEMR	Allgemeine Erklärung der Menschenrechte
AEUV	Vertrag über die Arbeitsweise der Europäischen Union
AfrChMR	Afrikanische Charta der Rechte der Menschen und Völker
AfrMRK	Afrikanische Kommission der Menschenrechte und der Rechte der Völker
AHRLJ	African Human Rights Law Journal
AIC	Aeronautical Information Circular
AIPS	Aeronautical Information Publication Supplement
Air & Space L.	Air and Space Law
AJIL	The American Journal of International Law
allg.	allgemeine/s
Am. U. L. Rev.	American University Law Review
AMRK	Amerikanische Menschenrechtskonvention
Anm.	Anmerkung
ANS	Air Navigation Services
AöR	Archiv des öffentlichen Rechts
APuZ	Aus Politik und Zeitgeschichte
ArbIntl	Arbitration International
Art.	Artikel
Ass.	Assembly
ATC	Air Traffic Control
Ateneo L. J.	Ateneo Law Journal
ATM	Air Traffic Management
ATS	Air Traffic Services
Aufl.	Auflage
AVR	Archiv des Völkerrechts
Bd.	Band
BDR	Baltic Defence Review
Begr.	Begründer*in/begründet
BerDGVR	Berichte der Deutschen Gesellschaft für Völkerrecht
Bes.	Besonderes
Beschl.	Beschluss

BGB	Bürgerliches Gesetzbuch
BGBl.	Bundesgesetzblatt
BGHZ	Entscheidungen des Bundesgerichtshofes in Zivilsachen
BLR	Beijing Law Review
BMVI	Bundesministerium für Verkehr und digitale Infrastruktur
BT-Drcks.	Bundestagsdrucksache
BVerfG	Bundesverfassungsgericht
BVerfGE	Sammlung der Entscheidungen des Bundesverfassungsgerichts
BVerwG	Bundesverwaltungsgericht
BVerwGE	Sammlung der Entscheidungen des Bundesverwaltungsgerichts
BYIL	The British Yearbook of International Law
bzw.	beziehungsweise
CA	Chicagoer Abkommen
CANSO	Civil Air Navigation Services Organization
Case W. Res. J. Int'l L.	Case Western Reserve Journal of International Law
CCPR	Covenant on Civil and Political Rights
Chinese JIL	Chinese Journal of International Law
Circ	Circular
CJICL	Cambridge Journal of International and Comparative Law
CLP	Current Legal Problems
CTIVD	Dutch Review Committee on the Intelligence and Security Services
CYIL	The Canadian Yearbook of International Law
CZIR	Conflict Zone Information Repository
d. h.	das heißt
D.R.	Decisions and Reports
ders./dies.	derselbe/dieselbe/n
diplomat.	Diplomatische
Diss.	Dissertation
Doc	Document
DÖV	Die Öffentliche Verwaltung
DSB	Dutch Safety Board
dt.	deutschen
DVBl.	Deutsches Verwaltungsblatt
EA	Europa-Archiv
EASA	European Aviation Safety Agency
ECAC	European Civil Aviation Conference
ECOSOC	Economic and Social Council
ECT	Energy Charter Treaty
EGMR	Europäischer Gerichtshof für Menschenrechte
eingel.	eingeleitet
Einl.	Einleitung
EJIL	European Journal of International Law
EKMR	Europäische Kommission für Menschenrechte
ELT	Emergency Locator Transmitter
EMRK	Europäische Menschenrechtskonvention
engl.	englisch
EPIL	Encyclopedia of Public International Law

et al.	et alii/aliae/alia
EU	Europäische Union
EuGRZ	Europäische Grundrechte-Zeitschrift
EUROCONTROL	Europäische Organisation zur Sicherung der Luftfahrt
europ.	europäisches/n
f./ff.	folgende
FAA	Federal Aviation Administration
FAZ	Frankfurter Allgemeine Zeitung
FET	Fair and Equitable Treatment
FILJ	Foreign Investment Law Journal
FIR	Flight Information Region
FIS	Flight Information Service
FL	Flight Level
Fn.	Fußnote
Foreign Aff.	Foreign Affairs
FPS	Full Protection and Security
FS	Festschrift
FStrG	Bundesfernstraßengesetz
g	G-Kraft, Beschleunigungskraft
GA	Genfer Abkommen
GAOR	General Assembly Official Records
GC	Geneva Convention
GenC	General Comment
GG	Grundgesetz
ggf.	gegebenenfalls
GKOVD	State Air Traffic Management Corporation
GR2P	Global Responsibility to Protect
GYIL	German Yearbook of International Law
Hdb.	Handbuch
HdbStR	Handbuch des Staatsrechts der Bundesrepublik Deutschland
HIIK	Heidelberger Institut für internationale Konfliktforschung
HJLS	Hungarian Journal of Legal Studies
HPCR	Program on Humanitarian Policy and Conflict Research
HRCee	Human Rights Committee
HRLJ	Human Rights Law Journal
HRQ	Human Rights Quarterly
Hrsg.	Herausgeber*in/herausgegeben
I.C.J. Rep.	International Court of Justice, Reports of Judgments, Advisory Opinions and Orders
i.e.S.	im engeren Sinne
i.S.d.	im Sinne der/des
i.S.e.	im Sinne einer/s
i.S.v.	im Sinne von
i.V.m.	in Verbindung mit
i.w.S.	im weiteren Sinne
IAGMR	Interamerikanischer Gerichtshof für Menschenrechte
IAMRK	Interamerikanische Menschenrechtskommission
IATA	International Air Transport Association

ICAN	International Commission for Air Navigation
ICAO	International Civil Aviation Organization
ICISS	International Commission on Intervention and State Sovereignty
ICLQ	The International and Comparative Law Quarterly
ICLR	International Criminal Law Review
ICRC	International Committee of the Red Cross
ICSID	International Centre for Settlement of Investment Disputes
IGH	Internationaler Gerichtshof
IHL	International Humanitarian Law
IIA	International Investment Agreement
IJCL	International Journal of Constitutional Law
IJGLS	Indiana Journal of Global Legal Studies
IKRK	Internationales Komitee vom Roten Kreuz
ILA	International Law Association
ILC	International Law Commission
ILM	International Legal Materials
ILR	Israel Law Review
Int'l L. Stud.	International Law Studies
Int'l Trade L. J.	International Trade Law Journal
Inter-Am. & Europ. HRJ	Inter-American and European Human Rights Journal
internat.	internationale/r/s
IPbpR	Internationaler Pakt über bürgerliche und politische Rechte
IPwskR	Internationaler Pakt über wirtschaftliche, soziale und kulturelle Rechte
IRA	Irish Republican Army
IRRC	International Review of the Red Cross
Issues in Aviation L. & Pol.	Issues in Aviation Law and Policy
IStGH	Internationaler Strafgerichtshof
ITLOS	International Tribunal for the Law of the Sea
ITLOS Rep.	International Tribunal for the Law of the Sea, Reports of Judgments, Advisory Opinions and Orders
IYHR	Israel Yearbook on Human Rights
JA	Juristische Arbeitsblätter
JALC	Journal of Air Law & Commerce
JCSL	Journal of Conflict and Security Law
JICJ	Journal of International Criminal Justice
JIDS	Journal of International Dispute Settlement
JIHLS	Journal of International Humanitarian Legal Studies
JIT	Joint Investigation Team
JStGH	Internationaler Strafgerichtshof für das ehemalige Jugoslawien
JuS	Juristische Schulung
JWIT	The Journal of World Investment & Trade
JZ	Juristenzeitung
Kap.	Kapitel
km	Kilometer
konsular. L. Rev.	konsularische Law Review
Law Com.	Law Commission

LG	Landgericht
lit.	littera
LNTS	League of Nations Treaty Series
Loy. L.A. Int'l & Comp. L. J.	Loyola of Los Angeles International and Comparative Law Journal
LuftSiG	Luftsicherheitsgesetz
LuftVG	Luftverkehrsgesetz
m	Meter
m. w. N.	mit weiteren Nachweisen
MANPADS	Man Portable Air Defense System
MDR	Monatszeitschrift des Deutschen Rechts
Mich. J. Int'l L.	Michigan Journal of International Law
MPEPIL	Max Planck Encyclopedia of Public International Law
MüKo	Münchener Kommentar
NAFTA	North American Free Trade Agreement
NBAAI	National Bureau of Air Accidents Investigation of Ukraine
NC JIL	North Carolina Journal of International Law
NFI	Netherlands Forensic Institute
NILR	Netherlands International Law Review
NJIL	Nordic Journal of International Law
NJW	Neue Juristische Wochenschrift
No.	Number
NOTAM	Notice to Airmen
NQHR	Netherlands Quarterly of Human Rights
Nr.	Nummer
NRJ	National Resources Journal
NVwZ	Neue Zeitschrift für Verwaltungsrecht
OAS	Organisation Amerikanischer Staaten
OCHA	Office for the Coordination of Humanitarian Affairs
OECD	Organisation for Economic Co-operation and Development
öffentl.	öffentliche/n
OHCHR	Office of the High Commissioner for Human Rights
OLG	Oberlandesgericht
Or. L. Rev.	Oregon Law Review
OVG	Oberverwaltungsgericht
OVV	Onderzoeksraad Voor Veiligheid (engl. Dutch Safety Board)
p.	page
para.	Paragraph
PCIJ Series	Publications of the Permanent Court of International Justice
PHi	Haftpflicht international
Phil. & Publ. Affairs	Philosophy & Public Affairs
PIB	Pre-flight Information Bulletin
PNAS	Proceedings of the National Academy of Sciences of the United States of America
Proc. Am Soc. Internat. Law	Proceedings of the American Society of International Law
PrOVGE	Sammlung der Entscheidungen des Preußischen Oberverwaltungsgerichts

R2P	Responsibility to Protect
RANP	Regional Air Navigation Plan
RdC	Recueil des Cours de l'Academie de Droit international de La Haye
Res.	Resolution
RGA	Revue Générale de l'Air
RGBl.	Reichsgesetzblatt
RGDIP	Revue Générale de Droit International Public
RIAA	Reports of International Arbitral Awards
RICR	Revue Internationale de la Croix-Rouge
Rn.	Randnummer
RNBO	Nationaler Sicherheits- und Verteidigungsrat der Ukraine
RStGH	Internationaler Strafgerichtshof für Ruanda
RTDH	Revue Trimestrielle des Droits de l'Homme
S.	Seite/Satz
SARP	Standard and Recommended Practice
SASU	State Aviation Administration of Ukraine
SATCOM	Satellite Communication
Sess.	Session
SGSL	Sondergerichtshof für Sierra Leone
SIPRI	Stockholm International Peace and Research Institute
sog.	sogenannte/r
st. Rspr.	ständige Rechtsprechung
StGB	Strafgesetzbuch
StIGH	Ständiger Internationaler Gerichtshof
Suppl.	Supplement
SZIER	Schweizerische Zeitschrift für internationales und europäisches Recht
T.I.A.S.	Treaties and Other International Acts Series
TASA	Template Air Services Agreement
TELAR	Transporter Erector Launcher and Radar (Raketenfahrzeug)
TF RCZ	Task Force on Risks to Civil Aviation Arising from Conflict Zones
Transp. L. J.	Transportation Law Journal
u. a.	unter anderem
übers.	übersetzt
UCD JILP	University of California Davis Journal of International Law and Policy
UJIEL	Utrecht Journal of International and European Law
UK	United Kingdom
UkSATSE	Ukrainian State Air Traffic Service Enterprise
UN	United Nations
UNCTAD	United Nations Conference on Trade and Development
UNGA	United Nations General Assembly
UNHCHR	United Nations High Commissioner for Human Rights
Univ.	Universität
Univ. of Miami ICL Rev.	University of Miami International & Comparative Law Review
UNSC	United Nations Security Council
UNTS	United Nations Treaty Series
UPaLR	University of Pennsylvania Law Review
Urt.	Urteil

USA	United States of America
USAP	Universal Security Audit Programme
USOAP	Universal Safety Oversight Audit Programme
UTC	Coordinated Universal Time
v.	von/vom/versus
Var.	Variante
VCLT	Vienna Convention on the Law of Treaties
Verf.	Verfasserin
VerwR	Verwaltungsrecht
vgl.	vergleiche
VN	Vereinte Nationen
VO	Verordnung
Vol.	Volume
Vorb.	Vorbemerkung
VStGB	Völkerstrafgesetzbuch
VVDStRL	Veröffentlichungen der Vereinigung der Deutschen Staatsrechtslehrer
VwGO	Verwaltungsgerichtsordnung
WaStrG	Bundeswasserstraßengesetz
WÜD	Wiener Übereinkommen über diplomatische Beziehungen
WÜK	Wiener Übereinkommen über konsularische Beziehungen
WVK	Wiener Übereinkommen über das Recht der Verträge
YbILC	Yearbook of the International Law Commission
YIHL	Yearbook of International Humanitarian Law
YJIL	The Yale Journal of International Law Online
YLJ	The Yale Law Journal
z. B.	zum Beispiel
ZaöRV	Zeitschrift für ausländisches öffentliches Recht und Völkerrecht
ZfP	Zeitschrift für Politik
Ziff.	Ziffer
ZIS	Zeitschrift für Internationale Strafrechtsdogmatik
ZLW	Zeitschrift für Luft- und Weltraumrecht
ZP	Zusatzprotokoll
ZRP	Zeitschrift für Rechtspolitik

Einleitung

Die Sicherheit des internationalen Zivilluftverkehrs stellt seit jeher ein gemeinsames Anliegen der Staatengemeinschaft dar.[1] In einer globalisierten Welt hat jeder Angriff auf die Zivilluftfahrt nicht nur immense wirtschaftliche Folgen, sondern ist aufgrund des Ausmaßes und der Medienwirksamkeit des im Unglücksfall entstehenden Schadens geeignet das Vertrauen in die Sicherheit des Luftverkehrs nachhaltig zu erschüttern.[2] Auch kommt zivilen Luftfahrzeugen – als Verkörperung der Staaten – ein großer symbolischer Stellenwert zu, so dass mit einem Angriff auf ein Luftfahrzeug ein Angriff auf den dahinterstehenden Staat einhergeht.[3] Trotz ihrer statistisch gesehen positiven Sicherheitsbilanz[4] ist die Zivilluftfahrt daher bereits seit Beginn ihrer Erfolgsgeschichte ein beliebtes Angriffsziel.[5] Terror, Kriege und bewaffnete Konflikte, wie derzeit insbesondere im Kaukasus, im Nahen Osten und in Nordafrika zu beobachten, stellen die Luftsicherheit immer wieder vor neue Herausforderungen.

---

[1] *Faust/Leininger*, in: Hobe/von Ruckteschell, Kölner Kompendium, Bd. 2, Teil II A, Rn. 5; *Huang*, Aviation Safety, S. 1. Das Passagieraufkommen lag vor der Coronapandemie bei circa vier Milliarden Personen, also etwa der Hälfte der Weltbevölkerung, pro Jahr und sollte sich Prognosen zufolge bis 2037 verdoppeln, siehe IATA Annual Review 2019, S. 12. Zu den Auswirkungen der Pandemie auf die Luftfahrtindustrie siehe IATA Annual Review 2020. Beide Berichte sind abrufbar unter: https://www.iata.org/en/publications/annual-review/ [zuletzt aufgerufen am 26.1.2023].

[2] *Huang*, Aviation Safety, S. 15 f.; *Jaffe*, Airspace Closure, S. 201 f.; *Richter*, Luftsicherheit, S. 18 ff.; *Schäffer*, Schutz des zivilen Luftverkehrs vor Terrorismus, S. 26 f. m.w.N.

[3] *Havel/Sanchez*, Internat. Aviation Law, S. 174. *Adediran*, Issues in Aviation L. & Pol., 2015, 313 (318) sieht in einem Angriff auf ein ziviles Luftfahrzeug einen Verstoß gegen das Gewaltverbot aus Art. 2 Abs. 4 VN-Charta.

[4] Die Zahl der Flugunfälle ist im Verhältnis zum Flugaufkommen statistisch gesehen gering. So kam es im Jahr 2014, das aufgrund des Abschusses von Malaysia Airlines Flug MH17 sowie des Verschwindens von Flug MH370 als „schwarzes Jahr der Luftfahrt" gilt, zu sieben tödlichen Unfällen bei etwa 33 Millionen Passagierflügen weltweit, siehe ICAO Safety Report 2015, abrufbar unter: http://www.icao.int/safety/Documents/ICAO_Safety_Report_2015_Web.pdf, S. 5, 9 [zuletzt aufgerufen am 26.1.2023].

[5] Siehe *Choi*, Aviation Terrorism, S. 3 ff., 177 f., 199 ff.

Kam es in den 1960er und 70er Jahren überwiegend zu Flugzeugentführungen[6] und ab den 80er Jahren vermehrt zu Sprengstoffanschlägen, rückt heute die Problematik des Abschusses ziviler Luftfahrzeuge in den Fokus der Betrachtung.[7] Aufgrund der fortschreitenden Entwicklung und Verbreitung moderner, leichter Waffensysteme können Konflikte schnell auf den Luftraum ausgeweitet werden.[8] Hierbei stellen insbesondere sog. MANPADS (*Man Portable Air Defense System*) eine große Bedrohung für den Luftverkehr dar.[9] Die tragbaren Boden-Luft-Raketen können je nach Modell Höhen von bis zu 7000 m erreichen[10] und bergen insofern ein großes Gefährdungspotenzial für zivile Luftfahrzeuge auf niedriger Flughöhe, insbesondere bei Start und Landung.[11] Leistungsstärkere Raketen, wie z. B. Buk-Systeme, können zivile Luftfahrzeuge sogar auf gewöhnlicher Flughöhe, also auf Höhen von 10000 m oder mehr, erfassen.[12] Im Rahmen der heute überwiegend asymmetrischen Konfliktführung[13] kommt erschwerend hinzu, dass weder die Intentionen der Konfliktparteien mit Sicherheit festzustellen sind, noch eindeutig ist, über welche Waffen und technischen Möglichkeiten sie verfügen. Obgleich diese Situation eine große Gefahr für die Sicherheit der zivilen Luftfahrt über sog. Konfliktzonen[14] begründet, werden letztere weiterhin tagtäglich überflogen.

Welch gravierende Folgen dies haben kann, wurde durch den Abschuss des Fluges MH17[15] über der Ostukraine im Juli 2014 in das Bewusstsein der Öffentlichkeit gerufen. Der Abschuss verdeutlichte, dass bewaffnete Konflikte auf dem

---

[6] Dazu *McWhinney*, in: FS-Doehring, S. 568 ff.

[7] *Choi*, Aviation Terrorism, S. 3 ff., 177 f., 199 ff.; für einen Überblick über bisherige Abschüsse siehe *Abeyratne*, Air & Space L., 2014, 329 (329 ff.).

[8] *Choi*, Aviation Terrorism, S. 142 ff.

[9] *Jaffe*, Airspace Closure, S. 206 ff.; *Kaiser*, Air & Space L., 2010, 45 (45 ff.); näher dazu *Schroeder*, SIPRI Yearbook, 2007, 623 (623 ff.).

[10] Australian Government, Department of Foreign Affairs and Trade, Man-Portable Air Defence Systems (MANPADS) Countering the Terrorist Threat, Commonwealth of Australia, June 2008, S. 5, abrufbar unter: https://www.dfat.gov.au/sites/default/files/MANPADS_countering_terrorist_threat.pdf [zuletzt aufgerufen am 26.1.2023].

[11] *Kaiser*, Air & Space L., 2010, 45 (46); *Milde*, Internat. Air Law, S. 273.

[12] Das Raketensystem Buk (russisch für „Buche") besteht aus einem Verbund mehrerer Fahrzeuge. Es handelt sich um eine mobile Mittelstrecken-Flugabwehrrakete, die mit radargestützter Zielerfassung arbeitet und Höhen von bis zu 24 km erreichen kann, siehe dazu Dutch Safety Board, Crash of Malaysia Airlines flight MH17, Hrabove, Ukraine, 17 July 2014, The Hague, 2015 (nachfolgend: DSB-Abschlussbericht), S. 132 ff., abrufbar unter: https://www.onderzoeksraad.nl/en/page/3546/crash-mh17-17-july-2014 [zuletzt aufgerufen am 26.1.2023].

[13] Siehe dazu *Hobe*, in: Heintze/Ipsen, Bewaffnete Konflikte, S. 69 ff.; *ders.*, in: BerDGVR 2010, S. 41 ff.; *Schmidt*, Das humanitäre Völkerrecht in modernen asymmetrischen Konflikten, S. 27 ff.

[14] Zum Begriff der Konfliktzone siehe sogleich Teil 1 A. I., S. 7 ff.

[15] Der Ausdruck Flug MH17 wird im Folgenden zur Umschreibung der Malaysia Airlines

Boden eine ernstzunehmende Gefahr für den zivilen Luftverkehr darstellen, und brachte das bis dahin herrschende Gefühl relativer Sicherheit in gewöhnlicher Flughöhe ins Wanken. Wie schnell sich Konfliktsituationen auf den Luftraum auswirken können, bestätigte auch der Fall des am 8. Januar 2020 kurz nach dem Start in Teheran abgestürzten Passagierflugzeugs PS752 der Ukrainian International Airlines. Der Absturz ereignete sich nur wenige Tage nachdem der Iran – in Reaktion auf die gezielte Tötung des iranischen Generals Soleimani durch einen Drohnenangriff der Vereinten Staaten – zwei US-Stützpunkte im Irak angegriffen hatte. Nachdem zunächst auf technische Ursachen hingewiesen wurde, räumte das iranische Militär später ein, dass das Flugzeug aufgrund eines menschlichen Fehlers für einen Marschflugkörper gehalten und mit einer Kurzstreckenrakete abgeschossen worden sei.[16] Ferner wurde am 24. Juli 2020 ein iranisches Passagierflugzeug der Mahan Air auf dem Weg nach Beirut im syrischen Luftraum von zwei Kampfjets bedroht und zum Sinkflug gedrängt, wobei mehrere Fluggäste verletzt wurden.[17] Das Flugzeug konnte zwar sicher landen, doch zeigt auch dieser Vorfall, dass sich Konfliktsituationen ohne Weiteres auf die zivile Luftfahrt auswirken können.

Es stellt sich somit die Frage, wie der Verwirklichung von Gefahren, die von Konfliktzonen für den Luftverkehr ausgehen, rechtlich vorgebeugt werden kann. Denkbar ist zunächst die Annahme einer Verpflichtung des Eintragungsstaates,[18] seinen Luftfahrzeugunternehmen den Überflug bestimmter Gebiete zu untersagen. Diese Lösung hat jedoch den Nachteil, dass sie nur dem Schutz der Besatzungsmitglieder sowie der Fluggäste eben dieses Luftfahrzeugunternehmens dient. Auch haben die Staaten unterschiedliche Informationen zur Sicherheitslage in Krisengebieten, so dass sie auf dieselbe Bedrohungslage unterschiedlich reagieren. Ein weiter reichendes, einheitliches und globales Schutzniveau aller

---

Boeing 777-200 mit der Registrierungsnummer 9M-MRD und der Flugnummer MH17 genutzt.

[16] Siehe dazu FAZ v. 11.1.2020, Nach Flugzeugabschuss, Iran bittet Ukraine um Entschuldigung, abrufbar unter: https://www.faz.net/aktuell/politik/ausland/gestaendnis-irans-zu-flugzeugabschuss-kiew-will-entschaedigung-16575855.html [zuletzt aufgerufen am 26.1.2023].

[17] Dabei hieß es zunächst, es handele sich um zwei israelische Kampfjets. Stunden später teilten Sprecher des US-Militärs aber mit, es habe sich um eine US-amerikanische F15 gehalten, die das Flugzeug aus sicherer Entfernung einer üblichen militärischen Identifizierung unterzogen habe, siehe Zeit Online v. 24.7.2020, Passagiermaschine über Syrien von Kampfflugzeugen bedroht, abrufbar unter: https://www.zeit.de/gesellschaft/zeitgeschehen/2020-07/iran-israel-kampfflugzeug-syrien-luftraum [zuletzt aufgerufen am 26.1.2023].

[18] Als Eintragungsstaat gilt der Staat, in dessen Luftfahrzeugregister das Luftfahrzeug eingetragen ist, vgl. Art. 17 des Chicagoer Abkommens über die Internationale Zivilluftfahrt vom 7. Dezember 1944, BGBl. 1956 II, S. 411 (nachfolgend: CA); § 2 Flugunfall-Untersuchungs-Gesetz vom 26. August 1998, BGBl. 1998 I, S. 2470.

Reisenden kann somit nur erreicht werden, wenn der von der Krise betroffene Staat selbst Maßnahmen ergreift. Insoweit könnte der Staat zum Schutz des zivilen Luftverkehrs und letztlich zum Schutz der davon betroffenen Personen dazu verpflichtet sein, seinen Luftraum für Passagierflugzeuge ganz oder teilweise zu schließen.[19] Durch die Errichtung eines solchen sog. Luftsperrgebiets wird der Luftraum vorübergehend oder dauerhaft für den Luftverkehr gesperrt, so dass in dem betroffenen Luftraum kein ziviler Flugverkehr mehr stattfinden darf.[20] Der zivile Luftverkehr ist dann effektiv geschützt, da eine Berührung mit militärischen bzw. kämpferischen Aktivitäten nicht mehr möglich ist. Eine derartige Luftraumsperrung erfolgte zuletzt im Zusammenhang mit den sich im Februar 2019 intensivierenden, militärischen Auseinandersetzungen um die Souveränität über die umstrittene Region Kashmir im Grenzgebiet zwischen Pakistan und Indien. Nach dem Abschuss zweier indischer Militärflugzeuge im pakistanischen Luftraum über der betroffenen Region zog Pakistan am 27. Februar 2019 die Konsequenzen und sperrte seinen Luftraum unter Berufung auf Sicherheitsbedenken für die zivile Luftfahrt.[21] Mit Blick auf diese Sperrung untersagte auch das benachbarte Afghanistan zunächst jeglichen Überflug über seinen Luftraum.[22] Obgleich die tatsächliche Motivation, welche die Staaten zur Sperrung der Lufträume bewegte, nicht mit Sicherheit zu bestimmen ist, zeigt dieses Beispiel, dass sich die Staaten bewusst sind, dass derjenige, der die Souveränität über den Luftraum beansprucht, für dessen Sperrung zuständig ist. Die Staaten erkennen somit an, dass die Verantwortlichkeit für die Sicherheit des Luftraums bei ihnen liegt.

Ob der Souverän aber nicht bloß zuständig, sondern auch völkerrechtlich dazu verpflichtet ist, seinen Luftraum über Konfliktzonen unter gewissen Umständen zu sperren, bedarf einer eingehenden Untersuchung. Diese soll hier anlässlich

---

[19] So insbesondere *Giemulla/Kortas*, ZLW, 2015, 431 (431 ff.); *Hobe*, in: Mendes de Leon/Buissing, Evolution of Aerial Sovereignty, S. 43; *ders.*, in: FS-Dicke, S. 414; *Kaiser*, Air & Space L., 2015, 107 (117 f.). Siehe auch *Lampert/Latiff/Hepher*, Why the Ukrainian plane tragedy is unlikely to lead to global airspace rules, Reuters, 14.1.2020, abrufbar unter: https://www.reuters.com/article/us-iran-crash-aviation-safety-analysis-idUSKBN1ZD2DH [zuletzt aufgerufen am 26.1.2023], die kritisieren: „[A] century of international air travel has yielded no international agreement on how or when to close airspace."

[20] Dazu: *Uhl*, in: Hobe/von Ruckteschell, Kölner Kompendium, Bd. 1, Teil II B, Rn. 56.

[21] NOTAM A0200/19, abrufbar unter: https://www.caapakistan.com.pk/upload/Notams/A0200-19.TXT [zuletzt aufgerufen am 26.1.2023]. Sämtliche Luftraumrestriktionen wurden am 15.7.2019 aufgehoben, siehe NOTAM A0710/19, abrufbar unter: https://www.caapakistan.com.pk/upload/Notams/A0710-19.txt [zuletzt aufgerufen am 26.1.2023]. Näher zum Ganzen: Teil 3 C. III. 3. d) aa) (4), S. 170 f.

[22] NOTAM G0440/19, siehe auch das Update durch NOTAM G0446/19, abrufbar unter: https://www.flightradar24.com/blog/tensions-between-india-and-pakistan-affect-air-traffic/ [zuletzt aufgerufen am 26.1.2023].

des Abschusses von Flug MH17 erfolgen, wobei die Ausführungen sinngemäß für alle Konfliktzonen gelten. Dazu wird zunächst der Abschuss von Flug MH17 im Zuge des Ukrainekonflikts erläutert und offengelegt, dass das derzeitige System einen nur unzureichenden Schutz vor den Gefahren des Überflugs von Konfliktzonen bietet (Teil 1). In einem zweiten Teil wird aufgezeigt, dass es sich bei der Sperrpflicht um eine staatliche Schutzpflicht handelt und dass derartige Pflichten völkerrechtlich in den verschiedensten Bereichen anerkannt sind. Die Entwicklung des Völkerrechts vom Koordinationsrecht zum Kooperationsrecht mit tiefgreifenden Rechtspflichten gegenüber anderen Teilnehmern der Staatengemeinschaft belegt eine Veränderung des Souveränitätsverständnisses, dem eine Verantwortungskomponente nicht mehr abzusprechen ist (Teil 2). Aufbauend auf diesem Prinzip der souveränen Verantwortung wird sodann dargelegt, dass das Völkerrecht die Staaten *de lege lata* dazu verpflichtet, ihren Luftraum über Konfliktzonen zu sperren, sofern diese eine Gefahr für den zivilen Luftverkehr begründen. Dazu wird zunächst das internationale Luftrecht erörtert (Teil 3), bevor auf sonstige Rechtsquellen eingegangen wird (Teil 4). Kommen die Staaten ihrer Sperrpflicht nicht nach, verhalten sie sich völkerrechtswidrig und haften daher – wie am Beispiel des Abschusses von Flug MH17 aufgezeigt wird – nach den Grundsätzen der Staatenverantwortlichkeit (Teil 5).

Teil 1

Anlass der Untersuchung: Der Abschuss von Flug MH17 im Zuge des Ukrainekonflikts

Anhand des Abschusses von Flug MH17 über der Ostukraine, der die Gefahren des Überflugs von sog. Konfliktzonen auf tragische Weise illustrierte, wird im Folgenden zunächst erörtert, was unter dem Begriff der Konfliktzone zu verstehen ist. Nach einer kritischen Darstellung des faktischen Hergangs auf Basis des Abschlussberichts des *Dutch Safety Board* (DSB) wird sodann aufgezeigt, dass der Abschuss sich als Folge eines bisher unzureichenden Schutzsystems darstellt und das Erfordernis einer Pflicht zur Luftraumsperrung in bestimmten Fällen offenbart.

A. Der Osten der Ukraine als sog. Konfliktzone

Aus den Begriffsteilen *Konflikt* und *Zone* wird ersichtlich, dass es sich bei einer Konfliktzone um ein bestimmtes Gebiet handelt, auf dem ein Konflikt herrscht. Entsprechend wird nachfolgend näher auf den Begriff des Konflikts eingegangen, bevor die geographischen und temporären Grenzen der Konflikt*zone* aufgezeigt werden und eine Anwendung auf den Fall der Ostukraine erfolgt.

I. Der bewaffnete Konflikt als Ausgangspunkt

Aufgrund der Vielschichtigkeit des Konfliktbegriffs, welcher in verschiedenen Lebensbereichen und Ebenen auftaucht, ist eine verbindliche, allgemeingültige Definition nicht zu erreichen.[1] Vielmehr ist stets für den konkreten Zusammenhang zu erläutern, was der Begriff beinhaltet. Für inner-, zwischenstaatliche sowie globale Konflikte unterscheidet das Heidelberger Institut für Internationale

---

[1] Ein Konsens lässt sich allenfalls in Bezug auf gemeinsame Grundpfeiler eines jeden Konflikts erreichen, vgl. das sog. „Konfliktdreieck" aus Verhalten, widerstreitenden Interessen und rechtfertigenden Annahmen der Konfliktparteien in *Galtung*, Frieden mit friedlichen Mitteln, S. 136.

Konfliktforschung (HIIK) auf einer Fünf-Stufen-Skala zwischen *non-violent conflicts* (*dispute* und *non-violent crisis*) und *violent conflicts* (*violent crisis*, *limited war* und *war*). Die Einordnung in eine dieser Kategorien richtet sich nach der Intensität des Konflikts, wobei auf die genutzten Waffen, die beteiligten Personen, die Opferzahl, das Ausmaß der Zerstörung sowie die Anzahl der Vertriebenen abgestellt wird.[2]

Festzuhalten ist, dass für die hier in Frage stehende Problematik der Luftraumsperrung nicht jede Art von Konfliktsituation ausreichend sein kann.[3] Der Konflikt muss sich vielmehr so zugespitzt haben, dass er eine tatsächliche Bedrohung für die Luftsicherheit darstellt. Ausgangspunkt ist demnach das Vorliegen eines *bewaffneten* Konflikts, in Worten des HIIK also zumindest ein *violent conflict*.

Ähnliches sieht nunmehr das *Risk Assessment Manual for Civil Aircraft Operations Over or Near Conflict Zones* vor. Das rechtlich unverbindliche Handbuch,[4] welches infolge des Abschusses von Flug MH17 von der internationalen Zivilluftfahrtorganisation (*International Civil Aviation Organization*, ICAO) erarbeitet wurde, definiert den Begriff der *conflict zone* als:

„[a]irspace over areas where armed conflict is occurring or is likely to occur between militarized parties, [including] airspace over areas where such parties are in a heightened state of military alert or tension, which might endanger civil aircraft."[5]

Danach umfasst der Begriff den Luftraum über Gebieten, in denen bewaffnete Konflikte stattfinden oder wahrscheinlich sind. Ausreichend ist dabei ein Zustand der militärischen Alarmbereitschaft oder Spannung, also eine Situation, die jederzeit in eine Gefahr für die zivile Luftfahrt umschlagen könnte. Auffällig ist, dass die Definition vom Luftraum selbst als Konfliktzone ausgeht. Näherliegend scheint es allerdings, den Boden, auf dem sich der Konflikt tatsächlich abspielt, als Konfliktzone anzusehen und zu prüfen, ob diese sich auf die Sicherheit im

---

[2] Heidelberger Institut für Internationale Konfliktforschung, Conflict Barometer 2014 (nachfolgend: Konfliktbarometer 2014), abrufbar unter: https://hiik.de/konfliktbarometer/bis herige-ausgaben [zuletzt aufgerufen am 25.1.2023], S. 8 ff.

[3] *Knittlmayer*, ZLW, 2016, 44 (46).

[4] Die ICAO-Manuals gehören zum sog. Guidance Material der Organisation, dessen fehlende rechtliche Bindungswirkung auch die ICAO anerkennt, siehe dazu *Huang*, Aviation Safety, S. 63. Zur Funktion der Manuals siehe ICAO Doc 7231, ICAO Publications Regulations, 15. Aufl. 2020, Art. III Nr. 3 lit. c), wonach sie „guidance and information concerning selected aspects of aeronautical activity or facilitating the uniform application of international Standards and Recommended Practices" bieten.

[5] ICAO Doc 10084, Risk Assessment Manual for Civil Aircraft Operations Over or Near Conflict Zones, 2. Aufl. 2018 (nachfolgend: ICAO Doc 10084, Risk Assessment Manual), S. xiii.

staatlichen Luftraum auswirkt. Entscheidend ist somit zunächst die Frage, ob ein bewaffneter Konflikt gegeben ist.

1. Der bewaffnete Konflikt als Begriff des humanitären Völkerrechts

Der Begriff des bewaffneten Konflikts, der den Ausgangspunkt für die Beurteilung des Vorliegens einer Konfliktzone darstellt, findet überwiegend im humanitären Völkerrecht Anwendung. Die dafür maßgeblichen vier Genfer Abkommen vom 12. August 1949 (GA I–IV)[6] legen in ihrem jeweiligen Art. 2 fest, dass sie „in allen Fällen eines erklärten Krieges oder jedes anderen bewaffneten Konflikts [anwendbar sind], der zwischen zwei oder mehreren der Hohen Vertragsparteien entsteht". Auf das Bestehen einer Kriegserklärung oder die Anerkennung eines Kriegszustandes kommt es nicht an.[7] Vielmehr ist der Kriegsbegriff weitgehend durch den Begriff des bewaffneten Konflikts abgelöst.[8] Unerheblich ist nach Art. 2 GA I–IV auch, ob der Kriegszustand von den Parteien anerkannt wird oder nicht. Das Vorliegen eines bewaffneten Konflikts ist nicht aus der Sicht der Parteien, sondern objektiv und anhand der Faktenlage zu beurteilen.[9] Maßgeblich ist somit, dass nach den tatsächlichen Gegebenheiten, *de facto*, ein bewaffneter Konflikt vorliegt. Wann dies der Fall ist, wird in keinem Vertragswerk definiert.[10] In der völkerrechtlichen Praxis hat sich jedoch ein gewisses gemeinsames Verständnis etabliert.[11]

Eine bis heute richtungsweisende Definition des bewaffneten Konflikts erfolgte im Jahre 1995 durch den Internationalen Strafgerichtshof für das ehemalige Jugoslawien (JStGH). In seiner Entscheidung über die Rechtsprechungszustän-

---

[6] Genfer Abkommen vom 12. August 1949 zur Verbesserung des Loses der Verwundeten und Kranken der Streitkräfte im Felde (GA I); Genfer Abkommen vom 12. August 1949 zur Verbesserung des Loses der Verwundeten, Kranken und Schiffbrüchigen der Streitkräfte zur See (GA II); Genfer Abkommen vom 12. August 1949 über die Behandlung von Kriegsgefangenen (GA III); Genfer Abkommen vom 12. August 1949 zum Schutze von Zivilpersonen in Kriegszeiten (GA IV), abgedruckt in: BGBl. 1954 II, S. 783 ff.

[7] *Ferraro/Cameron*, in: ICRC Commentary 2016, GC I, Art. 2, Rn. 210 ff.; *Hobe*, Völkerrecht, S. 469.

[8] Zur geringen Bedeutung des Kriegsbegriffs im internationalen Recht siehe *Greenwood*, ICLQ, 1987, 283 (283, 296 ff.); *Ipsen*, in: FS-Menzel, S. 420 ff.; *Lauterpacht*, Proc. Am. Soc. Internat. Law, 1968, 58 (58 ff.).

[9] *Ferraro/Cameron*, in: ICRC Commentary 2016, GC I, Art. 2, Rn. 210 ff. m. w. N.

[10] *Ambos*, in: MüKo StGB, Bd. 9, Vorb. zu § 8 VStGB, Rn. 21 m.w.N; *Balendra*, Cardozo L. Rev., 2008, 2461 (2468 f.); *Heinsch*, Int'l L. Stud., 2015, 323 (331); *Müssig/Meyer*, in: FS-Puppe, S. 1512.

[11] ILA, Use of Force Committee, The Hague Conference 2010, Final Report on the Meaning of Armed Conflict in International Law (nachfolgend: ILA-Report 2010), S. 1, abrufbar unter: https://www.ila-hq.org/en_GB/committees/use-of-force [zuletzt aufgerufen am 26.1.2023].

digkeit befand die Berufungskammer im Fall *Prosecutor v. Tadić*, dass ein sog. *armed conflict* vorliegt, „whenever there is a resort to armed force between states or protracted armed violence between governmental authorities and organized armed groups or between such groups within a state".[12] Diese *Tadić-Definition*, die heute allgemein als „authorative"[13] anerkannt ist, brachte den vorherrschenden Meinungsstand zum bewaffneten Konflikt präzise auf den Punkt.[14] In Abgrenzung zu bloßen Tumulten und Aufständen[15] erfordert das Vorliegen eines nicht-internationalen bewaffneten Konflikts danach eine hinreichende Intensität der Kampfhandlungen und Organisation der Konfliktparteien.[16] Dabei kann eine bloß kurze Konfliktdauer durch die besondere Intensität und Schwere der Verletzungen ausgeglichen werden, so dass dem Kriterium der *protracted* Gewalt nur Indizwirkung zukommt.[17] *Internationale* Konflikte zeichnen sich durch den Einsatz von Streitkräften aus, ohne dass es auf eine bestimmte Dauer oder ein bestimmtes Gewaltmaß ankäme.[18]

---

[12] JStGH, *Prosecutor v. Tadić*, Decision on the Defence Motion for Interlocutory Appeal on Jurisdiction, 2.10.1995, IT-94-I-I, para. 70 (nachfolgend: JStGH, *Tadić*, 2.10.1995).

[13] *Sivakumaran*, Non-International Armed Conflict, S. 155.

[14] *Darcy*, Judges, Law and War, S. 105; *Sivakumaran*, Non-International Armed Conflict, S. 164.

[15] Siehe Art. 1 Abs. 2 Zusatzprotokoll zu den Genfer Abkommen vom 12. August 1949 über den Schutz der Opfer nicht internationaler bewaffneter Konflikte (Protokol II) vom 8. Juni 1977, BGBl. 1990 II, S. 1637.

[16] So auch schon *Pictet*, ICRC Commentary GC I, S. 49 f., mit Hinweis auf das Final Record of the Diplomatic Conference of Geneva, 1949, Vol. II-B, S. 121. Siehe auch RStGH, *Prosecutor v. Akayesu*, Judgement, 2.9.1998, ICTR-96-4-T, para. 621; *Prosecutor v. Musema*, Judgement, 27.1.2000, ICTR-96-13-A, para. 250 f.; JStGH, *Prosecutor v. Fatmir Limaj et al.*, Judgement, 30.11.2005, IT-03-66-T, para. 90 ff., *Prosecutor v. Haradinaj et al.*, Judgement, 3.4.2008, para. 38 ff.; SGSL, *Prosecutor v. Fofana and Kondewa*, Judgement, 2.8.2007, SCSL-04-14-T, para. 124; IStGH, *Prosecutor v. Lubanga Dyilo*, Decision on the Confirmation of Charges, 29.1.2007, ICC-01-04-01/06, para. 233; IKRK, How is the Term „Armed Conflict" Defined in International Humanitarian Law?, Opinion Paper, 2008, S. 5, abrufbar unter: https://www.icrc.org/eng/assets/files/other/opinion-paper-armed-conflict.pdf [zuletzt aufgerufen am 26.1.2023].

[17] JStGH, *Prosecutor v. Tadić*, Opinion and Judgment, 7.5.1997, IT-94-I-I, para. 562; *Prosecutor v. Haradinaj et al.*, Judgement, 3.4.2008, IT-04-84-T, para. 49; *Quéguiner*, IRRC, 2003, 271 (278 ff.); *Werle/Jeßberger*, Völkerstrafrecht, Rn. 1206.

[18] *De Beco*, ICLR, 2008, 319 (325); *Ipsen*, in: FS-Menzel, S. 423; a.A. ILA-Report 2010, S. 32 f.; vgl. auch JStGH, *Tadić*, 2.10.1995, para. 70, wo das Gericht das Erfordernis eines bestimmten Maßes an Gewaltanwendung auf internationale bewaffnete Konflikte erstreckt. Zur Kritik hierzu: *Kreß*, EuGRZ, 1996, 638 (644).

a) Die grundsätzliche Übertragbarkeit des Begriffs

Da der Begriff des bewaffneten Konflikts dem humanitären Völkerrecht entspringt, ist zu prüfen, ob die in diesem Rechtsbereich entwickelte Definition auch darüber hinaus anwendbar ist. Hierbei ist zu beachten, dass die Genfer Abkommen von 1949 mittlerweile von allen Staaten der Welt ratifiziert sind, so dass ihnen universelle Geltung zukommt.[19] Auch hat die *Tadić-Definition*[20] zum bewaffneten Konflikt weit über das humanitäre Völkerrecht hinausgehende Anerkennung gefunden. So wurde sie vom Internationalen Strafgerichtshof[21] und internationalen ad hoc Strafgerichtshöfen[22] übernommen sowie von internationalen Organisationen[23] und sogar in nationalen Militärhandbüchern[24] aufgegriffen. Für eine besonders hohe Anerkennung durch die Staaten spricht auch die nahezu identische Übernahme der Definition des nicht-internationalen bewaffneten Konflikts in Art. 8 Abs. 2 lit. f) des Rom-Statuts.[25] Die Definition hat somit Bedeutung unter anderem im internationalen Strafrecht, im Menschenrechtsschutz und im allgemeinen Völkerrecht erlangt.[26] Im Rahmen der Untersuchung, ob das Völkerrecht Staaten dazu verpflichtet, ihren Luftraum über Konfliktzonen zu sperren, kann daher grundsätzlich auf diese Definition des bewaffneten Konflikts zurückgegriffen werden.

---

[19] *Gasser/Melzer/Geiß*, Humanitäres Völkerrecht, S. 39; *O'Connell*, in: Fleck, Humanitarian Law, 4. Aufl., S. 35, Rn. 2.26.

[20] Zur Definition siehe oben, Teil 1 A. I. 1, S. 10.

[21] IStGH, *Prosecutor v. Lubanga Dyilo*, Decision on the Confirmation of Charges, 29.1.2007, ICC-01-04-01/06, para. 233; *Prosecutor v. Germain Katanga*, Judgment pursuant to Art. 74 of the Statute, 7.3.2014, ICC-01/04-01/07, para. 1173; *Prosecutor v. Jean-Pierre Bemba Gombo*, Judgment pursuant to Art. 74 of the Statute, 21.3.2016, ICC-01/05-01/08, para. 128.

[22] Siehe z. B. JStGH, *Prosecutor v. Galić*, Judgement and Opinion, 5.12.2003, IT-98-29-T, para. 9; *Prosecutor v. Blagojević and Jokić*, Judgement, 17.1.2005, IT-02-60-T, para. 536; *Prosecutor v. Halilović*, Judgement, 16.11.2005, IT-01.48-T, para. 24; RStGH, *Prosecutor v. Akayesu*, Judgement, 2.9.1998, ICTR-96-4-T, para. 619 f.; SGSL, *Prosecutor v. Sesay*, Judgement, 2.3.2009, SCSL-04-15-T, para. 95.

[23] UNGA, Report of the International Independent Commission of Inquiry to Investigate All Alleged Violations of International Human Rights Law in the Libyan Arab Jamahiriya, A/HRC/17/44, 12.1.2021, Rn. 53; OHCHR, International Legal Protection of Human Rights in Armed Conflict, HR/PUB/11/01, 2011, S. 36.

[24] UK, Ministry of Defence, Manual of the Law of Armed Conflict, S. 29, Rn. 3.3.

[25] Siehe dazu *Darcy*, Judges, Law and War, S. 107 f; *Heinsch*, Int'l L. Stud., 2015, 323 (336).

[26] *Darcy*, Judges, Law and War, S. 109; *Sivakumaran*, Non-International Armed Conflict, S. 166.

b) Die Sicherheit des Luftraums als betroffenes Rechtsgut

Das bloße Vorliegen eines Konflikts auf dem Boden reicht naturgemäß nicht aus, um von einer für den Luftraum relevanten Konfliktzone auszugehen. Die Frage nach einer Luftraumsperrung stellt sich vielmehr nur, wenn von der Auseinandersetzung auf dem Boden auch eine Bedrohung für die Sicherheit des Luftraums ausgeht. Mit Blick auf die terminologische und konzeptuelle Unterscheidung zwischen *safety* und *security* im Englischen und der jeweils unterschiedlichen Gefahrenquellen, die von diesen Begriffen erfasst werden, ist näher darzulegen, was unter der Sicherheit des Luftraums zu verstehen ist.

aa) Die terminologischen Unklarheiten zum Sicherheitsbegriff

In Bezug auf den Sicherheitsbegriff im Luftverkehr bestehen zunächst terminologische Ungenauigkeiten. So wird im Französischen mit *sécurité* die englische *safety* und mit *sûreté* die *security* angesprochen. Im Spanischen wird *seguridad*, im Italienischen *sicurezza* und im Russichen *bezopasnost* für beides genutzt.[27] Auch der deutsche Begriff der *Sicherheit* umfasst grundsätzlich beide Aspekte. Sämtliche Sicherheitsfragen waren hier ursprünglich im Luftverkehrsgesetz (LuftVG)[28] – dem Grundregelwerk des Luftverkehrsrechts –[29] festgelegt. Mit Inkrafttreten des Luftsicherheitsgesetzes (LuftSiG)[30] im Jahre 2005 wurde der Bereich der *security* jedoch herausgelöst.[31] Nunmehr sind Aspekte der *safety* (Flugsicherheit) im LuftVG und solche der *security* (Luftsicherheit) im LuftSiG geregelt.[32] Diese Unterscheidung wird jedoch nicht streng eingehalten. So wird *security* in der deutschen Fassung der VO (EG) Nr. 300/2008 mit Sicherheit bezeichnet (vgl. Art. 1 der VO). An Stellen, wo im Englischen von *safety* die Rede ist, wird zum Teil nicht differenziert und von Sicherheit (Erwägungsgrund 8) bzw. nur von Luftsicherheit (Erwägungsgrund 22) oder Flugsicherheit (Anhang, 10.1) gesprochen.

---

[27] Siehe *Milde*, Internat. Air Law, S. 223, Fn. 1; vgl. auch die unterschiedlichen Sprachfassungen der VO (EG) Nr. 300/2008 (Erwägungsgrund 22 und Art. 1).

[28] Luftverkehrsgesetz in der Fassung der Bekanntmachung vom 10. Mai 2007 (BGBl. I, S. 698), zuletzt geändert durch Artikel 2 Absatz 11 des Gesetzes vom 20. Juli 2017 (BGBl. I, S. 2808).

[29] *Schwenk/Giemulla*, Luftverkehrsrecht, Teil 1, Rn. 76.

[30] Gesetz zur Neuregelung von Luftsicherheitsaufgaben vom 11. Januar 2005 (BGBl. I, S. 78), zuletzt geändert durch Artikel 1 des Gesetzes vom 23. Februar 2017 (BGBl. I, S. 298).

[31] BT-Drcks. 15/2361, S. 14.

[32] *Giemulla*, in: Giemulla/van Schyndel, LuftSiG, § 1, Rn. 3; *Schwenk/Giemulla*, Luftverkehrsrecht, Kap. 11, Rn. 2.

bb) Die konzeptuelle Abgrenzung von safety und security

Obwohl die Gewährleistung von *safety* einen der hauptsächlichen Zwecke luftrechtlicher Regelungen darstellt[33] und sogar als „raison d'être"[34] der ICAO gilt, wird der Begriff im Chicagoer Abkommen über die Internationale Zivilluftfahrt vom 7. Dezember 1944 (CA)[35] nicht definiert. Im weitesten Sinne wird *safety* als Zustand des Geschütztseins vor Gefahren oder Schäden verstanden.[36] Eine absolute Freiheit vor Gefährdungen ist jedoch insbesondere im Rahmen der Nutzung des Luftverkehrs als naturgemäß riskantem Unterfangen nicht zu gewährleisten.[37] Es kann somit nur darum gehen, vermeidbaren Unfällen vorzubeugen bzw. so wenig Unfälle wie möglich aufkommen zu lassen.[38] Demnach umschreibt *safety* keine Abwesenheit von Risiko, sondern lediglich „the threshold of acceptable risk".[39]

Im luftrechtlichen Kontext wird der Begriff der *safety* als Gegenstück zur *security* gesehen. Letztere betrifft nach Annex 17 zum CA den Schutz der zivilen Luftfahrt vor unrechtmäßigen Eingriffen,[40] worunter insbesondere die widerrechtliche Inbesitznahme und die Zerstörung von im Betrieb befindlichen Luftfahrzeugen sowie die Nutzung des Flugzeugs als Waffe fallen. Überwiegend wird daraus der Schluss gezogen, dass es bei *security* um die Abwehr äußerer Angriffe gegen den Luftverkehr gehe, wohingegen *safety* den Schutz vor luftfahrtspezifischen, also dem Luftverkehr immanenten, betriebsbedingten Gefahren, umfasse.[41] Ähnlich fasst es die ICAO auf, welche den Begriff der *safety* in Annex 19 sowie im *Safety Management Manual* (Doc 9859) als „state in which risks associated with aviation activities, related to, or in direct support of the

---

[33] *Mendes de Leon*, Air Law, S. 291; *Simatupang*, Indonesian JIL, 2016, 275 (280).
[34] *Huang*, Aviation Safety, S. 17.
[35] Abkommen vom 7.12.1944 über die Internationale Zivilluftfahrt, BGBl. 1956 II, S. 411.
[36] Vgl. UK Dictionary, Safety, https://en.oxforddictionaries.com/definition/safety [zuletzt abrufbar am 20.8.2022].
[37] So auch *Milde*, Internat. Air Law, S. 223.
[38] *Wassenbergh*, Air & Space L., 1998, 74 (74).
[39] *Isaac*, Transp. L. J., 1997, 183 (185).
[40] ICAO, Annex 17 to the Convention on International Civil Aviation, Security, Safeguarding International Civil Aviation Against Acts of Unlawful Interference, 12. Aufl. 2022 (nachfolgend: Annex 17, Security), Kap. 1. So auch Art. 3 Abs. 2 der VO (EG) Nr. 300/2008 über gemeinsame Vorschriften für die Sicherheit in der Zivilluftfahrt, ABl. L 97 vom 9.4.2008, S. 72. Zur Bedeutung der Annexe siehe unten, Teil 3 A. II., S. 113 ff.
[41] *Faust/Leininger*, in: Hobe/von Ruckteschell, Kölner Kompendium, Bd. 2, Teil II A, Rn. 4; *Giemulla*, in: Giemulla/van Schyndel, LuftSiG, Einleitung, Rn. 12; *Giemulla/Kortas*, ZLW, 2015, 431 (440); *Meyer/Wysk*, in: Grabherr/Reidt/Wysk, Luftverkehrsgesetz, Einl. LuftSiG, Rn. 53 f.; *Richter*, Luftsicherheit, S. 20; *Rothe*, in: Giemulla/Rothe, Hdb. Luftsicherheit, S. 10; *Schwenk/Giemulla*, Luftverkehrsrecht, Kap. 2, Rn. 141.

operation of aircraft, are reduced and controlled to an acceptable level"[42] umschreibt. Auch die deutsche Gesetzgebung hat diese Abgrenzung inzwischen aufgegriffen. So betrifft § 29 LuftVG „die Abwehr von betriebsbedingten Gefahren für die Sicherheit des Luftverkehrs" (Flugsicherheit, *safety*), wohingegen das LuftSiG nach seinem § 1 „dem Schutz vor Angriffen auf die Sicherheit des zivilen Luftverkehrs" dient (Luftsicherheit, *security*).

Aus dem Erfordernis eines *Angriffs* im Fall der *security* wird zum Teil der Schluss gezogen, dass diese lediglich die Abwehr absichtlich herbeigeführter Schäden betreffe. Bloße Zufallstreffer hingegen würden dem Aspekt der *safety* unterfallen.[43] Andere wiederum stellen darauf ab, dass es sich bei *safety* um die Abwehr vorhersehbarer Gefahren handele, dessen Verwirklichung es zu verhindern gelte und bei *security* um die Abwehr unvorhersehbarer Ereignisse. Insofern seien Maßnahmen der *security* in der Regel reaktiv und solche der *safety* proaktiv.[44]

cc) Die Einordnung des Abschusses ziviler Luftfahrzeuge

Trotz der konzeptuell scheinbar klaren Trennung verdeutlicht der Fall des Abschusses von Flug MH17, dass die Abgrenzung zwischen *safety* und *security* in der Praxis durchaus schwierig sein kann. Insbesondere ist die Abgrenzung nach der Vorhersehbarkeit der Gefahr naturgemäß mit Unsicherheiten verbunden. Auch kommt es für das Vorliegen eines unrechtmäßigen Eingriffs im Sinne des Annex 17 sowie Art. 3 Abs. 2 der VO (EG) Nr. 300/2008 nicht darauf an, ob dieser vorhersehbar oder unvorhersehbar war.

Die Ansicht, wonach nur zielgerichtete, bewusste Angriffe der *security* unterfallen, kann ebenfalls nicht überzeugen. Sie stößt an ihre Grenzen, sobald – wie im Fall des Abschusses von Flug MH17 –[45] unklar ist, ob der Schadenseintritt gewollt oder ungewollt war. Nach *Schaefer* sei in einem solchen Fall auf die Tatsache des Artilleriefeuers an sich zurückzugreifen, welche jedenfalls eine Gefahr für den Betrieb darstelle.[46] Dies ist jedoch insofern problematisch, als ein und derselbe Fall je nach Auflösbarkeit des Sachverhalts unterschiedlich zu bewerten wäre. Richtigerweise kann der Schutz aber nicht von der – ohnehin nur schwer feststellbaren – inneren Motivation der Täter abhängen. Auch der bloße Zufallstreffer ist eine Gefahr, die dem Betrieb der Luftfahrzeuge an sich nicht

---

[42] ICAO, Annex 19 to the Convention on International Civil Aviation, Safety Management, 2. Aufl. 2016, Kap. 1; ICAO Doc 9859, Safety Management Manual, 4. Aufl. 2018, S. vii.
[43] *Adediran*, Issues in Aviation L. & Pol., 2015, 313 (313); *Dempsey*, NC JIL, 2004, 1 (4); *Rossi Dal Pozzo*, Safeguarding Air Passenger Rights, S. 10 f; *Schaefer*, ZLW, 2018, 162 (164).
[44] *Gellman*, Issues in Aviation L. & Pol., 2004, 1085 (1085 f.).
[45] *Nase/Kielsgard*, JALC, 2015, 639 (649 ff.).
[46] *Schaefer*, ZLW, 2018, 162 (164).

innewohnt. Annex 17 und Art. 3 Abs. 2 der VO 300/2008 sprechen überdies von einem *unrechtmäßigen Eingriff* und erfordern somit gerade keinen zielgerichteten Angriff.[47]

Der Abschuss eines Luftfahrzeugs über einer Konfliktzone könnte als von außen kommende Gefahr qualifiziert werden und der *security* unterfallen.[48] Anders entschied jedoch das Bundesverwaltungsgericht (BVerwG) in einer ähnlich gelagerten Situation. Anlässlich der im März 2015 aufgrund von IS-Aktivitäten im Raum Erbil erlassenen Flugverbote für deutsche Luftfahrzeuge hatte das Gericht zu prüfen, ob § 29 Abs. 1 S. 1 LuftVG[49], auf welchen sich das zuständige Bundesministerium stützte, die einschlägige Ermächtigungsgrundlage darstelle. Entgegen der Vorinstanz[50] kam das Gericht zu dem Schluss, dass die Gefahr des Abschusses eines zivilen Luftfahrzeuges über einem ausländischen Kriegsgebiet als betriebsbedingt im Sinne der Norm einzustufen sei. Es greife zu kurz, den Begriff rein räumlich zu verstehen und äußere Gefahren herauszulösen. Der Luftverkehr ergebe sich „aus dem regelrechten Zusammenwirken von Luftfahrzeugen mit geeigneten Umgebungsmedien", so dass auch solche Einwirkungen betriebsbedingt seien, die das entsprechende Betriebsmedium – hier den Luftraum – unsicher machen.[51] *Betriebsbedingt* wird hier somit weit ausgelegt. Erfasst sind danach nicht nur Gefahren, die aus dem Betrieb des Luftfahrzeugs an sich herrühren, sondern auch solche, die sich aus der Umgebung ergeben können, in der der Betrieb stattfindet.[52] Die Lösung scheint zunächst im Widerspruch zur bisherigen Rechtsprechung[53] und zur Gesetzesbegründung zum LuftSiG zu stehen, wonach dieses bei „äußeren Angriffen" auf die Sicherheit des Luftverkehrs anwendbar ist.[54] Sie ist allerdings vor dem Hintergrund zu sehen, dass das LuftSiG auf Auslandssachverhalte nicht anwendbar ist.[55] Eine dem § 1a LuftVG vergleichbare Regelung, wonach das LuftVG „auch außerhalb des Hoheitsgebie-

---

[47] *Giemulla/Kortas*, ZLW, 2015, 431 (440 ff.).
[48] So auch *Giemulla/Kortas*, ZLW, 2015, 431 (442 f.).
[49] § 29 Abs. 1 S. 1, 2 LuftVG: „Die Abwehr von betriebsbedingten Gefahren für die Sicherheit des Luftverkehrs sowie für die öffentliche Sicherheit oder Ordnung durch die Luftfahrt (Luftaufsicht) ist Aufgabe der Luftfahrtbehörden und der Flugsicherungsorganisation. Sie können in Ausübung der Luftaufsicht Verfügungen erlassen."
[50] OVG Berlin-Brandenburg, Urt. v. 9.12.2015, 6 A 8.15, mit kritischer Anm. von *Hobe*, ZLW, 2016, 423.
[51] BVerwG, Beschl. v. 14.9.2017, 3 C 4.16, in: NVwZ 2018, 504 (505 f.).
[52] In diesem Sinne auch *Hobe*, ZLW, 2016, 423 (424).
[53] Vgl. BVerwGE 150, 114, wonach der durch einen terroristischen Anschlag herbeigeführte Absturz eines Flugzeugs auf ein Atomkraftwerk keine betriebsbedingte Gefahr i.S.d. § 29 LuftVG darstellt.
[54] BT-Drcks. 15/2361, S. 14.
[55] *Giemulla/Kortas*, ZLW, 2015, 431 (444); *Hobe*, ZLW, 2016, 423 (424).

tes der Bundesrepublik Deutschland anzuwenden" ist, fehlt dem LuftSiG. Um die sich hieraus ergebenden Schutzlücken bei Angriffen über ausländischen Krisengebieten zu schließen, sah das BVerwG in § 29 LuftVG eine Auffangregelung, die zum Tragen komme, wenn weder das LuftSiG, noch eine spezielle Regelung eine Ermächtigung zu staatlichen Maßnahmen zum Schutz der Sicherheit des Luftverkehrs enthalte. Denn mit der Herauslösung von *Security*-Aspekten aus dem LuftVG solle keine Minderung des Schutzes einhergehen.[56] Es könnte sich daher um eine ergebnisorientierte, spezifisch mit der deutschen Rechtslage zu begründenden, Ansicht handeln. Diese Rechtslage hat sich mittlerweile geändert. Die gesetzgebende Instanz hat als Reaktion auf den Abschuss von Flug MH17[57] mit § 26a LuftVG für künftige Fälle eine spezifische Ermächtigungsgrundlage für den Erlass von Flugverboten über ausländischen Krisengebieten geschaffen, so dass ein Rückgriff auf § 29 LuftVG nicht mehr erforderlich ist. Doch auch diese Norm erlaubt die entsprechenden Verbote nur bei einer „erheblichen Gefährdung der Betriebssicherheit der Luftfahrzeuge" und sieht den Fall somit als Fall der *safety* an.[58]

Auch die ICAO, die die Zerstörung eines in Betrieb befindlichen Luftfahrzeug in Annex 17 als Beispiel eines unrechtmäßigen Eingriffs und somit als Fall der *security* anführt, behandelt MH17 unter dem Aspekt der *safety*. So werden die Staaten in der am 28. Oktober 2014 anlässlich des Abschusses gefassten Resolution des ICAO-Rates, dazu angehalten,

„to take all necessary measures to safeguard the safety of air navigation [...] and, [...] when the safety of civil aircraft is deemed to be compromised, take appropriate airspace management measures within their jurisdictions such as access restrictions or the closure of airspace [...]".[59]

Zudem wurde die Problematik des Abschusses von Zivilluftfahrzeugen über Konfliktzonen im Februar 2015 im Rahmen der *Second ICAO High Level Safety Conference* besprochen.[60]

Die Abgrenzung zwischen *safety* und *security* ist nach alledem nicht eindeutig. Auch im internationalen Kontext wird im Zweifel auf *safety* zurückgegriffen. Überdies hatten die Verfasser und Verfasserinnen des Chicagoer Abkommens,

---

[56] BVerwG, Beschl. v. 14.9.2017, 3 C 4.16, in: NVwZ 2018, 504 (506).
[57] BT-Drcks. 18/10493, S. 13.
[58] § 26a LuftVG, eingefügt mit Wirkung vom 4.3.2017 durch das Erste Gesetz zur Änderung des Luftsicherheitsgesetzes vom 23.2.2017, BGBl. I 2017, S. 298.
[59] ICAO Council, Resolution on Malaysia Airlines Flight MH17, Destroyed Over Eastern Ukraine on 17 July 2014, 28.10.2014, Montréal (nachfolgend: ICAO Council, Res. on Flight MH17 vom 28.10.2014), abrufbar unter: https://www.icao.int/Newsroom/NewsDoc2014/COUNCIL%20RESOLUTION%20ON%20MALAYSIA%20AIRLINES%20FLIGHT%20MH17.pdf [zuletzt aufgerufen am 26.1.2023].
[60] Näher dazu: *Abeyratne*, ZLW, 2015, 463 (463 ff.).

welches die Grundlage der ICAO bildet, keine Trennung zwischen *safety* und *security* im Sinn.[61] Es spricht somit vieles dafür, *safety* im obengenannten weiten Sinn zu verstehen, der Aspekte der *security* mitumfasst.[62] Die Konzepte sind eng miteinander verknüpft und bedingen sich gegenseitig. In beiden Fällen geht es letztlich darum, Schäden von Leib, Leben und Eigentum abzuwenden, so dass *safety* und *security* als zwei Seiten einer Medaille anzusehen sind.[63] So erkennt auch die sog. neue EASA-Grundverordnung[64] vom 4. Juli 2018 die „bestehenden Zusammenhänge zwischen der Flugsicherheit und der Luftsicherheit in der Zivilluftfahrt" an und sieht daher eine Kompetenzerweiterung der Agentur der Europäischen Union für Flugsicherheit (EASA) auf mit der *safety* verknüpfte Bereiche der *security* vor.[65] Insbesondere wird in Art. 88 Abs. 3 lit. b) der Verordnung festgehalten, dass – wenn Zusammenhänge zwischen Flugsicherheit und Luftsicherheit bestehen – die EASA zum Schutz der Zivilluftfahrt vor unrechtmäßigen Eingriffen erforderlichenfalls unmittelbar reagiert und den nationalen Luftfahrtbehörden Abhilfemaßnahmen empfiehlt, die von diesen zu ergreifen sind. Dabei werden die Risiken, die für die Zivilluftfahrt im Zusammenhang mit Konfliktgebieten entstehen, ausdrücklich mit einbezogen. Die Gefahren des Überflugs von Konfliktzonen werden somit nicht eindeutig zugeordnet, sondern als Hybridfall zwischen *safety* und *security* angesehen.

Für die Zwecke der Bearbeitung ist die Pflicht zur Sperrung des Luftraums umfassend aus beiden Blickwinkeln zu betrachten.[66] Dabei wird der Begriff der Luftsicherheit grundsätzlich als Oberbegriff für *safety* und *security* und somit allgemein zur Umschreibung der Abwehr von Gefahren für die zivile Luftfahrt genutzt, unabhängig von der Gefahrenquelle.

---

[61] *Milde*, Internat. Air Law, S. 223.
[62] So auch *Huang*, Aviation Safety, S. 7; *Milde*, Internat. Air Law, S. 223.
[63] *Dempsey*, NC JIL, 2004, 1 (4).
[64] Verordnung EU 2018/1139 des Europäischen Parlaments und des Rates vom 4. Juli 2018 zur Festlegung gemeinsamer Vorschriften für die Zivilluftfahrt und zur Errichtung einer Agentur der Europäischen Union für Flugsicherheit sowie zur Änderung der Verordnungen (EG) Nr. 2111/2005, (EG) Nr. 1008/2008, (EU) Nr. 996/2010, (EU) Nr. 376/2014 und der Richtlinien 2014/30/EU und 2014/53/EU des Europäischen Parlaments und des Rates, und zur Aufhebung der Verordnungen (EG) Nr. 552/2004 und (EG) Nr. 216/2008 des Europäischen Parlaments und des Rates und der Verordnung (EWG) Nr. 3922/91 des Rates, ABl. L 212, 1 v. 22.8.2018 (nachfolgend: EASA-GrundVO). Dazu: *Rebane*, ZLW, 2019, 51.
[65] Siehe Erwägungsgründe 59 und 60 sowie Art. 88 Abs. 1 EASA-GrundVO.
[66] In diesem Sinne auch: ICAO Doc 10084, Risk Assessment Manual, 4.1.2 wonach die Risikobewertung im Falle von bewaffneten Konflikten Elemente der *security* und der *safety* zu berücksichtigen hat, da diese als komplementär anzusehen seien.

2. Die geographischen Grenzen einer Konfliktzone

Nachdem dargelegt wurde, dass für das Vorliegen einer Konfliktzone ein bewaffneter Konflikt erforderlich ist, der die Luftsicherheit im Sinne eines weiten Verständnisses von *safety* bedroht, gilt es, die räumlichen Grenzen dieser Zonen zu untersuchen. Im Ausgangspunkt ist der Begriff der Konfliktzone geographisch als Teil eines Staatsgebiets zu verstehen, auf dem sich ein bestimmter bewaffneter Konflikt abspielt.[67] Es stellt sich allerdings die Frage, ob eine Luftraumsperrung nur über der tatsächlichen Konfliktzone zu errichten ist oder auch über angrenzende Gebiete, die von der Gefahr bedroht sein könnten. In seiner Entscheidung zu *Tadić* stellte der JStGH fest, dass sich ein internationaler bewaffneter Konflikt auf das ganze Land erstreckt und ein nicht-internationaler auf den Bereich, welcher sich unter der Kontrolle einer der Parteien befindet, unabhängig davon, ob sich tatsächlich überall Kampfhandlungen ereignen.[68] Dies ist allerdings damit zu begründen, dass die Folge dieser Erstreckung eine extensive Anwendbarkeit des humanitären Völkerrechts ist.[69] Für die hier infrage stehende luftrechtliche Problematik würde eine solche Erstreckung der Konfliktzone jedoch bedeuten, dass möglicherweise der Luftraum über dem gesamten Staatsgebiet zu sperren wäre. Dies ist mit Blick auf das Interesse an Sicherheit einerseits und die Funktionstüchtigkeit des Luftverkehrs andererseits nicht zweckmäßig, wenn sich der Konflikt – wie etwa im Fall der Ostukraine – auf einen begrenzten Teil des Staatsgebiets konzentriert. Luftsperrgebiete beschränken den ohnehin knappen Luftraum und zwingen zu Umwegen, die bereits aus ökologischen Gründen zu meiden sind.[70] Um die Luftfahrt nicht unnötig zu behindern sieht Art. 9 CA auch vor, dass Luftsperrgebiete sich nach Ausdehnung und Lage in vernünftigen Grenzen zu halten haben.[71] Es ist somit von den Konsequenzen her zu denken. Eine Sperrung des Luftraums ist nur dort erforderlich, wo eine tatsächliche Bedrohung für den zivilen Luftverkehr besteht. Dies kann allerdings auch für an das konkrete Krisengebiet angrenzende Bereiche der Fall sein. Das Sperrgebiet muss sich räumlich daher (nur) so weit erstrecken, wie die Auswirkungen des Konflikts tatsächlich reichen.[72]

---

[67] *Knittlmayer*, ZLW, 2016, 44 (47).

[68] JStGH, *Tadić*, 2.10.1995, para. 70, bestätigt in: JStGH, *Prosecutor v. Delalić et al.*, Judgement, 16.11.1998, IT-96-21-T, para. 185; *Prosecutor v. Hadžihasanović and Kubura*, Decision on motions for acquittal pursuant to rule 98 *bis* of the rules of procedure and evidence, 27.9.2004, IT-01-47-T, para. 25.

[69] Zur Problematik der geographischen Anwendungsgrenzen des humanitären Völkerrechts siehe *Geiß*, in: Heintze/Ipsen, Bewaffnete Konflikte, S. 53 ff. m.w.N.

[70] *Dölp*, in: Grabherr/Reidt/Wysk, Luftverkehrsgesetz, § 26 LuftVG, Rn. 3.

[71] Ausführlich zu Art. 9 CA siehe unten, Teil 3 C. III. 3, S. 150 ff.

[72] So auch: *Baumann*, DÖV, 2006, 331 (335 f.)

3. Die zeitlichen Grenzen einer Konfliktzone

Internationale bewaffnete Konflikte beginnen grundsätzlich mit der ersten Anwendung von Waffengewalt.[73] Schwieriger ist die Bestimmung des Beginns nicht-internationaler bewaffneter Konflikte. Konkret stellt sich die Frage, wann bloße innere Unruhen, Spannungen, Tumulte, vereinzelte Gewalttaten sowie ähnliche Taten nach Art. 1 Abs. 2 Zusatzprotokoll II (ZP II) die Schwelle zum internationalen bewaffneten Konflikt überschreiten.[74] Bei der Beurteilung dieser Frage ist insbesondere auf die Intensität mitsamt dem Kriterium der langanhaltenden Gewalt abzustellen.[75] Hinsichtlich der Beendigung hielt der JStGH im Fall *Tadić* fest, dass ein bewaffneter Konflikt bis zur „cessation of hostilities until a general conclusion of peace is reached; or in the case of internal conflicts, a peaceful settlement is achieved"[76] anhält. Das Tribunal scheint somit einen gewissen förmlichen Friedensakt zu verlangen. Auf das bloße Bestehen eines derartigen Aktes kann es für die hier zu bearbeitende Problematik jedoch nicht ankommen. Abzustellen ist vielmehr darauf, ob die Feindseligkeiten tatsächlich allgemein – und nicht bloß vorübergehend – eingestellt wurden.[77] Auch bei der zeitlichen Begrenzung ist der rein faktische und objektive Charakter des Begriffs des bewaffneten Konflikts zu achten. Es geht um die Anerkennung der tatsächlichen Gegebenheiten.[78] Maßgeblich ist danach die Frage, ab wann die Luftsicherheit im konkreten Fall tatsächlich gefährdet bzw. nicht mehr gefährdet ist.

4. Zwischenergebnis

Das Vorliegen einer Konfliktzone setzt einen bewaffneten Konflikt im Sinne des humanitären Völkerrechts voraus, der sich auf die Luftsicherheit auswirkt. Letztere ist einem weiten Sinne zu verstehen, der Aspekte der *safety* und *security* umfasst. Räumlich erstreckt sich die Konfliktzone über den Teil des Staatsgebiets, auf dem sich der Konflikt abspielt. Mit Blick auf die Funktionstüchtigkeit des Luftverkehrs darf ein Sperrgebiet aber nur so weit reichen, wie die Sicherheit des Luftraums tatsächlich gefährdet ist. Auch zeitlich richtet sich das Vorliegen einer Konfliktzone nach den faktischen Gegebenheiten. Entsprechend ist für die Errichtung und Aufhebung eines Luftsperrgebiets darauf abzustellen, ab wann

---

[73] *Ipsen*, in: FS-Menzel, S. 420.
[74] Zur Problematik siehe *Ipsen*, in: ders., Völkerrecht, 6. Aufl., § 59, Rn. 20 f.; speziell zur Unter- oder Überqualifizierung als bewaffneter Konflikt siehe *Sassòli*, YIHL, 2007, 45 (50 ff.).
[75] *Ambos*, in: MüKo StGB, Bd. 9, Vorb. zu § 8 VStGB, Rn. 25 m.w.N.
[76] JStGH, *Tadić*, 2.10.1995, para. 70.
[77] *Kleffner*, in: Fleck, Humanitarian Law, 4. Aufl., S. 69, Rn. 3.23, S. 78, Rn. 3.46; *Kreß*, EuGRZ, 1996, 638 (644); *Quéguiner*, IRRC, 2003, 271 (282 f.).
[78] *Greenwood*, in: Fleck, Humanitarian Law, 2. Aufl., S. 72, Rn. 250.

der zivile Luftverkehr über dem Gebiet tatsächlich gefährdet bzw. nicht mehr gefährdet ist.[79]

II. Das Vorliegen einer Konfliktzone im konkreten Fall

Nachdem der Begriff der Konfliktzone erläutert wurde, gilt es für den Fall des Fluges MH17 darzulegen, dass zur Zeit des Abschusses in dem betroffenen Gebiet ein bewaffneter Konflikt gegeben war, der sich auf den Luftraum erstreckt hatte.

1. Der bewaffnete Konflikt im Osten der Ukraine

Der sog. Ukrainekonflikt[80] brach aus, nachdem der ukrainische Präsident Viktor Janukowitsch am 21. November 2013 ein geplantes Assoziierungsabkommen mit der EU stoppte und Anhänger eines proeuropäischen Kurses daraufhin Proteste gegen die Staatsführung initiierten.[81] Die Protestbewegungen sowie deren Bekämpfung wurden bis Februar 2014 immer intensiver und blutiger. Nach der Absetzung Janukowitschs am 22. Februar 2014, spitzte sich die Lage unter der Übergangsregierung um Ministerpräsident Arsenij Jazenjuk weiter zu.[82]

Infolge des umstrittenen Referendums über die Annexion der Halbinsel Krim am 16. März 2014,[83] weitete sich der Konflikt im April 2014 auf den Osten des Landes aus.[84] Die Besetzung zentraler öffentlicher Gebäude sowie Polizei- und sonstiger Sicherheitseinrichtungen in den Regionen Luhansk und Donezk ab Mitte April 2014 und die Proklamation dieser zu *Volksrepubliken* führten zu einer signifikanten Intensivierung des Konflikts. Im Rahmen heftiger militärischer Auseinandersetzungen zwischen Milizen und ukrainischen Regierungstruppen kam es zum Einsatz schwerer Waffen wie Panzer, Artillerie und Raketen. Das Büro des Hohen Kommissars für Menschenrechte (OHCHR), welches im Zuge seiner Beobachtermission zur Evaluierung der Menschenrechtssituation in der Ukraine seit März 2014 monatliche Berichte verfasste, ging für den Zeitraum von Mitte April bis Mitte Juli 2014 von einer Opferzahl von mindestens 11 Per-

---

[79] Zum Begriff der Gefahr siehe unten, Teil 5 B. III. 1. a), S. 230 ff.
[80] Ausführlich zum Konflikt und dessen völkerrechtlicher Einordnung siehe *Gornig*, Der Ukraine-Konflikt aus völkerrechtlicher Sicht.
[81] Konfliktbarometer 2014, S. 44.
[82] Konfliktbarometer 2014, S. 37, 40.
[83] Konfliktbarometer 2014, S. 40.
[84] *Waßermann*, Ukraine-Konflikt in Daten, Wie die Krise eskalierte, Handelsblatt v. 12.5.2014, abrufbar unter: http://www.handelsblatt.com/politik/international/ukraine-konflikt-in-daten-wie-die-krise-eskalierte/11352610-all.html [zuletzt aufgerufen am 26.1.2023].

sonen pro Tag aus.⁸⁵ In seinem Bericht vom 15. Juli 2014 wies es darüber hinaus auf mehrere hundert Fälle von Entführungen, Verschleppungen, Folter und Hinrichtungen hin.⁸⁶ Insgesamt kam es im Jahre 2014 schätzungsweise zu 4.771 Todesopfern und zu mehr als 10.000 Verwundeten. Über 1,2 Millionen Menschen flüchteten oder wurden innerhalb des Landes vertrieben.⁸⁷ Das HIIK stufte die Lage in der Ostukraine in seinem Konfliktbarometer 2014 daher als intensivste Form des Konflikts – als Krieg – ein.⁸⁸

In einer am 23. Juli 2014 veröffentlichten Pressemitteilung bezeichnete *Dominik Stillhart*, Direktor des Internationalen Komitee vom Roten Kreuz (IKRK), die Situation als nicht-internationalen bewaffneten Konflikt.⁸⁹ In der Tat lagen zu der Zeit die Voraussetzungen eines nicht-internationalen Konflikts im Sinne des gemeinsamen Art. 3 GA vor. Der Konflikt spielte sich zwischen bewaffneten Gruppen und ukrainischen Regierungstruppen auf dem Staatsgebiet der Ukraine ab. Darüber hinaus wiesen die bewaffneten Gruppen einen gewissen Organisationsgrad sowie eine hierarchische Struktur auf. Auch waren die Kampfhandlungen bereits hinreichend intensiv und langanhaltend.⁹⁰

Ob die mögliche Beteiligung Russlands als Drittstaat zur „Internationalisierung"⁹¹ des *prima facie* nicht-internationalen Konflikts führte, kann offenbleiben. Zwar ist die Unterscheidung von internationalen und nicht-internationalen bewaffneten Konflikten trotz aller Kritik⁹² nach wie vor von gewisser Bedeu-

---

⁸⁵ Siehe zum Ganzen UNGA, Report of the United Nations High Commissioner for Human Rights on the situation of human rights in Ukraine, 19.9.2014, A/HRC/27/75, S. 4 f.

⁸⁶ OHCHR, Report on the human rights situation in Ukraine, 15.7.2014, S. 3, https://www.ohchr.org/Documents/Countries/UA/Ukraine_Report_15July2014.pdf [zuletzt aufgerufen am 26.1.2023].

⁸⁷ OCHA, Ukraine Situation report No. 22 as of 26 December 2014, abrufbar unter: https://reliefweb.int/sites/reliefweb.int/files/resources/Sitrep%2022%20-%20Ukraine%20-%20 26%20December_FINAL.pdf [zuletzt aufgerufen am 26.1.2022].

⁸⁸ Konfliktbarometer 2014, S. 42 ff.

⁸⁹ Siehe IKRK, Ukraine: ICRC calls on all sides to respect international humanitarian law, 23.7.2014, abrufbar unter: https://www.icrc.org/eng/resources/documents/news-release/2014/07-23-ukraine-kiev-call-respect-ihl-repatriate-bodies-malaysian-airlines.htm [zuletzt aufgerufen am 26.1.2023].

⁹⁰ So auch *Gornig*, Der Ukraine-Konflikt aus völkerrechtlicher Sicht, S. 420 f.; *Heinsch*, Int'l L. Stud., 2015, 323 (355 f.); *Kaiser*, Air & Space L., 2015, 107 (110); *Szpak*, HJLS, 2017, 261 (274).

⁹¹ Zur Möglichkeit der Internationalisierung siehe JStGH, *Prosecutor v. Tadić*, Judgement, 15.7.1999, IT-94-1-A, para. 137; *Heinsch*, Int' L. Stud., 2015, 323 (340); *Pejić*, in: Wilmshurst/Breau, Perspectives on the ICRC Study, S. 92.

⁹² So wird die Unterscheidung zum Teil als rein formale „dichtomie arbitraire" kritisiert, die nicht auf der objektiven Realität beruht, siehe *Dupuy/Leonetti*, in: Cassese, Humanitarian Law, S. 258; ähnlich *Aldrich*, AJIL, 2000, 42 (62). Kritisch auch *Detter*, Law of War, S. 55; *War-*

tung,⁹³ doch führen die Erstreckung völkerrechtlichen Gewohnheitsrechts auf nicht-internationale bewaffnete Konflikte⁹⁴ sowie die Ausdehnung des Anwendungsbereichs einiger Vertragswerke⁹⁵ zu einer stetigen Annäherung der beiden Konzepte.⁹⁶ Darüber hinaus hat die Frage, ob der Konflikt internationaler oder nicht-internationaler Natur war, im Falle des Abschusses von Flug MH17 Konsequenzen nur in Bezug auf die *strafrechtliche* Verantwortlichkeit. Denn nur bei Vorliegen eines zumindest internationalisierten Konfliktes genießen die bewaffneten Gruppen die sog. Kombattantenimmunität, die zur Straflosigkeit der bloßen Teilnahme an rechtmäßigen Kampfhandlungen führt.⁹⁷ Für die Frage, ob ein bewaffneter Konflikt die Pflicht auslösen kann, den darüber befindlichen Luftraum zu sperren, ist aber nicht von Belang, ob der Konflikt internationaler oder nicht-internationaler Natur ist. Hier kommt es allein auf die möglichen Konsequenzen an, die sich aus der tatsächlichen Konfliktlage auf dem Boden für den zivilen Luftverkehr ergeben können. Auch ein nicht-internationaler Konflikt kann eine Bedrohung für die Luftsicherheit darstellen, so dass für die Zwecke der Bearbeitung dahinstehen kann, ob sich der Konflikt internationalisiert hatte oder nicht.⁹⁸

Geographisch bezog sich die Konfliktzone im Fall des Abschusses von Flug MH17 insbesondere auf die umkämpften Regionen Luhansk und Donezk im Osten der Ukraine.⁹⁹ Dass der bewaffnete Konflikt im Zeitpunkt des Abschusses von Flug MH17 bereits begonnen hatte und noch nicht beendet war, steht außer Zweifel.

brick/Rowe, ICLQ, 1996, 691 (698). Siehe zum Ganzen *Stewart*, IRCC, 2003, 313, der sich für eine einheitliche Definition des bewaffneten Konflikts ausspricht.

⁹³ Für nicht-internationale Konflikte gelten nur der gemeinsame Art. 3 GA I–IV sowie die Bestimmungen des Zusatzprotokolls II über den Schutz der Opfer. Insbesondere wird also kein Kombattanten- und Kriegsgefangenenstatus gewährt, siehe dazu *Hobe*, Völkerrecht, S. 475; *Pejić*, in: Wilmsthurst/Breau, Perspectives on the ICRC Study, S. 77; *Sivakumaran*, Non-International Armed Conflict, S. 513.

⁹⁴ Siehe dazu JStGH, *Tadić*, 2.10.1995, para. 100 ff.

⁹⁵ So wurde das VN-Waffenübereinkommen im Jahre 2001 auf nicht-internationale Konflikte erstreckt (BGBl. 2004 II, S. 1507, 1508). Gleiches gilt für das zweite Protokoll zur Haager Kulturgüter-Konvention von 1999. Im Übrigen sind das C-Waffen-Übereinkommen, das Ottawa Abkommen, das Streumunition Abkommen sowie die Kinderrechtekonvention (BGBl. 2004 II, S. 1354) unabhängig davon anwendbar, ob der bewaffnete Konflikt international oder nicht-international ist. Siehe dazu *Bothe*, in: Graf Vitzthum/Proelß, Völkerrecht, S. 866, Fn. 716.

⁹⁶ *Garraway*, in: FS-Fleck, S. 135 f; *Meron*, AJIL, 1996, 238 (242 f.); *Moir*, Internal Armed Conflict, S. 51 f.; siehe auch die Untersuchung bei *Boelaert-Suominen*, JCSL, 2000, 63.

⁹⁷ Siehe zur Einordnung des Falls MH17 und zu den jeweiligen Konsequenzen *Nase/Kielsgard*, JALC, 2015, 639 (651 ff.) m. w. N.

⁹⁸ So auch *Zhang*, CJICL, 2016, 450 (457).

⁹⁹ Konfliktbarometer 2014, S. 42.

2. Die Erstreckung des Konflikts auf den Luftraum über den Osten der Ukraine

Ab Ende April 2014 erstreckten sich die bewaffneten Auseinandersetzungen auch auf den Luftraum über der Ostukraine. Angaben ukrainischer Behörden zufolge kam es bis zur Katastrophe um Flug MH17 am 17. Juli 2014 zu mindestens 16 Abschüssen ukrainischer Militärflugzeuge.[100] So wurde erstmals am 22. April 2014 eine Antonov An-30B über Slowjansk in der Region Donezk abgeschossen. Mehrere Abschüsse von Helikoptern, Transport- und Kampfflugzeugen folgten, wobei vermutlich Kurzstreckenraketen, insbesondere MANPADS, eingesetzt wurden.[101] In Reaktion auf diese Entwicklungen ordneten die ukrainischen Behörden kurzzeitige Beschränkungen oder Sperrungen des betroffenen Luftraums an.[102] Die Maßnahmen wurden ab Juni 2014 in zeitlicher sowie räumlicher Hinsicht erweitert.

a) Luftraumsperrung bis FL260

Am 6. Juni 2014 wurde der Luftraum über der Ostukraine auf Antrag der staatlichen Gesellschaft für Flugsicherung (*Ukrainian State Air Traffic Service Enterprise*, UkSATSE) bis zu *Flight Level*[103] 260, also bis zu einer Flughöhe von etwa 7900 m,[104] für den zivilen Luftverkehr gesperrt. Infolge dieser Luftraumbeschränkung, die bis zum 28. Juli 2014 in Kraft war,[105] durften nur noch solche Luftfahrzeuge in den betroffenen Luftraum einfliegen, die eine vorherige Erlaubnis erlangt hatten. Explizit aus der Beschränkung ausgenommen waren sog.

---

[100] DSB-Abschlussbericht, S. 190.

[101] Für eine Auflistung der bestätigten sowie unbestätigten Vorfälle siehe DSB-Abschlussbericht, S. 181 ff.

[102] Siehe dazu DSB-Abschlussbericht, S. 179. Die Befugnis, den Luftraum zu sperren, kommt grundsätzlich der State Aviation Administration of Ukraine (SASU) zu, welche dem Ministerium für Infrastruktur untersteht und eng mit dem Generalstab der Streitkräfte zusammenarbeitet. Aus taktischen Gründen kann in bestimmten Fällen aber auch die staatliche Gesellschaft für Flugsicherung (UkSATSE) Teile des ukrainischen Luftraums sperren, dazu: DSB-Abschlussbericht, S. 192 f., Abb. 79.

[103] Der Begriff *Flight Level* (abgekürzt FL, auf Deutsch: Flugfläche) bezeichnet die Flächen konstanter Druckhöhe, also letztlich die Flughöhe, in 100 Fuß, vgl. *Klußmann/Arnim*, Lexikon der Luftfahrt, S. 209.

[104] Zur Berechnung: 1 m entspricht 3,28 Fuß, siehe *Klußmann/Arnim*, Lexikon der Luftfahrt, S. 259.

[105] DSB-Abschlussbericht, S. 179 f., 194; die entsprechenden NOTAM A1383/14 (for the airways) und A1384/14 (for the area) sind abgedruckt in: DSB, Appendices to report Crash of Malaysia Airlines flight MH17, The Hague, 2015 (nachfolgend: DSB-Appendices), Appendix D, S. 27 ff., abrufbar unter: https://www.onderzoeksraad.nl/en/page/3546/crash-mh17-17-july-2014 [zuletzt aufgerufen am 26.1.2023].

Staatsflugzeuge im Sinne des Art. 3 lit. b) CA, also Flugzeuge im Militär-, Zoll- und Polizeidienst.

Sinn und Zweck der Sperrung lag darin, die militärische Luftfahrt zu schützen und den militärischen Operationen Vorrang vor der zivilen Luftfahrt einzuräumen. Die gewählte Höhe ergab sich dabei aus der Erwägung, dass die bewaffneten Gruppen nach Informationen des ukrainischen Geheimdienstes über MANPADS mit einer Reichweite von bis zu 4500 m verfügten. Zusätzlich wurde eine Sicherheitsmarge von 2000 m eingerechnet. Die Behörden gingen davon aus, dass militärische Flugzeuge auf FL220 bis FL240, also auf einer Höhe zwischen 6700 m und 7300 m, sicher waren. Um gleichwohl eine klare Trennung zwischen militärischen Aktivitäten und dem zivilen Luftverkehr zu erreichen und so dem Schutz des letzteren zu dienen, wurde eine Pufferzone bis FL260, also bis 7900 m, eingerichtet, in welcher auch kein militärischer Luftverkehr stattfand.[106] Eine Bedrohung für die zivile Luftfahrt wurde nur im Zusammenhang mit Aktivitäten militärischer Luftfahrzeuge angenommen.[107] Oberhalb der eingerichteten Schwelle wurde der zivile Luftverkehr daher als sicher erachtet.[108]

b) Luftraumsperrung bis FL320

Trotz der ergriffenen Maßnahme wurde noch am 14. Juli 2014, drei Tage vor dem Abschuss von Flug MH17, ein weiteres Militärflugzeug über der Region Luhansk abgeschossen. Dem Sprecher der Nationalen Sicherheits- und Verteidigungsrat der Ukraine (RNBO)[109] zufolge soll die betroffene Antonov An-26 zur Zeit des Abschusses auf einer Höhe von 6500 m geflogen sein.[110] Da diese Höhe von MANPADS nicht erreicht werden könne, müsse das Luftfahrzeug den ukrainischen Behörden nach von einer „more powerful weapon"[111], etwa von

---

[106] Siehe zum Vorstehenden DSB-Abschlussbericht, S. 194.
[107] DSB-Abschlussbericht, S. 183 f.
[108] DSB-Abschlussbericht, S. 194 f.
[109] Der Nationale Sicherheits- und Verteidigungsrat der Ukraine (Rada nacional'noij bespeky i oborony Ukrajiny – RNBO) ist als Konsultativorgan des Präsidenten entstanden, welchem nach Art. 107 der ukrainischen Verfassung die Aufgabe zukommt, diesen in Fragen der nationalen Sicherheit und Verteidigung zu beraten sowie die Exekutive zu kontrollieren, siehe *Helmerich*, Die Ukraine zwischen Autokratie und Demokratie, S. 64.
[110] RNBO, News & Analysis Center, July 14 Update, 14.7.2014, https://euromaidanpress.com/2014/07/14/nsc-news-analysis-center-briefing-at-1700-july-14-2014/ [zuletzt aufgerufen am 26.1.2023]. Der ukrainische Außenminister *Klimkin* bestätigte den Abschuss in einem Diplomatenbriefing, gab dabei aber eine Flughöhe von 6200 m an. Diese wurde später auf 6300 m angehoben, siehe DSB-Abschlussbericht, S. 183, Fn. 84 m. w. N., S. 184.
[111] RNBO, News & Analysis Center, July 14 Update, 14.7.2014, https://euromaidanpress.com/2014/07/14/nsc-news-analysis-center-briefing-at-1700-july-14-2014/ [zuletzt aufgerufen am 26.1.2023]; DSB-Abschlussbericht, S. 183.

einer Mittelstrecken-Boden-Luft-Rakete oder einer Luft-Luft-Rakete, erfasst worden sein.[112]

Am selben Tag wurde die bestehende Luftraumsperrung auf Initiative der Uk-SATSE auf FL320, also auf etwa 9750 m, angehoben.[113] Gleichwohl soll der Abschuss der Antonov An-26 ukrainischen Luftfahrbehörden zufolge nicht ursächlich für die Erweiterung der Luftraumsperrung gewesen sein. Vielmehr sei sie bereits vor dem 14. Juli beantragt worden, um den Sicherheitsabstand zwischen militärischem und zivilem Luftverkehr zu vergrößern. Nach dem Abschuss soll die Erweiterung lediglich beschleunigt in Kraft getreten sein.[114]

3. Zwischenergebnis

Die vorstehenden Ausführungen zeigen auf, dass sich der bewaffnete Konflikt im Osten der Ukraine, insbesondere im unmittelbaren Vorfeld des Abschusses von Flug MH17, deutlich auf die Sicherheit des Luftraums auswirkte. So wurde noch einen Tag zuvor, am 16. Juli 2014, ein Suchoi Su-25M1 Kampfflugzeug in der Region Donezk, nahe Amwrossijiwka an der russischen Grenze abgeschossen.[115] In einer am 18. Juli 2014 veröffentlichten Mitteilung dazu ging das RNBO davon aus, dass sich das Flugzeug auf einer Flughöhe von 8250 m befand, als es von einer Mittelstrecken-Luft-Luft-Rakete getroffen wurde.[116] Nach einer vorläufigen Unfalluntersuchung wurde die Flughöhe auf 6250 m korrigiert.[117]

Auffällig ist, dass die ukrainische Regierung bei den Abschüssen vom 14. und 16. Juli 2014 Flughöhen angab, welche nur von leistungsstarken, weitreichenden Raketen erreicht werden können. Die erwähnten Mittelstrecken-Boden-Luft-Raketen und Luft-Luft-Raketen können aber auch für Passagierflugzeuge auf gewöhnlicher Flughöhe gefährlich werden.[118] Dennoch habe es ukrainischen Behörden zufolge „no grounds to expect threats to flight safety of civil aircraft above FL260 taking into account the buffer zone up to FL320"[119] gegeben. Somit

---

[112] Siehe hierzu DSB-Abschlussbericht, S. 183 f.
[113] DSB-Abschlussbericht, S. 10, 195 ff.; NOTAM A1492/14, 1493/14, abgedruckt in: DSB-Appendices, Appendix D, S. 27, 30 f.
[114] DSB-Abschlussbericht, S. 195 f.
[115] Siehe dazu unter Berufung auf Angaben des ukrainischen Verteidigungsministeriums: https://aviation-safety.net/wikibase/167950 [zuletzt aufgerufen am 26.1.2023].
[116] National Security of Ukraine, Information Analysis Center, 18.7.2014, http://mediarnbo.org/2014/07/18/nsc-news-analysis-center-briefing-at-12-00-july-18-2014/?lang=en [zuletzt abrufbar am 16.4.2021].
[117] DSB-Abschlussbericht, S. 185.
[118] DSB-Abschlussbericht, S. 10, 190, 206.
[119] Zitiert nach dem DSB, welches in seinem Abschlussbericht auf geführte Interviews mit Angehörigen des ukrainischen Verteidigungsministeriums verweist, siehe DSB-Abschlussbericht, S. 196.

wurde zwar erkannt, dass der Konflikt auf dem Boden eine Gefahr für den Luftraum darstellte, zivile Luftfahrzeuge auf gewöhnlicher Flughöhe wurden bis zum Abschuss von Flug MH17 aber als sicher erachtet.

B. Der faktische Hergang des Abschusses von Flug MH17 auf Basis des DSB-Abschlussberichtes

Nach der Darstellung des Kontextes, in welchem sich das Unglück um Flug MH17 ereignete, wird im Folgenden der Hergang des Abschusses nachgezeichnet, wobei Grundlage der Ausführungen der Abschlussbericht des *Dutch Safety Board* (DSB) ist.

I. Der Absturz von Flug MH17

Am 17. Juli 2014 um 10.31 Uhr (UTC)[120] hob eine Boeing 777-200 der Malaysia Airlines vom Amsterdamer Flughafen Schiphol mit dem Ziel Kuala Lumpur International Airport ab.[121] Dem Flugplan entsprechend überflog das Passagierflugzeug mit der Flugnummer MH17 nach den Niederlanden zunächst Deutschland sowie Polen und gelangte sodann in den ukrainischen Luftraum.[122] Von dort aus sollte es über Russland, Iran, Afghanistan, Pakistan, Indien und den Golf von Bengalen letztlich nach Kuala Lumpur, Malaysia fliegen.[123] Um 13.20 Uhr stürzte das Flugzeug jedoch über der Ostukraine nahe Hrabowe, einem Dorf in der Region Donezk, ab.[124] Dabei kamen alle 298 Personen an Bord – 283 Fluggäste und 15 Besatzungsmitglieder – ums Leben.[125]

II. Die Übertragung der Flugunfalluntersuchung auf das DSB

Der Absturz des Fluges MH17 warf viele Fragen auf, welche zum Teil noch heute nicht mit Sicherheit beantwortet sind. Um die Unfallursachen bei Luftunglücken zu klären und ähnlichen Vorfällen vorzubeugen,[126] sieht das Chicagoer Ab-

---

[120] Alle Uhrzeiten werden in koordinierter Weltzeit (Universal Time Coordinated, UTC) angegeben. Die Mitteleuropäische Zeit beträgt in der hier maßgeblichen Sommerzeit UTC + 2.
[121] DSB-Abschlussbericht, S. 23.
[122] Der Flugplan sowie Erläuterungen zu diesem sind abgedruckt in: DSB-Appendices, Appendix C, S. 22 ff.
[123] DSB-Abschlussbericht, S. 23 f.; *Gosling/Ayres*, JALC, 2015, 497 (501).
[124] DSB-Abschlussbericht, S. 9.
[125] DSB-Abschlussbericht, S. 7, 9, 27, 253.
[126] *Abeyratne*, Convention on Internat. Civil Aviation, Art. 26, S. 331 f.

kommen, die „Magna Charta des internationalen Luftrechts"[127], vor, dass nach derartigen Flugzeugkatastrophen eine eingehende Untersuchung der Umstände zu erfolgen hat. Zum Schutz der territorialen Souveränität liegt dabei die Verantwortung für die Untersuchung bei Unfällen mit tödlichen Folgen, die dem Luftfahrzeug eines Vertragsstaates im Hoheitsgebiet eines anderen Vertragsstaates zustoßen gem. Art. 26 CA bei dem Staat, in dessen Gebiet sich der Unfall ereignet hat (sog. *state of occurrence*).[128] Im Fall von Flug MH17 wäre das die Ukraine gewesen.[129]

Allerdings erlaubt *Standard* 5.1 des Annex 13 zum CA die vollständige oder teilweise Übertragung der Untersuchung auf einen anderen Staat, sofern dieser damit einverstanden ist.[130] Von dieser Möglichkeit wurde im Fall von Flug MH17 Gebrauch gemacht.[131] Nachdem der Sicherheitsrat der Vereinten Nationen am 21. Juli 2014 die Resolution 2166 (2014) verabschiedete, in welcher er die „Notwendigkeit einer vollständigen, gründlichen und unabhängigen internationalen Untersuchung des Vorfalls"[132] unterstrich, einigten sich die Ukraine und die Niederlande am 23. Juli 2014 in einem *Memorandum of Understanding*[133] darauf, dass die Unfalluntersuchung durch die Niederlande erfolgen soll. Auf Basis eines weiteren *Agreements*[134] wurde die Durchführung der Untersuchung vom ukrainischen *National Bureau of Air Accidents Investigation* (NBAAI) auf die niederländische Flugsicherheitsbehörde, dem *Onderzoeksraad Voor Veiligheid* (OVV, engl. *Dutch Safety Board*, DSB) übertragen. Das Interesse der Niederlande an der Übernahme der Untersuchung dürfte dabei nicht zuletzt der Tatsache geschuldet sein, dass etwa zwei Drittel der Opfer niederländischer Nationalität waren.[135]

Das DSB veröffentlichte am 9. September 2014 zunächst einen Zwischenbericht,[136] bevor am 13. Oktober 2015 der Abschlussbericht zur Unfalluntersu-

---

[127] *Schladebach*, Luftrecht, S. 48.
[128] *Kaiser*, Air & Space L., 2015, 107 (113).
[129] Die Besetzung des Absturzgebiets durch Aufständische ist dabei unschädlich, da das umkämpfte Gebiet keine eigene Staatlichkeit aufweist, *Nase/Kielsgard*, JALC, 2015, 639 (669).
[130] Annex 13 to the Convention on International Civil Aviation, Aircraft Accident and Incident Investigation, 12. Aufl. 2020 (nachfolgend: Annex 13, Accident Investigation), 5.1.
[131] DSB-Abschlussbericht, S. 14; *Kaiser*, Air & Space L., 2015, 107 (113 f.).
[132] UNSC Res. 2166 (2014) vom 21.7.2014, S/RES/2166 (2014), Präambel.
[133] Abgedruckt in: DSB, MH17 about the investigation, The Hague, 2015 (nachfolgend: DSB, About the investigation), Appendix C, abrufbar unter: https://www.onderzoeksraad.nl/en/page/3546/crash-mh17-17-july-2014 [zuletzt aufgerufen am 26.1.2023].
[134] Abgedruckt in: DSB, About the investigation, Appendix D.
[135] So auch *Gosling/Ayres*, JALC, 2015, 497 (502, Fn. 535).
[136] DSB, Preliminary Report, Crash involving Malaysia Airlines Boeing 777-200, Hrabove,

chung folgte. In Übereinstimmung mit den Vorgaben des Annex 13[137] hob das Untersuchungsteam darin mehrfach hervor, dass es nicht um Fragen von Schuld und Haftung, sondern um Prävention und Aufklärung gehe.[138] Da das DSB am 18. Juli 2014 in Folge des Abschusses bereits eine Untersuchung zum Entscheidungsprozess im Rahmen des Überflugs von Konfliktzonen begonnen hatte, entschloss es sich, beide Untersuchungen zu verbinden und gemeinsam zu veröffentlichen.[139] So widmet sich das Untersuchungsteam im ersten Teil des Berichts der Absturzursache in technischer Hinsicht und im zweiten der Problematik des Überflugs von Konfliktzonen.

III. Die Auswertung der Datenaufzeichnungen

Anhand des Berichtes zur Absturzursache, in welchem auch die Radardaten sowie die Gespräche zwischen dem Flugpersonal und der Flugsicherung ausgewertet werden, lässt sich die letzte halbe Stunde von Flug MH17 gut rekonstruieren. Daten der staatlichen Gesellschaft der ukrainischen Flugsicherung UkSATSE zufolge befand sich das Flugzeug auf FL330, also auf einer Flughöhe von etwa 10.000 m, als es um 12.53 Uhr in das über der Ostukraine befindliche Fluginformationsgebiet (engl. *Flight Information Region*, FIR)[140] Dnipropetrovsk[141] einflog und in Kontakt zur zuständigen Flugsicherungsbehörde trat.[142] Um

---

Ukraine, 17 July 2014, The Hague, 2014, https://www.onderzoeksraad.nl/en/page/3546/crash-mh17-17-july-2014 [zuletzt aufgerufen am 26.1.2023].

[137] Annex 13, Accident Investigation, 3.1: „The sole objective of the investigation of an accident or incident shall be the prevention of accidents and incidents. It is not the purpose of this activity to apportion blame or liability" und 5.4.1: „Any investigation conducted in accordance with the provisions of this Annex shall be separate from any judicial or administrative proceedings to apportion blame or liability."

[138] DSB-Abschlussbericht. S. 9, 14 f.

[139] DSB-Abschlussbericht, S. 14.

[140] Ein Fluginformationsgebiet umschreibt einen definierten Luftraum, in dem Fluginformationsdienste sowie ein Alarmdienst für den Luftverkehr zur Verfügung gestellt werden. Ihre Ausdehnung richtet sich grundsätzlich nach den nationalen Grenzen, kann aber auch zwischen Ländern ausgehandelt werden, siehe *Klußmann/Arnim*, Lexikon der Luftfahrt, S. 217; Annex 11 to the Convention on International Civil Aviation, Air Traffic Services, Air Traffic Control Service, Flight Information Service, Alerting Service, 15. Aufl. 2018 (nachfolgend: Annex 11, Air Traffic Services), 2.5.2.1, 2.11.1.

[141] Der ukrainische Luftraum ist in vier FIRs aufgeteilt: L'viv FIR, Kyiv FIR, Odesa FIR, Dnipropetrovsk FIR, siehe DSB-Abschlussbericht, S. 191 und S. 192, Abb. 78. Das Flugverkehrsmanagement für die am 3. März 2014 außer Betrieb gesetzte Simferopol FIR ist zwischen Odesa und Dniproetrovsk aufgeteilt.

[142] DSB-Abschlussbericht, S. 24 f.; zur Kommunikation zwischen der Crew von Flug MH17 und der Flugsicherung siehe DSB-Abschlussbericht, S. 43 und DSB-Appendices, Appendix G, S. 38.

B. Der faktische Hergang des Abschusses von Flug MH17

13.19:56 Uhr wurde die Freigabe des Einflugs in den russischen Luftraum von der Flugcrew empfangen und bestätigt.[143] Doch bereits um 13.20 Uhr, als die Flugsicherungsbehörde den weiteren Flugverlauf anzeigte, erfolgte darauf kein Signal mehr.[144] Weitere Kontaktversuche blieben erfolglos.[145] Auch die angefragte Crew des in der Nähe befindlichen Fluges 351 der Singapore Airlines konnte Flug MH17 weder visuell, noch auf dem Display des *Airborne Collision and Avoidance System* (ACAS)[146] wahrnehmen.[147] Ebenso wenig war eine Kontaktaufnahme über Radiofrequenzen möglich.[148]

Die durch das DSB ausgewerteten Radarsysteme stützen diese Erkenntnisse. So wird aus den von der UkSATSE übermittelten Radardaten ersichtlich, dass sich Flug MH17 bis 13.20:03 Uhr „straight and level"[149] auf FL330 befand und dass um 13.20:36 Uhr der sog. *coasting mode* aktiviert wurde.[150] Ab diesem Zeitpunkt wurden somit keine Radarsignale mehr empfangen, so dass Position und Höhe des Flugzeugs nur vorhergesagt werden konnten.[151] Die dem DSB von der russischen Flugsicherungsorganisation GKOVD zur Verfügung gestellte Videoaufnahme des Radarschirms stimmt mit den ukrainischen Aufzeichnungen im Wesentlichen überein.[152]

Die Aufzeichnungen des Stimmenrekorders sowie des Flugdatenschreibers enden beide um 13.20:03 Uhr.[153] Auf diesen Zeitpunkt lässt auch die Auswertung des in der Maschine eingebauten Notsenders (*fixed Emergency Locator Transmitter*, ELT) schließen. Zwar konnte dieser nicht geborgen werden, doch sendet er im Fall einer Beschleunigung von 2.0 bis 2.6 g nach 30 Sekunden automatisch ein Signal. Am Tag des Abschusses empfingen fünf Bodenstationen ein solches ELT-Signal, welches zwischen 13.20:35 und 13.20:36 Uhr von Satelliten übertragen wurde.[154]

---

[143] DSB-Abschlussbericht, S. 26, 43, 108; DSB-Appendices, Appendix G, S. 40.
[144] DSB-Abschlussbericht, S. 26, 108.
[145] Zu den vielfachen Kontaktversuchen siehe DSB-Appendices, Appendix G, S. 40 ff.
[146] Hierbei handelt es sich um ein bordeigenes System, welches den Piloten bei gefährlicher Annäherung an ein anderes Flugzeug warnt, siehe *Klußmann/Arnim*, Lexikon der Luftfahrt, S. 619.
[147] DSB-Abschlussbericht, S. 43; DSB-Appendices, Appendix G, S. 41 f.
[148] DSB-Abschlussbericht, S. 43.
[149] DSB-Abschlussbericht, S. 40 f., 113 f., 254.
[150] DSB-Abschlussbericht, S. 39 f., 113 f., 116, Abb. 44; DSB-Appendices, Appendix I, S. 56.
[151] Siehe DSB-Abschlussbericht, S. 271; DSB-Appendices, Appendix I, S. 57.
[152] DSB-Abschlussbericht, S. 40. Der coasting mode wurde hier allerdings – wohl aufgrund einer anderen Software – etwas verzögert angezeigt, siehe DSB-Abschlussbericht, S. 113.
[153] DSB-Abschlussbericht, S. 45, 47, 115.
[154] Zur Auswertung des ELT siehe DSB-Abschlussbericht, S. 48 ff., 115; DSB-Appendices, Appendix H, S. 53 ff.

Im Abschlussbericht wird mehrfach hervorgehoben, dass Flug MH17 bis 13.20:03 Uhr ohne Komplikationen auf FL330 geflogen sei.[155] So lassen die Radardaten weder auf einen Betriebsausfall, noch auf eine Störung oder einen sonstigen Notfall schließen.[156] Auch enthalten die aufgezeichneten Gespräche der Crew untereinander keine Anzeichen dafür, dass sich etwas Ungewöhnliches an Bord des Fluges abspielte.[157] Die Aufnahmen des Stimmenrekorders und des Flugdatenschreibers enden vielmehr plötzlich.[158] Keine der Datenaufzeichnungen lässt darauf schließen, dass nach 13.20:03 Uhr noch elektrischer Strom an Bord des Fluges verfügbar war.[159] Dies bestätigt auch die ausgewertete Satellitenkommunikation (SATCOM). Im Rahmen dieses Radiosystems überprüft eine entsprechende Bodenstation in regelmäßigen Abständen, ob das Flugzeug noch Signale sendet.[160] Die letzte Übertragung von Flug MH17 per SATCOM erfolgte um 13.08:51 Uhr. Bei der darauffolgenden Abfrage – etwa 14 Minuten später – konnten keine Signale mehr festgestellt werden.[161] All dies lässt darauf schließen, dass Flug MH17 plötzlich aus der Luft gerissen wurde.

IV. Die Untersuchung der Trümmer und geborgenen Teile

Das Flugzeug schlug nahe Hrabowe im Osten der Ukraine auf.[162] Die großteilige Verteilung der Trümmer auf einer Fläche von etwa 50 km² spricht dem DSB zu Folge für ein Auseinanderbrechen des Flugzeugs in der Luft.[163] Die geborgenen Teile des vorderen Flugzeugrumpfes sowie des Cockpits, in denen über 350 Einschlaglöcher festzustellen waren,[164] lassen auf eine Durchlöcherung der Maschine von außen schließen.[165] Dafür spricht auch die Analyse der über 100 eisenhaltigen Metallfragmente, „suspected to be high-energy-objects or parts of them"[166], die in den Überresten der Crew und der Reisenden gefunden wurden.[167] Diese

---

[155] DSB-Abschlussbericht, S. 40, 45, 110.
[156] DSB-Abschlussbericht, S. 39, 109, 113; DSB-Appendices, Appendix H, S. 50 f.
[157] DSB-Abschlussbericht, S. 45; DSB-Appendices, Appendix H, S. 50.
[158] DSB-Abschlussbericht, S. 45, 47, 113, 254.
[159] DSB-Abschlussbericht, S. 52, 115 f., 254.
[160] DSB-Abschlussbericht, S. 50 f.
[161] DSB-Abschlussbericht, S. 51, 115 f.
[162] DSB-Abschlussbericht, S. 7, 14, 26.
[163] DSB-Abschlussbericht, S. 53, 83, 104; zur Verteilung der Trümmer siehe DSB-Abschlussbericht, S. 53 ff.
[164] DSB-Abschlussbericht, S. 83, 121, 126.
[165] DSB-Abschlussbericht, S. 120, 136.
[166] DSB-Abschlussbericht, S. 88, 95.
[167] Zur forensischen Untersuchung durch das Netherlands Forensic Institute (NFI), siehe DSB-Abschlussbericht, S. 84 ff.; zur weitergehenden Untersuchung einiger Metallfragmente, die sich in Bezug auf Größe, Form und Masse ähnelten: DSB-Abschlussbericht, S. 89 ff.

waren nur einseitig stark deformiert und wiesen jeweils an dieser Seite Spuren des Flugzeugmaterials auf.[168] Auch konnten typische Explosionsschäden wie Ruß[169] und starke Deformationen festgestellt werden.[170]

Aus der charakteristischen Schmetterlings- bzw. Würfelform einiger der Fragmente[171] zieht das DSB den Schluss, dass ein 9N314M Sprengkopf zum Abschuss von Flug MH17 geführt haben muss. Nur ein solcher Sprengkopf enthalte derartig vorgeformte Splitter.[172] Dieser Sprengkopf wird dem DSB zufolge von Raketen der Serie 9M38M(1) getragen, die von Boden-Luft-Raketen des Typs Buk abgeschossen werden.[173] Bei Letzteren handelt es sich um mobile Mittelstrecken-Flugabwehrraketen, welche mit radargestützter Zielerfassung arbeiten[174] und Ziele in Höhen von bis zu 24 km erreichen können.[175] Andere Waffensysteme wurden geprüft und – unter anderem aufgrund des Schadensbildes und ihrer geringeren Reichweite – ausgeschlossen.[176] Insbesondere sei auch kein militärisches Flugzeug auf dem Primärradar ersichtlich gewesen.

Die Rakete soll dem DSB nach links oberhalb des Cockpits explodiert sein. Dies ergebe sich nicht nur aus dem Schadensbild, sondern auch aus den Aufnahmen des Stimmenrekorders. In den letzten 20 Millisekunden der Aufnahme sei eine im Zusammenhang der Explosion entstandene Druckwelle in Form von zwei Geräuschspitzen zu hören.[177] Diese bewege sich von links nach rechts,[178] was die Detonation links vom Cockpit bestätige.

V. Zwischenergebnis

Im Ergebnis kommt das DSB aufgrund einer Kombination aus dem Schadensbild, den geborgenen charakteristischen würfel- und schmetterlingsförmigen Metallfragmenten, den aufgezeichneten Druckwellen sowie der Explosionsspuren zu dem Schluss, dass Flug MH17 von einem 9N314M Sprengkopf, getragen von einer Rakete der Serie 9M38 und abgeschossen von einer Boden-Luft-Ra-

---

[168] DSB-Abschlussbericht, S. 90 f.
[169] DSB-Abschlussbericht, S. 57 f., 61 f., 65, 78, 126, 136.
[170] DSB-Abschlussbericht, S. 57, 124, 126, 136, 147 ff.
[171] DSB-Abschlussbericht, S. 9 f., 95.
[172] DSB-Abschlussbericht, S. 132, 134 f.
[173] DSB-Abschlussbericht, S. 132. Das Untersuchungsteam legt sich nicht darauf fest, ob es eine 9M38M1 oder eine 9M38M-Rakete war, siehe DSB-Appendices, Appendix V, S. 8, 10.
[174] DSB-Abschlussbericht, S. 132.
[175] DSB-Abschlussbericht, S. 134 f.
[176] Eingehend dazu: DSB-Abschlussbericht, S. 126 ff.
[177] DSB-Abschlussbericht, S. 45, 47, 111 f., 136.
[178] DSB-Abschlussbericht, S. 136.

kete des Typs Buk, erfasst wurde.[179] Der Einschlag der sog. *high energy objects* um 13.20:03 Uhr verursachte einen Ausfall der Elektronik sowie massive Strukturschäden,[180] die zunächst zu einem Abbrechen des Cockpits geführt haben.[181] Etwa eine Minute später schlug der Rest der Maschine am Boden auf.[182] Andere mögliche Absturzursachen wurden vom DSB untersucht und ausgeschlossen. So kämen interne Gründe – wie eine Explosion des Treibstofftanks oder eines Sprengkörpers an Bord oder auch ein Ausfall des Triebwerks – nicht in Betracht.[183] Das Flugzeug sei flugtüchtig gewesen und habe keine technischen Mängel aufgewiesen, die die Flugsicherheit hätten beeinträchtigen können.[184] Die aufgezeichneten Flugdaten seien unauffällig gewesen.[185] Selbst die Möglichkeit eines Blitz- bzw. Meteoreinschlags sowie einer Berührung mit Weltraumschrott wurde erwogen und für ausgeschlossen erachtet.[186]

C. Kritische Würdigung des DSB-Abschlussberichtes

Der Abschlussbericht des DSB ist insbesondere mit Blick auf den politischen und sicherheitstechnischen Kontext der Untersuchung differenziert zu betrachten. Auch wird die vom Ermittlungsteam angewandte Methodik teilweise kritisiert.

I. Politischer und sicherheitstechnischer Kontext des Abschlussberichtes

Im Kontext eines bewaffneten Konflikts ist das Ziel einer möglichst unabhängigen Untersuchung[187] nur schwer zu realisieren. So kam es bereits kurz nach dem Abschuss der Maschine zu gegenseitigen Schuldzuweisungen zwischen Russ-

---

[179] DSB-Abschlussbericht, S. 137. Zur Unterstützung der Ergebnisse wurden externe Spezialisten angefordert, welche Simulationen durchführten, siehe DSB-Abschlussbericht, S. 137 ff. sowie DSB-Appendices, Appendix X, Y und Z. Die Studien kamen weitestgehend zu übereinstimmenden Ergebnissen. Insbesondere befindet sich das Abschussgebiet allen Erkenntnissen nach jedenfalls innerhalb eines 320 km² großen Gebiets im umkämpften Osten der Ukraine.
[180] DSB-Abschlussbericht, S. 116 f.
[181] DSB-Abschlussbericht, S. 150 f., 160.
[182] DSB-Abschlussbericht, S. 162 f.
[183] DSB-Abschlussbericht, S. 117 f.
[184] DSB-Abschlussbericht, S. 105 f.
[185] DSB-Abschlussbericht, S. 109.
[186] DSB-Abschlussbericht, S. 100 f., 117.
[187] DSB, About the investigation, S. 68; DSB-Abschlussbericht, S. 3.

land und der Ukraine,[188] in deren Zusammenhang jede Schlussfolgerung des Untersuchungsteams als Positionierung für die eine oder andere Seite gewertet werden könnte. Obgleich sich das DSB ausdrücklich davon distanzierte, diesbezüglich Stellung zu beziehen, war es einem erhöhten politischen Druck ausgesetzt. Auch fanden sich die Ermittelnden in einem „Informationskrieg"[189] zwischen den Parteien wieder, der die Wahrheitsfindung erschwerte. Darüber hinaus gab es Hinweise auf Hackerangriffe auf die Datenbank des DSB.[190]

Der bewaffnete Konflikt in der Region schadete der Untersuchung insbesondere auch, weil er den Zugang zur Unfallstelle monatelang behinderte.[191] So offenbart das DSB in seinem Abschlussbericht, dass die Bergungsarbeiten aus Sicherheitsgründen erst in der Zeit vom 4. bis zum 22. November 2014 – etwa vier Monate nach dem Abschuss – beginnen konnten. Weitere Bergungsrunden fanden vom 20. bis 28. März 2015 sowie vom 19. April bis 2. Mai 2015 statt.[192] Einige Wrackteile und sonstige Beweisstücke konnten somit erst zehn Monate nach dem Abschuss geborgen werden. Entwendungen und Manipulationen sind daher nicht ausgeschlossen.

II. Kritik an der Methodik des DSB

Kritik am Abschlussbericht des DSB wurde auch in Bezug auf die angewandte Methodik geäußert. So wird dem Ermittlungsteam zum Teil vorgeworfen, dass die vorgelegten Hinweise zur Festlegung auf die Waffenart nicht den internationalen Maßstäben entsprächen.[193] Wie aus dem Abschlussbericht ersichtlich wird, sind von den mehreren Hundert gefundenen Fragmenten nur 20 einer tiefgründigen Untersuchung hinsichtlich ihrer Zusammensetzung unterzogen worden. Da-

---

[188] *Vogel/Luth/Ptashnyk*, in: Vogel/Luth/Ptashnyk, Linguistische Zugänge zu Konflikten in europ. Sprachräumen, S. 11; *de Hoon/Fraser/McGonigle Leyh*, Legal Remedies for Downing Flight MH17, White Paper, Public International Law & Policy Group and VU University Amsterdam (nachfolgend: *de Hoon/Fraser/McGonigle Leyh*, White Paper), S. 11, abrufbar unter: https://static1.squarespace.com/static/5900b58e1b631bffa367167e/t/5c34baa9032be40b1b8d77b5/1546959531061/Legal+Remedies+for+Downing+Flight+MH17+FULL.pdf [zuletzt aufgerufen am 26.1.2023].

[189] *De Hoon*, UJIEL, 2017, 90 (92).

[190] Siehe etwa: Trend Micro, Security Intelligence Blog, 22.10.2015, Pawn Storm Targets MH17 Investigation Team, http://blog.trendmicro.com/trendlabs-security-intelligence/pawn-storm-targets-mh17-investigation-team/?_ga=2.92869021.181958411.1506427896-833475239.1506427896 [zuletzt abrufbar am 16.4.2021].

[191] *De Hoon*, UJIEL, 2017, 90 (92).

[192] DSB-Abschlussbericht, S. 16, 53.

[193] Siehe dazu *Rötzer*, Zweifel an der MH17-Untersuchung mehren sich, Telepolis v. 16.12.2015, abrufbar unter: https://www.heise.de/tp/features/Zweifel-an-der-MH17-Untersuchung-mehren-sich-3377261.html [zuletzt aufgerufen am 26.1.2023].

runter befanden sich lediglich zwei Schrapnelle, welche die für die Buk charakteristischen Schmetterlingsform aufweisen.[194] Mangels einer Analyse der wesentlichen Charakteristika, wie z. B. Form, Größe oder Stahlsorte aller geborgenen Fragmente, gebe es Russland zufolge keine hinreichende Basis, um auf den Sprengkopf zu schließen. Auch werde die Möglichkeit eines Abschusses durch eine Luft-Luft-Rakete kaum in Betracht gezogen.[195]

Überdies rufen die geringen Radarinformationen Kritik hervor. Weder die Ukraine noch Russland stellten dem DSB die originären Rohdaten des Primärradars zur Verfügung.[196] UkSATSE übermittelte dem DSB eine Videoaufzeichnung des Radarschirms sowie rohe und verarbeitete Daten des Sekundärradars und begründete dies damit, dass die zivile Primärradarstation an dem Tag aufgrund planmäßiger Wartungsarbeiten nicht funktionierte. Auch die militärische Primärradarstation sei nicht in Betrieb gewesen, da sich in dem Bereich, in dem MH17 flog, keine ukrainischen Militärflugzeuge aufhielten.[197] Dies ist kritisch zu betrachten, weil noch wenige Tage zuvor ukrainische Militärflugzeuge in dem Gebiet abgeschossen worden waren.

Die russische GKOVD, die nur eine Videoaufnahme des Radarschirms lieferte, gab an, dass keine Rohdaten gespeichert wurden, weil sich der Absturz außerhalb russischen Territoriums ereignet habe und das nationale Recht in dem Fall keine Pflicht zur Speicherung vorsehe.[198] Dies wird vom DSB als Verstoß gegen *Standard* 6.4.1 des Annex 11 zum CA moniert, wonach Primär- und Sekundärdardaten unter anderem zum Zwecke der Unfalluntersuchung „automatisch gespeichert" werden sollen – unabhängig davon, wo sich der Unfall ereignet.[199] Die lediglich verarbeiteten Daten sowie die vorgelegte Videoaufzeichnung des Radarschirms sind Manipulationen zugänglich, so dass ihre Authentizität in Frage gestellt werden kann. Bemerkenswert ist in diesem Zusammenhang schließlich, dass das russische Verteidigungsministerium im September 2016 primäre Radar-

---

[194] Zu dieser Untersuchung siehe DSB-Abschlussbericht, S. 88 ff.
[195] Siehe zur Kritik Russlands und zur Reaktion des DSB: DSB-Appendices, Appendix V, S. 3 f., 7 ff., 20.
[196] DSB-Abschlussbericht, S. 38, Tabelle 8. Der Primärradar identifiziert lediglich das Objekt an sich, wohingegen der Sekundärradar mit Hilfe eines an Bord befindlichen Transponders zusätzliche Informationen, etwa zu Flughöhe, Fluggeschwindigkeit und Flugzeugtyp übermittelt, siehe *Klußmann/Arnim*, Lexikon der Luftfahrt, S. 501, 567; *Uhl*, in: Hobe/von Ruckteschell, Kölner Kompendium, Bd. 2, Teil I G, Rn. 372, Fn. 344.
[197] DSB-Abschlussbericht, S. 38.
[198] DSB-Abschlussbericht, S. 42, 166 f.
[199] DSB-Abschlussbericht, S. 42, 166 f.; Annex 11, Air Traffic Services, 6.4.1.1: „Surveillance data from primary and secondary radar equipment [...] shall be automatically recorded for use in accident and incident investigations, search and rescue, air traffic control and surveillance system evaluation and training."

daten vom Tag des Abschusses fand[200] und diese dem *Joint Investigation Team* (JIT) übermittelte, welches sich der strafrechtlichen Untersuchung des Falls MH17 widmete.

III. Bedeutung für die Bearbeitung

Die Kritik ist insofern wichtig, als sie daran erinnert, dass der Abschlussbericht des DSB nicht unumstößlich und mit Bedacht zu lesen ist. Nichtsdestotrotz liefert er einen tiefgreifenden Einblick in den Hergang der Geschehnisse des 17. Juli 2014. Dessen Ergebnisse wurden zuletzt durch das JIT bestätigt, in welchem zwischen 100 und 200 Vertreter aus Australien, Belgien, Malaysia, den Niederlanden und der Ukraine zusammenarbeiten. Am 24. Mai 2018 gab das Ermittlungsteam eine Pressekonferenz, in der die bisherigen Resultate der strafrechtlichen Untersuchung präsentiert wurden. Danach sei Flug MH17 von einem Buk-TELAR der 53. Brigade der russischen Armee mit einer Rakete der Serie 9M38 abgeschossen worden.[201] Auf Basis der Ermittlungen des JIT gab die niederländische Staatsanwaltschaft am 19. Juni 2019 bekannt, vier prorussische Rebellen wegen des Abschusses eines Passagierflugzeuges (Art. 168 des niederländischen StGB) sowie wegen Mordes (Art. 289 des niederländischen StGB) in 298 Fällen anzuklagen.[202] Der Prozess, für den das Bezirksgericht Den Haag zuständig ist, begann am 9. März 2020 und wird, in Abwesenheit der Angeklagten, in einem Justizkomplex nahe des Amsterdamer Flughafens Schiphol ausgetragen.[203]

Zwar sollte auch die Untersuchung des JIT – an der die Ukraine, nicht aber Russland beteiligt war – kritisch betrachtet werden, doch betreffen die Streitpunkte hauptsächlich Fragen der Schuld. Für die vorliegende Bearbeitung ist

---

[200] Siehe dazu *Rötzer*, MH17: Was will Russland mit den angeblich gerade gefundenen Radardaten bewirken, Telepolis v. 28.9.2016, abrufbar unter: https://www.heise.de/tp/features/MH17-Was-will-Russland-mit-den-angeblich-gerade-gefundenen-Radardaten-bewirken-3336769.html [zuletzt aufgerufen am 26.1.2023].

[201] Siehe dazu: Update in criminal investigation MH17 disaster, Pressemitteilung des Netherlands Public Prosecution Service v. 24.5.2018, abrufbar unter: https://www.prosecutionservice.nl/topics/mh17-plane-crash/news/2018/05/24/update-in-criminal-investigation-mh17-disaster [zuletzt aufgerufen am 26.1.2023].

[202] Die zuvor angedachte Errichtung eines internationalen Sondertribunals scheiterte am russischen Veto im Sicherheitsrat, siehe UNSC, 7498th meeting, 29.7.2015, S/PV.7498, S. 3 sowie die Erklärung Russlands dazu auf S. 4 ff.

[203] Am 17. November 2022 – nach Fertigstellung dieser Bearbeitung – hat das Bezirksgericht drei der vier Angeklagten zu einer lebenslangen Haftstrafe verurteilt, siehe dazu: https://www.courtmh17.com/en/news/2022/summary-of-the-day-in-court-17-november-2022---judgment.html [zuletzt aufgerufen am 26.1.2023].

aber nicht von Bedeutung, wer für den Abschuss zur Verantwortung zu ziehen ist. Maßgeblich ist vor allem die Feststellung, dass Flug MH17 im Kontext des Ukrainekonflikts und in Folge der dort herrschenden Gefahrenlage für den zivilen Luftverkehr, abgeschossen wurde. Ob der Abschuss vorsätzlich oder bloß versehentlich erfolgte, ist nur schwer feststellbar und hat – wie noch zu zeigen sein wird – keine Auswirkungen auf das grundsätzliche Bestehen einer etwaigen Sperrpflicht. Für die Zwecke der Bearbeitung stellt der Abschlussbericht eine hinreichende Grundlage dar, weil er die Gefahren des Überflugs von Konfliktzonen – über den Fall von MH17 hinaus – eindrucksvoll belegt und das Erfordernis hinreichender Schutzmaßnahmen verdeutlicht. Insbesondere der zweite Teil des Berichts, in dem sich das Ermittlungsteam mit dem Entscheidungsprozess zum Überflug von Konfliktzonen befasst,[204] offenbart die derzeitige Lückenhaftigkeit des Systems, auf welche im Folgenden einzugehen sein wird.

D. Der Abschuss von Flug MH17 als Folge eines unzureichenden Schutzsystems

Der Abschuss von Flug MH17 nur knapp über dem gesperrten Luftraum verdeutlicht die Schwachstellen des bisherigen Systems zum Schutz vor den Gefahren des Überflugs von Konfliktzonen. Obgleich infolge des Abschusses eine Reihe internationaler Maßnahmen ergriffen wurden, gewähren auch diese für sich genommen keinen hinreichenden Schutz der zivilen Luftfahrt.

I. Problemstellung

Der Fall MH17 zeigt auf, dass Konflikte auf dem Boden eine nicht zu unterschätzende Gefahr für die zivile Luftfahrt und somit für Leib und Leben einer Vielzahl unschuldiger Personen mit sich bringen können. Insbesondere haben die Fluggäste keinen Einfluss auf die gewählte Flugroute und können diese im Voraus auch nicht verlässlich einsehen.[205] Sie müssen daher darauf vertrauen können, dass der durchflogene Luftraum sicher ist.[206] Wie der Abschuss belegt, bedeutet die bloße Tatsache, dass der Luftraum offen ist, nicht gleichzeitig, dass er sicher

---

[204] Speziell zur Problematik des Überflugs von Konfliktzonen hat das DSB am 14.4.2020 eine Folgeuntersuchung aufgenommen. Der nach Fertigstellung dieser Bearbeitung veröffentlichte Bericht mit dem Titel „Safe flight routes – Responses to escalating conflicts" ist abrufbar unter: https://www.onderzoeksraad.nl/en/page/16610/follow-up-investigation-flying-over-conflict-zones [zuletzt aufgerufen am 26.1.2023].
[205] DSB-Abschlussbericht, S. 175.
[206] So auch DSB-Abschlussbericht, S. 208.

D. Der Abschuss von Flug MH17 als Folge eines unzureichenden Schutzsystems

ist. Vielmehr kann die unterlassene Sperrung des Luftraums auch darauf zurückzuführen sein, dass die Zuständigkeiten für die Luftsicherheit derzeit breitgefächert sind.

So kann zunächst der Bodenstaat nach Art. 9 CA seinen Luftraum unter anderem aus Gründen der öffentlichen Sicherheit für den zivilen Luftverkehr sperren. Darüber hinaus kann das nationale Recht des Eintragungsstaats eines Luftfahrzeugs die Möglichkeit vorsehen, den Überflug bestimmter Lufträume zu verbieten. Ferner obliegt es jedem Luftfahrzeugunternehmen, eigene Risikobewertungen anzustellen und zu entscheiden, ob ein fremder Luftraum generell oder im Einzelfall überflogen werden darf.[207] Das System ist somit gekennzeichnet von einem Nebeneinander an Zuständigkeiten. Dieses dichte Netz scheint zunächst ein *Mehr* an Sicherheit zu bieten, da es eine faktische Luftraumsperrung auf verschiedenen Ebenen ermöglicht. Allerdings kann es auch dazu führen, dass sich – mangels klarer Zuweisung – keine beteiligte Partei tatsächlich in der Verantwortung sieht, sondern sich vielmehr auf die Risikobewertung anderer Stellen verlässt.[208] So wird, insbesondere wenn der betroffene Krisenstaat seinen Luftraum nicht sperrt, der Eindruck erweckt, dass der Luftraum sicher sei.[209] Die übrigen Staaten und die Luftfahrtunternehmen werden die Entscheidung des Krisenstaates, den Luftraum nicht zu sperren, jedenfalls in ihre Risikobewertung einbeziehen. Auch das Verhalten anderer Luftfahrtunternehmen, etwa die weitere Nutzung der entsprechenden Flugroute, wird eine große Rolle bei der Risikobewertung spielen.[210]

Darüber hinaus ist zu bedenken, dass alle Beteiligten die Risikobewertung aus ihrem eigenen Blickwinkel durchführen. So werden Luftfahrtunternehmen überwiegend wirtschaftliche Faktoren, wie die zusätzlichen Kosten für Kerosin und Personal die beim Nutzen anderer, längerer Flugrouten aufkommen, beachten.[211] Die Eintragungsstaaten der Luftfahrzeuge werden gegebenenfalls aus politischen Gründen keine Überflugverbote erlassen. Erschwerend kommt hinzu, dass die Möglichkeit derartige Verbote oder bloße Warnungen zu erlassen nur in eini-

---

[207] Siehe zur Verantwortlichkeitsstruktur: DSB-Abschlussbericht, S. 171, Abb. 76 sowie die dazugehörigen Erläuterungen auf S. 172 ff.
[208] Kritisch zum bisherigen System auch DSB-Appendices, Appendix U, S. 150 f.
[209] So auch DSB-Abschlussbericht, S. 244; DSB-Appendices, Appendix U, S. 164.
[210] Vgl. DSB-Abschlussbericht, S. 219.
[211] DSB-Appendices, Appendix C, S. 22. In seinem Abschlussbericht weist das DSB darauf hin, dass für den Flug von Amsterdam nach Kuala Lumpur die Nutzung der Alternativroute über den Iran mit Zusatzkosten in Höhe von 3,75 Millionen Euro pro Monat verbunden ist, DSB-Abschlussbericht, S. 216, Fn. 156.

gen Ländern, wie Deutschland,[212] dem Vereinigten Königreich[213] und den Vereinigten Staaten[214] gegeben ist. Andere Staaten wie die Niederlande und Australien stellen ihren Luftfahrtunternehmen lediglich Informationen zur Verfügung, die Letztere bei ihrer Risikobewertung beachten. Frankreich geht einen Schritt weiter und erstellt darüber hinaus eigene Risikoanalysen und Empfehlungen zur Vorgehensweise.[215] Einige Staaten, wie z. B. Malaysia,[216] greifen überhaupt nicht in die Auswahl der Flugrouten ein. Der Grad der staatlichen Intervention im Bereich des Überflugs von Konfliktzonen variiert somit stark.[217] Je geringer die staatliche Unterstützung ist, desto bedeutender ist die Rolle der Luftunternehmen. Doch auch diese folgen bei der Risikobewertung keiner einheitlichen Linie.[218] Zum einen haben sie unterschiedliche finanzielle Möglichkeiten und zum anderen stehen ihnen – anders als den Staaten – keine diplomatischen oder geheimdienstlichen Mittel zur Verfügung, so dass sie einen nur begrenzten Zugang zu sensiblen Informationen haben. Zwar sind die von einigen Staaten erteilten Empfehlungen, Warnungen oder Verbote öffentlich zugänglich, so dass sie Informationsquellen für alle Luftfahrtunternehmen darstellen, doch können sie inhaltlich, etwa aufgrund der unterschiedlichen Informationslage der Staaten, der unterschiedlichen Art und Weise der Risikobewertungen oder den politischen Beziehungen, stark voneinander abweichen.[219] Oftmals sind die den Luftfahrtunternehmen vorliegenden Informationen somit nicht ausreichend, um eine

---

[212] Nach § 26a Abs. 1 S. 1 LuftVG kann das Bundesministerium für Verkehr und digitale Infrastruktur bei tatsächlichen Anhaltspunkten für eine erhebliche Gefährdung der Betriebssicherheit von Luftfahrzeugen auch außerhalb des Hoheitsgebiets der Bundesrepublik für alle oder bestimmte Beförderungsarten ein Einflug-, Überflug- oder Startverbot verhängen, soweit keine völkerrechtlichen Verpflichtungen entgegenstehen.

[213] Das Department for Transport kann auf Grundlage von Teil II des Aviation Security Acts von 1982 sog. Directions erlassen, durch die der Überflug bestimmter Lufträume verboten wird, näher dazu: DSB-Abschlussbericht, S. 221 und DSB-Appendices, Appendix U, S. 154.

[214] Die amerikanische Bundesluftfahrtbehörde, die Federal Aviation Administration (FAA), kann Flugverbote auf Grundlage von 49 US Code 40.113 (a) und 44.701 (a), (5) oder als Notfallmaßnahme nach 46.105 erlassen. Genauer dazu: DSB-Appendices, Appendix U, S. 154 mit Fn. 102.

[215] DSB-Abschlussbericht, S. 221 f.; DSB-Appendices, Appendix U, S. 153.

[216] DSB-Abschlussbericht, S. 221; DSB-Appendices, Appendix U, S. 152.

[217] Siehe dazu auch: ICAO Doc 10084, Risk Assessment Manual, Appendix C.

[218] So wurde der Luftraum über der Ostukraine im Vorfeld des Abschusses von Flug MH17 von einigen Airlines gemieden, von den meisten aber weiterhin überflogen, siehe dazu: *Adediran*, Issues in Aviation L. & Pol., 2015, 313 (332).

[219] DSB, Flying over conflict zones, Follow-up recommendations MH17 Crash investigation, The Hague, 2019 (nachfolgend: DSB-Follow-up Report), abrufbar unter: https://www.onderzoeksraad.nl/en/page/4953/flying-over-conflict-zones---follow-up-recommendations-mh17-crash [zuletzt aufgerufen am 26.1.2023], S. 35; *Zhang*, in: Samuel/Aronsson-Storrier/Bookmiller, Disaster Risk Reduction, S. 318.

angemessene Risikobewertung durchzuführen. Die Ereignisse innerhalb einer Konfliktzone können Staaten wesentlich genauer beurteilen.[220] Dies gilt insbesondere für den Staat, auf dessen Boden sich der Konflikt abspielt. Dieser wird eine Luftraumsperrung allerdings möglichst vermeiden wollen, da eine solche als Eingeständnis gewertet werden könnte, die Kontrolle über seinen Luftraum verloren zu haben.[221] Hinzu kommt, dass dem Staat im Falle einer Sperrung beträchtliche Überfluggebühren entgehen.[222]

Der Schutz der zivilen Luftfahrt und der von ihr betroffenen Personen an Bord und am Boden ist nach diesem System somit nicht einheitlich gewährleistet. Das System stellt vielmehr einen Flickenteppich an Verantwortungen dar, der – wie der Fall der Ostukraine belegt – dazu führen kann, dass eine Gefahr zu spät als solche erkannt wird, bzw. dass nicht angemessen auf sie reagiert wird.

Trotz der deutlichen Ausdehnung des Konflikts auf den Luftraum[223] wurde eine Gefahr für die zivile Luftfahrt auf gewöhnlicher Flughöhe weder von der Ukraine noch von anderen Staaten, internationalen Organisationen oder den Luftfahrtunternehmen angenommen. Etwaige *Notice to Airmen* (NOTAM)[224] sowie Warnungen von Organisationen wie der ICAO, der EASA oder der Europäischen Organisation zur Sicherung der Luftfahrt (EUROCONTROL) bezogen sich vorwiegend auf die Krim, nicht aber speziell auf den Osten des Landes.[225] Zwar kursierten Medienberichte über eine Verbreitung von Boden-Luft-Raketen im Krisengebiet,[226] doch habe es, etwa den niederländischen Geheimdiensten zu

---

[220] DSB-Abschlussbericht, S. 221, DSB-Appendices, Appendix U, S. 151.
[221] DSB-Abschlussbericht, S. 207.
[222] In Europa werden die Überfluggebühren von EUROCONTROL festgelegt, eingenommen und an die Mitgliedstaaten ausgezahlt. Im Jahr 2013 hat die Ukraine, die bis dahin noch Teil dieses Systems war, über 199 Millionen Euro erhalten. Darauf basierend errechnete das DSB für das Jahr 2014 mit Hilfe von zwei Beispielsdaten, dass der Ukraine pro Tag, an dem der Luftraum geschlossen ist, zwischen 176,000 und 248,000 Euro an Überfluggebühren entgehen. Siehe zum Ganzen DSB-Abschlussbericht, S. 198 f., 207.
[223] Siehe dazu bereits Teil 1 A. II. 2., S. 23 ff.
[224] Annex 15 to the Convention on International Civil Aviation, Aeronautical Information Services, 16. Aufl. 2018 (nachfolgend: Annex 15, Aeronautical Information Services), 1.1: „*NOTAM*. A notice distributed by means of telecommunication containing information concerning the establishment, condition or change in any aeronautical facility, service, procedure or hazard, the timely knowledge of which is essential to personnel concerned with flight operations." Siehe dazu auch *Klußmann/Arnim*, Lexikon der Luftfahrt, S. 462.
[225] DSB-Abschlussbericht, S. 177 f. m. w. N. zu den einzelnen NOTAM; siehe auch ICAO, State Letter EUR/NAT 14-0243.TEC (FOL/CUP) vom 2. April 2014 und EASA, Safety Information Bulletin SIB 2014-10 vom 3.4.2014.
[226] Siehe z. B. *Jackson*, Is Russia orchestrating east Ukraine violence?, BBC News v. 30.5.2014, abrufbar unter: http://www.bbc.com/news/world-europe-27633117 [zuletzt aufgerufen am 26.1.2023].

Folge, keine Anzeichen dafür gegeben, dass *powerful anti-aircraft systems* in das Krisengebiet geliefert wurden. Bekannt sei nur gewesen, dass dort Kurzstreckenraketen – insbesondere MANPADS – verfügbar waren, welche allerdings keine Gefahr für zivile Flugzeuge auf gewöhnlicher Flughöhe mit sich bringen würden.[227] Eine Bedrohung für ebendiese wurde vor dem Abschuss des Fluges MH17 demnach nicht angenommen. Auch die ukrainischen Luftraumsperrungen bis FL260 und später bis FL320 wurden nicht als Warnsignal aufgefasst, sondern vielmehr als Rechtfertigung genutzt, die Route über der Ostukraine weiterhin zu nutzen.[228] Entsprechend veränderte sich die Zahl der internationalen Flüge im betroffenen Luftraum trotz der Ausweitung des Konflikts auf ebendiesen nur unwesentlich.[229] EUROCONTROL zu Folge überquerten noch am Tag des Abschusses 160 Passagierluftfahrzeuge den betroffenen Luftraum, bevor dieser kurz nach dem Vorfall gänzlich geschlossen wurde.[230] Das DSB hebt zudem hervor, dass die wenigen Fluggesellschaften, die den Osten der Ukraine mieden, dies nicht speziell aufgrund der Gefahren taten, die von der Konfliktzone für den Luftraum ausgingen.[231]

Mit Blick auf die wachsende Zahl der bewaffneten Konflikte weltweit, den internationalen Terrorismus sowie die stetige Entwicklung und Proliferation moderner Waffensysteme sieht sich die zivile Luftfahrt auch in Zukunft ähnlichen Gefährdungslagen ausgesetzt. Aus dem Abschuss des Fluges MH17 sind daher Konsequenzen zu ziehen.

II. Ergriffene Maßnahmen der Staatengemeinschaft

Der Abschuss des Fluges MH17 führte zu verschiedenen Reaktionen der Staatengemeinschaft mit dem übergeordneten Ziel, den Gefahren des Überfluges von Konfliktzonen zu begegnen. So verabschiedete der Sicherheitsrat der Vereinten Nationen (VN) vier Tage nach dem Unglück, am 21. Juli 2014, die Resolution 2166, in welcher er den Abschuss auf das schärfste verurteilte. Auch forderte er darin alle Vertragsparteien des Chicagoer Abkommens nachdrücklich dazu auf,

---

[227] Siehe zum Ganzen: Review Committee on the Intelligence and Security Services, Review Report arising from the crash of flight MH17, 8.4.2015, CTIVD Nr. 43, S. 23 ff., abrufbar unter: https://english.ctivd.nl/investigations/review-report-43/documents/reports/2015/10/13/index [zuletzt aufgerufen am 26.1.2023].
[228] So DSB-Appendices, Appendix U, S. 165.
[229] DSB-Abschlussbericht, S. 223; DSB-Appendices, Appendix R.
[230] DSB-Abschlussbericht, S. 224; DSB-Appendices, Appendix R, S. 11, 107 ff.
[231] Nur eines der 19 befragten Luftfahrtunternehmen habe angegeben, den ukrainischen Luftraum ab März 2014, also noch vor der Ausweitung des Konflikts auf die Ostukraine, aufgrund der sich verschlechternden Sicherheitslage des Landes gemieden zu haben, DSB-Abschlussbericht, S. 225 f., 228.

D. Der Abschuss von Flug MH17 als Folge eines unzureichenden Schutzsystems

internationale Regeln, Standards und Praktiken betreffend die Sicherheit der Zivilluftfahrt in vollem Umfang einzuhalten, um zu verhindern, dass sich derartige Vorfälle wiederholen.[232]

Mit deutlichen Worten wandte sich die ICAO in einem *State Letter*[233] vom 24. Juli 2014 an die Staaten und erinnerte an Art. 9 CA[234] sowie die Verantwortlichkeit der Staaten, Konfliktzonen zu identifizieren, die Gefahren für den Luftraum zu bewerten und zu entscheiden, ob bzw. unter welchen Bedingungen ziviler Luftverkehr über den betroffenen Gebieten stattfinden darf. Darüber hinaus veranstaltete sie am 29. Juli 2014 ein *High Level Meeting* mit der *International Air Transport Association* (IATA), der *Airports Council International* (ACI) und der *Civil Air Navigation Services Organization* (CANSO), welches zum Erlass eines gemeinsamen Statements zu den Risiken des Überflugs von Konfliktzonen führte.[235] Auch hierin wurde zunächst auf die Verantwortung der Staaten für die Risiken hingewiesen, die von ihrem Luftraum für die zivile Luftfahrt ausgehen. Des Weiteren wurde die Bedeutung von Informationen über die Konfliktlagen betont sowie die Rolle der ICAO hervorgehoben, sicherzustellen, dass die richtige Information die richtigen Personen zur richtigen Zeit erreicht. Das Ziel des Statements lag somit vorwiegend darin, durch die Verbreitung von Informationen genauere Risikobewertungen und somit der Situation angemessene Reaktionen zu ermöglichen.[236]

Die Bedeutung des Informationsaustauschs wurde auch in der am 28. Oktober 2014 erlassenen Resolution des ICAO-Rates hervorgehoben, in der die Staaten dazu ermahnt wurden, alle erforderlichen Maßnahmen zu ergreifen, „to safeguard the safety of air navigation, including the establishment of robust arrangements to identify, assess and share information [...]"[237]. Darüber hinaus wurden die Staaten hierin angehalten, den Gefahren, die von der Konfliktzone für die zivile Luftfahrt ausgehen, durch eine effektive Koordination von zivilen und militärischen Aktivitäten zu begegnen und

„if considered necessary when the safety of civil aircraft is deemed to be compromised, take appropriate airspace management measures within their jurisdictions such as access restrictions *or the closure of airspace*, or the issuance of advisories to airspace users".[238]

---

[232] UNSC Res. 2166 (2014) vom 21.7.2014, S/RES/2166 (2014).
[233] ICAO, State Letter AN 13/4.2-14/59 vom 24. Juli 2014.
[234] Näher dazu siehe unten, Teil 3 C. III. 3., S. 150 ff.
[235] Joint Statement on Risks to Civil Aviation Arising from conflict Zones, abrufbar unter: https://www.icao.int/newsroom/pages/joint-statement-on-risks-to-civil-aviation-arising-from-conflict-zones.aspx [zuletzt aufgerufen am 26.1.2023].
[236] Vgl. *Abeyratne*, Air & Space L., 2014, 329 (338).
[237] ICAO Council, Res. on Flight MH17 vom 28.10.2014.
[238] ICAO Council, Res. on Flight MH17 vom 28.10.2014 (Hervorhebung durch Verf.).

In der Folge des High Level Meetings wurde eine *Task Force on Risks to Civil Aviation Arising from Conflict Zones* (TF RCZ) errichtet, welche sich vor allem damit befasste, wie Informationen effektiv gesammelt und verteilt werden können.[239] Dessen Ergebnisse – darunter insbesondere die Empfehlung zur Erstellung eines webbasierten Informationssystems – wurden auf der im Februar 2015 abgehaltenen *Second High Level Safety Conference*[240] präsentiert.

In seiner 204. Sitzung beschloss der Rat der ICAO daraufhin die Errichtung der *Conflict Zone Information Repository* (CZIR), welche am 2. April 2015 online geschaltet wurde.[241] Hierbei handelt es sich um eine Webseite, auf welcher autorisierte staatliche Stellen NOTAM, *Aeronautical Information Publication Supplements* (AIPS),[242] *Aeronautical Information Circulars* (AIC)[243] und sonstige Informationen veröffentlichen können, um Empfehlungen oder auch Verbote in Bezug auf den Überflug bestimmter Lufträume mitzuteilen.[244] Auf europäischer Ebene stellt die EASA Informationen über Konfliktzonen in sog. *Conflict Zone Information Bulletins* zusammen, welche online abrufbar sind.[245]

Der Überflug von Konfliktzonen wurde sodann in der 39. ICAO-Generalversammlung thematisiert. Am sechsten Sitzungstag wurden die diesbezüglichen *Working Paper* der *Technical Commission*[246] bekräftigt, in welchen vor allem die Umsetzung des 12-Punkte-Programms des TF RCZ und die Überarbeitung aller

---

[239] Siehe zu den Zielen sowie dem 12-Punkte-Plan der TF RCZ: ICAO Council, 203rd Session, Report from the Senior-Level Task Force on Risks to Civil Aviation Arising from Conflict Zones, C-WP/14220, 8.9.2014, Appendix B.

[240] Näher zur Konferenz: *Abeyratne*, ZLW, 2015, 463 (463 ff.).

[241] Zur Historie der ergriffenen Maßnahmen siehe ICAO Doc 10084, Risk Assessment Manual, S. vii.

[242] Mit AIP wird das für jedes Land erstellte Luftfahrthandbuch umschrieben, welches langfristig gültige Anordnungen, Informationen und Hinweise für die Luftfahrt enthält. Einträge mit bloß befristeter Gültigkeit werden als Supplements gekennzeichnet, siehe *Klußmann/Arnim*, Lexikon der Luftfahrt, S. 402.

[243] Bei AIC handelt es sich um von der Flugsicherung herausgegebene Rundschreiben, die Anordnungen und Informationen enthalten, welche nicht in den NOTAM oder im Luftfahrthandbuch (AIP) erscheinen, für den internationalen Flugverkehr aber dennoch von Interesse sind, *Klußmann/Arnim*, Lexikon der Luftfahrt, S. 19; Annex 15, Aeronautical Information Services, 1, 1.1: „Aeronautical Information Circular (AIC): A notice containing information that does not qualify for the origination of a NOTAM or for inclusion in the AIP, but which relates to flight safety, air navigation, technical, administrative or legislative matters."

[244] Vgl. ICAO Doc 10046, Second High-Level Safety Conference 2015, Montréal, 2–5 February 2015, Report, Rn. 21.2; *Abeyratne*, ZLW, 2015, 463 (463).

[245] *Giemulla/Kortas*, ZLW, 2015, 431 (436). Abrufbar sind die Bulletins unter https://www.easa.europa.eu/domains/air-operations/czibs [zuletzt aufgerufen am 26.1.2023].

[246] ICAO Assembly, 39th Session, Technical Commission, Working Paper, Conflict Zones, A39-WP/108, Revision No. 1, 13.9.2016; Overflight of Conflict Zone Issues and Enhancement of Tactical Information Sharing, A39-WP/200, 25.8.2016.

D. *Der Abschuss von Flug MH17 als Folge eines unzureichenden Schutzsystems* 43

relevanten Annexe gefordert wurde.[247] Auch wurde die Problematik des Überflugs von Konfliktzonen in den *Global Aviation Safety Plan* für die Jahre 2017 bis 2019[248] sowie den *Global Aviation Security Plan* von 2017[249] aufgenommen und blieb somit auf der Agenda der ICAO.

Mit dem bereits angesprochenen *Risk Assessment Manual for Civil Aircraft Operations Over or Near Conflict Zones* wurde im Jahr 2018 zudem – unter neuem Namen – eine Neuauflage des 2016 erstmals erschienen ICAO-Handbuchs zur Risikobewertung veröffentlicht. Ziel dieses rechtlich unverbindlichen Dokuments ist es, Staaten, Luftunternehmen und sonstigen Beteiligten wie Flugsicherungsorganisationen einheitliche Leitlinien zur Abschätzung der Risiken, die von Boden-Luft-Raketen für den Luftraum ausgehen, an die Hand zu geben und ihnen die hauptsächlich in Betracht zu ziehenden Risikofaktoren aufzuzeigen.[250]

Seit dem Abschuss des Fluges MH17 ist das Thema des Überflugs von Konfliktzonen somit wiederholt in den Fokus – insbesondere der ICAO – geraten. Wie im Folgenden aufzuzeigen sein wird, reichen die ergriffenen Maßnahmen allerdings nicht aus, um die Gefahren des Überflugs ebendieser Zonen effektiv abzuwehren.

III. Der Bedarf einer Pflicht zur Sperrung des Luftraums über Konfliktzonen

Obgleich die Reaktionen auf den Abschuss des Fluges MH17 grundsätzlich zu begrüßen sind, bleibt ihre Effizienz fraglich.[251] Auffällig ist, dass sämtliche Maßnahmen stark auf den Informationsaustausch zwischen den Beteiligten fokussiert sind. Die rechtzeitige Verbreitung von Informationen stellt zwar in der Tat einen wichtigen Aspekt im Umgang mit dem Überflug von Konfliktzonen dar, reicht zur Bewältigung des Problems aber nicht aus.[252] Insbesondere hat sich die errichtete *Conflict Zone Information Repository* nicht bewährt. Die Webseite, die ursprünglich so konzipiert war, dass bestimmte autorisierte staatliche Stellen Informationen hinsichtlich der Sicherheitslage anderer Staaten veröffentlichen konnten, wurde verschiedentlich kritisiert.[253] Zum einen dauerte es etwa acht bis zehn

---

[247] ICAO Doc 10080, Assembly, 39th Session, Montréal, 27 September–6 October 2016, Plenary Meetings, Minutes, S. 38, Rn. 40.
[248] ICAO Doc 10004, 2017–2019 Global Aviation Safety Plan, 2. Aufl. 2016, 3.2.
[249] ICAO Doc 10118, Global Aviation Security Plan, 2017, 1.3.3.
[250] ICAO Doc 10084, Risk Assessment Manual, S. ix, 1.1.
[251] Kritisch zu den Maßnahmen der ICAO und insbesondere der Rolle, die sich die Organisation zuschreibt: *Abeyratne*, ZLW, 2015, 18 (18 ff.).
[252] Ähnlich: *Adediran*, Issues in Aviation L. & Pol., 2015, 313 (337 f.).
[253] Siehe dazu ICAO Assembly, 39th Session, Technical Commission, Working Paper, Ana-

Tage, bis ein Eintrag öffentlich einsehbar war. Aktuelle, dringende Sicherheitsinformationen konnten die Luftfahrtunternehmen und die Öffentlichkeit somit nicht rechtzeitig erreichen. Zum anderen ist die Risikobewertung eines jeden Staates von seinen geheimdienstlichen und finanziellen Möglichkeiten sowie seiner Sicht- und Vorgehensweise geprägt, was die Gefahr einer Über- bzw. Unterqualifizierung der tatsächlichen Situation mit sich bringt. Auch ermöglichte das ursprüngliche System, dass bezüglich einer Region mehrere, sich ggf. sogar widersprechende, Veröffentlichungen folgten, was zusätzliche Unsicherheiten für die Luftfahrtunternehmen begründete.[254] Für Unmut sorgte zudem der umfassende Haftungsausschluss, wonach die Inhalte *without warranties of any kind, either express or implied* veröffentlicht werden und die ICAO weder garantiert, dass sie *accurate, valid, reliable, complete, comprehensive, correct or up-to-date* sind, noch dass die Webseite jederzeit und überall verfügbar und virenfrei ist. Auch hafte die ICAO für keinerlei Schäden, die sich aus dem Gebrauch bzw. der Unmöglichkeit des Gebrauchs der Seite oder der auf ihr veröffentlichten Informationen ergeben.[255] Mit Recht wirft *Abeyratne* die Frage auf, wie verantwortliche Staaten und Luftunternehmen auf Informationen vertrauen können sollen, für welche keinerlei Gewähr besteht.[256]

Im Juli 2016 überarbeitete der Rat der ICAO das *Repository* dahingehend, dass grundsätzlich nur noch der von dem Konflikt betroffene Staat selbst Informationen eintragen konnte. Warnungen hinsichtlich anderer Staaten konnten unter der Voraussetzung veröffentlicht werden, dass es zwischen dem eintragenden Staat und dem betroffenen Staat keine Uneinigkeiten diesbezüglich gab. Im Übrigen wurden globale Warnungen weiterhin auf nationalen Webseiten verbreitet, auf welche das CZIR per Link hinwies.[257] Doch auch nach den Änderungen wurde das CZIR kaum genutzt. Eine Ende 2016 durchgeführte Studie des ICAO-Sekretariates führte zu dem Ergebnis, dass der Informationsaustausch unter Staaten und Luftfahrtunternehmen auf anderen Wegen, vorwiegend über

---

lysis of the results of having implemented the conflict zone information repository (CZIR) in light of the code of conduct for sharing and using safety information, A39-WP/376, 8.9.2016.

[254] Siehe dazu den Bericht der European High Level Task Force on Conflict Zones vom 17.3.2016, S. 5 f., abrufbar unter: https://www.easa.europa.eu/sites/default/files/dfu/208599_EASA_CONFLICT_ZONE_CHAIRMAN_REPORT_no_B_update.pdf [zuletzt aufgerufen am 26.1.2023].

[255] Der Haftungsausschluss ist abrufbar unter: https://www.icao.int/czir/Pages/Disclaimer.aspx [zuletzt aufgerufen am 26.1.2023].

[256] *Abeyratne*, ZLW, 2015, 463 (475).

[257] Siehe: ICAO Council Amends Procedures Relating to International Conflict Zone Repository, Pressemitteilung der ICAO v. 8.7.2016, abrufbar unter: https://www.icao.int/Newsroom/Pages/ICAO-Council-Amends-Procedures-Relating-to-International-Conflict-Zone-Repository.aspx [zuletzt aufgerufen am 26.1.2023].

D. Der Abschuss von Flug MH17 als Folge eines unzureichenden Schutzsystems

NOTAM, AIC und AIPS, stattfindet.[258] Nachdem das CZIR zunächst zu einer Art Linksammlung umfunktioniert wurde, die auf die staatlichen Luftfahrtinformationen verwies, wurde es infolge der 212. Ratssitzung im November 2017 gänzlich eingestellt.[259]

Der Informationsaustausch konnte somit nicht erfolgreich zentralisiert werden. Maßgeblich sind daher nach wie vor die veröffentlichten Luftfahrtinformationen, wobei insbesondere den NOTAM eine bedeutende Rolle zukommt. Infolge des Abschusses von Flug MH17 wurde durch eine am 5. November 2020 in Kraft getretene Änderung des Annex 15 klargestellt, dass in diesen auch über Konfliktzonen zu informieren ist, welche eine Gefahr für die zivile Luftfahrt bedeuten.[260] Wie im DSB-Bericht betont wird, erfordert die ICAO von den Luftfahrtunternehmen keine Risikobewertung, die über die verfügbaren NOTAM hinausgeht.[261] Problematisch wird dies, wenn dem Unternehmen nicht alle Informationen zu einer Region zur Verfügung stehen. So enthält das *Pre-flight Information Bulletin* (PIB), welches den Fluggesellschaften bzw. den Piloten und Pilotinnen zur Flugvorbereitung dient, nur die NOTAM, die für das Hoheitsgebiet der Länder veröffentlicht wurden, durch die die geplante Flugroute führt.[262] Entsprechend war eine einschlägige NOTAM der amerikanischen Bundesluftfahrtbehörde (*Federal Aviation Administration*, FAA) nicht vom sog. *briefing package* zu Flug MH17 erfasst, weil dieser weder in den USA startete oder landete noch den amerikanischen Luftraum überflog.[263] Die darin enthaltenen Informationen konnten somit nicht in die Risikobewertung einfließen.

Auch die Staaten haben keinen unbegrenzten Zugang zu allen NOTAM. Aus Annex 15 geht vielmehr hervor, dass die zuständige Flugsicherungsorganisation eines jeden Landes NOTAM grundsätzlich nur für das eigene Hoheitsgebiet herausgeben kann und dass diese den Flugsicherungsorganisationen anderer Länder nur auf Anfrage zur Verfügung gestellt werden.[264] Das derzeitige NOTAM-Sys-

---

[258] ICAO Doc 10084, Risk Assessment Manual, S. viii.
[259] ICAO Doc 10084, Risk Assessment Manual, S. ix.
[260] Siehe zur Annahme der Änderung des Annex 15: ICAO, State Letter AN 2/2.6-20/24 vom 3. April 2020. Standard 6.3.2.3 lit. n) des Annex 15 präzisiert nunmehr, dass NOTAM auch Informationen zu „conflict zones which affect air navigation (to include information that is as specific as possible regarding the nature and extent of threats of that conflict and its consequences for civil aviation)" enthalten.
[261] DSB-Abschlussbericht, S. 227.
[262] Annex 15, Aeronautical Information Services, 5.5.1; ICAO Doc 8126, Aeronautical Information Services Manual, 6. Aufl. 2003, Kap. 8.4.3, 8.4.7, 8.5.2.
[263] DSB-Abschlussbericht, S. 217 f.; zur Einsehbarkeit der NOTAM siehe DSB-Abschlussbericht, S. 222.
[264] Vgl. Annex 15, Aeronautical Information Services, 2.2.2, 2.2.7, 2.3.1 und 5.4.2.1 sowie 5.4.2.5.

tem gewährleistet somit keinen lückenlosen Informationsaustausch. Wünschenswert wäre eine unabhängige Instanz, die sicherheitsrelevante Informationen sammelt und diese so veröffentlicht, dass sie für alle Interessierten einsehbar sind.[265] In Betracht könnte hierzu die ICAO kommen. Diese ist nach Art. 44 CA allerdings (nur) dafür zuständig, die Grundsätze und die Technik der internationalen Luftfahrt zu entwickeln und die Planung und Entwicklung des internationalen Luftverkehrs zu fördern. Sie hat indes weder die Kompetenz noch die tatsächlichen Ressourcen dazu, weltweite Risikobewertungen durchzuführen.[266]

Auch ein optimierter zwischenstaatlicher Informationsaustausch garantiert für sich genommen keine Lösung des Problems. Dem Risiko der Gefahren des Überflugs von Konfliktzonen kann nur dadurch effektiv begegnet werden, dass aus den Informationen die erforderlichen Konsequenzen gezogen werden und der betroffene Luftraum dem zivilen Luftverkehr ggf. entzogen wird.[267] Hierbei wirft die derzeit unklare Verantwortlichkeitsstruktur Probleme auf.[268] Die ICAO hat klargestellt, dass sie nicht befugt ist, sich über die souveränen Staaten hinwegzusetzen und ihre Lufträume zu schließen oder ihre Luftfahrzeuge umzuleiten.[269] Nach dem Chicagoer System komme diese Befugnis allein dem jeweils betroffenen Staat zu.

Ob Staaten aber nicht nur befugt, sondern unter gewissen Umständen auch dazu verpflichtet sind, ihren Luftraum über Konfliktzonen zu sperren, bedarf einer näheren Erörterung. Das DSB geht in seinem Abschlussbericht zu MH17 zumindest vom Bestehen einer entsprechenden Erwartung aus.[270] Das geht auch aus den elf abschließenden Empfehlungen des Untersuchungsteams hervor. Danach soll die ICAO darauf hinwirken, dass von bewaffneten Konflikten betroffene Staaten die internationale Gemeinschaft möglichst genau über Natur und Ausmaß des jeweiligen Konflikts sowie die Gefahren informieren, die von diesem für den Luftraum ausgehen.[271] Ist sie der Auffassung, dass Staaten ihrer Verant-

---

[265] Ähnlich: *Nase/Kielsgard*, JALC, 2015, 639 (692).
[266] DSB-Abschlussbericht, S. 220; siehe auch *Abeyratne*, Air & Space L., 2014, 329 (337); ders., ZLW 2015, 18 (26); *Giemulla/Kortas*, ZLW, 2015, 431 (435 f.).
[267] Ähnlich: *Kaiser*, Air & Space L., 2015, 107 (117 f.): „Any risk assessment must not deteriorate to an empty formula. Risks are assessed for decisions to be taken: whether to use a certain airspace, whether to close it, or whether to give warnings."
[268] So auch DSB-Abschlussbericht, S. 8.
[269] ICAO clarifies International Conflict Zone Guidance, Pressemitteilung der ICAO v. 19.10.2015, abrufbar unter: https://www.icao.int/Newsroom/Pages/ICAO-Clarifies-International-Conflict-Zone-Guidance.aspx [zuletzt aufgerufen am 26.1.2023]; ICAO, State Letter AN 13/4.2-14/59 vom 24.7.2014, Ziff. 3; ICAO Council, Res. on Flight MH17 vom 28.10.2014, Ziff. 5; siehe auch *Abeyratne*, Air & Space L., 2014, 329 (337).
[270] DSB-Abschlussbericht, S. 172.
[271] DSB-Abschlussbericht, S. 264, Recommendation 1.

D. Der Abschuss von Flug MH17 als Folge eines unzureichenden Schutzsystems

wortlichkeit für die Sicherheit des Luftverkehrs nicht ausreichend nachkommen, soll sie selbst *State Letter* verfassen, in denen sie über die Konflikte informiert.[272] Auch sollten die entsprechenden *Standards and Recommended Practices* (SARP) überarbeitet werden, damit die Staaten in der Lage sind, im Falle einer etwaigen Betroffenheit der Sicherheit des zivilen Luftverkehrs, zweifelsfrei Maßnahmen zu ergreifen.[273] Die Mitgliedstaaten der ICAO sollen darüber hinaus

„[e]nsure that States' responsibilities related to the safety of their airspace are stricter defined in the Chicago Convention and the underlying Standards and Recommended Practices, *so that it is clear in which cases the airspace should be closed.*"[274]

Somit erkennt das DSB die grundsätzliche Verantwortung der Staaten an, ihren Luftraum in bestimmten Fällen zu sperren.[275] Allerdings sollte diese Verantwortlichkeit dem Untersuchungsteam nach stärker in den luftrechtlichen Normen zum Ausdruck gebracht werden.[276]

Im Februar 2019 veröffentlichte das DSB einen Folgebericht zum Überflug von Konfliktzonen, in welchem es sich speziell der Umsetzung der abschließenden Empfehlungen aus dem Abschlussbericht widmete. Im Rahmen dieser Untersuchung stellte es fest, dass seit dem Abschuss von Flug MH17 einige wichtige Schritte unternommen wurden, um die mit dem Überflug von Konfliktzonen einhergehenden Risiken besser zu kontrollieren. Durch die (geplante) Änderung einiger Annexe und die (geplante) Überarbeitung bzw. Schaffung von ICAO *Guidance Material*[277] wurde die Verantwortung der Staaten für ihren Luftraum sowie ihre Rolle beim Austausch von sicherheitsrelevanten Informationen und der Risikobewertung stärker herausgestellt. Die bisherigen Maßnahmen führten aber zu keiner signifikanten Veränderung des Luftraummanagements über Konfliktzonen.[278] Insbesondere kritisiert das DSB, dass die ICAO keine Vorgaben dazu gemacht hat, in *welchen* Fällen der Luftraum gesperrt werden muss.[279] *Dass* er in bestimmten Fällen zu sperren ist, wird vom DSB nicht bezweifelt.

---

[272] DSB-Abschlussbericht, S. 264, Recommendation 2.
[273] DSB-Abschlussbericht, S. 264, Recommendation 3; genauer zu den SARP siehe unten, Teil 3 A. II., S. 113 ff.
[274] DSB-Abschlussbericht, S. 264, Recommendation 4 (Hervorhebung durch Verf.).
[275] Siehe auch DSB-Abschlussbericht, S. 11.
[276] DSB-Abschlussbericht, S. 8.
[277] Zu den Änderungen siehe DSB-Follow-up Report, S. 28 f., 33 f.
[278] DSB-Follow-up Report, S. 38.
[279] DSB-Follow-up Report, S. 34.

Teil 2

Dogmatische Grundlagen: Völkerrechtliche Schutzpflichten als Kerngehalt souveräner Staatlichkeit

Die Anerkennung einer völkerrechtlichen Pflicht zur Sperrung des Luftraums über Konfliktzonen berührt das Spannungsverhältnis zwischen der Souveränität der Staaten einerseits und der Möglichkeit sowie der Reichweite ihrer Verpflichtbarkeit zum Schutze bestimmter Rechtsgüter andererseits. Wie darzulegen sein wird, handelt es sich bei der Sperrpflicht um eine Schutzpflicht. Ein Blick auf die historische Entwicklung des Souveränitätsbegriffs verdeutlicht, dass die Souveränität der Staaten, wie sie heute zu verstehen ist, der Begründung von Schutzpflichten nicht entgegensteht, sondern sie vielmehr gebietet. Mithilfe einer Auswahl völkerrechtlicher Teilbereiche wird daraufhin dargelegt, dass das Konzept der Schutzpflichten auf internationaler Ebene bereits breite Akzeptanz gefunden hat und dass sich daraus im Wege der Induktion eine weitere Stufe des Souveränitätsverständnisses – die Souveränität als Verantwortung – ableiten lässt.

A. Die Pflicht zur Sperrung des Luftraums über Konfliktzonen als Schutzpflicht

Eine Pflicht zur Sperrung des Luftraums über Konfliktzonen ist völkerrechtlich nicht positiv normiert. Gleichwohl könnte sie zum Schutz der Sicherheit des zivilen Luftverkehrs sowie insbesondere Leib und Leben aller betroffenen Personen herzuleiten sein. Ob Staaten nicht nur von Rechtsbeeinträchtigungen abzusehen haben, sondern darüber hinaus auch dazu verpflichtet sind, sich durch Ergreifung positiver Maßnahmen schützend vor die rechtlich geschützten Güter zu stellen, wird unter dem Gesichtspunkt staatlicher Schutzpflichten diskutiert.

I. Die ideengeschichtliche Entwicklung staatlicher Schutzpflichten

Die grundsätzliche Idee, dass Staaten zum Schutz der Rechtsgüter ihrer Bürgerinnen und Bürger verpflichtet sind, hat sich über Jahrhunderte hinweg unter dem

Einfluss europäischer und nordamerikanischer Rechtskulturen entwickelt.[1] Rechtsphilosophisch wurden Schutzpflichten des Staates überwiegend als Korrelat zur Unterordnung der Bürgerschaft unter dessen Gewalt und somit als Mittel der Legitimation der Herrschaftsmacht des absoluten Staates betrachtet.[2] So sah *Thomas Hobbes* den sterblichen Gott *Leviathan* als allmächtiges, über den Gesetzen stehendes Gebilde an, dem sich die Bürger und Bürgerinnen im Wege eines Vertrages unterwerfen. Dem *Leviathan* komme als Garant des inneren Friedens, unbeschränkte Macht zu, um Abhilfe gegen den permanenten Bürgerkriegszustand des *homo hominis lupum* zu schaffen.[3] Dies stehe allerdings unter dem Vorbehalt, dass der Staat bereit und fähig ist, den Einzelnen Schutz vor Gewalttätigkeiten anderer zu bieten. Sobald ihm dies nicht mehr möglich sei, könne er im Gegenzug auch keinen Gehorsam mehr verlangen. Auch nach *John Locke* ist Zweck des Staates der Schutz des sicheren Zusammenlebens. Anders als *Hobbes* berücksichtigt *Locke* aber auch die Gefahr des Machtmissbrauchs durch den Staat und trifft – etwa mit Gedanken zur Gewaltenteilung und zum Widerstandsrecht – Vorkehrungen zur Begrenzung ebendieser.[4]

In Deutschland setzte sich der Gedanke eines *Vertrages* zwischen Staat und Bürgerschaft, in welchem der Staat Letzterer im Gegenzug zu seiner Hoheitsmacht Sicherheit garantiert, ebenfalls durch. Nach *Samuel von Pufendorf* ist der Staat dazu verpflichtet, die nur im Rahmen der Gesetze gewährleistete Freiheit des Individuums vor hoheitlichen und nichtstaatlichen Beeinträchtigungen zu schützen.[5] Zur Zeit der Aufklärung befassten sich auch *Immanuel Kant* und *Georg Wilhelm Friedrich Hegel* mit dem Schutzkonzept. So sah *Kant* den Zweck des Staates darin, die Freiheitssphären der Einzelnen untereinander abzugrenzen

---

[1] *Jaeckel*, Schutzpflichten im dt. und europ. Recht, S. 20 mit Verweis auf *Häberle*, Europ. Rechtskultur, S. 9 ff.; ausführlich zur ideenrechtlichen Entwicklung der Schutzpflichten siehe *Robbers*, Sicherheit als Menschenrecht, S. 27 ff.

[2] *Stahl*, Schutzpflichten im Völkerrecht, S. 88. Grundlegend zur Staatslegitimation durch Sicherheit siehe *Isensee*, Grundrecht auf Sicherheit, S. 3 ff., 17; so auch in Bezug auf die EMRK: *Ress*, in: Klein, The Duty to Protect and to Ensure Human Rights, S. 167 f.

[3] Zum Ganzen: *Hobbes*, De Cive, Kap. I, 12, Kap. V, 6 ff., 11, Kap. VI, 3, 12, 13; *Oeter*, in: FS-Steinberger, S. 263. Für eine eingehende Darstellung des Hobbes'schen Staatsvertrags siehe *Kersting*, Philosophie des Gesellschaftsvertrags, S. 59 ff.

[4] Zum Ganzen: *Locke*, Two Treatises, Second Treaty, Kap. 9, §§ 123 ff., Kap. 11, 12, 19, §§ 222 ff.; siehe auch *Bleckmann*, DVBl., 1988, 938 (941); *Dietlein*, Grundrechtliche Schutzpflichten, S. 22 f.

[5] *Von Pufendorf*, Über die Pflicht des Menschen und des Bürgers nach dem Gesetz der Natur, Zweites Buch, Kap. 6, §§ 7 ff., Kap. 11, §§ 8; *Hermes*, Schutz von Leben und Gesundheit, S. 155.

und somit „Garant der Sicherheit" zu sein.[6] Auch *Hegel* ging von der Schutzaufgabe des Staates aus, reduzierte seinen Legitimitätsgrund aber nicht darauf.[7]

Die Gewährleistung von Sicherheit ist als wesentliche Aufgabe des Staates anerkannt.[8] Dabei ist der staatliche Schutzauftrag rechtshistorisch tief verwurzelt und geht zum Teil sogar weiter zurück als der Gedanke einer abwehrrechtlichen Funktion von Rechten.[9]

II. Der Begriff der Schutzpflicht

Obgleich die Gewähr von Schutz schon seit der Neuzeit als Aufgabe des Staates anerkannt ist,[10] geriet der Begriff der Schutzpflichten erst spät in den Fokus der rechtswissenschaftlichen Betrachtung. Im Völkerrecht findet sich bis heute keine allgemeingültige Definition. Der Begriff der Schutzpflichten wird hier vielmehr in einem umfassenden Sinn zur Umschreibung von Pflichten des Staates, Gefahren von Rechtsgütern abzuwenden, genutzt. Insbesondere im Bereich des Menschenrechtsschutzes finden sich zur Bezeichnung von Schutzpflichten verschiedentlich die Ausdrücke *obligation to protect, duty to protect, responsibility to protect, positive duties* oder *positive obligations*. Die genaue Differenzierung ist unklar. Unter *duty* wird terminologisch eine rechtliche Verpflichtung verstanden, die jemand anderem geschuldet ist und der – als Korrelat – ein Recht ebendieser Person entspricht.[11] *Obligation* wird als „legal or moral duty to do or not do something"[12] definiert. *Obligation* und *duty* können insofern als Synonyme verwendet werden. Schwieriger ist der Umgang mit dem Begriff der *responsibility*.[13] Dieser wird teilweise mit Verantwortung[14] und teilweise mit Verpflichtung[15] übersetzt. Im Bereich der *State Responsibility for Internationally Wrongful Acts* oder des Völkerstrafrechts wird *responsibility* im Sinne von Haftung verstan-

---

[6] *Kant*, Über den Gemeinspruch, Rn. A233 ff.; *ders.*, Metaphysische Anfangsgründe der Rechtslehre, §§ 44, 50; dazu: *Isensee*, Grundrecht auf Sicherheit, S. 10 f.; *Jaeckel*, Schutzpflichten im dt. und europ. Recht, S. 25.
[7] *Hegel*, Philosophie des Rechts, § 100; dazu: *Isensee*, Grundrecht auf Sicherheit, S. 11 f.
[8] Umfassend dazu: *Möstl*, Die staatliche Garantie für die öffentl. Sicherheit und Ordnung.
[9] *Bleckmann*, in: FS-Bernhardt, S. 310; *Stahl*, Schutzpflichten im Völkerrecht, S. 90.
[10] *Jaeckel*, Schutzpflichten im dt. und europ. Recht, S. 28; *Stahl*, Schutzpflichten im Völkerrecht, S. 90.
[11] *Garner et al.*, Black's Law Dictionary, S. 637.
[12] *Garner et al.*, Black's Law Dictionary, S. 1292.
[13] Dazu: *Rausch*, Responsibility to Protect, S. 26 ff.
[14] *Schaller*, APuZ, 2008, 9 (9 ff.); *Verlage*, Responsibility to Protect, S. 9 f.
[15] *Fröhlich*, in: Varwick/Zimmermann, Die Reform der VN, S. 171; *Rittberger/Baumgärtner*, in: Varwick/Zimmermann, Die Reform der VN, S. 53. Für ein Verständnis von „responsibility" als „duty" siehe *Gray*, Internat. Law and the Use of Force, S. 58 f.

den.[16] In wieder anderen Zusammenhängen, wie etwa in Art. 24 Abs. 1 der Charta der Vereinten Nationen (VN-Charta),[17] welcher die Hauptverantwortung des Sicherheitsrates zur Wahrung des Weltfriedens statuiert, wird mit dem Begriff die Zuständigkeit umschrieben.

Festzuhalten ist somit, dass es im Völkerrecht schon keine einheitliche Bezeichnung für Schutzpflichten gibt. Eine Annäherung an den Inhalt völkerrechtlicher Schutzpflichten ermöglicht ein Blick auf die Rechtsprechung des Europäischen Gerichtshofs für Menschenrechte (EGMR), der in diesem Kontext den Begriff der positiven Verpflichtungen (*positive obligations*) prägte. Dieser umfasse als Oberbegriff sämtliche staatlichen Handlungspflichten[18] und somit nicht nur Handlungspflichten zum Schutz vor nichtstaatlichen Eingriffen, also Schutzpflichten i. e. S., sondern auch Informationspflichten, Pflichten zur Gewährleistung von Teilhaberechten und Gewährleistungspflichten bei Organisation und Verfahrensgestaltung.[19] Positive Verpflichtungen können insofern als Schutzpflichten i. w. S. verstanden werden.

In der deutschen Grundrechtsdogmatik wird der Begriff der Schutzpflicht hingegen enger gefasst und als Handlungspflicht des Staates zum Schutze der Rechtsgüter vor nichtstaatlichen Beeinträchtigungen verstanden.[20] Zwar sind die Grundrechte traditionell als Abwehrrechte der Einzelnen gegen den Staat konzipiert und somit zuvörderst auf die Abwehr staatlicher Eingriffe gerichtet,[21] doch erfordert ihre Verwirklichung auch Schutz durch den Staat selbst. Bedrohungen der Grundrechte sind nämlich nicht nur durch Handlungen des grundrechtsgebundenen Staates selbst möglich, sondern auch durch Private, durch ausländische Staaten oder durch natürliche Ereignisse.[22] Das Bundesverfassungsgericht (BVerfG) arbeitete daher schon 1958 in seinem Grundsatzurteil im Fall *Lüth* heraus, dass das Grundgesetz keine wertneutrale Ordnung sein wolle, sondern in seinem Grundrechtsabschnitt eine objektive Wertordnung aufgerichtet habe, welche als verfassungsrechtliche Grundentscheidung auf alle Bereiche des Rechts

---

[16] *Garner et al.*, Black's Law Dictionary, S. 1569; *Rausch*, Responsibility to Protect, S. 26.

[17] Amtliche deutsche Übersetzung der VN-Charta: BGBl. 1973 II, S. 431 ff.

[18] *Stahl*, Schutzpflichten im Völkerrecht, S. 36 f.; zur Komplexität des Begriffs der positiven Verpflichtungen siehe *Dröge*, Positive Verpflichtungen in der EMRK, S. 4 f.

[19] *Grabenwarter/Pabel*, EMRK, § 19, Rn. 2; *Streuer*, Positive Verpflichtungen, S. 48 ff.

[20] *Alexy*, Theorie der Grundrechte, S. 410 f.; *Borowski*, Grundrechte als Prinzipien, S. 369; *Dietlein*, Grundrechtliche Schutzpflichten, S. 88, 103; *Robbers*, Sicherheit als Menschenrecht, S. 121; *Unruh*, Grundrechtliche Schutzpflichten, S. 22 f.; siehe auch *Stahl*, Schutzpflichten im Völkerrecht, S. 36 f., 325 f., der zu Folge eine Schutzpflicht auch auf ein Unterlassen gerichtet sein kann.

[21] Eingehend dazu: *Lübbe-Wolff*, Die Grundrechte als Eingriffsabwehrrechte, S. 25 ff.; *Poscher*, Grundrechte als Abwehrrechte, S. 15 ff.; *Stern*, Staatsrecht, Bd. III/1, S. 558 ff.

[22] *Szczekalla*, Grundrechtliche Schutzpflichten, S. 96 ff.

ausstrahle.²³ Insbesondere über die Generalklauseln als „Einbruchstellen" wirke der Rechtsgehalt der Grundrechte somit auch auf die Rechtsbeziehungen zwischen Privaten ein.²⁴ Diese sog. mittelbare Drittwirkung der Grundrechte wird auf internationaler Ebene zwar teilweise mit der Schutzpflicht gleichgesetzt,²⁵ ist von letzterer aber zu unterscheiden. Erfordert die mittelbare Drittwirkung vom Staat, die Grundrechte bei der Schaffung, Auslegung und Anwendung des Rechts zu beachten, geht das Konzept der Schutzpflichten darüber hinaus, indem es den Staat in bestimmten Fällen zur Ergreifung tatsächlicher Schutzmaßnahmen verpflichtet.²⁶ Auch die Schutzpflichten lassen sich aber mit der Konzeption des Grundgesetzes als objektiver Wertordnung begründen. Diese erfordert es vom Staat nicht nur, von Grundrechtsbeeinträchtigungen abzusehen, sondern auch, die grundrechtlichen Freiheiten vor Beeinträchtigungen zu schützen. Dies hielt das BVerfG erstmals 1975 in seinem *Schwangerschaftsabbruch I*-Urteil fest, in dem es heißt:

„Die Schutzpflicht des Staates ist umfassend. Sie verbietet nicht nur – selbstverständlich – unmittelbare staatliche Eingriffe in das sich entwickelnde Leben, sondern gebietet dem Staat auch, sich schützend und fördernd vor diese Leben zu stellen, das heißt vor allem, es auch vor rechtswidrigen Eingriffen von seiten anderer zu bewahren."²⁷

Dabei müsse die Schutzverpflichtung des Staates ernster genommen werden, je höher der Rang des in Frage stehenden Rechtsgutes innerhalb der Wertordnung des Grundgesetzes anzusetzen ist.²⁸ Auffällig ist, dass das BVerfG hier sowohl die Pflicht, von Beeinträchtigungen abzusehen als auch die Pflicht, sich schützend vor die Grundrechte zu stellen, unter den Begriff der Schutzpflicht fasst. Letzterer wird also nicht in einem dogmatischen, sondern in einem untechnischen Sinn genutzt. Schutzpflicht meint hier allgemein den Schutz der Grundrechte vor Gefahren, also den Schutz vor sich selbst und vor anderen. Trotz dieser Ungenauigkeit fand das als „juristischer Paukenschlag"²⁹ bezeichnete Urteil weiten Zuspruch sowohl in der Literatur³⁰ als auch in der folgenden Rechtspre-

---

²³ BVerfGE 7, 198 (205) – *Lüth*. Zum heute unstreitig anerkannten objektiv-rechtlichen Gehalt der Grundrechte siehe *Dietlein*, Grundrechtliche Schutzpflichten, S. 17 m.w.N.; *Murswiek*, Staatliche Verantwortung, S. 106; *Robbers*, Sicherheit als Menschenrecht, S. 13; *Stern*, Staatsrecht, Bd. III/1, S. 937 f.
²⁴ BVerfGE 7, 198 (206 f.) – *Lüth*; 25 (263) – *Blinkfüer*.
²⁵ *Clapham*, in: Macdonald/Matscher/Petzold, The European System for the Protection of Human Rights, S. 163 ff.; *Morvay*, ZaöRV, 1961, 316 (321).
²⁶ *Stahl*, Schutzpflichten im Völkerrecht, S. 46 f.; *Streuer*, Positive Verpflichtungen, S. 52 f.
²⁷ BVerfGE 39, 1 (42) – *Schwangerschaftsabbruch I*.
²⁸ BVerfGE 39, 1 (42) – *Schwangerschaftsabbruch I*.
²⁹ *Isensee*, Grundrecht auf Sicherheit, S. 27.
³⁰ *Hermes*, Schutz von Leben und Gesundheit, S. 61 f. m.w.N.; *Isensee*, in: Isensee/Kirchhof, HdbStR Bd. IX, § 191, Rn. 149 ff., 162 ff.

chung[31] und führte zur allgemeinen Akzeptanz der Schutzpflicht. Welche konkreten Pflichten sich aus ebendieser ergeben, richtet sich nach den Umständen des Einzelfalls.

III. Die Einordnung der Sperrpflicht

Die zu untersuchende Pflicht zur Sperrung des Luftraums über Konfliktzonen stellt eine Handlungspflicht des Staates zum Schutz der Sicherheit des zivilen Luftverkehrs und insbesondere zum Schutz von Leib und Leben der davon betroffenen Personen dar. Danach handelt es sich bei der der Sperrpflicht jedenfalls um eine positive Verpflichtung im Sinne der Straßburger Judikatur, also um eine Schutzpflicht i. w. S. Ob sie darüber hinaus auch als Schutzpflicht i. e. S. zu verstehen ist, hängt davon ab, ob die Sperrpflicht dem Schutz der zivilen Luftfahrt vor nichtstaatlichen Beeinträchtigungen, also insbesondere vor Beeinträchtigungen durch Private bzw. ausländische Staaten dient. Problematisch erscheint dabei, dass – wie auch der Abschuss des Fluges MH17 über der Ostukraine zeigt – im Rahmen von bewaffneten Konflikten häufig nicht mit Sicherheit festzustellen ist, wem eine konkrete Rechtsbeeinträchtigung zuzurechnen ist.

Für das Bestehen der Pflicht zur Sperrung des Luftraums über Konfliktzonen kommt es auf diese Einordnung aber nicht an. Die Pflicht des Bodenstaates, seinen Luftraum über der Konfliktzone zu sperren, dient dem Schutz der zivilen Luftfahrt und der davon betroffenen Personen vor sämtlichen Gefahren, die vom Konflikt ausgehen. Sie dient somit – zumindest auch – dem Schutz vor Rechtsbeeinträchtigungen durch Dritte bzw. ausländische Staaten, ist darauf aber nicht beschränkt. Ob ein Abschuss beabsichtigt, unbeabsichtigt, durch Dritte oder dem Staat zurechenbar erfolgt, macht – insbesondere mit Blick auf die Unüberschaubarkeit der Situation im bewaffneten Konflikt – wertungsmäßig keinen Unterschied. Die Luftraumsperrung ist eine organisatorische Präventivmaßnahme zur Verhinderung der Verwirklichung *aller* Gefahren des Überflugs von Konfliktzonen.

Der Begriff der Schutzpflicht wird im Folgenden somit nicht nach streng dogmatischem deutschem Verständnis als Schutzpflicht i. e. S. genutzt. Vielmehr ist die Sperrpflicht in einem weiteren Sinne als staatliche Handlungspflicht zum Schutze individueller Rechte und Rechtsgüter vor den Gefahren des Überflugs einer Konfliktzone zu verstehen.

---

[31] BVerfGE 46, 160 (164) – *Schleyer*; 49, 24 (53) – *Kontaktsperre-Gesetz*; 49, 89 (141 f.) – *Kalkar I*; 53, 30 (57) – *Mülheim-Kärlich*; 56, 54 (73) – *Fluglärm*; 57, 250 (284 f.) – *V-Mann*; 77, 170 (214) – *C-Waffen*.

B. Schutzpflichten im Spannungsverhältnis zur staatlichen Souveränität

Die Schutzpflicht, den Luftraum über Konfliktzonen zu sperren, wirft die Frage nach dem Verhältnis von staatlicher Souveränität und Verpflichtbarkeit auf. Je weiter die staatlichen Pflichten zur Gewähr von Sicherheit reichen, desto mehr wird das ursprüngliche Verständnis von Souveränität als umfassende Herrschaftsmacht an seine Grenzen gestoßen. Schutzpflichten stehen somit in einem scheinbaren Spannungsverhältnis zur staatlichen Souveränität. Ein Blick auf die Entwicklung des Souveränitätsbegriffs verdeutlicht allerdings, dass sich dieser stets an die politischen Verhältnisse und Bedürfnisse der Zeit anpasst und sich somit in einem ständigen Wandel befindet.[32] Trotz zahlreicher Angriffe[33] hat sich die Souveränität aufgrund ihrer Flexibilität als besonders entwicklungsoffen und ergiebig erwiesen. Noch heute liegt sie nahezu allen völkerrechtlichen Regelungen zugrunde und stellt nicht nur Dreh- und Angelpunkt völkerrechtlicher Geschichte, sondern auch den Ausgangspunkt künftiger Entwicklungen – und somit auch den Ausgangspunkt der Herleitung von Schutzpflichten – dar.[34]

I. Die Ursprünge des Souveränitätsbegriffs

Der aus dem 17. Jahrhundert stammende Begriff der Souveränität ist der französischen *souveraineté* entlehnt. Letztere ist auf das mittellateinische *superanus* zurückzuführen, welches mit *darüber befindlich* bzw. *übergeordnet* zu übersetzen ist.[35] Bereits im 12. Jahrhundert wurde der Begriff in Frankreich im Zusammenhang mit Herrschaft genutzt. Allerdings handelte es sich bei der Souveränität des feudalen Mittelalters um einen relativen Begriff, der jede konkrete Machtposition erfasste. Souverän war demnach, wer innerhalb seines Herrschaftsbereichs keine Instanz über sich hatte. Die einzelne Herrschaftsbefugnis musste stets im Rahmen der göttlichen oder naturgegebenen Ordnung ausgeübt werden.[36]

---

[32] *Breuer*, in: FS-Klein, S. 747; *Herdegen*, in: FS-Herzog, S. 117; *Hobe/Nowrot*, GYIL, 2007, 243 (300); *Jellinek*, Allg. Staatslehre, S. 435; *Schrijver*, BYIL, 2000, 65 (70).

[33] Siehe z. B. *Henkin*, RdC, 1989, 9 (26), der die Souveränität als „Relikt der Historie" betrachtet. Zu den Forderungen nach seiner gänzlichen Abschaffung auch: *Politis*, RdC, 1925, 5 (10, 19); *Kelsen*, Souveränität und die Theorie des Völkerrechts, S. 320.

[34] Vgl. *Becker*, in: Isensee/Kirchhof, HdbStR Bd. XI, § 230, Rn. 16; *Bleckmann*, AVR, 1985, 450 (453, 464).

[35] Zur Etymologie siehe *Gamillscheg*, Etymologisches Wörterbuch, S. 821; *Quaritsch*, Souveränität, S. 13.

[36] Zum Ganzen siehe *Grimm*, Souveränität, S. 16 ff.; ausführlich zur Entstehungsgeschichte des Souveränitätsbegriffs siehe *Quaritsch*, Staat und Souveränität, S. 44 ff.

II. Das moderne Souveränitätskonzept Jean Bodins

Nach dem Zusammenbruch der mittelalterlichen Ordnung war es *Jean Bodin*, der als „Vater der Souveränitätslehre"[37] im Kontext des französischen Glaubenskrieges des 16. Jahrhunderts in der Souveränität einen Weg zur Wiederherstellung von Sicherheit und Ordnung sah.[38] In seinem 1576 erstmals erschienenen Werk *Les six livres de la république* definiert er die Souveränität als „la puissance absoluë & perpetuelle",[39] welche notwendige Voraussetzung für das Bestehen eines jeden Staates sei. Wie bereits im Mittelalter erfasst der Souveränitätsbegriff somit die höchste Herrschaftsgewalt, doch ist diese nicht mehr relativ, auf konkrete Befugnisse bezogen, sondern abstrakt.[40] Der Souveränität nach *Bodin* ist jede Begrenzung der Machtbefugnis, der Aufgabenstellung oder der Dauer fremd.[41] Im Inneren komme dem Souverän grundsätzlich unabhängige und ungeteilte Herrschaftsmacht zu.[42] Allerdings schulde er Gott Rechenschaft[43] und sei an die „loy de Dieu & de nature"[44] sowie die allen Völkern gemeinsamen Gesetze gebunden.[45] Außerdem könne er sich nach außen hin durch Verträge und Zusagen selbst binden.[46] Absolut im Sinne von unbeschränkt ist die Souveränität nach *Bodin* somit nicht. Vielmehr begrenzen oberste Gerechtigkeitsprinzipien sowie das Völkerrecht die Macht des Souveräns.[47] Schon *Bodin* ging nur von einer Souveränität *im* Recht, nicht *über* dem Recht, aus.[48] Auch erkannte er das Nebeneinander gleichgeordneter, souveräner Fürsten an, ohne dass es für die Souveränität auf die Größe des jeweiligen Territoriums oder die Bevölkerungszahl ankomme.[49] Somit finden sich hier nicht nur Ansätze einer Unterscheidung zwischen innerer und äußerer Souveränität sondern auch Ansätze der Territorialität sowie der souveränen Gleichheit der Staaten.

---

[37] *Jellinek*, Staatenverträge, S. 10; zum Einfluss *Bodins* siehe auch *Stolleis*, Der Staat, Beiheft 11, 1996, 63 (70 ff.).
[38] *Grimm*, Souveränität, S. 22 f., 31; *Jellinek*, Allg. Staatslehre, S. 453, 455; *Skinner*, Foundations of Modern Political Thought, S. 284 ff.
[39] *Bodin*, Les Six Livres de la République, S. 125.
[40] *Grimm*, Souveränität, S. 24.
[41] *Bodin*, Les Six Livres de la République, S. 126.
[42] *Bodin*, Les Six Livres de la République, S. 192.
[43] *Bodin*, Les Six Livres de la République, S. 127, 190.
[44] *Bodin*, Les Six Livres de la République, S. 130, 133, 145.
[45] *Bodin*, Les Six Livres de la République, S. 131.
[46] *Bodin*, Les Six Livres de la République, S. 133 f., 147 f.
[47] *Randelzhofer*, in: Isensee/Kirchhof, HdbStR Bd. II, § 17, Rn. 16; *Steinberger*, in: Bernhardt, EPIL IV, Sovereignty, S. 505; *Verdross/Simma*, Universelles Völkerrecht, § 32, S. 27.
[48] *Breuer*, in: FS-Klein, S. 748
[49] *Bodin*, Les Six Livres de la République, S. 186, 13.

III. Die Souveränität in der Ära des klassischen Völkerrechts

Mit dem Westfälischen Frieden von 1648[50] wurde das Konzept der Souveränität – nach dem Vorbild *Bodins* – erstmals zum herrschenden Paradigma der Staatenbeziehungen erhoben.[51] Dies zeigt sich insbesondere in Art. VIII des Osnabrücker Friedensvertrages,[52] der in seinem § 1 die Landeshoheit der Reichsstände (*ius territoriale*) und in § 2 unter anderem ihr Bündnisrecht statuierte. Die Landeshoheit, also das Recht der Stände, „in ihren Landen und Gebieten alles dasjenige zu gebieten, anzuordnen, zu tun und zu lassen, was einem jeden Regenten nach denen Göttlichen, Natur- und Völkerrechten zukommt"[53] umschrieb die umfassende Herrschaftsgewalt der Reichsstände im Innern und somit innere Souveränität im Sinne *Bodins*.[54] Das danebenstehende Bündnisrecht vermittelte den Reichsständen politische Handlungsfähigkeit und -freiheit nach außen, also äußere Souveränität.[55]

Das Westfälische System schuf demnach eine Gemeinschaft souveräner, unabhängiger und gleicher Staaten.[56] Es leitete das Zeitalter des sog. klassischen Völkerrechts ein, welches von der Souveränität als Unabhängigkeit der Staaten nach innen und außen geprägt war.[57] Dieses Souveränitätsverständnis bewährte sich in den nächsten zwei Jahrhunderten. So hielt *Max Huber* im *Las Palmas-Fall* von 1928 fest:

„Sovereignty in the relations between States signifies independence. Independence in regard to a portion of the globe is the right to exercise, therein, to the exclusion of any other State, the functions of a State."[58]

Souveränität bedeutete in dieser Zeit somit vor allem ausschließliche Herrschaftsmacht. In der Folge wurde das Völkerrecht als „Law of Coexistence"[59],

---

[50] Näher dazu: *de Zayas*, in: Bernhardt, EPIL IV, Westphalia, Peace of (1648), S. 1465 ff.; *Ziegler*, AVR, 1999, 129 (129 ff.).

[51] *Hobe*, AVR, 1999, 253 (258); *Oeter*, in: FS-Steinberger, S. 264. Für einen Überblick zur Bedeutung des Westfälischen Friedens für das Völkerrecht siehe *Pieper*, JA, 1995, 988.

[52] Die am 30. Januar und 24. Oktober 1648 in Münster und Osnabrück geschlossenen Friedensverträge sind abgedruckt in: *Grewe*, Quellen zur Geschichte des Völkerrechts, S. 183 ff.

[53] *Moser*, Landeshoheit Teutscher Reichsstände, S. 9.

[54] *Hobe*, AVR, 1999, 253 (258); *Randelzhofer*, Völkerrechtliche Aspekte des Römischen Reiches, S. 57 f., 130 ff.

[55] *Böckenförde*, Der Staat, 1969, 449 (456, 471); *Hobe*, AVR, 1999, 253 (258).

[56] *De Zayas*, in: Bernhardt, EPIL IV, Westphalia, Peace of (1648), S. 1465; *Oeter*, in: FS-Steinberger, S. 264.

[57] *Hobe*, Völkerrecht, S. 20 f.; *Stein/von Buttlar/Kotzur*, Völkerrecht, § 30, Rn. 511. Zum notwendigen Zusammenspiel innerer und äußerer Souveränität siehe auch: *Jellinek*, Lehre von den Staatenverbindungen, S. 22 f.

[58] *Island of Palmas Case*, 4.4.1928, RIAA, Vol. II, p. 829, 838.

[59] *Friedmann*, Internat. Law, S. 60.

also als bloßes Koordinationsrecht zwischen nebeneinander existierenden Staaten, verstanden.[60] Maßgeblich waren in diesem System der Koexistenz hauptsächlich die einzelstaatlichen Interessen an innen- und außenpolitischer Macht und Expansion sowie deren Durchsetzung.[61] Übergeordnete, im Interesse der Staatengemeinschaft als Ganzes bestehende Ziele, wurden seinerzeit nicht verfolgt.[62]

IV. Die Souveränität im modernen Völkerrecht

Das Verständnis eines bloßen Nebeneinanders der Staaten änderte sich mit der im 19. Jahrhundert einsetzenden Industrialisierung, welche den Bedarf an institutionalisierter Staatenkooperation in bestimmten Bereichen verdeutlichte.[63] Waren Staaten zunächst nur auf weniger sensiblen Gebieten, wie etwa dem Telekommunikationswesen, dazu bereit, grenzüberschreitenden Problem gemeinsam und in organisierter Form zu begegnen,[64] wurde die Staatenkooperation nach dem Ersten Weltkrieg, der das zerstörerische Potenzial ungehemmter Staatensouveränität offenbarte,[65] wesentlich verstärkt. So wurde mit der Schaffung des Völkerbundes im Jahre 1919 eine Staatenorganisation zur Friedenssicherung errichtet[66] und letztere zur internationalen Verantwortung erhoben.[67] Insbesondere wurde mit der Satzung des Völkerbundes das freie Kriegsführungsrecht, welches bis dahin als vornehmstes Attribut der Souveränität eines jeden Staates galt, zur Angelegenheit des Völkerbundes erklärt und somit der ausschließlichen Entscheidungshoheit der Staaten entzogen.[68] Die Souveränität erfuhr hier also erst-

---

[60] Siehe auch StIGH, *Case of the S.S. Lotus*, Judgment, 7.9.1927, PCIJ Series A, No. 10, p. 18, wonach das Völkerrecht geschaffen sei, „in order to regulate the relations between [...] co-existing independent communities [...]".

[61] *Bleckmann*, AVR, 1985, 450 (470); *Nettesheim*, JZ, 2002, 569 (570).

[62] *Delbrück*, in: Dahm/Delbrück/Wolfrum, Völkerrecht, Bd. I/1, S. 5; *Tomuschat*, in: FS-Klein, S. 925.

[63] *Bleckmann*, AVR, 1985, 450 (471 f.); *Delbrück*, SZIER, 2001, 1 (5 f.).

[64] Zu den internationalen Flusskommissionen, der internationalen Telegrafenunion sowie des Weltpostvereins als Vorläufer internationaler Organisationen siehe *Delbrück*, in: Dahm/Delbrück/Wolfrum, Völkerrecht, Bd. I/1, S. 13. Für einen Überblick über die sonstigen Materien siehe die Darstellung bei *Dicke*, Effizienz und Effektivität internat. Organisationen, S. 51; *Wolfrum*, in: Bernhardt, EPIL II, International Administrative Unions, S. 1042 ff.

[65] *Hobe*, Völkerrecht, S. 26.

[66] *Hobe*, AVR, 1999, 253 (259); *Wehberg*, Friedens-Warte, 1924, 253 (253).

[67] *Delbrück*, in: Dahm/Delbrück/Wolfrum, Völkerrecht, Bd. I/1, S. 13.

[68] Versailler Vertrag, RGBl. 1919, S. 689 ff. Das Ziel, den Krieg zu vermeiden, trat an mehreren Stellen der Satzung deutlich hervor, wie etwa in den Vorschriften zur Abrüstung (Art. 8, 9), zur friedlichen Streitbeilegung (Art. 11–15), zur territorialen und kollektiven Sicherheit (Art. 10, 16) sowie in der Präambel, wonach es zur Gewährleistung des internationalen Frie-

B. Schutzpflichten im Spannungsverhältnis zur staatlichen Souveränität

malig eine wesentliche Einschränkung.[69] Diese Entwicklung setzte sich fort bis zu einem generellen Kriegsverbot, welches im Briand-Kellogg-Pakt von 1928[70] statuiert wurde. Obgleich diesem sog. „Kriegsächtungspakt"[71] seinerzeit nahezu alle Staaten beitraten,[72] konnte der Zweite Weltkrieg nicht verhindert werden.

Nach den Schrecken des Weltkrieges wurde die Staatenkooperation mit der Schaffung der Vereinten Nationen und insbesondere des Sicherheitsrates, welcher zum Zwecke der kollektiven Sicherheit verbindliche Beschlüsse fassen kann, wesentlich erweitert. Die als Verfassung der Staatenorganisation[73] angesehene Charta der VN erhebt in Art. 1 Ziff. 1 die Wahrung des Weltfriedens und der internationalen Sicherheit zum Ziel der Organisation und statuiert in Art. 2 Ziff. 4 ein umfassendes Gewaltverbot, welches das Kriegsführungsrecht der Staaten endgültig abschafft. Damit ging ein Perspektivenwechsel im Völkerrecht einher.[74] Zwar beruht die Staatenorganisation nach Art. 2 Ziff. 1 der Charta weiterhin auf dem Grundsatz der souveränen Gleichheit der Staaten,[75] doch ist das Verständnis der Souveränität nunmehr ein anderes. Wurde es ursprünglich als Recht souveräner Staaten angesehen, ihre politischen Ziele zu definieren und zu entscheiden, ob diese mit friedlichen oder kriegerischen Mitteln erreicht werden können, so deklariert die VN-Charta den Frieden zum politischen Ziel und verweist die Staaten zu dessen Erreichung auf gewaltfreie Mittel.[76] Demnach ist der Frieden nicht mehr ein bloßer Zustand, der gegeben ist, wenn kein Krieg herrscht, sondern etwas zu dessen Erhaltung die Staaten verpflichtet sind.[77] Dabei bezieht sich, wie vom Sicherheitsrat in einigen Resolutionen aufgegriffen, Frieden nicht nur – negativ – auf die Abwesenheit von bewaffneter Gewalt, sondern auch – positiv – auf eine auf Rechtsstaatlichkeit beruhende internationale Ordnung, in der die Menschenrechte sowie wirtschaftliche und soziale Gerechtigkeit geachtet

---

dens und der internationalen Sicherheit wesentlich sei, bestimmte Verpflichtungen zu übernehmen, nicht zum Kriege zu schreiten.

[69] Siehe dazu: *Hobe*, Völkerrecht, S. 28.

[70] RGBl. 1929 II, S. 97 ff.

[71] *Hobe*, Völkerrecht, S. 30.

[72] *Wolfrum*, in: Dahm/Delbrück/Wolfrum, Völkerrecht, Bd. I/3, S. 820 mit Verweis auf die Ausnahme vier südamerikanischer Staaten, für welche allerdings aufgrund des Saavedra-Lamas-Vertrages vom 10.10.1933 (LNTS, Vol. CLXIII, 393) ähnliche Verpflichtungen galten.

[73] *Kimminich*, in: Bernhardt, EPIL II, History of the Law of Nations: Since World War II, S. 851.

[74] *Delbrück*, SZIER, 2001, 1 (11); *Seidel*, AVR, 2000, 23 (25 f.).

[75] Siehe auch *Hillgruber*, Der Staat, 2014, 475 (481 f.), der betont, dass das Völkerrecht nach wie vor insbesondere die Rechtsbeziehungen zwischen souveränen Staaten regelt.

[76] Art. 2 Ziff. 3 VN-Charta; *Delbrück*, SZIER, 2001, 1 (11); *Kimminich*, in: Bernhardt, EPIL II, History of the Law of Nations: Since World War II, S. 849 f.

[77] *Hobe*, Völkerrecht, S. 36.

und gefördert werden.[78] Dem menschenrechtlichen Schutzauftrag der Charta folgend, gingen die Staaten nach dem Zweiten Weltkrieg eine Fülle menschenrechtlicher Verpflichtungen ein. Auf regionaler Ebene gipfelte diese Vertiefung der Staatenkooperation mit der Gründung der Europäischen Union in einer Staatenunion, an die die Mitgliedstaaten weitreichende Kompetenzen abgetreten und ihre Souveränität insofern stark beschnitten haben.[79]

V. Zwischenergebnis

Mit der Entwicklung des Völkerrechts vom Koexistenz- zum sog. Kooperationsrecht[80] ging ein Wandel des Souveränitätsverständnisses einher.[81] War die Souveränität im klassischen Völkerrecht als ausschließliche Herrschaftsmacht nach innen und außen zu verstehen, änderte sich dieses Verständnis mit Beginn der Ära des sog. modernen Völkerrechts. Letztere ist nicht nur gekennzeichnet von einer Absage an Gewalt, sondern auch von einem raschen Zuwachs an Interdependenz und staatlicher Zusammenarbeit auf immer weitreichenderen Gebieten.[82] Die in Folge des Zweiten Weltkrieges einsetzende Institutionalisierung und Verrechtlichung wirkte sich auch auf den Gehalt staatlicher Souveränität aus.[83] So traten mit den internationalen Organisationen neue Völkerrechtssubjekte hinzu, die das bisherige Monopol der Staaten aufweichen. Die Eingliederung in die entsprechenden Organisationen ging mit zum Teil weitreichenden Rechtspflichten – und somit Einbußen an staatlichen Handlungsfreiräumen – einher. Dies gilt insbesondere, wenn die Beschlüsse einer Organisation nicht ein-

---

[78] *Delbrück*, SZIER, 2001, 1 (12); *Hobe*, Völkerrecht, S. 224 f.; zum Friedensbegriff siehe auch *Gading*, Schutz grundlegender Menschenrechte, S. 82 f. m.w.N. sowie UNSC Res. 1973 (2011) vom 17.3.2011, S/RES/1973 (2011), mit welcher zum Schutz der Zivilbevölkerung vor dem libyschen Diktator Ghadafi eine No-Fly Zone nach Kapitel VII der Charta angeordnet wurde. Näher dazu siehe unten, Teil 3 C. III. 3. d) aa) (2), S. 166 und Teil 4 C. II., S. 220.

[79] Dazu *Oeter*, in: FS-Steinberger, S. 276 f.; *von Arnauld*, Friedens-Warte, 2009, 11 (12).

[80] *Bleckmann*, AVR, 1985, 450 (469 ff.); *Fassbender*, EuGRZ, 2003, 1 (3); *Kimminich*, in: Bernhardt, EPIL II, History of the Law of Nations: Since World War II, S. 850 f.; *Nettesheim*, JZ, 2002, 569 (571); *Verdross/Simma*, Universelles Völkerrecht, § 53, S. 41. Siehe dazu auch oben, Teil 2 B. III., S. 57 ff.

[81] Zum Wandel der Souveränität und zum Verlust souveräner Staatlichkeit siehe *Kokott*, in: VVDStRL, 2004, S. 10, 21.

[82] *Bleckmann*, AVR, 1985, 450 (469); *Hobe*, AVR, 1999, 253 (260); *Seidel*, AVR, 2000, 23 (29). Zu den verschiedenen Bereichen der Zusammenarbeit siehe *Hobe*, Der offene Verfassungsstaat, S. 182 ff.; zur Frage, ob es heute sogar eine Pflicht zur internationalen Zusammenarbeit gibt, siehe *Criddle/Fox-Decent*, AJIL, 2019, 272 (272 ff.).

[83] *Hobe*, Völkerrecht, S. 37; *von Arnauld*, Friedens-Warte, 2014, 51 (53).

B. Schutzpflichten im Spannungsverhältnis zur staatlichen Souveränität

stimmig gefasst werden und somit auch gegen den Willen einiger Staaten Geltung beanspruchen können.[84]

Darüber hinaus verdeutlicht die zunehmende Dichte der völkerrechtlichen Vertragswerke die Erkenntnis der Staaten, dass es übergreifende, gemeinsame Interessen gibt, die ein Zusammenarbeiten erfordern und dass sie dazu bereit sind, für die Erreichung dieser Interessen ihre souveränen Freiheiten, insbesondere ihre ausschließliche Bestimmungshoheit, einzuschränken.[85] Wurde die staatliche Souveränität somit zunächst in einem stark machtfokussierten Sinne verstanden, so ist sie im Laufe des 20. Jahrhunderts zum Schutz übergreifender Güter und Interessen immer weiteren Einschränkungen zugänglich geworden.[86] Besonderer Ausdruck dieser Entwicklung ist die Schaffung des Völkerbundes und sodann der Vereinten Nationen, wodurch selbst die einst als exklusiv innerstaatlich angesehenen Pflichten zur Gewährleistung von Frieden und Sicherheit der Bürger internationalisiert wurden.[87]

Im Zeitalter der Globalisierung hat sich diese Entwicklung hin zur Permeabilität der Staaten[88] weiter verstärkt. In der Tat steht die völkerrechtliche Ordnung heute vor globalen Herausforderungen, die alleine nicht zu bewältigen sind, sondern internationale Antworten erfordern.[89] Das zeigt sich etwa am Beispiel der internationalen Migrationsströme, des internationalen Terrorismus, der bewaffneten Konflikte, des Schutzes der Menschenrechte, des grenzüberschreitenden Umwelt- und Klimaschutzes sowie der neuartigen technischen Bedrohungen, die von Drohnen oder Cyberangriffen ausgehen.[90] Im Ringen um Lösungen dieser Probleme sind vertraglich und richterrechtlich internationale Regelungen entwickelt worden, die den Staaten weitreichende Schutzpflichten auflegen und ihren „Souveränitätspanzer"[91] durchbrechen. Waren Schutzpflichten einst mit der Souveränität nicht bzw. nur schwerlich zu vereinbaren, steht die Souveränität wie sie heute zu verstehen ist, ihrer Herleitung konzeptuell nicht entgegen. Wie zu zeigen sein wird, ist in der zunehmend interdependenten Staatengemeinschaft, die Pflicht eines jeden Staaten zur Gewähr der Sicherheit von Personen, die sich auf seinem Hoheitsgebiet befinden, zum Kern des Souveränitätsverständnisses geworden.

---

[84] *Delbrück*, SZIER, 2001, 1 (7 f.); *Schreuer*, EJIL, 1993, 447 (451); siehe ausführlich zur Problematik der Verpflichtbarkeit von Staaten ohne oder gegen ihren Willen: *Tomuschat*, RdC, 1993, 195 (209 ff.).
[85] *Oeter*, in: FS-Steinberger, S. 284 f.
[86] *Delbrück*, SZIER, 2001, 1 (32).
[87] *Delbrück*, SZIER, 2001, 1 (2, 6).
[88] Zur Permeabilität der Staaten siehe *Pfeil*, Globale Verrechtlichung, S. 140 ff.
[89] Siehe dazu *Hobe*, Völkerrecht, S. 42.
[90] *Delbrück*, SZIER, 2001, 1 (15); *ders.*, IJGLS, 1993, 9 (14 ff.).
[91] *Bleckmann*, Grundgesetz und Völkerrecht, S. 183, 272, 306, 308, 311.

C. Die Anerkennung von Schutzpflichten in völkerrechtlichen Teilgebieten

Das Konzept der Schutzpflichten steht, wie dargelegt, in keinem unauflöslichen Konflikt zur staatlichen Souveränität. Vielmehr verdeutlicht ein Blick auf verschiedene völkerrechtliche Teilbereiche, dass staatliche Handlungspflichten zum Schutz bestimmter Interessen und Rechtsgüter mittlerweile das gesamte Völkerrecht durchziehen.[92] So ergeben sich, wie im Folgenden aufzuzeigen sein wird, aus dem völkerrechtlichen Schädigungsverbot zahlreiche Pflichten zum Schutz der Rechte anderer Staaten, die auch für die zu untersuchende Pflicht zur Sperrung des Luftraums über Konfliktzonen von Bedeutung sind. Daneben haben sich weitreichende Pflichten des Staates zum Schutz der Personen auf seinem Hoheitsgebiet entwickelt. Diese, auch für die Sperrpflicht maßgebliche Entwicklung, wird zunächst anhand des Fremdenrechts, des Investitionsschutzrechts sowie des Diplomaten- und Konsularrechts nachgezeichnet, bevor auf die speziellen Schutzbestimmungen in Zeiten bewaffneter Konflikte eingegangen wird. Schließlich wird die seit dem Ende des Zweiten Weltkrieges zu konstatierende Entwicklung im Bereich der Menschenrechte dargelegt, welche verdeutlicht, dass sich der Schutz des Menschen als solchem zum vorrangigen Ziel des Völkerrechts entwickelt hat.

I. Pflichten zum Schutz der Rechte anderer Staaten

Pflichten zum Schutz der Rechte anderer Staaten folgen vorwiegend aus dem völkerrechtlichen Schädigungsverbot, welches seinen Ursprung im Umweltvölkerrecht findet.

1. Das Verbot erheblicher grenzüberschreitender Umweltschäden

Den Ausgangspunkt des für die Entwicklung von Schutzpflichten bedeutenden Umweltvölkerrechts bildet das völkerrechtliche Nachbarrecht.[93] Sollte nach der sog. *Harmon Doktrin*[94] jeder Staat sein Staatsgebiet frei und ohne Rücksicht auf

---

[92] Siehe dazu im Überblick: *Seibert-Fohr*, ZaöRV, 2013, 37 (38).
[93] *Hobe*, Völkerrecht, S. 438 f.; *Proelß*, in: Graf Vitzthum/Proelß, Völkerrecht, S. 535, Rn. 92 f.; *von Arnauld*, Völkerrecht, Rn. 887; näher zum Nachbarrecht siehe *Kunig*, in: BerDGVR 1992, S. 12 ff.
[94] Benannt nach US Attorney General Judson Harmon, der diese Ansicht anlässlich eines Streits mit Mexiko um die Wasserentnahme durch amerikanische Farmer aus dem Grenzfluss Rio Grande vertrat, siehe Official Opinions of the Attorneys-General of the United States, Advising the President and Heads of Departments in Relation to their Official Duties, Vol. XXI, 1898, S. 281 f.; ausführlich hierzu: *Krakau*, Die Harmon Doktrin; *McCaffrey*, NRJ, 1996, 965.

C. Die Anerkennung von Schutzpflichten in völkerrechtlichen Teilgebieten 63

mögliche Auswirkungen auf seine Nachbarstaaten nutzen können,[95] so konnte sich ein solches „souveräne[s] Recht auf Rücksichtslosigkeit"[96] nicht durchsetzen. Die territoriale Souveränität der Staaten kann im Interesse Aller keine absolute, uneingeschränkte Handlungsfreiheit bedeuten. Vielmehr erfordert das ihr ebenbürtige und ebenfalls in der Souveränität gründende Integritätsinteresse der anderen Staaten, also ihr Recht auf Freiheit vor störenden Einflüssen, die Herstellung eines angemessenen Ausgleichs.[97]

Wie schon Einzelschiedsrichter *Huber* 1928 im Fall *Island of Palmas* hervorhob, beinhaltet die Gebietshoheit der Staaten – gleichsam als Korrelat – die Pflicht, „to protect within the territory the rights of other States, in particular their right to integrity and inviolability in peace and in war [...]."[98] Die Gebietshoheit stellt demnach nicht bloß ein negatives Abwehrrecht dar, sondern enthält auch die positive Verpflichtung eines jeden Staates, dafür Sorge zu tragen, dass die Nutzung seines Territoriums nicht zu einer Beeinträchtigung der Rechte anderer Staaten führt. Insofern findet die territoriale Souveränität ihre Grenze in dem souveränen Recht anderer Staaten auf territoriale Integrität.[99]

Umweltvölkerrechtlich fand dieser Gedanke erstmals Anklang im *Trail-Smelter-Fall* von 1941, welcher als Meilenstein des internationalen Umweltrechts gilt.[100] Hier hielt das Gericht zunächst unter Berufung auf Professor *Eagleton* fest, dass Staaten zu jeder Zeit dazu verpflichtet sind, andere Staaten vor Schädigungen zu schützen, die von Personen auf ihrem Hoheitsgebiet ausgehen.[101] Mangels einschlägiger internationaler Rechtsprechung zum konkreten Fall der Luftverunreinigung oder zum ähnlich gelagerten Fall der Wasserverunreinigung,

---

[95] *Von Arnauld*, Völkerrecht, Rn. 887; teilweise wird bezweifelt, ob es sich bei der „Doktrin" je um mehr als bloße Verhandlungsrhetorik handelte, siehe *Bryde*, AVR, 1993, 1 (2); *McCaffrey*, NRJ, 1996, 965 (986).

[96] *Kunig*, AVR, 2003, 327 (330).

[97] *Heintschel von Heinegg*, in: Ipsen, Völkerrecht, 6. Aufl., § 50, Rn. 8; *Hinds*, AVR, 1992, 298 (299); *Wolfrum*, GYIL, 1990, 308 (311). Vgl. dazu *Beyerlin*, in: FS-Doehring, S. 40 ff., der von einem Regel-Ausnahme-Verhältnis zwischen dem Integritätsinteresse und der Handlungsfreiheit ausgeht und dem Integritätsinteresse grundsätzlich Vorrang einräumt.

[98] *Island of Palmas case*, 4.4.1928, RIAA, Vol. II, p. 829, 839.

[99] *Beyerlin*, in: FS-Doehring, S. 40; *Heintschel von Heinegg*, in: Ipsen, Völkerrecht, 6. Aufl., § 50, Rn. 8.

[100] *Ellis*, in: Bratspies/Miller, Transboundary Harm, S. 56; *Michelson*, CYIL, 1993, 219 (219 f.); siehe auch *Rubin*, Or. L. Rev., 1971, 259 (259): „Every discussion of the general international law relating to pollution starts, and must end, with a mention of the Trail Smelter Arbitration between the United States and Canada."

[101] *Trail Smelter case*, 11.3.1941, RIAA, Vol. III, p. 1938, 1963, bezugnehmend auf *Eagleton*, The Responsibility of States in internat. Law, S. 80: „A State owes at all times a duty to protect other States against injurious acts by individuals from within its jurisdiction." Kritisch zum Verweis: *Ellis*, in: Bratspies/Miller, Transboundary Harm, S. 59 f.

ging es sodann auf entsprechende US-amerikanische Entscheidungen ein. Unter analoger Anwendung der dort entwickelten Grundsätze, der das Völkerrecht nicht entgegenstehe,[102] kam das Gericht zu dem Schluss, dass

„under the principles of international law [...] no State has the right to use or permit the use of its territory in such a manner as to cause injury by fumes in or to the territory of another or the properties or persons therein, when the case is of serious consequence and the injury is established by clear and convincing evidence."[103]

Danach gehöre es zu den Grundsätzen des Völkerrechts, dass Staaten einander keine erheblichen Schäden zufügen dürfen. Obgleich der Schiedsspruch aus dogmatischer Sicht durchaus kritikwürdig ist,[104] gilt er bis heute als richtungsweisender Präzedenzfall, der sich in Rechtsprechung,[105] Lehre[106] und Staatspraxis, insbesondere in zahlreichen völkerrechtlichen Instrumenten zum Umweltrecht, durchgesetzt hat.[107] Hervorzuheben ist die Bestätigung der Entscheidung in der Stockholmer Erklärung von 1972,[108] welcher aufgrund ihrer Pionierwirkung hinsichtlich der Herausbildung des Umweltvölkerrechts große Bedeutung zukommt.[109] Prinzip 21 der Erklärung, wonach Staaten dafür verantwortlich sind sicherzustellen, dass Tätigkeiten innerhalb ihres Hoheitsbereichs oder ihrer Kontrolle die Umwelt anderer Staaten oder Gebiete jenseits staatlicher Hoheitsge-

---

[102] *Trail Smelter case*, 11.3.1941, RIAA, Vol. III, p. 1938, 1964.

[103] *Trail Smelter case*, 11.3.1941, RIAA, Vol. III, p. 1938, 1965.

[104] So räumte Richter John Read, Rechtsberater auf kanadischer Seite, ein: „[T]here was not much international law available dealing with international nuisance", *Read*, CYIL, 1963, 213 (227). Zur Kritik an der Analogie zum US-Recht siehe *McCaffrey*, in: Bratspies/Miller, Transboundary Harm, S. 35 f. und *Rubin*, Or. L. Rev., 1971, 259 (269).

[105] Siehe z.B. *Affaire du Lac Lanoux*, 16.11.1957, RIAA, Vol. XII, p. 281, 303, para. 6, wo das Schiedsgericht das Vorhaben Frankreichs, Wasser eines Flusses umzuleiten, billigte, weil das Wasser dem spanischen Grenzfluss wieder zugeführt werde, ohne dass eine erhebliche Veränderung der Wassereigenschaften eintrete. Dazu: *Epiney*, Lac Lanoux Arbitration, in: MPEPIL, Rn. 9, 12. Siehe auch *Canada – United States Settlement of Gut Dam Claims*, 27.9.1968, ILM, 1969, 118 (138); *Canada: Claim against the Union of Soviet Socialist Republics for Damage caused by Soviet Cosmos 954*, ILM, 1979, 899 (905 f.) sowie das Urteil des Tribunal Administratif de Strasbourg vom 27.7.1983 worin sich das Gericht auf die völkerrechtliche Pflicht der französischen Verwaltung berufen, „à ne pas permettre des activités pouvant avoir hors du territoire national des conséquences nuisibles, graves et anormales [...]", abgedruckt in: ZaöRV, 1984, 342 (342 ff.), mit Anm. von *Beyerlin*, ZaöRV, 1984, 336 (336 ff.).

[106] Siehe nur *Bryde*, AVR, 1993, 1 (1); *Kunig*, in: BerDGVR 1992, S. 16 ff., jeweils m.w.N.

[107] Kritisch zur immensen Bedeutung, die dem Fall beigemessen wird, siehe insbesondere *Michelson*, CYIL, 1993, 219 (222 ff.), welche bemängelt, dass der Kontext der Entscheidung oftmals außer Acht gelassen wird. Siehe dazu auch *Rubin*, Or. L. Rev., 1971, 259 (271 f.).

[108] Declaration of the United Nations Conference on the Human Environment, abgedruckt in: Report of the United Nations Conference on the Human Environment, Stockholm, 5–16 June 1972, A/CONF.48/14/Rev.1 (nachfolgend: Stockholmer Erklärung), S. 3 ff.

[109] *Duvic-Paoli*, Prevention Principle in Internat. Environmental Law, S. 46.

C. Die Anerkennung von Schutzpflichten in völkerrechtlichen Teilgebieten 65

walt nicht schädigen, wurde in mehreren Resolutionen der VN-Generalversammlung bestätigt[110] und fand Eingang in diverse multi- und bilaterale Verträge zum internationalen Umweltrecht.[111] Auch der Internationale Gerichtshof (IGH) stützte sich 1996 in seinem Gutachten zur Legalität der Androhung oder Anwendung von Atomwaffen auf das Prinzip und dessen beinahe wortgleiche Wiedergabe in der Rio-Erklärung von 1992,[112] als er statuierte:

„The existence of the general obligation of States to ensure that activities within their jurisdiction and control respect the environment of other States or of areas beyond national control is now part of the corpus of international law relating to the environment."[113]

Die Verpflichtung, erhebliche grenzüberschreitende Umweltbeeinträchtigen zu unterlassen bzw. ihnen vorzubeugen, ist somit gewohnheitsrechtlich anerkannt und kann – jedenfalls in ihrer Existenz – nicht mehr bestritten werden.[114] Inhalt-

---

[110] Allerdings wurde das Kriterium der Erheblichkeit, welches das Prinzip 21 nicht vorsah, in den Resolutionen wieder aufgegriffen, siehe z. B. UNGA Res. 2995 (XXVII), Co-operation between States in the field of the environment, 15.12.1972, GAOR, 27th Sess., Suppl. No. 30, S. 42, Ziff. 1; dazu auch: *Duvic-Paoli*, Prevention Principle in Internat. Environmental Law, S. 45; *Klein*, Umweltschutz im völkerrechtlichen Nachbarrecht, S. 102 f.; *Randelzhofer/Simma*, in: FS-Berber, S. 403 f.

[111] Siehe z. B. Convention on the Prevention of Marine Pollution by Dumping of Wastes and Other Matter, 29.12.1972, UNTS Bd. 1046, Nr. 15749, S. 120, Art. I, II, VII Abs. 2; Convention on the Law of the Sea, 10.12.1982, UNTS Bd. 1833, Nr. 31363, S. 397, Art. 194 (2); Vienna Convention for the Protection of the Ozone Layer, 22.3.1985, UNTS Bd. 1513, Nr. 26164, S. 293, Art. 2; Convention on Environmental Impact Assessment in a Transboundary Context, 25.2.1991, UNTS Bd. 1989, Nr. 34028, S. 309, Art. 2 (1); Convention on the Protection and Use of Transboundary Watercourses and International Lakes, 17.3.1992, UNTS Bd. 1936, Nr. 33207, S. 269, Art. 2; Convention on Biological Diversity, 5.6.1992, UNTS Bd. 1760, Nr. 30619, S. 79. Siehe auch: Art. 3 ILC-Draft Articles on Prevention of Transboundary Harm from Hazardous Activities, abgedruckt in: YbILC 2001, Vol. II/2, S. 146 ff. (nachfolgend: ILC-Draft Articles on Prevention of Transboundary Harm, YbILC 2001, Vol. II/2).

[112] Prinzip 2, Rio Declaration on Environment and Development, abgedruckt in: Report of the United Nations Conference on Environment and Development, Rio de Janeiro, 3–14 June 1994, A/Conf.151/26 (Vol. I) (nachfolgend: Rio-Erklärung), S. 8.

[113] IGH, *Legality of the Threat or Use of Nuclear Weapons*, Advisory Opinion, 8.7.1996, I.C.J. Rep. 1996, p. 226, para. 29. Siehe auch IGH, *Gabčíkovo-Nagymoros Project (Hungary v. Slovakia)*, Judgment, 25.9.1997, I.C.J. Rep. 1997, p. 7, para. 53; *Pulp Mills on the River Uruguay (Argentina v. Uruguay)*, Judgment, 20.4.2010, I.C.J. Rep. 2010, p. 14, para. 193; *Certain Activities Carried Out by Nicaragua in the Border Area (Costa Rica v. Nicaragua) and Construction of a Road in Costa Rica along the San Juan River (Nicaragua v. Costa Rica)*, Judgment, 16.12.2015, I.C.J. Rep. 2015, p. 665, para. 217.

[114] Siehe auch *Award in the Arbitration regarding the Iron Rhine („Ijzeren Rijn") Railway between the Kingdom of Belgium and the Kingdom of the Netherlands*, 24.5.2005, RIAA, Vol. XXVII, p. 35, para. 59, wonach die „duty to prevent, or at least mitigate [significant harm to the environment] […] has now become a principle of general international law". So auch: *Partial Award in the matter of the Indus Waters Kishenganga Arbitration between Pakistan and India*,

lich handelt es sich hierbei nicht bloß um ein (repressives) Verbot sondern vorwiegend um das (präventive) Gebot, grenzüberschreitende Umweltbeeinträchtigungen zu vermeiden.[115] Dem Verbot liegt somit nicht nur die Pflicht zugrunde, eigene Beeinträchtigungen zu unterlassen, sondern auch die Pflicht, Aktivitäten Privater zu unterbinden, sofern sie geeignet sind, derartige Beeinträchtigungen herbeizuführen.[116] Die Staaten trifft eine „obligation to ensure"[117], also eine verhaltensbezogene Gewährleistungspflicht, sicherzustellen, dass von ihrem Hoheitsgebiet möglichst keine schädigenden Auswirkungen ausgehen. Dazu haben sie alle zumutbaren Maßnahmen zu ergreifen, um andere Staaten sowie ihre Staatsangehörigen weitestgehend vor Schädigungen zu schützen. Mit dem Verbot grenzüberschreitender Umweltbeeinträchtigungen gehen somit zahlreiche Schutzpflichten einher, dessen inhaltliche Ausgestaltung vom Einzelfall abhängt. Bei der Auswahl der zu treffenden Maßnahmen sind die Staaten an den Maßstab der angemessenen Sorgfalt (*due diligence*) gebunden.[118] Entscheidend ist, was von einer „guten Regierung"[119] gefordert werden kann.

Aufgrund der oftmals irreparablen und mit hohem Kostenaufwand verbundenen Schäden im Unglücksfall ist das internationale Umweltrecht, nach dem Motto *prevention is better than cure*, stark präventiv ausgerichtet.[120] Nach dem sog. Vorsorgeprinzip[121] sind Staaten sogar dazu gehalten, Maßnahmen gegen Umweltschäden zu ergreifen, dessen tatsächlicher Eintritt aus wissenschaftlicher

---

18.12.2013, RIAA, Vol. XXXI, p. 55, para. 448 ff., wo das Schiedsgericht unter expliziter Bezugnahme auf Trail Smelter sowie Prinzip 21 der Stockholmer Erklärung festhält: „There is no doubt that States are required under contemporary customary international law to take environmental protection into consideration when planning and developing projects that may cause injury to a bordering State."

[115] So schon: *Hobe*, Der offene Verfassungsstaat, S. 235; siehe auch *Proelß*, in: ders., Internat. Umweltrecht, S. 105 ff., Rn. 10, 13, der sogar der Ansicht ist, dass das Verbot erheblicher grenzüberschreitender Umweltbelastungen heute nur noch in Form des Präventionsgrundsatzes gilt; zur a. A. siehe *Beyerlin/Marauhn*, Internat. Environmental Law, S. 40 f.

[116] *Barboza*, RdC, 1994, 293 (323); *Bäumler*, Das Schädigungsverbot, S. 82; *von Arnauld*, Völkerrecht, Rn. 888.

[117] Vgl. Prinzip 21 der Stockholm Erklärung; Prinzip 2 der Rio-Erklärung und IGH, *Legality of the Threat or Use of Nuclear Weapons*, Advisory Opinion, 8.7.1996, I.C.J. Rep. 1996, p. 226, para. 29.

[118] *Birnie/Boyle/Redgwell*, Internat. Law & the Environment, S. 163 ff.; *Proelß*, in: ders., Internat. Umweltrecht, S. 107, Rn. 11; *Shaw*, Internat. Law, S. 748; *von Arnauld*, Völkerrecht, Rn. 887.

[119] ILC-Draft Articles on Prevention of Transboundary Harm, YbILC 2001, Vol. II/2, S. 155.

[120] *Duvic-Paoli*, Prevention Principle in Internat. Environmental Law, S. 1.

[121] Zur rechtstheoretischen Frage, ob es sich hierbei um ein Prinzip oder eine Regel handelt, siehe *Proelß*, in: ders., Internat. Umweltrecht, S. 127 ff., Rn. 37 ff.

C. Die Anerkennung von Schutzpflichten in völkerrechtlichen Teilgebieten

Sicht ungewiss ist.[122] Anders als noch beim Schädigungsverbot geht es hier somit nicht um die Abwehr eines Schadens, dessen Eintritt bei ungehindertem Geschehensablauf feststeht, sondern – zeitlich vorverlagert – um die Abwehr eines nur möglichen, nicht aber hinreichend wahrscheinlichen, Schadens.[123] Erfasst ist also nicht die *Gefahren*abwehr, sondern die *Risiko*prävention.[124] Zwar ist die Verbindlichkeit des Vorsorgeprinzips noch immer streitig,[125] doch ist es mittlerweile in vielen Instrumenten zum internationalen Umweltschutz verankert.[126] Gemeinsamer Nenner der Kodifizierungen ist dabei, dass die wissenschaftliche Unsicherheit eines Schadenseintritts allein keine Untätigkeit seitens der Staaten rechtfertigt.[127] Wenngleich das Vorsorgeprinzip noch nicht als Völkergewohnheitsrecht anerkannt ist, so ist es jedenfalls zur Abwägungs- und Interpretationshilfe erstarkt und kann als im Entstehen befindliches Völkergewohnheitsrecht gesehen werden.[128]

---

[122] *Trouwborst*, Precautionary Rights and Duties, S. 121, 159; *von Arnauld*, Völkerrecht, Rn. 899.

[123] *Proelß*, in: ders., Internat. Umweltrecht, S. 121, Rn. 28.

[124] *Epiney/Scheyli*, Umweltvölkerrecht, S. 91; *Schröder*, Precautionary Approach, in: MPEPIL, Rn. 4; *von Arnauld*, Völkerrecht, Rn. 899. Zu den Abgrenzungsschwierigkeiten zwischen den Begriffen der Gefahr und des Risikos sowie der Frage, ob es einer Abgrenzung überhaupt bedarf, siehe *Klafki*, Risiko und Recht, S. 9ff.

[125] Siehe *Beyerlin/Marauhn*, Internat. Environmental Law, S. 55f.; *Birnie/Boyle/Redgwell*, Internat. Law & the Environment, S. 177ff.; *Hafner/Buffard*, in: Crawford/Pellet/Olleson, Law of Internat. Responsibility, S. 530f.

[126] Vgl. Art. 191 Abs. 2 AEUV; Art. 2 Abs. 2 lit. a) des Übereinkommens zum Schutz der Meeresumwelt des Nordostatlantiks v. 22.9.1992, BGBl. 1994 II, S. 1360; Art. 2 Abs. 5 lit. a) des Übereinkommens zum Schutz und zur Nutzung grenzüberschreitender Wasserläufe und internationaler Seen v. 17.3.31992, BGBl. 1994 II, S. 2334; Erwägungsgrund 9 der Präambel des Übereinkommens über die biologische Vielfalt v. 22.6.1992, BGBl. 1993 II, S. 1742; Art. 3 Abs. 3 des Rahmenübereinkommens der Vereinten Nationen über Klimaveränderung v. 29.5.1992, BGBl. 1993 II, S. 1784; Prinzip 15 der Rio-Erklärung: „In order to protect the environment, the precautionary approach shall be widely applied by all States according to their capabilities. Where there are threats of serious or irreversible damage, lack of full scientific certainty shall not be used as a reason for postponing cost-effective measures to prevent environmental degradations."

[127] *Proelß*, in: ders., Internat. Umweltrecht, S. 124, Rn. 33.

[128] *Birkner*, in: Ipsen, Völkerrecht, 7. Aufl., § 53, Rn. 36; *Birnie/Boyle/Redgwell*, Internat. Law & the Environment, S. 183; *Beyerlin/Marauhn*, Internat. Environmental Law, S. 55f.; siehe auch *Trouwborst*, The Precautionary Principle in Internat. Law, S. 286, die das Vorsorgeprinzip als generelles Prinzip des internationalen Umweltrechts sieht und ITLOS, *Responsibilities and obligations of States with respect to activities in the Area*, Advisory Opinion, 1.2.2011, ITLOS Rep. 2011, p. 10, para. 131, wo die Kammer das Vorsorgeprinzip – im Einklang mit Art. 10 lit. c) ILC-Draft Articles on Prevention of Transboundary Harm – als Teil der Due-Diligence-Prüfung betrachtet.

2. Das allgemeine völkerrechtliche Schädigungsverbot

Die Idee des Schädigungsverbots wurzelt im Grundsatz *sic utere tuo ut alienam non laedas* (*Gehe mit deinen Dingen so um, dass du einen anderen nicht schädigst*) und geht weit über das Umweltvölkerrecht hinaus. Obgleich der historische Ursprung des *Sic-Utere-Grundsatzes* sowie seine inhaltliche Abgrenzung zu ähnlichen Rechtsfiguren bis heute nicht zweifellos geklärt sind,[129] setzte er sich im Kern über Jahrhunderte als Ausdruck von Gerechtigkeit in Recht und Philosophie durch.[130]

Seine Ansätze finden sich in der Antike bei *Sokrates*[131] und *Epikur*, welcher in der Gerechtigkeit einen Vertrag sah, „einander nicht zu schädigen und nicht geschädigt zu werden".[132] Auch nach *Cicero* bedeute Gerechtigkeit vor allem, dass keiner dem anderen schadet, außer er sei dazu durch Unrecht herausgefordert worden.[133] In der Neuzeit ging *Baruch de Spinoza* davon aus, dass Voraussetzung eines friedlichen Zusammenlebens sei, dass die Menschen „ihr natürliches Recht aufgeben und einander versichern, dass keiner etwas tun werde, was einem anderen zum Schaden gereichen kann".[134] Ähnlich sah es *von Pufendorf*, dem zu Folge das Schädigungsverbot die wichtigste Grundpflicht eines jeden Menschen im Verhältnis zu seinen Mitmenschen darstelle.[135] *Kants* kategorischer Imperativ „handle jederzeit nach derjenigen Maxime, deren Allgemeinheit als Gesetzes du zugleich wollen kannst"[136] ist insofern Ausdruck des Schädigungsverbots, als dass in einer Gemeinschaft keiner wollen kann, dass er durch das Verhalten anderer geschädigt wird.

Rechtlich fand das Verbot Anklang im englischen *Common Law*[137] und in zahlreichen zivilrechtlichen Kodifikationen.[138] Zwar findet es seinen Ursprung

---

[129] Dazu: *Brunnée*, Sic utere tuo ut alienum non laedas, in: MPEPIL, Rn. 1 ff.; *Hinds*, AVR, 1992, 298 (298 ff.).

[130] *Bäumler*, Das Schädigungsverbot, S. 41 ff.

[131] *Platon*, Politeia, Erstes Buch, Rn. 335d und e; siehe dazu: *Kleemeier*, Theorie des Krieges, S. 71.

[132] *Epikur*, Wege zum Glück, Kyriai doxai, Rn. 33.

[133] *Cicero*, De Officiis, Erstes Buch, Rn. 20.

[134] *De Spinoza*, Ethica, Teil IV, Lehrsatz 37, Anm. 2.

[135] *Von Pufendorf*, Über die Pflicht des Menschen und des Bürgers nach dem Gesetz der Natur, Erstes Buch, Kap. 6, § 2 f.

[136] *Kant*, Grundlegung zur Metaphysik der Sitten, S. 64.

[137] *Hinds*, AVR, 1992, 298 (301) mit Verweis auf Lord Truro im Fall *Egerton v. Earl Brownlow* von 1853 (4 H. L. Cas. 195), der das Verbot als „general law" ansieht und sich zur Begründung auf eine Vielzahl von Fällen stützt.

[138] Siehe für das deutsche Recht z. B. § 903 S. 1 BGB, wonach die Befugnisse des Eigentümers u. a. durch Rechte Dritter beschränkt werden sowie die darauffolgenden nachbarrechtlichen Regelungen des BGB.

C. Die Anerkennung von Schutzpflichten in völkerrechtlichen Teilgebieten 69

somit zwischen Individuen, also im zivilrechtlichen Verhältnis, doch lässt sich der Gedanke auf das Völkerrecht übertragen. Auch Staaten befinden sich in einer Gemeinschaft von gleichberechtigten Rechtssubjekten, in der ein friedliches Zusammenleben – über das Nachbarschaftsverhältnis hinaus – nur unter der Prämisse der gegenseitigen Rücksichtnahme möglich ist.[139] Dies erkennend statuierte *de Vattel* schon 1758 ein allgemeines Schädigungsverbot, indem er festhielt: „les Nations doivent se respecter mutuellement, s'abstenir de toute offense, de toute lézion, de toute injure, en un mot, de tout ce qui peut faire tort aux autres".[140] *Oppenheim/Lauterpacht* zufolge schließe die bloße Zugehörigkeit zur Staatengemeinschaft eine absolute Handlungsfreiheit der Staaten aus.[141] Der Schutz der Souveränität eines jeden Staates begründe die Pflicht aller Staaten,

„to abstain, and to prevent its agents and, in certain cases, subjects, from committing any act which constitutes a violation of another State's independence or territorial or personam supremacy."[142]

Auch im zwischenstaatlichen Verhältnis ist das Schädigungsverbot somit als Grundvoraussetzung zur Herstellung und Wahrung von Gerechtigkeit zu sehen.[143] In der Rechtsprechung lässt sich der Gedanke eines Schädigungsverbots erstmals der *Alabama Claims Arbitration* von 1872 entnehmen. Im Streit um die Aufrüstung von Schiffen auf dem Territorium des neutralen Großbritannien zur Zeit des amerikanischen Bürgerkrieges stellte das auf Grundlage des Washingtoner Vertrages[144] gebildete Schiedsgericht fest, dass Großbritannien es unterlassen habe, die im Rahmen der gebotenen Sorgfalt erforderlichen effektiven Präventionsmaßnahmen zu ergreifen und dass es somit gegen seine Verpflichtungen als neutraler Staat verstoßen habe.[145] Im Jahre 1927 hob Richter *Moore* in seinem viel zitierten – und in diesem Punkt nicht abweichenden – Sondervotum im *Lotus-Fall* sodann hervor: „It is well settled that a State is bound to use due diligen-

---

[139] So auch *Bäumler*, Das Schädigungsverbot, S. 45; *Hinds*, AVR, 1992, 298 (301).
[140] *De Vattel*, Droit des Gens, Tome I, S. 132, § 72.
[141] *Oppenheim/Lauterpacht*, Internat. Law, Vol. I, S. 289.
[142] *Oppenheim/Lauterpacht*, Internat. Law, Vol. I, S. 286.
[143] Zur Idee der „Global Justice" siehe *Rawls*, Theory of Justice und *Pogge*, Metaphilosophy, 2001, 6 ff.; kritisch dazu: *Nagel*, Phil. & Publ. Affairs, 2005, 113 ff.
[144] Treaty between the United States and Great Britain, Concluded May 8, 1871, Ratifications Exchanged June 17, 1871, Proclaimed July 4, 1871, abgedruckt in: *Cushing*, The Treaty of Washington, S. 257 ff.
[145] *Alabama Claims of the United States of America against Great Britain*, 14.9.1872, RIAA, Vol. XXIX, p. 125, 130 f.; Grundlage dieser Pflicht war Art. VI des Washingtoner Vertrages, wonach u. a. galt: „A neutral Government is bound [...] to use due diligence to prevent the fitting out, arming or equipping within its jurisdiction, of any vessel which it has reasonable ground to believe is intended to cruise or to carry on war against a Power with which it is at peace [...]."

ce to prevent the commission within its dominions of criminal acts against another nation or its people [...]."[146]

Auf diesem Gedanken beruht auch das in *Trail Smelter* aufgestellte Verbot erheblicher grenzüberschreitender Umweltbelastungen, welches im Grundsatz nur wenige Jahre später vom IGH aufgegriffen wurde. 1949 statuierte dieser im *Korfu-Kanal-Fall* zwischen Albanien und Großbritannien, dass jeder Staat nach „general and well-recognized principles" dazu verpflichtet sei, „not to allow knowingly its territory to be used for acts contrary to the rights of other States."[147] Albanien habe Kenntnis von der Existenz von Seeminen in seinen Küstengewässern gehabt und sei daher verantwortlich für Schäden an Schiffen der britischen Marine, die bei der Durchfahrt ebendieser Gewässer entstanden sind. Anders als noch beim Fall grenzüberschreitender Umweltschädigung, wo Schadensverursachung und Schadenseintritt in zwei verschiedenen Staaten erfolgen, finden beide Ereignisse hier im selben Staatsgebiet statt. Auch unterscheidet sich der Fall insofern von umweltrechtlichen Fällen, als dass sich der Schaden hier als Folge militärischer Handlungen darstellt und somit keine bloß unbeabsichtigte Begleiterscheinung darstellt.[148]

Die Aussagen des IGH beschränken sich aber keineswegs auf derartige Situationen. Vielmehr stellt der Gerichtshof – unabhängig von einem umweltrechtlichen oder nachbarrechtlichen Kontext – einen allgemeinen Grundsatz auf, wonach kein Staat sein Territorium so nutzen darf, dass einem anderen Staat dadurch Schäden entstehen bzw. eine derartige Nutzung dulden darf. Das umweltrechtliche Verbot grenzüberschreitender Schädigungen wurde so zu einem „allgemeinen Präventionsgrundsatz"[149] erhoben, der auf verschiedene Situationen anwendbar ist.[150] Es handelt sich somit um ein Rechts*prinzip*, welches – in Abgrenzung zur Rechts*norm* –[151] keine starren Voraussetzungen kennt, son-

---

[146] *Moore*, Dissenting Opinion, abgedruckt in: *Case of the S.S. Lotus*, Judgment, 7.9.1927, PCIJ Series A, No. 10, p. 88 f. Dabei berief er sich auf *United States v. Arjona*, 12 U.S. 479 (1887), wo der US Supreme Court urteilte: „The law of nations requires every national government to use ‚due diligence' to prevent a wrong being done within its own dominion to another nation with which it is at peace, or to the people thereof [...]."

[147] IGH, *Corfu Channel Case*, Judgment, 9.4.1949, I.C.J. Rep. 1949, p. 4, 22.

[148] *Dintelmann*, Verunreinigung internat. Binnengewässer, S. 74; *Klein*, Umweltschutz im völkerrechtlichen Nachbarrecht, S. 109.

[149] *Proelß*, in: Graf Vitzthum/Proelß, Völkerrecht, S. 546 f., Rn. 108.

[150] *Bäumler*, Das Schädigungsverbot, S. 62; *Rauschning*, EA, 1972, 567 (569): „Das in dem [*Trail-Smelter-*]Schiedsspruch ausgesprochene Prinzip wird heute allgemein anerkannt. Es kann weiterentwickelt und ausgedehnt angewandt werden."

[151] *Alexy*, Theorie der Grundrechte, S. 75 f.

dern als übergreifendes Konzept in alle Bereiche des Völkerrechts ausstrahlt und einer konkreten Umsetzung im Einzelfall zugänglich ist.[152]

Ähnlich sah es der zweite Sonderberichterstatter *Barboza*, der im Zuge der bereits 1978 begonnenen Arbeiten zum Kodifikationsversuch des Schädigungsverbots durch die *International Law Commission* (ILC), die einschlägige Rechtsprechung betrachtete und zusammenfasste:

„The above cases point, then, to the conclusion that States have the obligation not to allow knowingly their territory to be used for acts contrary to the rights of other States [...]. That seems to constitute a general obligation of prevention."[153]

Dabei handele es sich um eine *Due-Diligence-Pflicht*,

„grounded on a principle of customary international law of a general character prohibiting the noxious use of a State's territory, as emerges particularly from the Corfu Channel case, where the rule is formulated in general terms not confined to a particular use of the territory or to environmental interferences."[154]

Im Rahmen des Kodifikationsversuchs zeigte sich, dass auch innerhalb der Staatengemeinschaft grundsätzlicher Konsens hinsichtlich der Geltung des *Sic-Utere-Grundsatzes* bestand. Uneinigkeit herrschte nur in Bezug auf seine Reichweite.[155] Ein gänzlich unbeschränktes, allgemeingültiges Schädigungsverbot – wie etwa von *Barboza* vertreten – konnte sich letztlich nicht durchsetzen. Der 2001 angenommene Artikelentwurf zur *Prevention of Transboundary Harm from Hazardous Activities* beschränkt sich vielmehr auf Akte mit physischen Auswirkungen. Bloße wirtschaftliche oder sozio-ökologische Folgen sind danach nicht vom Schädigungsverbot erfasst.[156] Letzteres greift nur bei Schäden an Umwelt, Leib, Leben und Eigentum.[157] Innerhalb dieses Rahmens sind allerdings keine Beschränkungen vorgesehen, so dass der Kontext, in dem sich die eventuellen Schädigungen ereignen, kein umweltvölkerrechtlicher sein muss.[158] Die zuneh-

---

[152] Ähnlich: *Bäumler*, Das Schädigungsverbot, S. 36, 284.

[153] *Barboza*, RdC, 1994, 293 (323).

[154] *Barboza*, RdC, 1994, 293 (327).

[155] Siehe zum Ganzen: *Bäumler*, Das Schädigungsverbot, S. 64 ff. mit Verweis auf die Positionen einiger Staaten sowie *Boyle*, ICLQ, 1990, 1 (3 f.); *ders.*, in: Crawford/Pellet/Olleson, Law of Internat. Responsibility, S. 96.

[156] Vgl. ILC-Draft Articles on Prevention of Transboundary Harm, YbILC 2001, Vol. II/2, S. 151; kritisch dazu: *Bäumler*, Das Schädigungsverbot, S. 69.

[157] Art. 2 b) ILC-Draft Articles on Prevention of Transboundary Harm; so auch schon Sonderberichterstatter *Quentin-Baxter*, Fourth report on international liability for injurious consequences arising out of acts not prohibited by international law, A/CN.4/373, abgedruckt in: YbILC 1983, Vol.II/1, S. 205, Rn. 15.

[158] In diesem Sinne auch ILC-Draft Articles on Prevention of Transboundary Harm, YbILC 2001, Vol. II/2, S. 149: „Any activity which involves the risk of causing significant transboundary harm through the physical consequences is within the scope of the articles."

mende Interdependenz der Staaten in einer globalisierten Welt erfordert vielmehr eine flexible Anwendung des Schädigungsverbots. Entsprechende Beispiele zeigen sich vielfach in der Literatur.

So arbeitet *Bäumler* insbesondere anhand des Subventionsrechts heraus, dass das Schädigungsverbot bereits konkrete Ausprägungen im internationalen Wirtschaftsrecht gefunden hat.[159] Auch im Bereich der *Cyber Security*, also des Schutzes vor internetgestützten Angriffen von außen,[160] wird der Gedanke des völkerrechtlichen Schädigungsverbots fruchtbar gemacht. Das hohe Bedrohungspotenzial dieser Angriffe erfordere rechtliche Antworten, die mangels spezifischer Regelungen im allgemeinen Völkerrecht zu suchen seien.[161] Danach begehe der Staat – entsprechend den Grundsätzen des Schädigungsverbots – eine Schutzpflichtverletzung, wenn er es unterlasse, angemessene Präventionsmaßnahmen zu ergreifen, um schädliche Cyberoperationen von seinem Hoheitsgebiet aus zu verhindern.[162] Kein Staat dürfe seine Informationsstruktur in einem Maße nutzen (bzw. nutzen lassen), das einen anderen Staat erheblich beeinträchtigt.[163]

Hervorzuheben ist ferner der Gedanke, wonach auch die Pflicht der Staaten zur Prävention des internationalen Terrorismus auf dem Prinzip des *sic utere* beruht.[164] Entsprechend dem *Korfu-Kanal-Fall* spiegelt sich in vielen Vertragswerken und Resolutionen der VN wider, dass kein Staat sein Territorium so nutzen bzw. nutzen lassen darf, dass von ihm terroristische Handlungen ausgehen. So verbietet etwa die – jedenfalls in diesem Teil völkergewohnheitsrechtlich anerkannte –[165] *Friendly Relations Declaration* die Organisierung, Anstiftung, Teilnahme oder Unterstützung von Terrorhandlungen in einem anderen Staat und verpflichtet jeden Staat dazu, Aktivitäten auf seinem Hoheitsgebiet, die auf die

---

[159] *Bäumler*, Das Schädigungsverbot, S. 117 ff.; auch seien in Zukunft Konkretisierungen im Bereich des internationalen Finanzrechts und des internationalen Steuerrechts zu erwarten, siehe *Bäumler*, Das Schädigungsverbot, S. 211 ff., 239 ff.

[160] *Schmahl*, in: BerDGVR 2016, S. 161; zu terminologischen Abgrenzungen auch zur Cyber Warfare, siehe *Walter*, JZ, 2015, 685 (686 f.).

[161] *Schmahl*, in: BerDGVR 2016, S. 167.

[162] *Schmahl*, in: BerDGVR 2016, S. 175 f.; *Woltag*, Cyber Warfare, S. 102 ff.

[163] *Stein/Marauhn*, ZaöRV, 2000, 1 (21). Siehe auch: Tallinn Manual 2.0, Cyber Operations, S. 30, Rule 6: „A State must exercise due diligence in not allowing its territory, or territory or cyber infrastructure under its governmental control, to be used for cyber operations that affect the rights of, and produce serious adverse consequences for, other States." Darauf aufbauend heißt es in Rule 7: „The principle of due diligence requires a State to take all measures that are feasible in the circumstances to put an end to cyber operations that affect a right of, and produce serious adverse consequences for, other States."

[164] *Dupuy/Hoss*, in: Bratspies/Miller, Transboundary Harm, S. 231; *Starski*, ZaöRV, 2015, 455 (475).

[165] IGH, *Armed Activities on the Territory of the Congo (Democratic Republic of the Congo v. Uganda)*, Judgment, 19.12.2005, I.C.J. Rep. 2005, p. 168, para. 162.

C. Die Anerkennung von Schutzpflichten in völkerrechtlichen Teilgebieten

Begehung solcher Akte gerichtet sind, nicht zu dulden.[166] Noch konkreter ist die Erklärung über Maßnahmen zur Beseitigung des internationalen Terrorismus, in der explizit die Pflicht der Staaten festgehalten wird,

„geeignete praktische Maßnahmen zu ergreifen, um sicherzustellen, dass ihr Hoheitsgebiet nicht für terroristische Einrichtungen oder Ausbildungslager oder zur Vorbereitung oder Organisation von terroristischen Handlungen benutzt wird, die gegen andere Staaten oder deren Staatsangehörige verübt werden sollen".[167]

Staaten haften also nicht nur für die ihnen zurechenbare Begehung eines terroristischen Aktes durch Dritte, sondern – unabhängig davon – auch, wenn sie es unterlassen, Maßnahmen zum Schutz vor entsprechenden Akten zu ergreifen bzw. Voraussetzungen schaffen, welche die Begehung ebendieser begünstigen (sog. *safe haven*[168]).[169] Diese Konkretisierungen der *Due-Diligence-Pflicht* der Staaten in Bezug auf die Terrorismusprävention beruhen im Kern auf der Idee des Verbots der Schädigung anderer Staaten bzw. ihrer Staatsangehörigen.

Die Beispiele verdeutlichen die Offenheit des Schädigungsverbots und zeigen auf, dass es als Programmsatz bzw. Optimierungsgebot[170] im Sinne von *Alexy* zu sehen ist, dem durch konkrete Umsetzung zu größerer Wirksamkeit zu verhelfen ist. Festzuhalten ist somit, dass das Völkerrecht ein Schädigungsverbot kennt, welches nicht auf bestimmte Bereiche beschränkt ist, sondern vielmehr als Rechtsgedanke auf all seine Teilbereiche einwirkt und somit zu seiner „Harmonisierung, Systematisierung und Weiterentwicklung"[171] beiträgt.[172] Dem Verbot der Schädigung anderer Staaten sind weitreichende präventive Schutzpflichten immanent, deren inhaltliche Ausgestaltung vom Einzelfall abhängig ist.

3. Zwischenergebnis

Aus der mittlerweile völkergewohnheitsrechtlich anerkannten Pflicht zum Schutz der Rechte anderer Staaten ergibt sich im Einzelfall die Pflicht zur Ergreifung

---

[166] UNGA Res. 2625 (XXV), Declaration on Principles of International Law Concerning Friendly Relations and Cooperation Among Member States in Accordance with the charter of the United Nations, 24.10.1970, GAOR, 25th Sess., Suppl. No. 28, S. 121.
[167] Declaration on Measures to Eliminate International Terrorism, Annex to UNGA Res. 49/60, Measures to Eliminate International Terrorism, 17.2.1995, GAOR, 49th Sess., Suppl. No. 49, S. 303, Ziff. 5 (a).
[168] Zum Verbot der Schaffung „sicherer Häfen" siehe v. a. die Sicherheitsresolution UNSC Res. 1373 (2001) vom 28.9.2001, S/Res/1373 (2001), in der konkrete Staatspflichten benannt werden.
[169] *Starski*, ZaöRV, 2015, 455 (476).
[170] *Alexy*, Theorie der Grundrechte, S. 75 f.
[171] *Durner*, Common Goods, S. 23.
[172] So auch *Bäumler*, Das Schädigungsverbot, S. 266 f.

konkreter Schutzmaßnahmen. Dies ist auch für die Pflicht zur Sperrung des Luftraums über Konfliktzonen von Bedeutung. Zwar betrifft das umweltrechtliche Schädigungsverbot den Schutz vor grenzüberschreitenden Schädigungen und somit eine grundsätzlich andere Konstellation als die Pflicht zur Sperrung des Luftraums über Konfliktzonen, bei der es um den Schutz der Personen auf staatseigenem Hoheitsgebiet geht, doch lassen sich aus dem umweltrechtlichen Schädigungsverbot Schlüsse für die Sperrpflicht ziehen. So sind die Fälle insofern vergleichbar, als es um die Pflicht zur Ergreifung präventiver Maßnahmen zum Schutz der Interessen anderer Staaten, namentlich den Schutz ihrer Staatsangehörigen, geht. Auch gehen mit dem Verbot grenzüberschreitender Beeinträchtigungen weitreichende gewohnheitsrechtlich anerkannte Verfahrenspflichten in Form von Informations-, Konsultations- und Kooperationspflichten der Staaten einher,[173] welche auf die Problematik des Überflugs von Konfliktzonen übertragbar sind. Ferner sind die etwaigen Schäden im Falle des Überflugs von Konfliktzonen – wie auch Schäden an der Umwelt – oftmals irreparabel, so dass auch hier der dem Vorsorgeprinzip zugrundeliegende Gedanke der Risikoprävention greift. Danach rechtfertigt die bloße Ungewissheit des Schadenseintritts keine Untätigkeit des Staates.

Maßgeblich für die Begründung der Pflicht zur Sperrung des Luftraums über Konfliktzonen ist schließlich das vom IGH im *Korfu-Kanal-Fall* aufgestellte allgemeine Schädigungsverbot, welches Ausdruck in den bilateralen Luftverkehrsabkommen gefunden hat und – wie die Sperrpflicht – den Schutz Fremder auf eigenem Staatsgebiet betrifft.[174] Insbesondere kann auch der Abschuss eines zivilen Luftfahrzeuges als Terroranschlag zu qualifizieren sein, so dass die Ausführungen zur Terrorismusprävention entsprechend für die zu untersuchende Pflicht zur Sperrung des Luftraums über Konfliktzonen gelten.[175]

II. Pflichten zum Schutz von Individuen

Über das Schädigungsverbot, wonach kein Staat die grundlegenden Interessen eines anderen Staates beeinträchtigen darf, wird mittelbar auch der Schutz von Individuen gewährleistet. Denn der Schutz der eigenen Staatsangehörigen gehört

---

[173] *Epiney*, in: Proelß, Internat. Umweltrecht, S. 160 f., Rn. 13, S. 162 f., Rn. 16; *Hobe*, Völkerrecht, S. 450 f.; *Proelß*, in: Graf Vitzthum/Proelß, Völkerrecht, S. 547 f., Rn. 109; *von Arnauld*, Völkerrecht, Rn. 896 ff.; siehe auch Art. 4, 8, 9, 11, 12, 17 ILC-Draft Articles on Prevention of Transboundary Harm; Prinzip 18 und 19 der Rio-Erklärung sowie IGH, *Pulp Mills on the River Uruguay (Argentina v. Uruguay)*, Judgment, 20.4.2010, I.C.J. Rep. 2010, p. 14, para. 102; *Affaire du Lac Lanoux*, 16.11.1957, RIAA, Vol. XII, p. 281, para 17.
[174] Näher hierzu unten, Teil 4 C. I., S. 217 ff.
[175] Näher hierzu unten, Teil 3 D. II. 2., S. 188 ff.

anerkanntermaßen zu den grundlegenden Interessen eines jeden Staates. Daneben haben sich aber, insbesondere nach dem Zweiten Weltkrieg, weitreichende völkerrechtliche Handlungspflichten zum Schutz des Individuums herausgebildet. War das Völkerrecht zunächst als ausschließlich zwischenstaatliches Recht anzusehen, in welchem der Mensch durch den Staat mediatisiert war, kann die – jedenfalls partielle – Völkerrechtssubjektivität der Individuen heute nicht mehr bestritten werden.[176]

1. Der Mindeststandard des internationalen Fremdenrechts

Als Vorreiter aller Regelungen zum Schutz des Individuums gilt das internationale Fremdenrecht, welches dem Einzelnen erstmals Rechtspositionen verschaffte und somit eine Wandlung des bis dahin ausschließlich staatsbezogenen Völkerrechts andeutete.[177] Regelte es ursprünglich nur die Rechtsbeziehungen zwischen Heimat- und Aufnahmestaat einer Person, erfasst es heute auch Regelungen über die Rechtsstellung der sog. Fremden.[178] Darunter sind Personen zu verstehen, die nicht die Staatsangehörigkeit des Aufenthaltsstaates besitzen, sei es, weil sie staatenlos sind oder weil sie die Staatsangehörigkeit eines anderen Landes besitzen und somit Ausländer sind.[179] Überwiegend ist das internationale Fremdenrecht in multi- oder bilateralen Verträgen geregelt.[180] Daneben ist völkergewohnheitsrechtlich anerkannt, dass Fremde einen sog. Mindeststandard an Rechten genießen,[181] der zwar vertraglich angehoben oder gesenkt werden kann, die unterste Grenze der fundamentalen Menschenrechte aber nicht unterschreiten darf.[182] Zum Bestand des geschützten Mindeststandards gehören neben der Anerkennung von Rechtsfähigkeit und Rechtssubjektivität jedenfalls auch das Recht auf Gleichheit vor Gesetz und Gericht, das Recht auf ein faires Verfahren, das Recht auf Teilnahme am Wirtschaftsleben sowie insbesondere das Recht auf Leben, körperliche Unversehrtheit und Sicherheit der Person.[183] Die Staaten sind

---

[176] *Hobe*, Völkerrecht, S. 129 f.

[177] *Klein*, Investitionsschutzrecht als Individualschutzrecht, S. 29; zur historischen Entwicklung des Fremdenrechts siehe *Dolzer/Kriebaum/Schreuer*, Internat. Investment Law, S. 2 ff.; *Hobe*, in: Bungenberg et al., Internat. Investment Law, S. 7 ff.

[178] *Delbrück*, in: Dahm/Delbrück/Wolfrum, Völkerrecht, Bd. I/2, S. 105 f.

[179] Zu den Begriffen *Fremder* und *Ausländer* siehe *Doehring*, Allg. Regeln des völkerrechtlichen Fremdenrechts, S. 19 f.; *Doehring*, Völkerrecht, Rn. 851.

[180] *Delbrück*, in: Dahm/Delbrück/Wolfrum, Völkerrecht, Bd. I/2, S. 105; *Verdross/Simma*, Universelles Völkerrecht, § 1209, S. 799.

[181] Grundlegend dazu: *Roth*, The Minimum Standard of Internat. Law.

[182] *Doehring*, Völkerrecht, Rn. 861; zum Verhältnis des Mindeststandards zu den Menschenrechten siehe *Klein*, Investitionsschutzrecht als Individualschutzrecht, S. 96 ff.; *Lillich*, RdC, 1978, 329 (391 ff.).

[183] *Arnold*, in: Bernhardt, EPIL I, Aliens, S. 105; *Griebel*, Internat. Investitionsrecht, S. 15;

nicht nur dazu verpflichtet, diese Rechte zu gewähren, sondern müssen sich auch schützend vor sie stellen, um ihnen zu Effizienz zu verhelfen.[184] Dies erkennend hielt *de Vattel* schon 1758 in seinem Werk *Le Droit des Gens* fest, dass ein Souverän, der Fremde in sein Territorium lässt, sich dazu bereit erklärt, diese genauso zu schützen wie seine Staatsangehörigen und dafür zu sorgen, dass sie – soweit es in seiner Macht steht – „une entière sûreté"[185] genießen.

Die 1923 im Fall *Tellini* anlässlich der Tötung von Mitgliedern einer internationalen Kommission zur Festlegung der Grenze zwischen Albanien und Griechenland eingesetzte Juristenkommission präzisierte, dass Staaten für an Fremden begangene Verbrechen verantwortlich sind, sofern sie keine angemessenen Maßnahmen zur Verhinderung oder Verfolgung der Tat ergriffen haben. Den Staat treffe hier eine „duty of special vigilance"[186], also eine besondere Sorgfaltspflicht. Ähnlich entschied es das Schiedsgericht im Fall *Janes*. In einem separaten Statement wurde festgehalten:

„International law imposes on a nation *the obligation to take appropriate steps to prevent the infliction of wrongs upon aliens* and to employ prompt and effective measures to apprehend and punish persons who have committed the wrongs."[187]

Der Aufenthaltsstaat ist danach dazu verpflichtet, die Begehung von Straftaten an Fremden zu verhindern und begangene Straftaten zu verfolgen. Dies ist Ausdruck seiner Pflicht, Fremde, die sich in seinem Hoheitsbereich befinden und seiner Hoheitsgewalt unterworfen sind, gegen Angriffe auf Leben, Freiheit und Eigentum zu schützen.[188] Die Schutzpflicht beruht auf dem Gedanken, der „unaufhebbare[n] Personhaftigkeit des Menschen"[189], also letztlich der Achtung der Menschenwürde in der Person des Fremden.[190] Zu beachten ist allerdings, dass die Individuen bei einer Verletzung dieser Pflicht, nach Erschöpfung etwaiger

---

Kau, in: Graf Vitzthum/Proelß, Völkerrecht, S. 293, Rn. 289. Eine Auflistung einzelner Fremdenrechte findet sich ferner bei *Verdross/Simma*, Universelles Völkerrecht, § 1213, S. 802 f.

[184] Vgl. *Delbrück*, in: Dahm/Delbrück/Wolfrum, Völkerrecht, Bd. I/2, S. 118 ff.; *Doehring*, Allg. Regeln des völkerrechtlichen Fremdenrechts, S. 68 f.

[185] *De Vattel*, Droit des Gens, Tome I, S. 331.

[186] *Tellini Case*, League of Nations, Official Journal, 1924, p. 524.

[187] *Laura M. B. Janes et al. (U.S.A.) v. United Mexican States*, Seperate Statement regarding damages, 16.11.1925, RIAA, Vol. IV, p. 91 (Hervorhebung durch Verf.). Im selben Sinne auch: *Thomas H. Youmans (U.S.A.) v. United Mexican States*, 23.11.1926, RIAA, Vol. IV, p. 110, para. 12.

[188] Vgl. *Delbrück*, in: Dahm/Delbrück/Wolfrum, Völkerrecht, Bd. I/2, S. 118.

[189] *Dahm*, Die Stellung des Menschen im Völkerrecht, S. 12.

[190] So auch *Verdross*, RdC, 1932, 323 (348): „[C]haque Etat doit respecter dans tous les hommes [...] la personnalité humaine". Siehe ferner *ders./Simma*, Universelles Völkerrecht, § 1212, S. 801 mit Verweis auf den Schiedsspruch in *Affaire des biens britanniques au Maroc espagnol (Espagne c. Royaume-Uni)*, 1.5.1925, RIAA, Vol. II, p. 615, 641, worin *Huber* her-

nationaler Rechtswege, auf eine Geltendmachung durch ihren Heimatstaat im Wege des diplomatischen Schutzes angewiesen sind.[191] Erschwerend kommt hinzu, dass der Minimalschutzstandard – jedenfalls zunächst – restriktiv ausgelegt wurde. In Folge des *Neer*-Schiedsspruchs wurde eine Verletzung erst bei einer massiven, böswilligen Missachtung der internationalen Maßstäbe (*outrageous treatment*) angenommen.[192] Obgleich der fremdenrechtliche Mindeststandard an sich somit nur einen geringen Schutz bietet, markiert er den Beginn der Entwicklung völkerrechtlicher Pflichten zum Schutz des Individuums und ist insofern von großer Bedeutung. Der hier fruchtbar gemachte Gedanke, dass jeder Staat dazu verpflichtet ist, die sich auf seinem Hoheitsgebiet befindlichen Personen zu schützen, wirkte sich auf andere Bereiche des Völkerrechts aus und wurde zur Grundlage für die Herleitung konkreter Schutzpflichten.

2. Schutzpflichten im Investitionsrecht

Staatliche Schutzpflichten sind ferner im Investitionsrecht anerkannt, welches sich aus dem völkerrechtlichen Fremdenrecht heraus entwickelte.[193] Letzteres behält zwar – insbesondere im Bereich von Enteignungen – bis heute seine Bedeutung,[194] bietet allerdings nur einen fragmentarischen und insgesamt defizitären Schutz für Investierende.[195] Schutz wird vielmehr über Verträge zwischen

---

vorhebt, dass im Falle einer Rechtsverweigerung eine „négation de la personnalité humaine" vorliegt.

[191] *Hobe*, Völkerrecht, S. 74 f.; zum diplomatischen Schutz siehe *Ruffert*, in: Isensee/Kirchhof, HdbStR Bd. X, § 206, Rn. 1 ff.; zu den Schwächen des diplomatischen Schutzes: *Griebel*, Internat. Investitionsrecht, S. 20 ff.

[192] *L. F. H. Neer and Pauline Neer (U.S.A.) v. United Mexican States*, 15.10.1926, RIAA, Vol. IV, p. 60, para 4: „[T]he treatment of an alien, in order to constitute an international delinquency should amount to an outrage, to bad faith, to wilful neglect of duty or to an insufficiency of governmental action so far short of international standards that every reasonable and impartial man would readily recognize its insufficiency." Ob dieser besonders strenge Maßstab heute noch Geltung beansprucht ist zweifelhaft, vgl. im Zusammenhang mit Art. 1105 NAFTA: *Mondev International Ltd. v. United States of America*, 11.10.2002, ICSID Case No. ARB(AF)/99/2, ILM 2003, 85, para. 123, 125. Zur geringen Bedeutung der *Neer*-Rechtsprechung im Investitionsrecht siehe *Newcombe/Paradell*, Investment Treaties, S. 236 ff.; *Reinisch*, in: Tietje/Nowrot, Internat. Wirtschaftsrecht, § 9, Rn. 49.

[193] *Newcombe/Paradell*, Investment Treaties, S. 41; *Schöbener/Herbst/Perkams*, Internat. Wirtschaftsrecht, S. 228, Rn. 24; *Reinisch*, in: Tietje/Nowrot, Internat. Wirtschaftsrecht, § 9, Rn. 8 f.; *Vandevelde*, UCD JILP, 2005, 157 (159 ff.). Kritisch hierzu: *Klein*, Investitionsschutzrecht als Individualschutzrecht, S. 104 ff.

[194] *Griebel*, Internat. Investitionsrecht, S. 16; *Newcombe/Paradell*, Investment Treaties, S. 235.

[195] Zu den Schwächen des Fremdenrechts siehe *Griebel*, Internat. Investitionsrecht, S. 24 ff.; *Hobe*, Völkerrecht, S. 335 f.

dem Gaststaat und den jeweiligen Investoren selbst oder über internationale Investitionsschutzabkommen (*International Investment Agreements*, IIAs) gewährleistet.[196] Besondere Bedeutung kommt dabei den IIAs zu, welche mit Hilfe einiger standardisierter Klauseln ein überwiegend einheitliches internationales Schutzregime schaffen.[197] Die Abkommen, die als „archetype of treaties conferring rights on individuals"[198] bezeichnet werden, räumen den Investoren gewisse materielle Schutzrechte sowie eigene prozessuale Klagemöglichkeiten ein und gewähren ihnen somit ein Mindestmaß an rechtstaatlicher Behandlung.[199] Insbesondere sehen die IIAs in der Regel das Recht der Investoren auf gerechte und billige Behandlung (*fair and equitable treatment*, FET) sowie vollen Schutz und Sicherheit (*full protection and security*, FPS) vor.[200] Nicht zuletzt aufgrund der unterschiedlichen Formulierungen in den jeweiligen Verträgen, ist der tatsächliche Gehalt dieser generalklauselartig gefassten Schutznormen nur schwer zu erfassen.[201] Obgleich die FET- und die FPS-Klauseln in neueren Verträgen häufig

---

[196] *Griebel*, Internat. Investitionsrecht, S. 25 f., 27 ff., 38 ff.; zu den Begrifflichkeiten siehe *Schöbener/Herbst/Perkams*, Internat. Wirtschaftsrecht, S. 247, Rn. 102.

[197] *Schill*, ZaöRV, 2011, 247 (252). Laut UNCTAD sind weltweit derzeit 2221 IIAs in Kraft, siehe https://investmentpolicy.unctad.org/international-investment-agreements [zuletzt aufgerufen am 26.1.2023]. Darüber hinaus enthalten auch viele neuere multilaterale Handelsabkommen wie das Nordamerikanische Freihandelsabkommen (NAFTA) und der Energy Charter Treaty (ECT) Bestimmungen zum Investitionsschutz, näher dazu: *Griebel*, Internat. Investitionsrecht, S. 58 ff.

[198] *Spiermann*, ArbIntl, 2004, 179 (183).

[199] *Griebel*, Internat. Investitionsrecht, S. 61; *Schöbener/Herbst/Perkams*, Internat. Wirtschaftsrecht, S. 270, Rn. 196.

[200] *Dolzer/Stevens*, Bilateral Investment Treaties, S. 58 ff.

[201] *Griebel*, Internat. Investitionsrecht, S. 69; *Hobe*, Völkerrecht, S. 338; *Schöbener/Herbst/Perkams*, Internat. Wirtschaftsrecht, S. 271, Rn. 197. Zur streitigen Frage, ob das Gebot der billigen und gerechten Behandlung eine gegenüber dem fremdenrechtlichen Mindeststandard eigenständige Bedeutung hat: OECD, Fair and Equitable Treatment Standard in International Investment Law, OECD Working Papers on International Investment, 2004/03, S. 8 ff., abrufbar unter: https://www.oecd.org/daf/inv/investment-policy/WP-2004_3.pdf [zuletzt aufgerufen am 26.1.2023]. Dazu auch: *Dolzer/Stevens*, Bilateral Investment Treaties, S. 59 f.; *Kläger*, Fair and Equitable Treatment, S. 48 ff.; *Schöbener*, in: Bungenberg et al., Internat. Investment Law, S. 78, Rn. 44 ff.; zum Verhältnis des fremdenrechtlichen Mindeststandards zum full protection and security Standard siehe *Cordero Moss*, in: Reinisch, Standards of Investment Protection, S. 136 f.

C. Die Anerkennung von Schutzpflichten in völkerrechtlichen Teilgebieten 79

kombiniert werden[202] und in der Schiedsgerichtbarkeit oft gemeinsam erörtert werden,[203] sind sie nicht gleichzusetzen.[204]

Das Gebot der gerechten und billigen Behandlung umfasst insbesondere den Schutz der legitimen Erwartungen der Investoren[205] und fordert im weitesten Sinne, dass der Staat im Verhältnis zu ihnen den Grundsatz von Treu und Glauben beachtet.[206] Die FPS-Klausel hingegen verlangt, dass der Gaststaat aktiv Maßnahmen ergreift, um die Investoren sowie ihre unternehmerischen Tätigkeiten vor Beeinträchtigungen zu bewahren.[207] Hierin manifestiert sich der im Fremdenrecht entwickelte Gedanke, dass jeder Staat dazu verpflichtet ist, die physische Integrität sowie das Eigentum der Fremden auf seinem Gebiet zu schützen.[208] Dabei ist weitgehend anerkannt, dass der Staat nicht nur verpflichtet ist, Schädigungen durch eigenes Handeln zu unterlassen, sondern auch, Beeinträchtigung seitens Dritter abzuwehren.[209] Anders als das FET, welches vorwiegend abwehrrechtlich zu verstehen ist, da es vom Staat erfordert, die Investoren *gerecht* zu behandeln, also ihre Rechtspositionen nicht zu beeinträchtigen, begründet die FPS-Klausel somit Schutzpflichten.[210] Der Staat hat demnach alle zumutbaren Maßnahmen zu ergreifen, um Leben, Eigentum und sonstige Rechts-

---

[202] Siehe z.B. Art. 1105 Abs. 1 Nr. 1 NAFTA: Each Party shall accord to investments of investors of another Party treatment in accordance with international law, including fair and equitable treatment and full protection and security.

[203] *Asian Agricultural Products Ltd. (AAPL) v. Republic of Sri Lanka*, Dissenting Opinion of Samuel K.B. Asante, 15.6.1990, ICSID Case No. ARB/87/3, FILJ, 1991, 574 (579); *American Manufacturing & Trading (AMT), Inc. v. Republic of Zaire*, 21.2.1997, ICSID Case No. ARB/93/1, ILM 1997, 1534, para. 6.04; *Wena Hotels Ltd. (UK) v. Arab Republic of Egypt*, 8.12.2000, ICSID Case No. ARB/98/4, ILM 2002, 896, para. 84.

[204] So auch *Griebel*, Internat. Investitionsrecht, S. 69; *Schreuer*, JIDS, 2010, 353 (365f.); *Schreuer*, in: Reinisch, Standards of Investment Protection, S. 4.

[205] Für eine Konturierung des Begriffs anhand der Rechtsprechung siehe *Jacob/Schill*, in: Bungenberg et al., Internat. Investment Law, S. 719ff.; *Schreuer*, JWIT, 2005, 357 (373ff.); *Yannaca-Small*, in: Reinisch, Standards of Investment Protection, S. 118ff.

[206] So auch *Técnicas Medioambientales Tecmed S.A. v. The United Mexican States*, 29.5.2003, ICSID Case No. ARB (AF)/00/2, ILM 2004, 133, para. 153f.

[207] *Griebel*, Internat. Investitionsrecht, S. 74f.

[208] *Griebel*, Internat. Investitionsrecht, S. 75; *Lorz*, in: Bungenberg et al., Internat. Investment Law, S. 766, Rn. 3f.

[209] *Cordero Moss*, in: Reinisch, Standards of Investment Protection, S. 138; *Scheu*, Menschenrechte in Investitionsschiedsverfahren, S. 194. Zur Frage, ob die Klausel auch die Gewähr rechtlichen Schutzes umfasst, siehe *Cordero Moss*, in: Reinisch, Standards of Investment Protection, S. 144ff.; *Lorz*, in: Bungenberg et al., Internat. Investment Law, S. 789, Rn. 69f.; *Scheu*, Menschenrechte in Investitionsschiedsverfahren, S. 194; *Schreuer*, JIDS, 2010, 353 (366).

[210] *Lorz*, in: Bungenberg et al., Internat. Investment Law, S. 789, Rn. 69; *Schreuer*, JWIT, 2005, 357 (366). Kritisch zu dieser Abgrenzung: *Kläger*, Fair and Equitable Treatment, S. 294 m.w.N.

güter der Investoren zu schützen, auch vor Übergriffen seitens Dritter.[211] Dabei hat er die im Verkehr übliche Sorgfalt (*due diligence*) zu beachten.[212]

3. Schutzpflichten im Diplomaten- und Konsularrecht

Weitere Schutzpflichten sind im Bereich des Diplomaten- und Konsularrechts anerkannt.[213] So normiert Art. 22 des Wiener Übereinkommens über diplomatische Beziehungen (WÜD)[214] in Abs. 1 die Unverletzlichkeit der Räumlichkeiten der Mission und sieht in Abs. 2 die „besondere Pflicht" des Empfangsstaates vor, alle geeigneten Maßnahmen zu treffen, um die Räumlichkeiten vor jedem Eindringen und jeder Beschädigung zu schützen, um zu verhindern, dass der Friede der Mission gestört oder ihre Würde beeinträchtigt wird. Den Empfangsstaat trifft somit nicht nur – negativ – die Pflicht, Beeinträchtigungen der Unverletzlichkeit der Mission zu unterlassen, sondern darüber hinaus die positive Verpflichtung, Maßnahmen zu ihrem Schutz zu ergreifen, die über die allgemeine Aufrechterhaltung der Ordnung hinausgehen können.[215] Dies bedeutet insbesondere, dass der Staat von eigenen Beeinträchtigungen absehen und vor Beeinträchtigungen durch Dritte schützen muss. Dabei haftet er nicht für den Eintritt eines bestimmten Erfolges, sondern muss die im Einzelfall angemessenen Maßnahmen treffen.[216] Daraus kann etwa die Pflicht des Empfangsstaats hergeleitet werden, bei Demonstrationen zusätzliche Sicherheitskräfte bereitzustellen oder nach Abstimmung mit dem Missionschef etwaige Besetzer aus den Räumlichkeiten zu entfernen.[217] Art. 31 Abs. 3 des Wiener Übereinkommens über konsularische Beziehungen (WÜK),[218] sieht – vorbehaltlich der geringfügigen Einschrän-

---

[211] *Herdegen*, Internat. Wirtschaftsrecht, § 23, Rn. 42.

[212] Genauer zum Verschuldensmaßstab siehe *Cordero Moss*, in: Reinisch, Standards of Investment Protection, S. 138 ff.; *Scheu*, Menschenrechte in Investitionsschiedsverfahren, S. 195 ff.; näher zum Maßstab der due diligence siehe unten, Teil 5 B. III. 2., S. 234 ff.

[213] Zur Unterscheidung zwischen Diplomaten- und Konsularrecht siehe *Hobe*, Völkerrecht, S. 301.

[214] Wiener Übereinkommen vom 18. April 1961 über diplomatische Beziehungen, BGBl. 1964 II, S. 957 ff.

[215] Report of the International Law Commission covering the work of its tenth session, 28 April–4 July 1958, A/3859, abgedruckt in: YbILC 1958, Vol. II, S. 78 ff. (nachfolgend: YbILC 1958, Vol. II), S. 95; *Denza*, Diplomatic Law, S. 110; *Richtsteig*, Wiener Übereinkommen über diplomat. und konsular. Beziehungen, S. 48.

[216] *Denza*, Diplomatic Law, S. 138.

[217] *Richtsteig*, Wiener Übereinkommen über diplomat. und konsular. Beziehungen, S. 48 f.; zur Beseitigung von Störern siehe *Denza*, Diplomatic Law, S. 133 ff. mit Verweis auf *Fatemi v. United States*, At. 2d 525 (D.C. Ct. A., July 12, 1963).

[218] Wiener Übereinkommen vom 24. April 1963 über konsularische Beziehungen, BGBl. 1969 II, S. 1585 ff.

C. Die Anerkennung von Schutzpflichten in völkerrechtlichen Teilgebieten 81

kungen des Abs. 2 – eine entsprechende Schutzpflicht auch für die konsularischen Räumlichkeiten vor.[219]

Art. 29 WÜD und Art. 40 WÜK erstrecken die Unverletzlichkeit sodann auf die Person des Diplomaten bzw. auf die Konsularbeamten. Dabei sehen sie explizit vor, dass der Empfangsstaat sie mit gebührender Achtung behandelt und alle geeigneten Maßnahmen trifft, um jeden Angriff auf ihre Person, Freiheit oder Würde zu verhindern. Die Artikel enthalten somit jeweils eine positiv normierte Verpflichtung des Empfangsstaates zum Schutze der genannten Rechtsgüter. Wie weit die Schutzpflicht reicht bzw. welche Maßnahmen dem Staat zugemutet werden können, hängt vom jeweiligen Einzelfall ab.[220] Anders als im konsularischen Bereich ist nach Art. 30 WÜD auch die Privatwohnung des Diplomaten vom Schutz erfasst. Der Empfangsstaat ist somit dazu verpflichtet, Angriffe auf ebendiese zu unterlassen und Angriffe Dritter abzuwehren.[221] Auch die zum Haushalt gehörenden Familienmitglieder des Diplomaten sowie die Mitglieder des Verwaltungs- und technischen Personals sind nach Maßgabe des Art. 37 WÜD von der Schutzverpflichtung umfasst, sofern sie nicht Angehörige des Empfangsstaats sind.[222] Im konsularischen Bereich hingegen ist die Unverletzlichkeit der Person auf die Konsularbeamten begrenzt.[223]

Die trotz dieser umfassenden Schutznormen in den 1960er Jahren vermehrt aufgekommenen Entführungen, Tötungen und Angriffe auf im diplomatischen Dienst tätige Personen[224] führten am 14. Dezember 1973 auf Bestreben der Vereinten Nationen zur Unterzeichnung der sog. Diplomatenschutzkonvention.[225] Diese, den Rechtsstatus der Diplomaten weiter stärkende Konvention, verpflichtet die Vertragsstaaten dazu, bestimmte Straftaten zu verhüten, begangene Strafen im nationalen Recht mit angemessenen Strafen zu versehen und sie entsprechend zu verfolgen.[226]

---

[219] Ähnliches gilt auch für die Wahlkonsuln sowie die von ihnen geleiteten Vertretungen, vgl. Art. 59, 61 64 WÜK.
[220] Zur möglichen Pflicht zur Stellung einer Sonderbewachung siehe YbILC 1958, Vol. II, S. 97. Zum fraglichen Ausmaß der Schutzpflicht etwa im Fall von Geiselnahmen siehe *Denza*, Diplomatic Law, S. 215 f., 218 f.
[221] *Richtsteig*, Wiener Übereinkommen über diplomat. und konsular. Beziehungen, S. 69.
[222] Problematisch ist dabei insbesondere, wer unter den Begriff der Familienangehörigen fällt, siehe dazu: *Denza*, Diplomatic Law, S. 320 ff.
[223] Siehe für einen Überblick über die Unterschiede zwischen dem WÜD und dem WÜK: *Richtsteig*, Wiener Übereinkommen über diplomat. und konsular. Beziehungen, S. 133.
[224] *Denza*, Diplomatic Law, S. 215 f.
[225] Übereinkommen vom 14. Dezember 1973 über die Verhütung, Verfolgung und Bestrafung von Straftaten gegen völkerrechtlich geschützte Personen einschließlich Diplomaten, BGBl. 1976 II, S. 1745 ff.
[226] *Denza*, Diplomatic Law, S. 217.

Verletzungen diplomatischer Schutznormen wurden insbesondere im berühmten *Teheraner Geiselfall* festgestellt. Anlässlich des Streites um die Besetzung der US-amerikanischen Botschaft durch Demonstrierende, entschied der IGH in diesem Fall, dass der Iran das Diplomaten- und Konsularrecht verletzt habe, indem er seiner Schutzpflicht in Bezug auf die Botschaft und deren Personal nicht nachgekommen sei.[227] Die iranische Regierung sei

„fully aware of their obligations under the conventions in force to take appropriate steps to protect the premises of the United States Embassy and its diplomatic and consular staff from any attack and from any infringement of their inviolability, and to ensure the security of such other persons as might be present on the said premises."[228]

Dennoch habe sie keine angemessenen Maßnahmen ergriffen, um die Taten zu verhindern oder zu beenden. Hervorzuheben ist hierbei, dass das Gericht im Verhalten des Irans nicht nur Verstöße gegen die Wiener Konventionen von 1961 und 1963 sieht, sondern gleichzeitig auch gegen „obligations under general international law".[229] Die Pflicht zum Schutz der Person der Diplomaten und Diplomatinnen bzw. der Konsuln sowie der diplomatischen Mission bzw. der Konsulate auf dem eigenen Hoheitsgebiet wird demnach als Völkergewohnheitsrecht gesehen.

4. Schutzpflichten aus dem humanitären Völkerrecht

Schutzpflichten sind ferner im humanitären Völkerrecht verankert. Das früher als Kriegsrecht und zum Teil heute noch als *ius in bello*[230] bezeichnete Rechtsgebiet enthält die „Spielregeln"[231] des bewaffneten Konflikts und verfolgt das Ziel, die Gewaltanwendung sowie dessen Auswirkungen möglichst zu begrenzen. Insbesondere zum Schutz der nicht oder nicht mehr am Konflikt beteiligten Personen dämmt das humanitäre Völkerrecht die Mittel und Methoden der Kriegsführung ein.[232] Paradoxerweise trägt somit gerade dieses sich aus den Schreckenserfahrungen der Kriege herausgebildete Rechtsgebiet wesentlich zur „Humanisierung

---

[227] IGH, *United States Diplomatic and Consular Staff in Tehran*, Judgment, 24.5.1980, I.C.J. Rep. 1980, p. 3, para. 63 ff.

[228] IGH, *United States Diplomatic and Consular Staff in Tehran*, Judgment, 24.5.1980, I.C.J. Rep. 1980, p. 3, para. 68.

[229] IGH *United States Diplomatic and Consular Staff in Tehran*, Judgment, 24.5.1980, I.C.J. Rep. 1980, p. 3, para. 62.

[230] Zu den Begrifflichkeiten siehe *Heintschel von Heinegg*, in: Ipsen, Völkerrecht, 7. Aufl., § 60, Rn. 4; *Hobe*, Völkerrecht, S. 463 f. m. w. N.

[231] *Rensmann*, ZaöRV, 2008, 111 (111).

[232] *Gasser*, Humanitarian Law, in: MPEPIL, Rn. 3; *Hobe*, Völkerrecht, S. 463 f.

C. Die Anerkennung von Schutzpflichten in völkerrechtlichen Teilgebieten 83

des Völkerrechts"[233] bei. Seiner Schutzrichtung entsprechend, liegt allen wesentlichen Regelungen des humanitären Völkerrechts der Gedanke der Menschlichkeit zugrunde.[234] Aus ihm folgen etwa der Grundsatz der militärischen Notwendigkeit, wonach im bewaffneten Konflikt nur das militärisch erforderliche Ausmaß an Gewalt gestattet ist[235] sowie das Gebot, überflüssige Verletzungen oder unnötige Leiden zu vermeiden.[236] Das Gebot der Menschlichkeit entspringt der berühmten *Martens'schen Klausel*,[237] welche zunächst Eingang in die Präambeln der Haager Abkommen von 1899 und 1907[238] fand und heute in den Genfer Abkommen[239] sowie den Zusatzprotokollen[240] zu ebendiesen enthalten ist. Danach gilt, dass in Fällen, die nicht durch das humanitäre Völkerrecht erfasst sind,

„Zivilpersonen und Kombattanten unter dem Schutz und der Herrschaft der Grundsätze des Völkerrechts, wie sie sich aus feststehenden Gebräuchen, aus den Grundsätzen der Menschlichkeit und aus den Forderungen des öffentlichen Gewissens ergeben[, verbleiben]."[241]

Die Klausel stellt alle von bewaffneten Konflikten betroffenen Personen unter den Schutzmantel völkerrechtlicher Grundsätze und vermeidet das Entstehen rechtsfreier Räume.[242] Zwar ist ihr rechtlicher Gehalt nur schwer festzustellen,[243] doch beeinflusste sie die weitere Entwicklung des humanitären Völkerrechts wesentlich.[244] Insbesondere erhob sie das Gebot der Menschlichkeit zu einem Wert,

---

[233] *Rensmann*, ZaöRV, 2008, 111 (111); eingehend zu dieser Entwicklung: *Meron*, The Humanization of Internat. Law.

[234] *Gasser/Melzer/Geiß*, Humanitäres Völkerrecht, S. 11.

[235] *Heintschel von Heinegg*, in: Ipsen, Völkerrecht, 7. Aufl., § 62, Rn. 2.

[236] So schon die Präambel der Declaration Renouncing the Use, in Time of War, of Explosive Projectiles Under 400 Grammes Weight, Signed at St. Petersburg, 29 November/11 December 1868 (St. Petersburg Declaration), abgedruckt in: *Schindler/Toman*, The Laws of Armed Conflicts, S. 92 f.

[237] Benannt nach dem russischen Völkerrechtler Friedrich Fromhold Martens, siehe zu seiner Person: *Fleck*, BDR, 2000, 19 (19 ff.); näher zur Martens'schen Klausel siehe *Cassese*, EJIL, 2000, 187 (187 ff.).

[238] Siehe etwa die Präambel des Abkommens betreffend die Gesetze und Gebräuche des Landkriegs mitsamt der „Ordnung der Gesetze und Gebräuche des Landkrieges" (Haager Landkriegsordnung), RGBl. 1910, 107 ff.

[239] Vgl. Art. 63 Abs. 4 GA I, Art. 62 Abs. 2 GA II, Art. 142 Abs. 4 GA III, Art. 158 Abs. 4 GA IV.

[240] Art. 1 Abs. 2 des Zusatzprotokolls zu den Genfer Abkommen vom 12. August 1949 über den Schutz der Opfer internationaler bewaffneter Konflikte (ZP I) vom 8.6.1977, BGBl. 1990 II, S. 1551 ff.; Präambel des Zusatzprotokolls zu den Genfer Abkommen vom 12. August 1949 über den Schutz der Opfer nicht internationaler bewaffneter Konflikte (ZP II) vom 8.6.1977, BGBl. 1990 II, S. 1637 ff.

[241] Zitiert nach *Hobe*, Völkerrecht, S. 481.

[242] *Rensmann*, ZaöRV, 2008, 111 (114).

[243] Dazu *Cassese*, EJIL, 2000, 187 (189 ff.).

[244] *Hobe*, Völkerrecht, S. 466. Zum Einfluss der Gesetze der Menschlichkeit auf die sinken-

der auf die gesamte Völkerrechtsordnung ausstrahlt und sogar als Quelle völkerrechtlicher Schutzpflichten dienen kann.[245] So stellte der IGH im *Korfu-Kanal-Fall* fest, dass sich die Pflicht Albaniens, andere Staaten vor Minen in seinen Territorialgewässern zu warnen, aus allgemein anerkannten Prinzipien, unter anderem aus „elementary considerations of humanity",[246] ergebe.

Auch der Unterscheidungsgrundsatz, ein „Kardinalprinzip des im bewaffneten Konflikt anwendbaren Völkerrechts",[247] stellt eine Ausprägung des Humanitätsgedankens dar. Danach sind Kombattanten und Mitglieder bewaffneter Gruppen dazu verpflichtet, jederzeit zwischen der Zivilbevölkerung und Kombattanten sowie zivilen und militärischen Objekten zu unterscheiden.[248] Der Grundsatz verbietet nicht nur gezielte Angriffe bzw. Gewaltandrohungen gegen Zivilpersonen und -objekte, sondern auch Angriffe, die unterschiedslos wirken.[249] Er reflektiert das primäre Ziel des humanitären Völkerrechts, die Zivilbevölkerung möglichst vor den Auswirkungen des Konflikts zu bewahren und findet konkrete Ausprägungen in den Genfer Konventionen sowie den Zusatzprotokollen.[250]

Daneben enthält das humanitäre Völkerrecht spezielle Bestimmungen zum Schutz „geschützter Personen", wie Verwundete, Kranke und Schiffbrüchige, Kriegsgefangene sowie Zivilpersonen, die sich im Machtbereich einer am Konflikt beteiligten Partei befinden.[251] Diese haben etwa nach Art. 27 Abs. 1 S. 1 GA IV unter allen Umständen Anspruch auf Achtung ihrer Person, ihrer Ehre, ihrer Familienrechte sowie ihrer Gebräuche und sind nach Satz 2 jederzeit mit Menschlichkeit zu behandeln und vor Gewalttätigkeiten zu schützen. Die Bestimmung, die den Konfliktparteien eine weitreichende Achtungspflicht *(duty to respect)* sowie eine Schutzpflicht *(duty to protect)* auferlegt, statuiert das Prin-

---

de Bedeutung der Staatenpraxis bei der Entstehung von völkergewohnheitsrechtlichem humanitärem Völkerrecht siehe *Rensmann*, ZaöRV, 2008, 111 (114 f.).

[245] *Cançado Trindade*, in: Kolb/Gaggioli, Human Rights and Humanitarian Law, S. 195; *Cassese*, EJIL, 2000, 187 (188); *Rensmann*, ZaöRV, 2008, 111.

[246] IGH, *Corfu Channel Case*, Judgment, 9.4.1949, I.C.J. Rep. 1949, p. 4, 22.

[247] IGH, *Legality of the Threat or Use of Nuclear Weapons*, Advisory Opinion, 8.7.1996, I.C.J. Rep. 1996, p. 226, para. 78; *Heintschel von Heinegg*, in: Ipsen, Völkerrecht, 7. Aufl., § 62, Rn. 8. Eine beispielhafte Nennung der Kodifikationen des Grundsatzes findet sich bei *Henckaerts/Doswald-Beck*, Customary IHL, Vol. I, S. 3 f.

[248] Siehe Art. 44 Abs. 3, Art. 48 und Art. 52 Abs. 2 ZP I. Zur gewohnheitsrechtlichen Geltung dieses Grundsatzes, unabhängig davon, ob es sich um einen internationalen oder nicht-internationalen bewaffneten Konflikt handelt, siehe *Henckaerts/Doswald-Beck*, Customary IHL, Vol. I, Rule 7.

[249] So ausdrücklich Art. 51 Abs. 4 und 5 ZP I.

[250] Näher hierzu: Teil 4 A. I., S. 194 ff.

[251] Siehe insbesondere den gemeinsamen Art. 3 GA I–IV, Art. 12 GA I, Art. 12 GA II, Art. 13 GA III, Art. 5 Abs. 3 GA IV, Art. 10 ff. ZP I, Art. 75 ZP I, Art. 4 ZP II.

C. Die Anerkennung von Schutzpflichten in völkerrechtlichen Teilgebieten 85

zip des Respekts vor der menschlichen Person und spiegelt insoweit die Grundpfeiler des sog. Genfer Rechts wider.[252]

Obgleich viele im humanitären Völkerrecht statuierte Pflichten naturgemäß an die Kombattanten bzw. deren Entscheidungsträger gerichtet sind, bindet es als Teil des Völkerrechts vornehmlich die Staaten und regelt deren Rechtsbeziehungen zueinander. Die Besonderheit des humanitären Völkerrechts, eine Verantwortlichkeit von Individuen zu begründen,[253] enthebt die Staaten nicht von ihrer Verantwortlichkeit. Neben einer Haftung für die ihnen nach den Grundsätzen der Staatenverantwortlichkeit zurechenbaren Handlungen der Streitkräfte und sonstigen Kombattanten[254] kommt auch eine Haftung für eigenes Verschulden in Betracht. Dies betonte Schiedsrichter *Huber* schon 1925 im Fall *British Claims in the Spanish Zone of Morocco*, in dem er festhielt, dass die mangelnde Zurechenbarkeit der Handlungen von Aufständischen die Pflicht der Staaten, eine „certaine vigilance"[255] zur Verhinderung und Verfolgung ebendieser Taten auszuüben, nicht ausschließt. Dieser Gedanke findet Ausdruck im gemeinsamen Art. 1 GA sowie in Art. 1 Abs. 1 Zusatzprotokoll I (ZP I), welche eine humanitäre Schutz- und Gewährleistungspflicht der Staaten statuieren. Schon aus seiner prominenten Stellung am Beginn aller Genfer Abkommen ist zu schließen, dass dem gemeinsamen Art. 1 eine besondere Bedeutung zukommt. Wie das IKRK bereits 1952 in seinen Kommentaren zu den Genfer Abkommen herausstellte, handele es sich hierbei nicht bloß um eine „stylistic clause",[256] sondern um eine imperative Regelung, der Folge zu leisten sei.[257] Seine Bindungswirkung sowie seine gewohnheitsrechtliche Geltung werden nicht nur von der VN-Generalversammlung sowie dem Sicherheitsrat, sondern auch vom IGH anerkannt.[258] Art. 1 GA I–IV verpflichtet die Hohen Vertragsparteien dazu das jeweilige Ab-

---

[252] *Pictet*, ICRC Commentary GC IV, S. 199 f.

[253] *O'Connell*, in: Fleck, Humanitarian Law, 4. Aufl., S. 46, Rn. 2.35. Zur umstrittenen Begründung der Bindungswirkung des humanitären Völkerrechts auch für nichtstaatliche Gruppen siehe *Kleffner*, IRRC, 2011, 443 (445 ff.).

[254] Art. 4 ff. ILC-Draft Articles on responsibility of States for internationally wrongful acts, abgedruckt in: YbILC 2001, Vol. II/2, S. 26 ff. (nachfolgend: ILC-Draft Articles on State Responsibility); siehe dazu *Sassòli*, IRRC, 2002, 401 (404 ff.).

[255] *Affaire des biens britanniques au Maroc espagnol (Espagne c. Royaume-Uni)*, 1.5.1925, RIAA, Vol. II, p. 615, 642.

[256] *Pictet*, ICRC Commentary GC I, S. 27.

[257] So auch *Henckaerts*, in: ICRC Commentary 2016, GC I, Art. 1, Rn. 170.

[258] Siehe etwa IGH, *Military and Paramilitary Activities in and against Nicaragua (Nicaragua v. United States of America)*, Judgment, 27.6.1986, I.C.J. Rep. 1986, p. 14, para. 220; UNGA Res. 2851 (XXVI), Report of the Special Committee to Investigate Israeli Practices Affecting the Human Rights of the Population of the Occupied Territories, 20.12.1971, GAOR, 26th Sess., Suppl. No. 29, S. 48, Ziff. 9; UNSC Res. 681 (1990) vom 20.12.1990, S/RES/681 (1990), Ziff. 5.

kommen unter allen Umständen einzuhalten (*duty to respect*) und seine Einhaltung durchzusetzen (*duty to ensure respect*). Danach sind die Staaten nicht nur – negativ – dazu gehalten, die Regelungen des humanitären Völkerrechts zu achten, also von Verstößen abzusehen, sondern darüber hinaus auch – positiv – zur Gewährleistung ebendieser verpflichtet.[259] Die *duty to ensure respect* unterstreicht die Verantwortung der Vertragsstaaten, welche als „Garant[en] des humanitären Völkerrechts"[260] zur Ergreifung aller zumutbaren Maßnahmen verpflichtet sind, die zu seiner effektiven Gewährleistung erforderlich sind. Daraus folgen weitreichende Schutzpflichten des Staates, deren genaue Ausgestaltung vom Einzelfall abhängig ist.[261] Wie das IKRK in seinem unter anderem aufgrund der „significantly expanded"[262] *obligation to ensure* aktualisierten Kommentar zum GA I betont, dienen die Bestimmungen der Genfer Abkommen dem Schutz derart fundamentaler Rechtsgüter, dass jede Vertragspartei ein Interesse an ihrer Einhaltung habe. Die Verpflichtungen des humanitären Völkerrechts gelten unbedingt, also unabhängig von der Vertragstreue anderer Staaten,[263] und sind allen Mitgliedern der Staatengemeinschaft geschuldet, so dass ihnen *Erga-Omnes-Wirkung* zukommt.[264] Daraus folgt die Pflicht der Staaten, die Bestimmungen des humanitären Völkerrechts nicht nur selbst zu achten und durchzusetzen, sondern – darüber hinaus – positive Maßnahmen zu ergreifen, um ihre *universelle* Einhaltung sicherzustellen.

5. Schutzpflichten aus den Menschenrechten

Die bisher erörterten völkerrechtlichen Teilbereiche belegen, dass auch auf internationaler Ebene weitreichende Schutzpflichten bestehen. Nirgends zeigt sich die Anerkennung staatlicher Schutzpflichten allerdings deutlicher als im Bereich

---

[259] *Rensmann*, ZaöRV, 2008, 111 (116, 121); näher zu den Komponenten des Art. 1 GA I–IV siehe *Boisson de Chazournes/Condorelli*, IRRC, 2000, 67 (69).
[260] *Rensmann*, ZaöRV, 2008, 111 (117).
[261] Näher dazu Teil 4 A. III., S. 200.
[262] *Henckaerts*, IRRC, 2012, 1551 (1553).
[263] *Henckaerts/Doswald-Beck*, Customary IHL, Vol. I, S. 498, Rule 140; *Pictet*, ICRC Commentary GC IV, S. 15; *Rensmann*, ZaöRV, 2008, 111 (120).
[264] Ausführlich zum Begriff der Erga-Omnes-Pflichten: *Tams*, Enforcing Obligations Erga Omnes. Zur Erga-Omnes-Wirkung der humanitärvölkerrechtlichen Pflichten siehe *Henckaerts*, in: ICRC Commentary 2016, GC I, Art. 1, Rn. 119, 153 ff., 164 ff. sowie auch schon *Pictet*, ICRC Commentary GC IV, S. 16. Aus der Rechtsprechung siehe IGH, *Legality of the Threat or Use of Nuclear Weapons*, Advisory Opinion, 8.7.1996, I.C.J. Rep. 1996, p. 226, para. 79; *Legal Consequences of the Construction of a Wall in the Occupied Palestinian Territory*, Advisory Opinion, 9.7.2004, I.C.J. Rep. 2004, p. 136, para. 157; JStGH, *Prosecutor v. Kupreškić et al.*, Judgement, 14.1.2000, IT-95-16-T, para. 519. Zur a. A.: *Kalshoven*, YIHL, 1999, 3 (28, 60); *Robson*, JCSL, 2020, 101 (103).

des Menschenrechtsschutzes. Die dynamische Entwicklung des völkerrechtlichen Menschenrechtsschutzes nach dem Zweiten Weltkrieg[265] führte zu einem grundlegenden Wandel der Völkerrechtsordnung, in Rahmen dessen das Individuum immer weiter in den Vordergrund rückte.[266] Den Beginn dieser Entwicklung läutete die Charta der Vereinten Nationen ein.[267] Ohne konkrete Menschenrechte zu benennen,[268] bezeugen die Bestimmungen der Charta, dass ihr die Idee des Schutzes des Menschen aufgrund der ihm angeborenen Würde inhärent ist. So bekräftigen die Mitgliedstaaten in der Präambel unter anderem ihren Glauben an die Grundrechte des Menschen sowie an die Würde und den Wert der Persönlichkeit. In Art. 1 Abs. 3 VN-Charta wird die Förderung und Festigung der Achtung der Menschenrechte und Grundfreiheiten zu einem Ziel der Organisation erhoben. Art. 55 lit. c) VN-Charta hält fest, dass die Vereinten Nationen die allgemeine Achtung und Verwirklichung der Menschenrechte und Grundfreiheiten fördern. Dies wird in Art. 56 VN-Charta auf die Mitgliedstaaten erstreckt. Ferner veranlasst die Generalversammlung gemäß Art. 13 Abs. 1 lit. b) VN-Charta Untersuchungen und gibt Empfehlungen ab, um zur Verwirklichung der Menschenrechte und Grundfreiheiten beizutragen.[269] Obgleich die genannten Bestimmungen bewusst vage formuliert sind, so dass ihnen keine konkreten Gewährleistungs- oder gar Schutzpflichten zu entnehmen sind, stellen sie mehr als bloß unverbindliche Grundsatzklärungen dar.[270] Insbesondere enthält Art. 55 lit. c) VN-Charta, der gemeinsam mit Art. 56 VN-Charta zu lesen ist, eine rechtliche Pflicht zur *Förderung* der Menschenrechte. Die Vertragsstaaten sind danach dazu angehalten, „einzeln und gemeinsam für die Achtung der Menschenrechte einzutreten."[271] Diese Bestimmungen, denen eine Ermächtigung der VN zur Kodifizierung der Menschenrechte zu entnehmen ist, führten zur Herausbil-

---

[265] *Buergenthal*, AJIL, 2006, 783 (783 f.); *Tomuschat*, in: Isensee/Kirchhof, HdbStR Bd. X, § 208, Rn. 2 f.; zur Historie des bis dahin nur fragmentierten Menschenrechtsschutzes siehe *Ghandhi*, GYIL, 1998, 206 (207 ff.).

[266] *Klein*, Investitionsschutzrecht als Individualschutzrecht, S. 92 f.; *Hobe*, Völkerrecht, S. 353 f.; *Nettesheim*, JZ, 2002, 569 (571).

[267] *Buergenthal*, HRQ, 1997, 703 (703); *Riedel/Arend*, in: Simma et al., Charter of the UN, Art. 55 (c), Rn. 24.

[268] Dazu *Buergenthal*, HRQ, 1997, 703 (706 f.); *Ghandhi*, GYIL, 1998, 206 (222 f.).

[269] Für weitere explizite Bezugnahmen auf die Menschenrechte siehe Art. 62 und 68 zum Wirtschafts- und Sozialrat sowie Art. 76 VN-Charta zum Treuhandsystem.

[270] *Hobe*, Völkerrecht, S. 357; *Riedel/Arend*, in: Simma et al., Charter of the UN, Art. 55 (c), Rn. 15; siehe auch IGH, *Legal Consequences for States of the Continued Presence of South Africa in Namibia (South West Africa) Notwithstanding Security Council Resolution 276 (1970)*, Advisory Opinion, 21.6.1971, I.C.J. Rep. 1971, p. 16, para. 131 und zur Rechtsprechung des IGH: *Schwelb*, AJIL, 1972, 337 (337 ff.).

[271] *Hobe*, Völkerrecht, S. 357.

dung eines immer dichteren Netzes an menschenrechtlichen Verträgen.[272] Die Charta der Vereinten Nationen gab somit den Rahmen des internationalen Menschenrechtsschutzes vor und trug wesentlich zu seiner weiteren Entwicklung auf universeller und regionaler Ebene bei.[273]

a) Menschenrechtliche Schutzpflichten auf universeller Ebene

Auf Grundlage des Art. 68 VN-Charta setzte der Wirtschafts- und Sozialrat schon 1946 die Menschenrechtskommission ein,[274] welche zur Schaffung eines „common understanding"[275] einen Katalog der Menschenrechte herausarbeitete, die durch die VN zu fördern sind.[276] Nur knapp zwei Jahre später wurde dieser als Allgemeine Erklärung der Menschenrechte (AEMR) von der Generalversammlung angenommen.[277] Zwar kommt der AEMR als Resolution der Generalversammlung zunächst keine rechtliche Bindungswirkung zu, doch ist ihr als „autoritative Interpretation"[278] des Menschenrechtsauftrags der VN-Charta eine besondere Bedeutung beizumessen. Darüber hinaus sind die in ihr enthaltenen Menschenrechte mittlerweile weitestgehend kodifiziert, so dass sie heute als gewohnheitsrechtlich anerkannt gilt.[279] Gemeinsam mit den ebenfalls von der Menschenrechtskommission ausgearbeiteten und im Jahre 1966 von der Generalver-

---

[272] Siehe etwa: Konvention vom 9.12.1948 über die Verhütung und Bestrafung des Völkermordes, BGBl. 1954 II, S. 729; Abkommen über die Rechtsstellung der Flüchtlinge vom 28.7.1951, BGBl. 1953 II, S. 559; Übereinkommen von New York vom 31.3.1953 über die politischen Rechte der Frau, BGBl. 1969 II, S. 1929; Internationales Übereinkommen zur Beseitigung jeder Form von Rassendiskriminierung vom 7.3.1966, BGBl. 1969 II, S. 961; Übereinkommen zur Beseitigung jeder Form der Diskriminierung der Frau vom 18.12.1979, BGBl. 1985 II, S. 647; Übereinkommen vom 10.12.1984 gegen Folter und andere grausame, unmenschliche oder erniedrigende Behandlung oder Strafe, BGBl. 1990 II, 246; Übereinkommen über die Rechte des Kindes vom 20.11.1989, BGBl. 1992 II, S. 121; Übereinkommen der Vereinten Nationen vom 13.12.2006 über die Rechte von Menschen mit Behinderungen, BGBl. 2008 II, S. 1419; Internationales Übereinkommen vom 29.12.2006 zum Schutz aller Personen vor dem Verschwindenlassen, BGBl. 2009 II, S. 932.

[273] *Buergenthal*, HRQ, 1997, 703 (703 ff.).

[274] ECOSOC Res. E/Res/5 (1), Resolution adopted by ECOSOC on the establishment of a Commission on Human Rights with a Sub-Commission on the Status of Women, 16.2.1946. Die Menschenrechtskommission wurde am 16. Juni 2006 aufgelöst und durch den Menschenrechtsrat ersetzt, siehe UNGA Res. 60/251, Human Rights Council, 16.6.2006, GAOR, 60th Sess., Vol. III, Suppl. No. 49, S. 2, Ziff. 1; dazu: *Hobe*, Völkerrecht, S. 367.

[275] *Rensmann*, in: Simma et al., Charter of the UN, Reform, Rn. 63.

[276] *Heintze*, in: Ipsen, Völkerrecht, 7. Aufl., § 32, Rn. 2 f.

[277] UNGA Res. 217 (III) A, Universal Declaration of Human Rights, 10.12.1948, GAOR, 3rd Sess., Part 1, S. 71. Zur Entstehungsgeschichte der AEMR siehe *Ghandhi*, GYIL, 1998, 206 (234 ff.).

[278] Näher dazu: *Sohn*, Am. U. L. Rev., 1982, 1 (15 ff.).

[279] So auch *Hobe*, Völkerrecht, S. 358; für einen Überblick zum Streitstand hinsichtlich der

C. Die Anerkennung von Schutzpflichten in völkerrechtlichen Teilgebieten 89

sammlung angenommen zwei Menschenrechtspakten, dem Internationalen Pakt über bürgerliche und politische Rechte (IPbpR)[280] sowie dem Internationalen Pakt über wirtschaftliche, soziale und kulturelle Rechte (IPwskR)[281], stellt die AEMR die „Internationale Menschenrechtscharta" (*International Bill of Rights*)[282] dar.

Der Schutz der Menschenrechte auf universaler Ebene wird insbesondere durch die beiden Menschenrechtspakte gewährleistet, welche erstmals vertraglich verbindliche Verpflichtungen der Staaten in diesem Bereich aufstellen.[283] Mit dem VN-Menschenrechtsausschuss nach Art. 28 ff. IPbpR wurde zudem eine quasi-judizielle Kontrollinstanz errichtet, die als Garant über die Ausführung des Paktes wacht.[284] Hinsichtlich der inhaltlichen Bestimmungen ist insbesondere auf Art. 2 Abs. 1 IPbpR hinzuweisen, wonach jeder Vertragsstaat sich dazu verpflichtet, die anerkannten Rechte zu *achten* und sie allen in seinem Gebiet befindlichen und seiner Herrschaftsgewalt unterstehenden Personen zu *gewährleisten* (*to respect and to ensure*).[285] Darüber hinaus hat nach Abs. 2 jeder Vertragsstaat die erforderlichen Schritte zu unternehmen, um die gesetzgeberischen oder sonstigen Vorkehrungen zu treffen, die zur Wirksamkeit der anerkannten Rechte notwendig sind. Wie der VN-Menschenrechtsausschuss in einer sog. Allgemeinen Bemerkung (*General Comment*)[286] nach Art. 40 Abs. 4 IPbpR ausführte, beinhaltet diese Bestimmung sowohl die negative Pflicht der Staaten, von Verletzungen der garantierten Rechte abzusehen, als auch die positive Pflicht, alle angemessenen Maßnahmen zu ergreifen, um ihren Rechtspflichten nachzukommen.[287] Somit enthält die *duty to ensure* zwei Komponenten: Die Pflicht des Staates, alle

---

rechtlichen Bindungswirkung der AEMR siehe *Kau*, in: Graf Vitzthum/Proelß, Völkerrecht, S. 269 f., Rn. 235, Fn. 552.

[280] BGBl. 1973 II, S. 1543.

[281] BGBl. 1973 II, S. 1570.

[282] *Buergenthal*, AJIL, 2006, 783 (787); *Hobe*, Völkerrecht, S. 360; *Riedel/Arend*, in: Simma et al., Charter of the UN, Art. 55 (c), Rn. 24.

[283] *Hobe*, Völkerrecht, S. 363. Zur nahezu universellen Anerkennung der Menschenrechtspakte siehe *Tomuschat*, in: Isensee/Kirchhof, HdbStR Bd. X, § 208, Rn. 11.

[284] Zu den Aufgaben des VN-Menschenrechtsausschusses siehe *Bossuyt*, RTDH, 1994, 31 (32 ff.); *Stahl*, Schutzpflichten im Völkerrecht, S. 82 f.

[285] Zur semantischen und strukturellen Verwandtschaft mit Art. 1 GA I–V, siehe *Rensmann*, ZaöRV, 2008, 111 (117).

[286] Zur Funktion und Bedeutung der General Comments siehe *Keller/Grover*, in: Keller/Ulfstein, UN Human Rights Treaty Bodies, S. 116 ff.; *Klein/Kretzmer*, GYIL, 2015, 189 (189 ff.); *Nowak*, CCPR Commentary, Art. 40, Rn. 61 ff.

[287] HRCee, General Comment No. 31, The Nature of the General Legal Obligation Imposed on State Parties to the Covenant, 26.5.2004, CCPR/C/21/Rev.1/Add.13 (nachfolgend: GenC No. 31, General Legal Obligation of State Parties), Ziff. 6 f.; siehe auch *Klein*, in: ders., The Duty to Protect and to Ensure Human Rights, S. 298 f.

erforderlichen Maßnahmen zu ergreifen, um sich selbst in die Position zu bringen, die anerkannten Rechte gewähren zu können und daneben die Pflicht des Staates, Maßnahmen zum Schutz gegen Handlungen Dritter zu ergreifen, welche die Rechte anderer beeinträchtigen. Letztere Pflicht wird als Schutzpflicht (*duty to protect*) bezeichnet und ist von der *duty to ensure* umfasst.[288] Die Gestattung einer schädigenden Handlung bzw. die Außerachtlassung der gebotenen Sorgfalt zur Verhinderung ebendieser stellt daher eine eigenständige Rechtsverletzung in Form einer Schutzpflichtverletzung des Staates dar.[289] Eine Verletzung des Art. 2 IPbpR ist dabei nur in Verbindung mit einem konkreten im Pakt gewährten Menschenrecht möglich. Die Gewährleistungsnorm hat einen akzessorischen Charakter und strahlt als *umbrella clause* auf alle im IPbpR festgehaltenen Rechte aus, so dass ihr bei der Auslegung des Vertrages eine besondere Bedeutung beizumessen ist.[290]

Neben dieser generellen Gewährleistungsnorm enthält der IPbpR an anderen Stellen auch konkrete Schutzaufträge, die sich schon aus dem Wortlaut der entsprechenden Bestimmung ergeben.[291]

b) Menschenrechtliche Schutzpflichten auf regionaler Ebene

Obgleich die Menschenrechte auf Universalität angelegt sind, zeichnete sich die Entstehung regionaler Menschenrechtsschutzsysteme schon früh ab. Die Europäische Menschenrechtskonvention und die darauffolgenden Interamerikanischen und Interafrikanischen Menschenrechtssysteme sind nicht darauf ausgerichtet, die Universalität der Menschenrechte durch die Schaffung partikulären

---

[288] *Buergenthal*, in: Henkin, The International Bill of Rights, S. 77; *Klein*, in: ders., The Duty to Protect and to Ensure Human Rights, S. 302.

[289] GenC No. 31, General Legal Obligation of State Parties, Ziff. 8; siehe auch *Nowak*, CCPR Commentary, Art. 2, Rn. 19.

[290] *Nowak*, CCPR Commentary, Art. 2, Rn. 3.

[291] So insbesondere Art. 6 Abs. 1 IPbpR, auf den noch genauer einzugehen sein wird (Teil 4 B. II. 1., S. 205 ff.) sowie z. B. Art. 23 Abs. 1 IPbpR zum Anspruch der Familie auf Schutz durch Gesellschaft und Staat und Art. 24 IPbpR zum Anspruch des Kindes auf erforderliche Schutzmaßnahmen durch Familie, Gesellschaft und Staat. Siehe auch Art. 17 IPbpR und dazu HRCee, General Comment No. 16, Article 17 (Right to Privacy), The Right to Respect of Privacy, Family, Home and Correspondence, and Protection of Honour and Reputation, 8.4.1988, HRI/GEN/1/Rev.9 (Vol. I), S. 191, Ziff. 1: „[T]his right is required to be guaranteed against all such interferences and attacks whether they emanate from State authorities or from natural or legal persons. The obligations imposed by this article require the State to adopt legislative and other measures to give effect to the prohibition against such interferences and attacks as well as to the protection of this right". Zur Schutzpflichtendimension des Artikels siehe auch *Nowak*, CCPR Commentary, Art. 17, Rn. 6 f.

Sonderrechts in Frage zu stellen.²⁹² Vielmehr bekräftigen und ergänzen die regionalen Abkommen die Menschenrechte und verschaffen ihnen durch die Etablierung gewisser Durchsetzungsmechanismen mehr Effizienz.²⁹³ Die leichtere Konsensfindung auf regionaler Ebene erlaubt es, die Schwächen des universellen Menschenrechtsschutzes auszuräumen und somit insgesamt zur Stärkung der Menschenrechte, auch auf globaler Ebene, beizutragen.²⁹⁴

aa) Die Europäische Menschenrechtskonvention

Das bis heute effizienteste System des Menschenrechtsschutzes wurde durch die am 4. November 1950 erlassene Europäische Menschenrechtskonvention (EMRK)²⁹⁵ etabliert. Die Konvention des Europarates, die als Vorbild für darauffolgende andere regionale Systeme diente, präzisiert die Menschenrechte und schuf mit dem durch das 11. Zusatzprotokoll²⁹⁶ ins Leben gerufenen EGMR sowie der eingeräumten Möglichkeit der Individualbeschwerde das fortschrittlichste Menschenrechtsschutzsystem auf internationaler Ebene.²⁹⁷

Dies zeigt sich schon in Art. 1 EMRK, wonach die Vertragsstaaten allen ihrer Herrschaftsgewalt unterstehenden Personen die in der Konvention niedergelegten Rechte und Freiheiten *zusichern*. Der Begriff der Zusicherung zeugt von einem weiten Schutzverständnis der Konvention.²⁹⁸ Er bringt zum Ausdruck, dass die Vertragsstaaten der EMRK eine Garantie der Menschenrechte für alle Personen übernehmen, die sich in ihrem Hoheitsgebiet befinden, ohne Rücksicht auf deren Staatsangehörigkeit.²⁹⁹ Nichtsdestotrotz lassen sich aus dieser Norm allein keine konkreten staatlichen Schutzpflichten herleiten. Eine Verletzung des Art. 1 EMRK ist vielmehr nur in Verbindung mit den gewährleisteten Freiheiten ebendieser möglich.³⁰⁰

---

[292] *Klein*, EuGRZ, 1999, 109 (110).
[293] *Buergenthal*, AJIL, 2006, 783 (791 f.).
[294] Zu den Vor- und Nachteilen der regionalen Menschenrechtsabkommen siehe *Partsch*, EuGRZ, 1989, 1 (1 ff.).
[295] Konvention zum Schutze der Menschenrechte und Grundfreiheiten, BGBl. 1952 II, S. 686; zur Entstehungsgeschichte der EMRK siehe *Partsch*, ZaöRV, 1954, 631 (631 ff.).
[296] Protokoll Nr. 11 vom 11. Mai 1994 zur Konvention zum Schutze der Menschenrechte und Grundfreiheiten über die Umgestaltung des durch die Konvention eingeführten Kontrollmechanismus, BGBl. 1995 II, S. 578.
[297] *Buergenthal*, AJIL, 2006, 783 (791 f.); *Hobe*, Völkerrecht, S. 378; allgemein zur EMRK siehe *Nußberger*, in: Isensee/Kirchhof, HdbStR Bd. X, § 209.
[298] So auch *Streuer*, Positive Verpflichtungen, S. 221.
[299] *Hobe*, Völkerrecht, S. 378; zur Bedeutung des Art. 1 EMRK siehe auch EGMR, *Ireland v. The United Kingdom*, Judgment, 18.1.1978, Series A25, para. 239.
[300] EGMR, *Ireland v. The United Kingdom*, Judgment, 18.1.1978, Series A25, para. 238;

Zwar stellen die gewährleisteten Rechte ihrer klassischen Konstruktion nach primär Abwehrrechte des Individuums gegen den Staat dar,[301] doch fand hier eine ähnliche Entwicklung wie im nationalen Recht statt. Schon früh entwickelten die Europäische Menschenrechtskommission (EKMR),[302] die im Jahre 1998 aufgelöst wurde, und der EGMR[303] aus den Konventionsrechten neben der Pflicht, Eingriffe zu unterlassen, die positive Pflicht der Vertragsstaaten, den Schutz ebendieser Rechte – auch gegenüber Dritten – zu gewährleisten. Nur so könne das Ziel, die Freiheiten der Konvention nicht nur theoretisch oder illusorisch, sondern effektiv und tatsächlich zu gewährleisten, erreicht werden.[304] Dabei wird ausdrücklich davon abgesehen, eine umfassende Dogmatik zu den positiven Verpflichtungen aufzustellen,[305] so dass in diesem Bereich eine kaum überschaubare Kasuistik herrscht.

Teilweise ergeben sich Schutzpflichten schon aus dem Wortlaut der entsprechenden Norm.[306] So wird nach Art. 2 Abs. 1 EMRK das Recht auf Leben eines jeden Menschen gesetzlich geschützt. Mit Blick auf die Position der Bestimmung am Anfang der Konvention, im Zuge der Grundprinzipen ebendieser, liegt es nach *Bleckmann* nahe, in ihr ein allgemeines Rechtsprinzip zu sehen, das sich ähnlich wie der Schutz der Menschenwürde nach Art. 1 Abs. 1 GG auf alle folgenden Freiheiten erstreckt.[307] Anders als Art. 1 GG ist Art. 2 Abs. 1 EMRK dem materiellen Teil der Konvention aber nicht vorangestellt, sondern ist integraler Bestandteil der Freiheitsrechte.[308] Gegen die Herleitung einer allgemeinen, über

---

Streuer, Positive Verpflichtungen, S. 207; dazu auch *Murswiek*, in: Konrad, Internat. Menschenrechtsschutz, S. 222 f.

[301] *Bleckmann*, in: FS-Bernhardt, S. 309.

[302] War die Kommission zunächst noch zögerlich (vgl. EKMR, *X v. Ireland*, Decision, 20.7.1973, Collection Vol. 44, p. 121, para. 1), nahm sie in späteren Entscheidungen ausdrücklich Schutzpflichten der Mitgliedstaaten an, so dass insoweit von einer ständigen Rechtsprechung gesprochen werden kann, siehe EKMR, *Young, James and Webster v. The United Kingdom*, Report (31), 14.12.1979, Series B No. 39, para. 168; *W v. The United Kingdom*, Decision, 28.2.1983, D.R. 32, p. 190, para. 12. Siehe dazu m.w.N. *Jaeckel*, Schutzpflichten im dt. und europ. Recht, S. 126 f. und *Streuer*, Positive Verpflichtungen, S. 195 f.

[303] EGMR, *Belgian linguistic case*, Judgment, 23.7.1968, Series A6, para. 3; *Marckx v. Belgium*, Judgment, 13.6.1979, Series A31, para. 31; *Airey v. Ireland*, Judgment, 9.10.1979, Series A32, para. 25; *X and Y v. The Netherlands*, Judgment, 26.3.1985, Series A91, para. 23.

[304] EGMR, *Airey v. Ireland*, Judgment, 9.10.1979, Series A32, para. 24; *Artico v. Italy*, Judgment, 13.5.1980, Series A37, para. 33; *Plattform „Ärzte für das Leben" v. Austria*, Judgment, 21.6.1988, Series A139, para. 32.

[305] So ausdrücklich EGMR, *Plattform „Ärzte für das Leben" v. Austria*, Judgment, 21.6.1988, Series A139, para. 31; dazu *Streuer*, Positive Verpflichtungen, S. 191, 199.

[306] Zu den spezifischen positiven Verpflichtungen siehe *Ress*, in: Klein, The Duty to Protect and to Ensure Human Rights, S. 166 f.

[307] *Bleckmann*, in: FS-Bernhardt, S. 310.

[308] So auch *Stahl*, Schutzpflichten im Völkerrecht, S. 98 f.; zur Frage, ob es sich bei

C. Die Anerkennung von Schutzpflichten in völkerrechtlichen Teilgebieten 93

das Leben hinausgehenden, Schutzpflicht allein aus Art. 2 Abs. 1 EMRK spricht auch der stark begrenzte Wortlaut der Norm, welcher den Staat lediglich zum Schutz des Rechtsguts Lebens im Form von legislativem Tätigwerden verpflichtet.[309] Zwar ist das Recht auf Leben das Kardinalrecht, dessen Schutz das primäre Ziel der Menschenrechte ist, doch stellt es – anders als die Menschenwürde im GG – nicht den Kern eines jeden Freiheitsrechts dar.[310] In Art. 2 Abs. 1 EMRK, welcher auf einen besonderen Schutzgegenstand beschränkt ist, ist somit kein allgemeines Prinzip zu erblicken.[311] Gleichwohl ist *Bleckmann* insoweit zuzustimmen, als der EMRK positive Pflichten zum Schutz der Menschenrechte immanent sind. Dies belegen insbesondere die zweiten Absätze der Art. 8 bis 11 EMRK wonach Eingriffe in die entsprechenden Freiheiten zum „Schutz der Rechte anderer" und somit auch zum Schutz ihrer Rechte aus der EMRK möglich sind.[312] Darüber hinaus wird in der Präambel der Konvention ihr Zweck festgehalten, die universelle und wirksame Anerkennung sowie Einhaltung der in der AEMR von 1948 verkündeten Rechte zu gewährleisten.

Dies erkennend, blieb der EGMR nicht am Wortlaut der Bestimmungen stehen, sondern leitete durch Auslegung weitergehende Schutzpflichten aus der EMRK ab.[313] So stellte er 1979 in seinem Grundsatzurteil im Fall *Marckx* fest, dass die „Achtung" des Familienlebens in Art. 8 der Konvention nicht nur bedeute, dass der Staat von Eingriffen in dieses Recht abzusehen habe, sondern dass: „in addition to this primarily negative undertaking, there may be positive obligations inherent in an effective ‚respect' for family life."[314] In der Folgezeit entwickelte das Gericht Art. 8 EMRK zu einem Auffangrecht und leitete aus ihm – unter Wiederholung des im Fall *Marckx* aufgestellten Grundsatzes – weitreichende positive Verpflichtungen der Staaten her.[315] Auch auf weitere Freiheitsrechte

---

Art. 1 GG selbst um ein Grundrecht handelt, siehe *Herdegen*, in: Dürig/Herzog/Scholz, GG, Art. 1 Abs. 1, Rn. 29 m.w.N. zum Streitstand.

[309] *Wiesbrock*, Schutz der Menschenrechte, S. 85.

[310] Siehe ausführlich hierzu: *Hong*, Der Menschenwürdegehalt der Grundrechte; *Stern*, Staatsrecht, Bd. IV/1, S. 86 ff. m.w.N.

[311] Ebenso: *Stahl*, Schutzpflichten im Völkerrecht, S. 98 f.; *Wiesbrock*, Schutz der Menschenrechte, S. 85.

[312] *Bleckmann*, in: FS-Bernhardt, S. 311.

[313] Für eine ausführliche Darstellung der positiven Pflichten unter der EMRK siehe *Dröge*, Positive Verpflichtungen in der EMRK. Zur innovativen, dynamischen Interpretation durch den EGMR: *Nußberger*, in: Isensee/Kirchhof, HdbStR Bd. X, § 209, Rn. 33 ff.

[314] EGMR, *Marckx v. Belgium*, Judgment, 13.6.1979, Series A31, para. 31. Näher zu den positiven Verpflichtungen aus Art. 8 EMRK: *Ress*, in: Klein, The Duty to Protect and to Ensure Human Rights, S. 173 ff.

[315] Siehe beispielhaft EGMR, *Airey v. Ireland*, Judgment, 9.10.1979, Series A32, para. 32; *X and Y v. The Netherlands*, Judgment, 26.3.1985, Series A91, para. 23; *Gaskin v. The United Kingdom*, Judgment, 7.7.1989, Series A160, para. 42 ff.

wurde der Grundsatz angewandt. Entsprechend wurde in der Sache *Plattform „Ärzte für das Leben"* festgehalten, dass ein rein negatives Verständnis von Art. 11 EMRK mit Zweck und Ziel der Norm nicht vereinbar sei. Wie Art. 8 verlange die in Art. 11 EMRK verankerte Versammlungsfreiheit bisweilen positive Maßnahmen, die bis in die zwischenmenschlichen Beziehungen eingreifen können.[316] Auch aus Art. 2 EMRK wurden über den legislativen Schutz hinausreichende positive Verpflichtungen hergeleitet, auf welche noch näher einzugehen sein wird.[317]

bb) Die Amerikanische Menschenrechtskonvention

Schutzpflichten wurden auch aus der 1978 in Kraft getretenen Amerikanischen Menschenrechtskonvention (AMRK)[318] hergeleitet.[319] Die AMRK, die zusammen mit der Charta der Organisation Amerikanischer Staaten (OAS)[320] und der Amerikanischen Erklärung über Rechte und Pflichten der Menschheit[321] den Menschenrechtsschutz im interamerikanischen Raum gewährt,[322] ist der EMRK inhaltlich weitestgehend nachgebildet und geht in ihren Gewährleistungen teilweise sogar über diese hinaus.[323] Auch institutionell ist die AMRK an der EMRK orientiert: Wie Letztere in ihrer ursprünglichen Fassung schuf sie mit der Interamerikanischen Menschenrechtskommission (IAMRK) und dem Interamerikanischen Gerichtshof für Menschenrechte (IAGMR) zwei Kontrollorgane.[324] Die Kommission, die nach Art. 41 lit. g) AMRK unter anderem dafür zuständig ist, Jahresberichte an die Generalversammlung der OAS zu übermitteln, äußerte sich bereits in ihrem Bericht von 1975 besorgt über die These, Regierungen seien nur für die ihnen zurechenbaren Konventionsverstöße verantwortlich und könnten Auseinandersetzungen zwischen bewaffneten Gruppen untereinander im Übrigen tatenlos zusehen. Es gehöre zu den Pflichten der Staaten, die Sicherheit ihrer

---

[316] EGMR, *Plattform „Ärzte für das Leben" v. Austria*, Judgment, 21.6.1988, Series A139, para. 32. Siehe ferner zu Art. 3 EMRK: EGMR, *A v. The United Kingdom*, Judgment, 23.9.1998, Reports 1998-VI, para. 22; zu Art. 10 EMRK: EGMR, *Guerra and Others v. Italy*, Judgment, 19.2.1998, Reports 1998-I, para. 52 und zu Art. 2 des 1. Zusatzprotokolls: EGMR, *Campbell and Cosans v. The United Kingdom*, Judgment, 25.2.1982, Series A48, para. 37.

[317] Näher dazu siehe unten, Teil 4 B. II. 2., S. 207 ff.

[318] American Convention on Human Rights, 22.11.1969, UNTS Bd. 1144, Nr. 17955, S. 123.

[319] *Wiesbrock*, Schutz der Menschenrechte, S. 141.

[320] Charter of the Organization of American States, 30.4.1948, UNTS Bd. 119, Nr. 1609.

[321] American Declaration of the Rights and Duties of Man, 30.4.1948, OAS Res. XXX, OEA/Ser.L.V./II.82 doc. 6 rev. 1, S. 17.

[322] Näher dazu *Schiedermair*, Der Schutz des Privaten als internat. Grundrecht, S. 104 ff.

[323] *Buergenthal*, AJIL, 2006, 783 (794, 796).

[324] *Hobe*, Völkerrecht, S. 382 f.; näher zum Gerichtshof: *Kokott*, ZaöRV, 1984, 806 (806 ff.).

C. Die Anerkennung von Schutzpflichten in völkerrechtlichen Teilgebieten 95

Bevölkerung zu garantieren und dieser fundamentalen Angelegenheit könnten sie sich nicht entziehen. Sie müssten vielmehr alles in ihrer Macht Stehende tun, um die gewährten Rechte wirksam zu schützen.[325] Diese Schutzpflicht wird auch im Länderbericht von 1981 zur Menschenrechtssituation in Guatemala betont, in dem die Kommission ausführt, dass Staaten gewalttätige Ausschreitungen verhindern und unterdrücken müssen, unabhängig davon, ob die Gewalt von ihren Organen oder von Privatpersonen ausging.[326]

Staatliche Schutzpflichten erkannte auch der Interamerikanische Gerichtshof an. Wegweisend ist hier der Fall des studentischen Aktivisten *Velásquez Rodríguez*, der entsprechend einer in den 1980er Jahren systematischen Praxis des gewaltsamen Verschwindenlassens in Lateinamerika entführt, gefoltert und nicht mehr aufgefunden wurde. Zwar stellte das Gericht fest, dass die Rechtsverletzungen dem Staat Honduras zurechenbar waren,[327] so dass keine Schutzpflichtenkonstellation im streng dogmatischen Sinne gegeben war,[328] doch trugen seine Äußerungen wesentlich zur Schutzpflichtenentwicklung im amerikanischen Raum bei.[329] Unter Berufung auf Art. 1 Abs. 1 AMRK, wonach die Vertragsstaaten dazu verpflichtet sind, die in der Konvention anerkannten Rechte und Freiheiten zu achten (*to respect*) und allen Personen, die ihrer Hoheitsgewalt unterstehen, die freie und volle Ausübung ebendieser zu gewährleisten (*to ensure*), arbeitete der Gerichtshof nahezu lehrbuchmäßig heraus:

„Ein illegaler Akt, der ursprünglich einem Staat nicht direkt zurechenbar ist (z.B. weil es ein Akt einer Privatperson ist oder weil die verantwortliche Person nicht identifiziert worden ist), kann zur internationalen Verantwortlichkeit des Staates führen, nicht aufgrund der Handlung selbst, sondern aufgrund des *Mangels an gebührender Sorgfalt, um die Verletzung zu verhindern* oder auf sie, wie durch die Konvention gefordert, zu reagieren."[330]

Aus der Gewährleistungskomponente des Art. 1 Abs. 1 AMRK folge die Pflicht, sich so zu verhalten, dass die freie und volle Ausübung der gewährten Rechte wirksam sichergestellt ist.[331] Dazu müssten vernünftige Schritte unternommen werden, um Menschenrechtsverletzungen zu verhindern, etwaige Verletzungen

---

[325] IAMRK, Informe Anual de la Comisión Interamericana de Derechos Humanos 1975, OEA/Ser.L/V/II.37, Doc. 20 corr. 1, 28.6.1976, Parte II.

[326] IAMRK, Report on the Situation of Human Rights in the Republic of Guatemala, OEA/Ser.L/V/II.53, Doc. 21 rev. 2., 13.10.1981, Chapter II B, para. 10. Siehe dazu *Kokott*, in: Klein, The Duty to Protect and to Ensure Human Rights, S. 246 f.

[327] IAGMR, *Velásquez Rodríguez v. Honduras*, Judgment, 29.7.1988, Series C No. 4, para. 148.

[328] Zum Begriff der Schutzpflichten siehe oben, Teil 2 A. II., S. 51 ff.

[329] *Stahl*, Schutzpflichten im Völkerrecht, S. 245 f.

[330] IAGMR, *Velásquez Rodríguez v. Honduras*, Judgment, 29.7.1988, Series C No. 4, para. 172, deutsche Übersetzung in: EuGRZ 1989, 157 (171) (Hervorhebung durch Verf.).

[331] So auch schon IAGMR, *Habeas Corpus in Emergency Situations (Arts. 27(2), 25(1) and*

zu untersuchen und zu bestrafen sowie das verletzte Recht – sofern möglich – wiederherzustellen. Die Pflicht der Staaten erstrecke sich auf alle Mittel rechtlicher, politischer, administrativer und kultureller Natur, so dass die Frage, welche Maßnahme im Einzelfall zu ergreifen ist, nicht allgemeingültig beantwortet werden könne, sondern von den jeweiligen Umständen abhänge.[332]

Hinsichtlich des Verschwindens von *Velásquez Rodríguez* hielt das Gericht fest, dass selbst wenn die staatliche Verwicklung nicht nachgewiesen worden wäre, das Versagen des Staatsapparates zu handeln ein Versäumnis des Staates Honduras darstelle, seiner Gewährleistungspflicht nach Art. 1 Abs. 1 AMRK nachzukommen.[333] Letztlich nahm das Gericht eine Verletzung des Rechts auf persönliche Freiheit nach Art. 7 AMRK, des Rechts auf persönliche Integrität nach Art. 5 AMRK und des Rechts auf Leben nach Art. 4 AMRK an. Zwar seien die tatsächliche Folter und der Todeseintritt nicht mit absoluter Sicherheit feststellbar, doch verpflichten Art. 5 bzw. Art. 4 AMRK i. V. m. Art. 1 Abs. 1 AMRK den Staat auch dazu, angemessene Schritte zu unternehmen, um Situationen zu verhindern, die den geschützten Rechten ernsthaft schaden.[334]

Die im *Velásquez Rodríguez-Fall* aufgestellten Grundsätze der Schutzpflichtendogmatik im interamerikanischen Raum wurden in späteren Urteilen des IAGMR wiederholt[335] und von der Menschenrechtskommission bestätigt.[336] Obgleich die bisher ergangenen Entscheidungen im Wesentlichen die Problematik des gewaltsamen Verschwindenlassens betreffen, ist der entwickelte Schutzpflichtengedanke nicht auf diese Fallkonstellationen beschränkt. Art. 1 und Art. 2 AMRK, wonach die Vertragsstaaten zur Ergreifung aller gesetzgeberischen und sonstigen Maßnahmen verpflichtet sind, die zur Durchsetzung der Rechte und Freiheiten der Konvention erforderlich sind, zeigen vielmehr, dass sich Schutzpflichten durch Auslegung aus jedem materiellen Recht ergeben können.[337] Entsprechend

---

7(6) *American Convention on Human Rights)*, Advisory Opinion OC-8/87, 30.1.1987, Series A No. 8, para. 25.

[332] IAGMR, *Velásquez Rodríguez v. Honduras*, Judgment, 29.7.1988, Series C No. 4, para. 166 f.,173 ff.

[333] IAGMR, *Velásquez Rodríguez v. Honduras*, Judgment, 29.7.1988, Series C No. 4, para. 182.

[334] IAGMR, *Velásquez Rodríguez v. Honduras*, Judgment, 29.7.1988, Series C No. 4, para. 187 f.; zur Pflicht zum Schutz des Lebens nach Art. 4 AMRK siehe auch unten, Teil 4 B. II. 3., S. 215 f.

[335] IAGMR, *Godínez Cruz v. Honduras*, Judgment, 20.1.1989, Series C No. 5, para. 175 ff.; *Fairén-Garbi and Solís-Corrales v. Honduras*, Judgment, 15.3.1989, Series C No. 6, para. 152; *Caballero-Delgado and Santana v. Colombia*, Judgment, 8.12.1995, Series C No. 22, para. 55 f.

[336] Siehe z. B. IAKMR, *Chumbivilcas v. Perú*, Report Nr. 1/96, 1.3.1996, Case Nr. 10.5999, OEA/Ser.L./V/II.91 Doc. 7, S. 136 ff., V. 3.

[337] *Ferrer Mac-Gregor/Pelayo Möller*, Estudios Constitucionales, 2012, 141 (165); *Lavrysen*, Inter-Am. & Europ. HRJ, 2014, 94 (95). Zur Möglichkeit der Herleitung staatlicher

hielt der IAGMR in seinem Rechtsgutachten zur Meinungsäußerungsfreiheit fest, dass Art. 13 Abs. 3 AMRK, der nicht nur indirekte staatliche Beschränkungen verbietet, sondern ausdrücklich auch private, gemeinsam mit Art. 1 Abs. 1 AMRK zu lesen ist. Daraus folge die Pflicht des Staates, vor Eingriffen Privater, welche die Kommunikation und Verbreitung von Ideen und Meinungen behindern, zu schützen.[338] Darüber hinaus enthalten einige Bestimmungen der Konvention ausdrücklich normierte Schutzpflichten.[339]

Auch wenn die AMRK von großen amerikanischen Staaten wie der USA und Kanada nicht ratifiziert wurde und der Gerichtshof vergleichsweise nur wenige Fälle zu entscheiden hatte, spielt sie für die Beurteilung der Universalität des Schutzpflichtengedankens eine bedeutende Rolle.[340] Insbesondere wurden hier grundlegende Maßstäbe zur Problematik des Verschwindenlassens gesetzt, die bis heute international anerkannt sind.[341]

cc) Die Afrikanische Menschenrechtscharta

Auch aus der 1986 in Kraft getretenen und von nahezu allen Staaten der Afrikanischen Union[342] ratifizierten Afrikanischen Charta der Rechte der Menschen und der Völker (AfrChMR)[343] werden Schutzpflichten hergeleitet. Die Charta enthält neben individuellen Freiheitsrechten und sozialen Rechten auch kollektive Rechte der Völker sowie Pflichten der Individuen gegenüber der Familie, dem Staat und der Gesellschaft.[344] Eine dem Art. 1 EMRK entsprechende Gewährleistungsnorm weist sie zwar nicht auf, doch sieht ihre Präambel vor, dass die Vertragsstaaten die Charta „in der festen Überzeugung" unterzeichnet haben, zum Schutz und zur Förderung der Rechte und Freiheiten der Menschen und Völker

---

Schutzrechte aus jedem Menschenrecht siehe *Stahl*, Schutzpflichten im Völkerrecht, S. 120, 250.

[338] IAGMR, *Compulsory Membership in an Association Prescribed by Law for the Practice of Journalism (Arts. 13 and 29 American Convention on Human Rights)*, Advisory Opinion OC-5/85, 13.11.1985, Series A No. 5, para 48. Dazu auch: *Wiesbrock*, Schutz der Menschenrechte, S. 146.

[339] Siehe Art. 17 zum Anspruch der Familie auf Schutz durch Gesellschaft und Staat sowie Art. 19 zum Anspruch Minderjähriger auf die erforderlichen Schutzmaßnahmen durch Familie, Gesellschaft und Staat. Näher dazu und zu weiteren „schutzbedürftigen Gruppen": *Kokott*, in: Klein, The Duty to Protect and to Ensure Human Rights, S. 237 ff.

[340] *Buergenthal*, AJIL, 2006, 783 (797); *Stahl*, Schutzpflichten im Völkerrecht, S. 86 f.

[341] *Hobe*, Völkerrecht, S. 383.

[342] Bei der Afrikanischen Union handelt es sich um die Nachfolgeorganisation der 2002 aufgelösten Organisation der Afrikanischen Einheit.

[343] African Charter on Human and Peoples' Rights, 27.6.1981, UNTS Bd. 1520, Nr. 26363, S. 217.

[344] *Buergenthal*, AJIL, 2006, 783 (798); *Hobe*, Völkerrecht, S. 384.

verpflichtet zu sein. Darüber hinaus statuiert Art. 1 AfrChMR, dass die Vertragsstaaten die in ihr enthaltenen Rechte, Pflichten und Freiheiten anerkennen und legislative oder andere Maßnahmen zu ihrer Verwirklichung treffen. Aus dieser Norm leitete die durch die AfrChMR geschaffene Afrikanische Menschenrechtskommission (AfrMRK) im Jahre 1992 anlässlich der Mitteilung der *Commission Nationale des Droits de l'Homme et des Libertés* in Bezug auf den Tschad staatliche Schutzpflichten her. Entsprechend der Pflicht, Maßnahmen zur Verwirklichung der in der Charta gewährten Rechte zu treffen, könne das Versäumnis, die Rechte zu sichern, eine Vertragsverletzung begründen, auch wenn die eigentliche Rechtsverletzung nicht unmittelbar auf den Staat oder seine Organe zurückzuführen sei.[345] Denn:

„Even where it cannot be proved that violations were committed by government agents, the government has *the responsibility to secure the safety and the liberty of its citizens*, and to conduct investigations into murders."[346]

Obgleich der Kommission aufgrund ihrer strukturellen Schwächen „radical impotence, radical incompetence, ponderous irrelevance, and even lack of independence"[347] vorgeworfen werden, darf ihr Einfluss auf den Menschenrechtsschutz im afrikanischen Raum nicht unterschätzt werden.[348] Insbesondere kommt ihr in Bezug auf die Auslegung der AfrChMR die *res interpretata* zu, wie sie aus dem europäischen Menschenrechtssystem bekannt ist. Daraus folgt, dass Staaten jedenfalls an die Interpretation der Bestimmungen, wie sie durch die Kommission erfolgt, gebunden sind.[349] Somit sind auch den materiellen Bestimmungen der AfrChMR Schutzpflichten zu entnehmen.

Ausdrücklich normierte Schutzpflichten enthalten Art. 16 Abs. 2 AfrChMR, wonach die Vertragsparteien die notwendigen Maßnahmen ergreifen, um die Gesundheit ihres Volkes zu schützen und Art. 17 AfrChMR, der die Pflicht des Staates enthält, die Sittlichkeit und traditionellen Werte einer Gemeinschaft zu fördern. Hervorzuheben ist auch Art. 25 AfrChMR, demzufolge die Achtung der in der Charta enthaltenen Rechte und Pflichten durch Unterricht, Ausbildung und Publikationen sicherzustellen ist.

---

[345] AfrMRK, *Commission Nationale des Droits de l'Homme et des Libertés v. Chad*, Communication 74/92, 11.10.1995, 9th Annual Activity Report of the African Commission on Human and Peoples' Rights, 1995-1996, AHG/207 (XXXII), para. 20.

[346] AfrMRK, *Commission Nationale des Droits de l'Homme et des Libertés v. Chad*, Communication 74/92, 11.10.1995, 9th Annual Activity Report of the African Commission on Human and Peoples' Rights, 1995-1996, AHG/207 (XXXII), para. 22 (Hervorhebung durch Verf.).

[347] *Odinkalu*, AHRLJ, 2001, 225 (231).

[348] *Mangu*, NQHR, 2005, 379 (384). Insgesamt zu den Schwierigkeiten des afrikanischen Menschenrechtsschutzes siehe *Kunig*, in: Konrad, Internat. Menschenrechtsschutz, S. 253 f.

[349] *Ayeni*, BLR, 2019, 302 (309 f.).

6. Zwischenergebnis

Die Analyse der ausgewählten Teilbereiche verdeutlicht, dass es im Völkerrecht bisher keine allgemeingültige Schutzpflichtendogmatik gibt und dass der Begriff der Schutzpflichten hier eher in einem untechnischen Sinne genutzt wird. Eine saubere Abgrenzung zwischen Schutzpflichten i. w. S. und i. e. S., also Handlungspflichten zum Schutz der Rechtsgüter lediglich vor nichtstaatlichen Angriffen, wird nicht konsequent vorgenommen. Vielmehr wird mit dem Begriff der Schutzpflichten die grundsätzliche Pflicht des Staates zur Gefahrenabwehr umschrieben.

Gleichzeitig wird erkenntlich, dass sich das Konzept staatlicher Handlungspflichten zum Schutz bestimmter Rechtsgüter, auch vor Übergriffen seitens Dritter, im Völkerrecht durchgesetzt hat.[350] Neben der sich vorwiegend aus dem allgemeinen Schädigungsverbot ergebenden Pflicht zum Schutz der Rechte anderer Staaten ist insbesondere auch die grundsätzliche Pflicht zum Schutz der Individuen auf staatlichem Hoheitsgebiet anerkannt. Kern dieser Pflicht ist der Gedanke der Verantwortlichkeit des Staates für den Schutz des Menschen als solchen. Dieser ist nicht nur *vor* dem Staat zu schützen, sondern auch *durch* den Staat. Der Staat wird somit einerseits als Gefahr für die Menschenrechte erkannt, andererseits aber auch als Garant für die Gewährleistung und den Schutz ebendieser. Dieser Schutzgedanke, der sich insbesondere nach den Erfahrungen des Zweiten Weltkrieges etablierte, durchzieht mittlerweile alle völkerrechtlichen Teilgebiete.[351] So beruhen die Regelungen des humanitären Völkerrechts, welches insbesondere dem Schutz ziviler bzw. unbeteiligter Personen vor den Auswirkungen bewaffneter Konflikte gewidmet ist, maßgeblich auf dem Gedanken der Menschlichkeit. Der Schutzgedanke manifestierte sich ferner bereits im Fremdenrecht, welches dem Einzelnen nach und nach einen gewissen Mindeststandard an Rechten gebilligt und den Staat zum Schutz ebendieser verpflichtet hat. Auch die über die IIAs eingeräumten materiellen Schutzrechte im internationalen Investitionsrecht dienen dem persönlichen Schutz der Investierenden selbst. Zwar werden auf völkerrechtlicher Ebene etwaige Ansprüche Privater durch den Heimatstaat im Wege des diplomatischen Schutzes geltend gemacht, doch gilt der Ansatz, dass der Staat in dem Fall eine eigene Rechtsverletzung geltend macht, mittlerweile als überholt.[352] Vielmehr ist heute anerkannt, dass der Staat in Prozessstandschaft tritt und eigene Rechte des Individuums geltend macht.[353] Selbst

---

[350] *Seibert-Fohr*, ZaöRV, 2013, 37 (59 f.).
[351] *Hobe*, Völkerrecht, S. 354.
[352] So noch: StIGH, *The Mavrommatis Palestine Concessions*, Judgment, 30.8.1924, Series A No. 2, p. 12.
[353] Siehe IGH, *LaGrand (Germany v. United States of America)*, Judgment, 27.6.2001,

das vorwiegend auf den Staatsschutz konzentrierte Diplomaten- und Konsularrecht enthält – wie die Pflicht zum Schutz vor Angriffen auf die physische Integrität zeigt – Bestimmungen zum Schutz der dahinterstehenden Person des Diplomaten bzw. Konsularbeamten.

Am deutlichsten zeigt sich die Schutzpflichtenentwicklung allerdings im Bereich der Menschenrechte.[354] Diese begründen als subjektive Rechte die Forderung an die öffentliche Gewalt, Rechtsbeeinträchtigungen zu unterlassen (*status negativus*) sowie die Pflicht des Staates, die Rechtsausübung zu gewährleisten, sich also schützend vor ebendiese zu stellen (*status positivus*) und somit den Menschen als Rechtssubjekt anzuerkennen (*status subjectivus*).[355] Pflichten zum Schutz der Menschenrechte vor Beeinträchtigungen sind mittlerweile auf universeller und regionaler Ebene anerkannt. Zwar herrscht eine gewisse Uneinigkeit hinsichtlich ihres Begründungsansatzes,[356] doch kann an ihrem grundsätzlichen Bestehen nicht gezweifelt werden. Insbesondere ist die Schutzpflicht nicht auf bestimmte Menschenrechte beschränkt, sondern kann sich durch Auslegung aus jedem nicht ausschließlich staatsbezogenen Menschenrecht ergeben.[357]

Die Betrachtung der Teilgebiete verdeutlicht, dass das Völkerrecht der Herleitung von Schutzpflichten auf den verschiedensten Gebieten nicht entgegensteht, sondern diese vielmehr gebietet. Dabei erweist es sich als besonders entwicklungsoffen. Die Ausweitung der Schutzpflichten im Völkerrecht lässt den Schluss auf eine Wandlung des Souveränitätsbegriffs zu, welchem eine Verantwortungskomponente nicht mehr abzusprechen ist.[358] Auf diese soll im Folgenden eingegangen werden.

I.C.J. Rep. 2001, p. 446, para. 77, wo das Gericht aus Art. 36 Abs. 1 lit. b) WÜK individuelle Rechte der festgenommenen Person herleitet und dessen Bestätigung in IGH, *Avena and other Mexican Nationals (Mexico v. United States of America)*, Judgment, 31.3.2004, I.C.J. Rep. 2004, p. 12, para. 40. Dazu: *Ollers-Frahm*, EuGRZ, 2001, 265 (267 f.). In diesem Sinne wohl auch: IGH, *Ahmadou Sadio Diallo (Republic of Guinea v. Democratic Republic of Congo)*, Judgment, Compensation, 16.6.2010, I.C.J. Rep. 2012, p. 324, para. 57.

[354] *Nettesheim*, JZ, 2002, 569 (571 f.); *von Bogdandy*, in: Isensee/Kirchhof, HdbStR Bd. XI, § 232, Rn. 42.

[355] *Jellinek*, System der subjektiven öffentl. Rechte, S. 86 f.; *Kirste*, in: Isensee/Kirchhof, HdbStR Bd. X, § 2. Zur Pflichtentrias, die Menschenrechte zu achten, zu schützen und zu erfüllen: *Fremuth*, Menschenrechte, S. 18.

[356] Zu den verschiedenen Begründungsansätzen siehe *Stahl*, Schutzpflichten im Völkerrecht, S. 96 ff.; speziell zur EMRK: *Streuer*, Positive Verpflichtungen, S. 198 ff., 219 ff.

[357] *Stahl*, Schutzpflichten im Völkerrecht, S. 120.

[358] *Seibert-Fohr*, ZaöRV, 2013, 37 (60).

D. Die Souveränität als Verantwortung – Rechtsgrund staatlicher Schutzpflichten

Bisher wurde dargelegt, dass die Pflicht zur Sperrung des Luftraums über Konfliktzonen als Schutzpflicht einzuordnen ist und dass die Souveränität der Staaten der Herleitung derartiger Pflichten nicht entgegensteht. Wurde die Souveränität ursprünglich als ausschließliche Herrschaftsmacht nach innen und außen, also abwehrrechtlich verstanden, zeigt die Analyse der Schutzpflichten in völkerrechtlichen Teilgebieten, dass sie heute um einen positiven Gehalt angereichert ist. Das Völkerrecht legt den Staaten *de lege lata* weitreichende Schutzpflichten auf und steht der Herleitung neuer Schutzpflichten offen gegenüber. Die Tendenz zur Herausbildung staatlicher Handlungspflichten zum Schutz bestimmter Rechtsgüter reflektiert und bekräftigt die seit dem 20. Jahrhundert zu beobachtende Stärkung der Position des Einzelnen im Völkerrecht.[359] Ob insofern von einem Strukturwandel des Völkerrechts[360] gesprochen werden kann, in welchem nicht mehr primär die Staaten, sondern die Individuen als Rechtsträger anzusehen sind,[361] kann für die Zwecke der Bearbeitung offenbleiben. Es ist nämlich jedenfalls zu konstatieren, dass das Völkerrecht heute zumindest auch im Dienste des „Gemeinwohls der internationalen Gemeinschaft [steht], zu dessen zentralem Inhalt wiederum der Schutz der grundlegenden Rechte des einzelnen Menschen geworden ist."[362] Schon 1995 hielt der JStGH in seiner Entscheidung über die Rechtsprechungszuständigkeit im Fall *Tadić* fest: „A State-sovereignty-oriented approach has been gradually supplanted by a human-being-oriented approach."[363] Insofern kann das Völkerrecht heute durchaus als „Weltrecht"[364] oder „Recht der Weltbevölkerung"[365] bezeichnet werden.

Diese Entwicklung, die eine „Öffnung des Souveränitätspanzers"[366] bedeutet, stellt die staatliche Souveränität an sich nicht in Frage. Ausgehend von den erar-

---

[359] Ausführlich zur Rechtsstellung des Individuums im Völkerrecht siehe *Peters*, Jenseits der Menschenrechte; siehe auch *Seidel*, AVR, 2000, 23 (32 ff.).

[360] *Delbrück*, SZIER, 2001, 1 (1 f.). Dazu schon: *Scheuner*, ZaöRV, 1950/51, 556 (556, 607 f.).

[361] So etwa *Domingo*, Global Law, S. 124 ff.; *Nijman*, Internat. Legal Personality, S. 473.

[362] *Fassbender/Siehr*, in: dies., Suprastaatliche Konstitutionalisierung, S. 5; näher zum Schutz der Menschenrechte als zentralem Inhalt des völkerrechtlichen Gemeinwohls: *Fassbender*, EuGRZ, 2003, 1 (11 ff.).

[363] JStGH, *Tadić*, 2.10.1995, para. 97; ähnlich: *Tomuschat*, RdC, 1999, 9 (237).

[364] Zum Paradigmenwechsel vom Völkerrecht zum Weltrecht siehe *Emmerich-Fritsche*, Vom Völkerrecht zum Weltrecht, S. 1047 f.

[365] *Kunig*, AVR, 2003, 327 (327, 335).

[366] *Von Arnauld*, Völkerrecht, Rn. 311. Zu den Durchbrechungen und Einschränkungen der Souveränität auch schon: *Scheuner*, ZaöRV, 1950/51, 556 (565).

beiteten Schutzpflichten ist aber – angelehnt an die induktive Methode –[367] eine allgemeine Regel zu identifizieren, wonach der Souveränität heute eine Verantwortungskomponente immanent ist. Dies zeigt sich insbesondere an der Pflicht des Staates zum Schutz der physischen Integrität der sich auf seinem Hoheitsgebiet befindlichen Personen, welche mittlerweile alle Bereiche des Völkerrechts durchzieht. Wie am Beispiel des Fremdenrechts, des Investitionsrechts, des Diplomaten- und Konsularrechts, des humanitären Völkerrechts sowie insbesondere der Menschenrechte aufgezeigt,[368] beruht diese Pflicht auf dem Gedanken der Verantwortlichkeit des Staates für den Menschen als solchen, welche als Korrelat seiner Territorialhoheit anzusehen ist.[369] Die zunächst als rein interne Angelegenheit der Staaten begriffenen Menschenrechte (*domaine réservé*), wurden im Zuge der Verrechtlichung und Institutionalisierung des 20. Jahrhunderts zu einem gemeinsamen, überstaatlichen Interesse erhoben.[370] Auch wenn ihre *weltweite* praktische Umsetzung – wie etwa am Beispiel von Russland und China ersichtlich wird – nach wie vor nicht sichergestellt ist, so bestehen jedenfalls vertragliche Pflichten zur Gewähr und zum Schutz der Menschenrechte. Zudem untersteht die Einhaltung der menschenrechtlichen Verpflichtungen einer gewissen internationalen Aufsicht, etwa durch den EGMR, den AGMR, die internationalen Strafgerichte oder die Ausschüsse einzelner Konventionen.[371] Somit erfährt das unmittelbar aus der souveränen Gleichheit fließende Interventionsverbot des Art. 2 Ziff. 7 VN-Charta, wonach sich kein Staat in die inneren Angelegenheiten eines anderen Staates einmischen darf, im Bereich der Menschenrechte wesentliche Einschränkungen.[372]

Die Pflicht zur Achtung der Menschenrechte erkennend, prophezeite *Bluntschli* schon 1878, dass es nicht unmöglich sei, „dass in der Zukunft das Völkerrecht etwas weniger ängstlich sein und in manchen Fällen sich für berechtigt halten werde, zum Schutze gewisser Menschenrechte einzuschreiten, wenn dieselben von einer Staatsgewalt selbst unterdrückt werden."[373] Diese Entwicklung ist heute so weit fortgeschritten, dass zum Schutz vor gravierenden Menschenrechtsverletzungen unter dem Stichwort der *Responsibility to Protect* (R2P) das

---

[367] Zu den Methoden der Induktion und Deduktion siehe *von Arnauld*, Völkerrecht, Rn. 300 ff.

[368] Siehe oben, Teil 2 C. II., S. 74 ff.

[369] So schon *Huber* in *Affaire des biens britanniques au Maroc espagnol (Espagne c. Royaume-Uni)*, 1.5.1925, RIAA, Vol. II, p. 615, 641: „La responsabilité est le corollaire nécessaire du droit."

[370] *Lillich*, in: FS-Bernhardt, S. 456 ff.; *Oeter*, in: FS-Steinberger, S. 284; *Seidel*, AVR, 2000, 23 (31 f.).

[371] *Nettesheim*, JZ, 2002, 569 (574); *Schreuer*, EJIL, 1993, 447 (465).

[372] *Nußberger*, in: Isensee/Kirchhof, HdbStR Bd. X, § 209, Rn. 1 m.w.N.

[373] *Bluntschli*, Das moderne Völkerrecht, S. 20. Dazu: *Hobe*, AVR, 1993, 367 (371 f.).

Recht bzw. sogar die Pflicht der Staatengemeinschaft zur humanitären Intervention diskutiert wird.[374]

I. Die Responsibility to Protect

Das Konzept der R2P geht auf Bemühungen des damaligen VN-Generalsekretärs *Kofi Annan* zurück, der im Kontext der Bürgerkriegsverbrechen in Ruanda und im Kosovo in den 1990er Jahren und des Eindrucks der Ineffizienz des VN-Systems diesen gegenüber, zu einem Umdenken staatlicher Souveränität aufforderte.[375] Auf Initiative Kanadas wurde daraufhin eine internationale Studienkommission (*International Commission on Intervention and State Sovereignty*, ICISS) geschaffen, die sich mit dem Konflikt zwischen humanitärer Intervention und dem Prinzip der Souveränität sowie dem daraus fließenden Interventions- und Gewaltverbot befasste. In ihrem 2001 vorgelegten Bericht *The Responsibility to Protect* stellte die ICISS das Konzept einer Schutzverantwortung auf, dessen Gehalt und rechtliche Bedeutung bis heute Gegenstand von Diskussionen sind.

1. Die Responsibility to Protect nach dem ICISS Bericht

Das von der ICISS verabschiedete Konzept der Schutzverantwortung versucht einen schonenden Ausgleich zwischen der Souveränität und dem Schutz der Menschenrechte herzustellen. Es beruht im Kern auf dem Gedanken, dass die Souveränität nicht bloß abwehrrechtlich im Sinne von Herrschaftsmacht zu verstehen ist, sondern dass ihr die Verantwortung eines jeden Staates für den Schutz der Personen auf seinem Hoheitsgebiet immanent ist. Insofern habe eine „Re-Charakterisierung" von der Souveränität als Kontrolle (*Sovereignty as Control*) hin zur Souveränität als Verantwortung (*Sovereignty as Responsibility*) stattgefunden.[376] Die Schutzverantwortung obliege primär den jeweiligen Staaten. Sei ein Staat aber nicht willens oder nicht in der Lage, seiner Schutzverantwortung nachzukommen, greife – subsidiär – die Verantwortung der Staatengemeinschaft. In diesem Fall weiche also das Interventionsverbot der internationalen Schutzverantwortung.[377]

---

[374] Siehe dazu *Verlage*, Responsibility to Protect, S. 33 ff., 185 ff.
[375] Siehe Annans Rede vom 20.9.199 anlässlich der Vorstellung seines Jahresberichts, abrufbar unter: https://www.un.org/press/en/1999/19990920.sgsm7136.html [zuletzt aufgerufen am 26.1.2023]; UNGA, We the Peoples: The Role of the United Nations in the 21th Century, Report of the Secretary-General, A/54/2000, 27.3.2000, Rn. 217.
[376] ICISS, The Responsibility to Protect, S. 13, Rn. 2.14. Zur Souveränität als Verantwortung siehe auch schon: *Deng et al.*, Sovereignty as Responsibility.
[377] Zum Ganzen: ICISS, The Responsibility to Protect, S. VIII, XI, 17, Rn. 2.31, 19, Rn. 3.2.

Zwar betrifft die sog. R2P letztlich die Legitimation humanitärer Intervention, doch ist sie hierauf nicht beschränkt. Vielmehr setzt sie sich mit der *Responsibility to Prevent*, der *Responsiblity to React* und der *Responsibility to Rebuild* aus drei Komponenten zusammen, die einen allumfassenden und ganzheitlichen Ansatz verfolgen.[378] Es geht nicht lediglich um die Reaktion durch Zwangsmaßnahmen, sondern vor allem um Prävention und Nachsorge. Die größte Bedeutung soll dabei der Verantwortung zur Krisenprävention zukommen, welche darauf gerichtet ist, ggf. mit Unterstützung der Staatengemeinschaft, Konflikte durch frühzeitige Erkennung und Bekämpfung der Ursachen möglichst zu vermeiden.[379] Erst wenn präventive Maßnahmen gescheitert sind, greift die *Responsibility to React*, also die Verantwortung, auf die humanitäre Notlage zu reagieren. Auch hier obliegt die Schutzverantwortung zunächst den jeweiligen Staaten selbst und geht nur im Falle ihres Versagens auf die Gemeinschaft über. Im äußersten Notfall kann die Schutzverantwortung dabei das Ergreifen militärischer Maßnahmen erfordern.[380] Schon die Terminologie (*Schutzverantwortung* statt *humanitäre Intervention*) belegt allerdings einen Perspektivwechsel.[381] Dem ICISS zufolge hebe die Bezeichnung als Schutzverantwortung hervor, dass es nicht darum gehe, das Recht der intervenierenden Staaten zu regeln, sondern darum, den Fokus auf den Schutz der von der humanitären Notlage betroffenen Personen zu legen.[382] Sowohl das Intervenieren des Staates selbst als auch das der Staatengemeinschaft muss somit stets mit Blick auf die Verantwortung für die Sicherheit der betroffenen Personen erfolgen.

2. Die nachfolgenden Entwicklungen der Responsibility to Protect

Das Konzept der Schutzverantwortung wurde in der Folgezeit vom *High Level Panel on Threats, Challenges and Change*, einer vom VN-Generalsekretär zur Herausarbeitung von Reformvorschlägen eingesetzten Expertenkommission, aufgegriffen. In ihrem im Jahre 2004 verabschiedeten Bericht *A More Secure*

---

[378] *Hilpold*, SZIER, 2011, 231 (234 f.); *Rausch*, Responsibility to Protect, S. 4; *Stahn*, AJIL, 2007, 99 (103).

[379] ICISS, The Responsibility to Protect, S. XI: „Prevention is the single most important dimension of the responsibility to protect [...]." Eingehend zur Responsibility to Prevent: ICISS, The Responsibility to Protect, S. 35 ff.; dazu auch *Rausch*, Responsibility to Protect, S. 15 ff.; *Rosenberg*, GR2P, 2009, 442 (443): „The Responsibility to Protect (R2P) is a doctrine of prevention."

[380] ICISS, The Responsibility to Protect, S. 19, Rn. 3.4, 29, Rn. 4.1; zu den sechs Kriterien für die militärische Intervention siehe ICISS, The Responsibility to Protect, S. 31 ff.

[381] Zu diesem „rhetorischen Trick" siehe *Stahn*, AJIL, 2007, 99 (102).

[382] ICISS, The Responsibility to Protect, S. 16 ff.

D. Die Souveränität als Verantwortung – Rechtsgrund staatlicher Schutzpflichten 105

World: Our Shared Responsibility erkennt diese zunächst die Primärverantwortung der Staaten an:

„Whatever perceptions may have prevailed when the Westphalian system first gave rise to the notion of State sovereignty, today it clearly carries with it the obligation of a State to protect the welfare of its own peoples and meet its obligations to the wider international community."[383]

Während die primäre Verantwortung für den Schutz der Bevölkerung bei den souveränen Staaten selbst liege, gäbe es eine *growing accpetance*, dass diese im Falle des Unwillens oder der Unfähigkeit eines Staates auf die Staatengemeinschaft übergehe. Die als *emerging norm* bezeichnete internationale Verantwortung zum Schutz vor Völkermord, sonstigen Massentötungen, ethnischen Säuberungen und schwerwiegenden Verletzungen des humanitären Völkerrechts, wird vom Panel ausdrücklich unterstützt.[384]

Nachdem *Kofi Annan* die Ergebnisse des Panels in seinem Bericht *In larger freedom: towards development, security and human rights for all* ausdrücklich bestätigte,[385] fand die Schutzverantwortung im September 2005 Eingang in das Abschlussdokument des VN-Weltgipfels. Unter Randnummer 138 der von der Generalversammlung angenommenen Resolution heißt es dazu:

„Jeder einzelne Staat hat die Verantwortung für den Schutz seiner Bevölkerung vor Völkermord, Kriegsverbrechen, ethnischer Säuberung und Verbrechen gegen die Menschlichkeit. Zu dieser Verantwortung gehört es, solche Verbrechen, einschließlich der Anstiftung dazu, mittels angemessener und notwendiger Maßnahmen zu verhüten. Wir akzeptieren diese Verantwortung und werden im Einklang damit handeln."[386]

In Randnummer 139 wird sodann – sehr viel vorsichtiger formuliert – die Pflicht der internationalen Gemeinschaft festgehalten, durch geeignete friedliche Mittel beim Schutz der Bevölkerung behilflich zu sein. Sollten sich diese als unzureichend erweisen und die nationalen Behörden offenkundig dabei versagen, ihre Bevölkerung vor den genannten Verbrechen zu schützen, sei die Gemeinschaft im Einzelfall auch dazu bereit, kollektive Maßnahmen nach Kapitel VII VN-Charta zu ergreifen.[387]

Die Aufnahme in das Abschlussdokument belegt die grundsätzliche Anerkennung der R2P durch die Staatengemeinschaft. Zwar konnte sich nur auf eine ab-

---

[383] UNGA, A more secure world: our shared responsibility, Report of the High-level panel on Threats, Challenges and Change, A/59/565, 2.12.2004 (nachfolgend: UNGA, HLP-Report, A/59/565), Rn. 29.

[384] UNGA, HLP-Report, A/59/565, Rn. 201, 203.

[385] UNGA, In larger freedom: towards development, security and human rights for all, Report of the Secretary-General, A/59/2005, 21.3.2005, Rn. 135.

[386] UNGA Res. 60/1, 2005 World Summit Outcome, A/RES/60/1, 24.10.2005, Rn. 138.

[387] Zur Entstehungsgeschichte des Abschlussdokuments siehe *Strauss*, in: Bellamy/Davies/Glanville, Responsibility to Protect and Internat. Law, S. 27 ff.

geschwächte Form der R2P geeinigt werden,[388] doch ist schon der Konsens in Bezug auf die wesentlichen Grundzüge der Schutzverantwortung als bemerkenswerter Erfolg anzuerkennen, bezeugt er doch das Anerkenntnis der Staaten, dass die Souveränität durch die Verantwortung zum Schutz der Menschen begrenzt wird.[389] Insbesondere ist im Abschlussdokument die Verantwortung der jeweiligen Einzelstaaten für den Schutz ihrer Bevölkerung in deutlichen Worten proklamiert worden. Die Staatengemeinschaft akzeptiert diese Verantwortung ausdrücklich und wird im Einklang mit ihr handeln.[390] Die entsprechenden Passagen des Weltgipfeldokuments wurden seither in mehreren Resolutionen des VN-Sicherheitsrats „bekräftigt".[391] Ferner tragen das 2008 geschaffene Amt des VN-Sonderberaters für die Schutzverantwortung sowie die seit 2009 jährlich veröffentlichten Berichte des VN-Generalsekretärs zur R2P wesentlich zur ihrer Etablierung bei.

II. Bedeutung für die Bearbeitung

Die Schutzverantwortung ist mittlerweile fester Bestandteil des VN-Tätigkeitskreises. Zwar sind ihre genauen inhaltlichen Umrisse sowie ihre rechtliche Bindungswirkung bis heute nicht mit Sicherheit geklärt,[392] doch beziehen sich die Unsicherheiten und Kritikpunkte lediglich auf die zweite Stufe des Konzepts, namentlich der subsidiären bzw. komplementären Verantwortung der Staatengemeinschaft.[393] Hinsichtlich der ersten Stufe, der Primärverantwortung der Staaten, gibt das Konzept der R2P im Wesentlichen wieder, was völkerrechtlich bereits anerkannt ist.[394] Der Primärverantwortung liegt der Gedanke eines wertgebundenen Souveränitätsverständnisses zugrunde, wonach die staatliche

---

[388] *Kreuter-Kirchhof*, AVR, 2010, 338 (347); *Stahn*, AJIL, 2007, 99 (109 f.). Die R2P ist nunmehr auf vier Tatbestände beschränkt, siehe *Luck*, VN, 2008, 51 (56). Näher zu den Abschwächungen *Welsh*, in: Goold/Lazarus, Security and Human Rights, S. 377 ff.

[389] *Stahn*, AJIL, 2007, 99 (100 f.).

[390] *Luck*, VN, 2008, 51 (52), sieht hierin eine „außergewöhnlich[e] politisch[e] Verpflichtung".

[391] Siehe z.B UNSC Res. 1674 (2006) vom 28.4.2006, S/Res/1674 (2006), Ziff. 4; Res. 1706 (2006) vom 31.8.2006, S/RES/1706 (2006), Präambel; Res. 1894 (2009) vom 11.11.2009, S/RES/Res/1894 (2009), Präambel.

[392] *Werkner*, in: dies./Marauhn, Internat. Schutzverantwortung, S. 10.

[393] Siehe zur Kritik ferner die Beiträge in *Cunliffe*, Critical Perspectives on the Responsibility to Protect.

[394] Siehe *Boisson de Chazournes/Condorelli*, RGDIP, 2006, 11 (13 ff.); *Rosenberg*, GR2P, 2009, 442 (471) und *Stahn*, AJIL, 2007, 99 (110 ff.), demzufolge dieser Teil der R2P als alter Wein in neuen Schläuchen anzusehen ist.

Schutzverantwortung integraler Bestandteil staatlicher Souveränität ist.[395] Dieser Gedanke ist dem Völkerrecht nicht neu. Wie dargelegt ist die Pflicht zur Gewährleistung von Schutz und Sicherheit schon seit jeher als primärer Staatszweck, gleichsam als *raison d'être* von Staatlichkeit, anerkannt und geht rechtshistorisch weit zurück.[396] Insofern reflektiert die R2P die – auf *Hobbes* zurückgehende – treuhänderische Konzeption der Souveränität, nach der diese dem Staat nur unter der Bedingung verliehen wird, dass er seiner Pflicht zum Schutz seiner Untertanen gerecht wird.[397] Gewissermaßen kann die R2P in dieser Hinsicht sogar als Rückschritt gesehen werden, da sie die Schutzverantwortung der Staaten auf vier Fälle massiver Menschenrechtsverletzungen begrenzt.[398] Wie bereits erörtert, lassen sich staatliche Schutzpflichten aber aus allen, nicht allein staatsbezogenen, Menschenrechten herleiten. Die Begrenzung der R2P ist jedoch mit Blick auf die zweite Stufe, der subsidiären Verantwortung der Staatengemeinschaft, zu sehen. Völkerrechtlich anerkannte Schutzpflichten sollen durch das Konzept nicht verkürzt werden. Vielmehr soll die Verpflichtung der Staaten zum Schutz der Bevölkerung durch die R2P konzeptualisiert und somit verstärkt werden. Insgesamt reflektiert das Konzept der Schutzverantwortung eine gemeinsamen Wertgrundlage,[399] wonach staatliche Schutzpflichten keinen Widerspruch zur Souveränität, sondern vielmehr einen Ausdruck ebendieser darstellen. Aus diesem übergreifenden Prinzip der souveränen Verantwortung lassen sich im Einzelfall – im Wege der Deduktion – konkrete Schutzpflichten ableiten.

E. Zwischenergebnis

Die zu untersuchende Sperrpflicht ist als staatliche Handlungspflicht zum Schutze individueller Rechte und Rechtsgüter vor den Gefahren des Überflugs von Konfliktzonen und somit als Schutzpflicht in einem nicht streng dogmatischen Sinne zu qualifizieren. Die Idee staatlicher Schutzpflichten als Kehrseite der Hoheitsgewalt ist rechtshistorisch tief verwurzelt und hat völkerrechtlich breite Anerkennung gefunden. Entsprechend dem allgemeinen Schädigungsverbot ist je-

---

[395] *Fröhlich*, in: Varwick/Zimmermann, Die Reform der VN, S. 170; *Kreuter-Kirchhof*, AVR, 2010, 338 (375).
[396] Dazu *Hobe*, in: Mendes de Leon/Buissing, Evolution of Aerial Sovereignty, S. 36 f.; siehe auch *Ress*, in: Klein, The Duty to Protect and to Ensure Human Rights, S. 168: „The State by its very *raison d'être* is obliged to prevent *dangers* (the most important ‚Staatszweck') to preserve *security* (police, military) and a certain *social welfare*."
[397] *Von Arnauld*, Völkerrecht, Rn. 317.
[398] *Tomuschat*, in: FS-Klein, S. 928.
[399] *Kreuter-Kirchhof*, AVR, 2010, 338 (374).

der Staat zum Schutz des Integritätsinteresses anderer Staaten verpflichtet. Darüber hinaus wurde anhand der erörterten völkerrechtlichen Teilbereiche dargelegt, dass mit der Territorialhoheit die Pflicht zum Schutz der Personen einhergeht, die sich auf staatlichem Hoheitsgebiet befinden. Dieser Schutz ist im Einzelfall durch konkrete Maßnahmen sicherzustellen.

Waren Schutzpflichten in der Ära des klassischen Völkerrechts mit dem damaligen Verständnis von Souveränität als ausschließlicher Herrschaftsmacht nur schwerlich vereinbar, führte das Bedürfnis nach internationaler Zusammenarbeit im Zeitalter des modernen Völkerrechts zu einer Verdichtung von internationalen Verpflichtungen und somit zu einer stetigen Aufweichung des „Souveränitätspanzers"[400]. Insbesondere rückte der Mensch infolge der rasanten Entwicklung des Menschenrechtsschutzes nach dem Zweiten Weltkrieg immer mehr ins Zentrum der Völkerrechtsordnung. In Anerkennung des gemeinsamen Interesses an der Sicherstellung des Menschenrechtsschutzes wird unter der *Responsibility to Protect* sogar eine Pflicht zur humanitären Intervention diskutiert. Diese Entwicklung belegt eine Wandlung des Souveränitätsverständnisses von der *Souveränität als Herrschaftsmacht* hin zur *Souveränität als Verantwortung*. Die Verantwortungskomponente der Souveränität ist die Grundlage aller staatlichen Schutzpflichten. Auch die Pflicht zur Sperrung des Luftraums über Konfliktzonen stellt – wie darzulegen sein wird – einen Ausdruck ebendieses Souveränitätsverständnisses dar.

---

[400] *Von Arnauld*, Völkerrecht, Rn. 311.

Teil 3

Konkretisierung der allgemeinen Schutzverantwortung: Die Herleitung der Pflicht zur Sperrung des Luftraums über Konfliktzonen aus dem internationalen Luftrecht

Nachdem in Teil 2 dargelegt wurde, dass aus der Souveränität die Verantwortung eines jeden Staates zum Schutz der Personen auf seinem Hoheitsgebiet fließt, wird im Folgenden aufgezeigt, dass sich dieses allgemeine Prinzip auf eine völkerrechtliche Pflicht zur Sperrung des Luftraums über Konfliktzonen konkretisieren lässt. In Anlehnung an die in Art. 38 Abs. 1 IGH-Statut aufgezählten Rechtsquellen des Völkerrechts kann sich die Sperrpflicht aus internationalen Übereinkünften, dem internationalen Gewohnheitsrecht sowie aus allgemeinen Rechtsgrundsätzen ergeben. Nachstehend wird geprüft, ob sich die Sperrpflicht bereits aus dem Luftrecht herleiten lässt. Nach der klassischen Definition von *Alex Meyer* fällt darunter

„die Gesamtheit der rechtlichen Sondernormen [...], welche sich auf die Benutzung des mit Luftschichten angefüllten Raumgebietes oberhalb der Erdoberfläche durch Geräte beziehen, die sich kraft der Eigenschaften der Luft im Luftraum halten können und deren Unterstellung unter die Sondernormen des Luftrechts nach vernünftiger Verkehrsanschauung geboten erscheint."[1]

Im Sinne dieses weiten Verständnisses umfasst es also sämtliche Normen, die auf die Luftfahrt bezogen sind.[2] Unterschieden wird dabei zwischen den Regelungsgegenständen des öffentlichen und des privaten Luftrechts. Darüber hinaus gibt es mit dem internationalen, dem europäischen und dem nationalen Luftrecht auch verschiedene Regelungsebenen.[3]

Die Frage nach einer Pflicht der Staaten, ihren Luftraum über Konfliktzonen zu sperren, bedarf einer grenzüberschreitenden, zwischenstaatlichen Lösung. Im Rahmen dieser Bearbeitung wird somit vor allem das internationale *öffentliche*

---

[1] *Meyer*, Luftrecht, S. 61.
[2] *Brinkhoff/Windhorn*, in: Hobe/von Ruckteschell, Kölner Kompendium, Bd. 1, Einführung, Rn. 3 f.; ähnlich *Schladebach*, Luftrecht, S. 7.
[3] *Brinkhoff/Windhorn*, in: Hobe/von Ruckteschell, Kölner Kompendium, Bd. 1, Einführung, Rn. 3 f.

Luftrecht betrachtet. Dieses beruht vorwiegend auf völkerrechtlichen Verträgen[4] und stellt einen besonderen Teil des Völkerrechts dar.[5]

A. Das Chicagoer System

Maßgeblich für das internationale öffentliche Luftrecht ist das Zusammenspiel des Chicagoer Abkommens von 1944 mit seinen Annexen. Auch die zwei Zusatzvereinbarungen – das Transit-[6] und das Transportabkommen[7] – sowie zwischenstaatliche Luftverkehrsabkommen, die in Folge des Chicagoer Systems geschlossen wurden, werden als Rechtsquellen einer möglichen Sperrpflicht zu betrachten sein. Darüber hinaus werden im Rahmen der Bearbeitung auch sonstige Dokumente der durch das Chicagoer Abkommen geschaffenen ICAO herangezogen. Obgleich diesen keine rechtsbindende Wirkung zukommt, dienen sie als Rechtserkenntnisquellen im Sinne des Art. 38 Abs. 1 lit. d) IGH-Statut.

I. Das Chicagoer Abkommen von 1944

Das am 7. Dezember 1944 von 52 Staaten unterzeichnete Chicagoer Abkommen ist heute in 193 Staaten, also nahezu weltweit, in Kraft und beansprucht somit universelle Geltung.[8] Seine Regelungen weisen einen zwingenden Charakter auf. Das ergibt sich nicht nur aus Art. 82 CA, der eine Pflicht zur Aufhebung und Vermeidung entgegenstehender Übereinkommen vorsieht, sondern auch aus der Tatsache, dass das Abkommen keine Vorbehalte erlaubt.[9] Mit dem Chicagoer Abkommen wurden das Pariser Abkommen von 1919[10] – das erste multilaterale Abkommen auf dem Gebiet des internationalen Luftrechts –[11] und das Pan-Ame-

---

[4] *Mendes de Leon*, Air Law, S. 4 f.; zur geringeren Bedeutung des Gewohnheitsrechts im internationalen öffentlichen Luftrecht: *Havel/Sanchez*, Internat. Aviation Law, S. 18.

[5] *Bentzien*, in: FS-Böckstiegel, S. 24; *Cheng*, in: Bernhardt, EPIL I, Air Law, S. 66; *Havel/Sanchez*, Internat. Aviation Law, S. 11; zur rechtstheoretischen Frage der Autonomie des Luftrechts siehe *Haanappel*, Air Space and Outer Space, S. XIII ff.

[6] Vereinbarung über den Durchflug im Internationalen Fluglinienverkehr (Transitvereinbarung) vom 7.12.1944, BGBl. 1956 II, S. 442.

[7] Vereinbarung über die internationale Luftbeförderung (Transportabkommen) vom 7.12.1944, UNTS Bd. 171, Nr. 502, S. 387.

[8] Zum aktuellen Mitgliederstand siehe https://www.icao.int/MemberStates/Member%20States.English.pdf [zuletzt aufgerufen am 26.1.2023]; dazu *Doehring*, Völkerrecht, Rn. 552; *Milde*, Internat. Air Law, S. 19.

[9] *Milde*, Internat. Air Law, S. 20.

[10] Convention Relation to the Regulation of Aerial Navigation, signed at Paris, October 13, 1919, LNTS Vol. 11, p. 173.

[11] *Milde*, Internat. Air Law, S. 10; zur historischen Entwicklung des Luftrechts bis 1944

rikanische Abkommen von Havanna aus dem Jahre 1928[12] aufgehoben.[13] Inhaltlich gehen die Regelungen aber, wie verschiedentlich aufzuzeigen sein wird, auf ebendiese zurück.[14] Zur Auslegung ist auf das Wiener Übereinkommen von 1969 über das Recht der Verträge (WVK) zurückzugreifen.[15] Zwar ist dieses erst nach dem Chicagoer Abkommen in Kraft getreten, doch gibt es – insbesondere im Bereich der Auslegung – feststehendes Völkergewohnheitsrecht wieder und ist somit auch auf ältere Verträge anwendbar.[16]

1. Anwendbarkeit auf die internationale Zivilluftfahrt

Das Chicagoer Abkommen regelt nur den *internationalen* Flugverkehr, also den Luftverkehr, der durch den Luftraum über dem Hoheitsgebiet von mehr als einem Staat erfolgt, Art. 96 lit. b) CA.[17] Wie schon das Pariser Abkommen in seinen Art. 30 ff., nimmt es eine Trennung zwischen *civil* und *state aircraft* vor. Für Letztere beansprucht das Abkommen keine Geltung. Dies ergibt sich einerseits aus seinem vollständigen Titel (Abkommen über die internationale *Zivil*luftfahrt) und andererseits aus Art. 3 lit. a) CA, der die Anwendbarkeit auf Staatsluftfahrzeuge ausdrücklich ausschließt. Somit ist auch die legislative Kraft der ICAO grundsätzlich auf Zivilflugzeuge beschränkt.[18] Obgleich die Festlegung, ob ein

---

siehe *Sand/Freitas/Pratt*, McGill Law Journal, 1960, 24 (24 ff.); zur Entwicklung ab 1944 *Sand/Lyon/Pratt*, McGill Law Journal, 1960, 125 (125 ff.), jeweils m.w.N.

[12] Convention on Commercial Aviation, signed at Habana, February 20, 1928, LNTS Vol. 129, p. 223.

[13] Obwohl in Art. 80 CA nicht explizit genannt, gilt dies auch für das nie in Kraft getretene Madrider Abkommen von 1926, siehe *Schladebach*, Lufthoheit, S. 80.

[14] *Riese*, Lufrecht, S. 108; *Schladebach*, Lufthoheit, S. 79 f.

[15] Wiener Übereinkommen über das Recht der Verträge vom 23. Mai 1969, BGBl.1985 II, S. 926.

[16] *Delbrück*, in: Dahm/Delbrück/Wolfrum, Völkerrecht, Bd. I/3, S. 514; *Dörr*, in: ders./Schmalenbach, VCLT Commentary, Art. 31, Rn. 7; *Arbitration Regarding the Iron Rhine („Ijzeren Rijn") Railway between the Kingdom of Belgium and the Kingdom of the Netherlands*, 24.5.2005, RIAA, Vol. XXVII, p. 35, para. 45; IGH, *Alleged Violations of Sovereign Rights and Maritime Spaces in the Caribbean Sea (Nicaragua v. Colombia)*, Judgment, Preliminary Objections, 17.3.2016, I.C.J. Rep. 2016, p. 3, para. 35 m.w.N.; siehe auch die zahlreichen Nachweise im Report of the International Law Commission, 70th Session (30 April–1 June and 2 July–10 August 2018), A/73/10 (nachfolgend: ILC-Report 2018, A/73/10), S. 18 f.

[17] Über Art. 7 CA wird auch die Kabotage, also die Beförderung von Fluggästen, Post und Fracht innerhalb eines Landes durch Luftfahrzeuge anderer Vertragsstaaten als international i.S.d. Abkommens betrachtet.

[18] *Bourbonnière/Haeck*, JALC, 2001, 885 (894); siehe auch *Milde*, Internat. Air Law, S. 71 ff., der aber – insbesondere anhand von Annex 2 to the Convention on International Civil Aviation, Rules of the Air, 10. Aufl. 2005 (nachfolgend: Annex 2, Rules of the Air) – auf gewisse Ausnahmen von diesem Grundsatz hinweist.

Luftfahrzeug zivil oder staatlich ist, wesentlich für das anwendbare Rechtsregime ist, wird im Abkommen weder der Begriff des Luftfahrzeugs definiert, noch erörtert, wann ein solches als zivil bzw. staatlich anzusehen ist.[19] Allerdings enthalten nahezu alle Annexe zum CA jeweils eine Bestimmung, wonach mit Luftfahrzeug „[a]ny machine that can derive support in the atmosphere from the reactions of the air other than the reactions of the air against the earth's surface"[20] umschrieben wird. Es muss sich somit um ein Gerät handeln, welches durch Wechselwirkungen mit der Luft einen Auftrieb erfährt.[21] Ein solches Luftfahrzeug gilt nach Art. 3 lit. b) CA als staatlich, wenn es im Militär-, Zoll- und Polizeidienst verwendet wird. Im Übrigen wird vom Vorliegen eines zivilen Luftfahrzeuges ausgegangen.[22] Dabei verdeutlicht der Wortlaut (*shall be deemed to be state aircraft*), dass Art. 3 lit. b) CA keine Definition aufweist, sondern eine Aufzählung von Fällen, in denen das Vorliegen eines Staatsluftfahrzeugs widerleglich vermutet wird.[23] Ob diese Aufzählung abschließend ist oder nicht, ist unklar.[24] Vorzugswürdig erscheint jedoch eine restriktive Auslegung des Ausnahmetatbestands, welche zu einer breiten Anwendung des Chicagoer Systems führt. Dies entspricht dem Sinn und Zweck des Abkommens, die Sicherheit des Luftverkehrs zu fördern.[25] Wann ein Luftfahrzeug für die genannten staatlichen Zwecke verwendet wird, wird unter Rückgriff auf den Wortlaut von Art. 3 lit. b) CA der von „aircraft *used* in military, customs and police *services*" spricht, überwiegend nach einem funktionalen Ansatz bestimmt.[26] Danach richtet sich die Frage, ob das Luftfahrzeug staatlich oder zivil ist, nach der Art der Nutzung im konkreten Einzelfall.

---

[19] *De Oliveira*, Air & Space L., 2016, 329 (330).
[20] Siehe etwa Annex 11, Air Traffic Services, Kap. 1.
[21] *Scholz*, in: Rossow/Wolf/Horst, Luftfahrzeugtechnik, S. 703.
[22] *Groenewege*, Compendium of Internat. Civil Aviation, S. 536, 797.
[23] *De Oliveira*, Air & Space L., 2016, 329 (334); *Milde*, Internat. Air Law, S. 74; ders., in: FS-Böckstiegel, S. 161 f.
[24] *Abeyratne*, Convention on Internat. Civil Aviation, Art. 3, S. 51.
[25] So auch *Bourbonnière/Haeck*, JALC, 2001, 885 (897 ff.); *Cheng*, CLP, 1958, 225 (233); ders., Internat. Air Transport, S. 112. Ähnlich: *Meyer*, ZLW, 1963, 133 (134) und *Schwenk/Giemulla*, Luftverkehrsrecht, Kap. 7, Rn. 51, die das CA auf andere Staatsluftfahrzeuge als die in Art. 3 lit. b) genannten für anwendbar halten. Zur a.A. siehe *Heintze*, in: Ipsen, Völkerrecht, 6. Aufl., § 47, Rn. 15; *Milde*, Internat. Air Law, S. 74.
[26] *Abeyratne*, Convention on Internat. Civil Aviation, Art. 3, S. 51, 54, 61; *Baumann*, in: Hobe/von Ruckteschell, Kölner Kompendium, Bd. 1, Teil III, E, Rn. 12; *Cheng*, CLP, 1958, 225 (235); *de Oliveira*, Air & Space L., 2016, 329 (334); *Milde*, Internat. Air Law, S. 75, 78; ders., in: FS-Böckstiegel, S. 163; *Schladebach*, Luftrecht, S. 54. So auch ICAO Circ 330-AN/189, Civil/Military Cooperation in Air Traffic Management, 5.2.1.

2. Folge für eine Pflicht zur Sperrung des Luftraums

Eine aus dem Chicagoer Abkommen herzuleitende Pflicht zur Sperrung des Luftraums über Konfliktzonen bezieht sich nur auf zivile Luftfahrzeuge, nicht auch auf die Staatsluftfahrzeuge. Letztere gelten als eng mit der Ausübung hoheitlicher Befugnisse verknüpft.[27] Gerade in Zeiten bewaffneter Konflikte sollen diese Befugnisse aber nicht berührt werden. Die Luftraumsperrung soll vielmehr dem Schutz der internationalen zivilen Luftfahrt vor den Gefahren dienen, die sich aus der Konfliktzone ergeben. Die Untersuchung ist somit auf klassische, kommerzielle Passagierflüge fokussiert. Einbegriffen sind aber auch sonstige Luftfahrzeuge, die nicht unter den Begriff der Staatsluftfahrzeuge fallen, also z. B. Frachtflugzeuge, Geschäftsflugzeuge und Privatjets. Hinsichtlich bloß nationaler Flüge kann sich eine Sperrpflicht nicht unmittelbar aus dem Chicagoer Abkommen ergeben. Hier sind die entsprechenden nationalen Regelungen heranzuziehen.

II. Annexe zum Chicagoer Abkommen

Das Chicagoer Abkommen schafft nicht nur die rechtlichen Grundlagen des internationalen öffentlichen Luftrechts, sondern etabliert in seinem zweiten Teil auch die ICAO, eine Sonderorganisation der Vereinten Nationen, welche im Wesentlichen das Ziel verfolgt, die Grundsätze und die Technik der internationalen Luftfahrt auszubauen sowie die Planung und Entwicklung des Luftverkehrs zu fördern (vgl. Art. 44 CA). Wie schon ihre Vorgängerorganisation, die *International Commission for Air Navigation* (ICAN) des Pariser Abkommens, kann und muss die ICAO dazu internationale Richtlinien und Empfehlungen in Bezug auf die Luftfahrt erlassen. Diese sog. *Standards and Recommended Practices* (SARP), die der internationalen Vereinheitlichung des national gesetzten Rechtsrahmens dienen, werden aus Zweckmäßigkeitsgründen in Anhängen bzw. Annexen des Abkommens bestimmt, Art. 54 lit. l) CA. Die legislative Kompetenz der ICAO bezieht sich auf die in Art. 37 CA explizit genannten Bereiche und wird in einem zweiten Halbsatz erstreckt auf „sonstige Angelegenheiten, die sich auf die Sicherheit, Regelmäßigkeit und Leistungsfähigkeit der Luftfahrt beziehen, soweit dies jeweils angebracht erscheint." Über diese Generalklausel wird der ICAO eine praktisch unbeschränkte Kompetenz zum Erlass von luftfahrtrechtlichen Vorschriften vermittelt.[28] Insbesondere Aspekte der Sicherheit im Sinne von *safety* und *security*, die naturgemäß nicht in allen Einzelheiten im Chicagoer Abkommen selbst geregelt werden können, sind in den SARP enthalten. Dies

---

[27] *Schladebach*, Luftrecht, S. 53.
[28] *Erler*, Rechtsfragen der ICAO, S. 115.

entspricht den Zielen der Organisation, welche schon ihrem historischen Kontext nach zuvörderst auf die Förderung der Sicherheit der internationalen Zivilluftfahrt ausgerichtet ist.[29] Auch eine Pflicht zur Sperrung des Luftraums über Konfliktzonen könnte sich somit aus den Annexen ergeben. Umzusetzen wäre diese von den Staaten allerdings nur, wenn den Annexen grundsätzlich rechtliche Bindungswirkung zukommt.

1. Rechtliche Bindungswirkung der Annexe

Anders als das Pariser Abkommen in seinem Art. 39 enthält das Chicagoer Abkommen keine Regelung, die den Anhängen dieselbe Wirkung wie dem Abkommen selbst zuspricht. Letztere sind nicht Gegenstand der Ratifikation und stellen keinen integralen Bestandteil des Abkommens dar.[30] Ihre rechtliche Bindungswirkung bleibt somit unklar. Zur Untersuchung ebendieser ist zunächst zwischen *Standards* und *Recommended Practices* zu unterscheiden. Dafür spricht schon, dass diese auch in den Annexen selbst deutlich voneinander unterschieden werden. So werden *Recommended Practices* stets mit dem Begriff *Recommendation* eingeleitet und sind – anders als die *Standards* – in kursiver Schrift abgedruckt.

Weder der Begriff der *Standards* noch jener der *Recommended Practices* wird im Chicagoer Abkommen selbst erläutert. Die ICAO-Generalversammlung stellte allerdings in einer ihrer ersten Resolutionen entsprechende Definitionen auf, die von allen Annexen aufgegriffen wurden und somit bis heute Geltung beanspruchen. Danach handelt es sich bei *Standards* um:

„Any specification for physical characteristics, configuration, material, performance, personnel, or procedure, the uniform application of which is recognized as necessary for the safety or regularity of international air navigation and to which Member States will conform in accordance with the Convention; in the event of impossibility of compliance, notification to the Council is compulsory under Article 38 of the Convention."

Hingegen sind *Recommended Practices*

„Any [such] specification the uniform application of which is recognized as desirable in the interest of safety, regularity or efficiency of international air navigation, and to which Contracting States will endeavour to conform in accordance with the Convention."[31]

---

[29] *Weber*, ICAO, Kap. 1, § 3, Rn. 12 f.; siehe auch ICAO Ass. Res. A32-11, Establishment of an ICAO Universal Safety Oversight Audit Programme, abgedruckt in: ICAO Doc 9790, Assembly Resolution in Force (as of 5 October 2001), S. I-53: „*Whereas* the primary objective of the Organization continues to be that of ensuring the safety of international civil aviation worldwide".

[30] *Milde*, Annals of Air & Space L., 2001, 165 (168); *Weber*, ICAO, Kap. 2, § 3, Rn. 105.

[31] ICAO Ass. Res. A1-31, Definition of International Standards and Recommended Practices, abgedruckt in: ICAO Doc 4411, Resolutions adopted by the first Assembly,

a) Recommended Practices

Schon aus der obengenannten Definition wird ersichtlich, dass den *Recommended Practices* kein rechtsverbindlicher Charakter zukommt. Ihre einheitliche Anwendung wird – anders als die der *Standards* – nicht als erforderlich, sondern nur als *wünschenswert* (*desirable*) angesehen. Darüber hinaus bemühen sich die Mitgliedstaaten lediglich, ihnen zu entsprechen (*endeavour to conform*). Auch besteht – anders als bei *Standards* – im Fall einer Abweichung von *Recommended Practices* keine Mitteilungspflicht der Mitgliedgliedstaaten nach Art. 38 CA.[32] Die *Recommended Practices* haben somit keine verpflichtende, sondern lediglich eine empfehlende Wirkung.[33]

b) Standards

Schwieriger zu beurteilen ist die rechtliche Bindungswirkung der internationalen Richtlinien (*Standards*). Gemäß Art. 37 CA verpflichten sich die Vertragsstaaten zunächst dazu, daran mitzuwirken, dass der höchstmögliche Grad an Einheitlichkeit in allen Angelegenheiten erreicht wird, in denen dies die Luftfahrt erleichtert. Allerdings eröffnet Art. 38 S. 1 CA ihnen die Möglichkeit, unter gewissen Voraussetzungen von den *Standards* abzuweichen. Dazu hat jeder Staat, der es für undurchführbar hält, einer internationalen Richtlinie in jeder Hinsicht nachzukommen (Var. 1) oder seine Vorschriften und Maßnahmen nach einer Änderung der Richtlinie mit ebendieser in volle Übereinstimmung zu bringen (Var. 2), den Unterschied zwischen seiner eigenen Regelung und derjenigen, die durch die internationale Richtlinie festgelegt ist, der ICAO anzuzeigen. Gleiches gilt nach Var. 3, wenn ein Staat es für notwendig erachtet, Vorschriften oder Verfahren anzunehmen, die von denjenigen abweichen, die durch eine internationale Richtlinie festgesetzt sind.

Art. 37 CA verpflichtet die Vertragsstaaten lediglich zur Mitwirkung an der Schaffung eines *höchstmöglichen Grades an Einheitlichkeit*. Gemäß Art. 38 S. 1 CA können sie ferner von den *Standards* abweichen, sofern sie dessen Einhaltung für *impracticable* halten.[34] Dies gilt – wie sich aus Art. 38 S. 1 Var. 3 CA ergibt – zeitlich unbegrenzt. Aus dem Wortlaut dieser Regelungen wird zum Teil

---

May 6–27, 1947, S. 27. Zur modifizierten Definition in Annex 9 (Facilitation) zum CA siehe *Buergenthal*, Law-Making in the ICAO, S. 61.

[32] Siehe aber zur sich anderweitig entwickelnden Praxis der ICAO-Generalversammlung und des ICAO-Rates: *Zhang*, in: Samuel/Aronsson-Storrier/Bookmiller, Disaster Risk Reduction, S. 323 ff.

[33] *Schäffer*, Schutz des zivilen Luftverkehrs vor Terrorismus, S. 99; *Weber*, ICAO, Kap. 2, § 3, Rn. 108.

[34] *Schermers/Blokker*, Internat. Institutional Law, S. 824, § 1264.

der Schluss gezogen, den *Standards* komme keine rechtliche Bindungswirkung zu. Ihre Einhaltung stelle keine starre Rechtspflicht dar, sondern liege nach Art. 37 und 38 CA im Ermessen der Staaten. Nur sie können beurteilen, ob eine Abweichung *nötig* ist.[35] Auch sei bei Abschluss des Chicagoer Abkommens eine rechtliche Verbindlichkeit der *Standards* weder durchführbar noch wünschenswert gewesen.[36] Vielmehr wurde die Rechtsverbindlichkeit der Annexe zum Pariser Abkommen, welches keine Abweichungsmöglichkeit für die Staaten vorsah, mit als Grund für dessen nicht erreichte Universalität gesehen.[37] Zum Zwecke eines möglichst hohen Konsenses sollte daher im Rahmen der Chicagoer Konferenz ein flexibles System geschaffen werden.

Der Schluss auf eine rechtliche Unverbindlichkeit der *Standards* vermag allerdings nicht zu überzeugen. Eine Trennung zwischen *Standards* und *Recommended Practices* wäre überflüssig, wenn letztlich beiden Instrumenten nur ein empfehlender Charakter zugesprochen wird.[38] Schon die obengenannten Definitionen der ICAO-Generalversammlung belegen, dass diese von einer rechtlichen Bindungswirkung der *Standards* ausgeht. Danach wird die einheitliche Anwendung der *Standards* für die Sicherheit und Regelmäßigkeit der internationalen Luftfahrt als *notwendig* (*necessary*) erachtet. Darüber hinaus sieht die Definition vor, dass die Mitgliedstaaten die *Standards* in Übereinstimmung mit dem Übereinkommen *einhalten* (*will conform*). Dafür spricht auch das langwierige und stark konsensorientierte Annahmeverfahren der Annexe, welches für den Erlass bloß unverbindlicher Empfehlungen nicht erforderlich wäre.[39] So werden die Anhänge von der Luftfahrtkommission unter Einbeziehung der Mitgliedstaaten erarbeitet und dem Rat zur Annahme empfohlen. Dieser entscheidet gem. Art. 90 lit. a) S. 1 CA mit einer Zweidrittelmehrheit in einer eigens zu diesem Zweck einberufenen Sitzung und legt den Annex dann jedem Vertragsstaat vor.[40] Nach Art. 90 lit. a) S. 2 CA wird jeder Annex bzw. jede Änderung eines Annexes nach Ablauf von drei Monaten oder einer vom Rat festgesetzten längeren Frist wirksam, es sei denn, die Mehrheit der Vertragsstaaten teilt dem Rat in dieser Zeit

---

[35] *Buergenthal*, Law-Making in the ICAO, S. 78; *Hailbronner*, in: Bernhardt, EPIL II, International Civil Aviation Organization, S. 1072. Ähnlich: *Erler*, Rechtsfragen der ICAO, S. 133, 135, der allerdings von einer sog. gelockerten Rechtspflicht der Vertragsstaaten ausgeht.

[36] *Warner*, in: Hearings before the Committee on Foreign Relations, US Senate, 79th Congress, Convention on International Civil Aviation, 1949, S. 259.

[37] Zu den aus dem Pariser Abkommen gezogenen Lehren siehe *Erler*, Rechtsfragen der ICAO, S. 112 ff.; *Milde*, Annals of Air & Space L., 2001, 165 (167).

[38] Ähnlich: *Schäffer*, Schutz des zivilen Luftverkehrs vor Terrorismus, S. 104.

[39] *Buergenthal*, Law-Making in the ICAO, S. 68; *Rosenmöller*, ICAO, S. 150.

[40] Zur Frage, worauf sich die Mehrheit bezieht und ob sie auch bei der Änderung von Annexen gilt, siehe *Schäffer*, Schutz des zivilen Luftverkehrs vor Terrorismus, S. 92 f. m. w. N.

ihre Ablehnung mit.[41] Wird dieses Vetorecht der Mitgliedstaaten – wie bisher –[42] nicht ausgeübt, zeigt der Rat nach Art. 90 lit. b) CA das Inkrafttreten eines Annexes oder einer Änderung eines solchen allen Staaten unverzüglich an. Diese haben daraufhin die Möglichkeit, unter den Voraussetzungen des Art. 38 CA, Abweichungen bzw. Unterschiede zu ihren nationalen Regelungen anzuzeigen. Art. 38 CA ist somit nicht so zu verstehen, dass er von vornherein die Rechtsverbindlichkeit der Annexe ausschließt. Vielmehr zeigt die „kategorische Sprache"[43] des Art. 90 CA, wonach die Anhänge *wirksam* werden (*shall become effective*) bzw. *in Kraft treten* (*coming into force*), dass diese verbindlich sind. Unter den Voraussetzungen des Art. 38 CA kann aber jeder einzelne Staat Abweichungen von ihnen mitteilen und sich somit der Geltung eines konkreten Annexes entziehen. Die rechtliche Verbindlichkeit der Annexe steht insofern unter dem Vorbehalt der Ausübung dieses sog. *Opt-Out-Rechtes*.[44] Dieses ist darüber hinaus an bestimmte Voraussetzungen geknüpft und steht den Staaten gerade nicht zur freien Disposition.[45] So muss die Einhaltung des *Standards* undurchführbar bzw. die Annahme abweichender Vorschriften oder Verfahren nötig sein. Zwar kommt den Staaten bei der Beurteilung dessen ein großer Ermessensspielraum zu, doch haben sie gewisse Ermessensgrenzen zu beachten. Das gilt insbesondere für die auch im Völkerrecht anerkannte Grenze von Treu und Glauben.[46] Mit dem Sinn und Zweck der *Standards*, Rechtsvereinheitlichung zu schaffen und somit zur Gewährleistung der Sicherheit des Luftverkehrs beizutragen, wäre es nicht vereinbar, willkürliche Abweichungen von ihnen zuzulassen. Die Abweichung muss vielmehr erforderlich und angemessen sein. Die bloße Möglichkeit des Ermessensmissbrauchs kann nicht gegen die Rechtsverbindlichkeit der *Standards* angeführt werden.[47] Gegen den Rechtsmissbrauch sind vielmehr prozessuale Vorkehrungen zu treffen.

Im Falle einer fehlenden Anzeige wird davon ausgegangen, dass die *Standards* eingehalten werden.[48] Insofern ist die starre Mitteilungspflicht der Staaten und des ICAO-Rates zur Gewährleistung vollständiger Transparenz besonders wich-

---

[41] Zur Frage, ob sich die Ablehnung auch nur auf einen Teil des Annexes beziehen kann, siehe *Buergenthal*, Law-Making in the ICAO, S. 66 ff.
[42] *Milde*, Internat. Air Law, S. 172.
[43] *Rosenmöller*, ICAO, S. 154.
[44] So schon *Rösgen*, Rechtsetzungsakte der VN, S. 77.
[45] *Schäffer*, Schutz des zivilen Luftverkehrs vor Terrorismus, S. 105.
[46] *Huang/Vaugeois*, in: Mendes de Leon/Buissing, Evolution of Aerial Sovereignty, S. 59; *Milde*, ZLW, 1996, 3 (15).
[47] So auch *Rosenmöller*, ICAO, S. 153, demzufolge ein Missbrauch des Ermessens einen Konventionsverstoß darstellt, der ein Verfahren nach Art. 84 ff. CA rechtfertigt; siehe auch *Schäffer*, Schutz des zivilen Luftverkehrs vor Terrorismus, S. 105 f.
[48] *Milde*, Annals of Air & Space L., 2001, 165 (176).

tig. Die Staatengemeinschaft und die Luftfahrtunternehmen müssen sich darauf verlassen können, dass die Minimalanforderungen eingehalten werden und bestimmte Einrichtungen und Dienstleistungen tatsächlich verfügbar sind. Anderenfalls könnte die Sicherheit des internationalen Luftverkehrs ernsthaft gefährdet werden.[49] Eine unterlassene Mitteilung nach Art. 38 CA stellt somit eine gravierende, die Staatenverantwortlichkeit auslösende, Vertragsverletzung dar,[50] welche der Rat nach Art. 54 lit. j) und k) CA den anderen Vertragsstaaten bzw. der Versammlung zu berichten hat.

Wie der ehemalige ICAO-Ratsvorsitzende *Kotaite* hervorhob, kennt das Chicagoer System somit keine Situation, in der ein Staat einen *Standard* nicht einhält, ohne dies der ICAO anzuzeigen. Vielmehr gilt das Prinzip des *comply or file a difference*. Dieses als „watertight"[51] konzipierte System hat sich in der Realität zunächst nicht bewährt, da viele Staaten die *Standards* nicht oder nicht vollständig umsetzten, ohne dabei ihrer Mitteilungspflicht nachzukommen.[52] Mit dem *Universal Safety Oversight Audit Programme* (USOAP) und dem *Universal Security Audit Programme* (USAP) sind mittlerweile allerdings effiziente Mechanismen geschaffen worden, über die die Einhaltung der SARP in regelmäßigen Abständen überprüft wird.[53] Wie aus neueren Resolutionen der ICAO-Generalversammlung hervorgeht, wird dabei nicht zwischen *Standards* und *Recommended Practices* differenziert. Überprüft wird vielmehr die Einhaltung aller SARP „that are important for the safety, regularity and efficiency of international air navigation".[54] Im Interesse der Sicherheit des zivilen Luftverkehrs werden somit die Grenzen zwischen *Standards* und *Recommended Practices* verwischt.[55]

Trotz anfänglicher Unsicherheiten hinsichtlich der Frage, ob „regular, mandatory, systematic and harmonized safety audits"[56] mit der staatlichen Souveränität vereinbar sind, haben sich bereits 189 Staaten selbst – über die Unterzeich-

---

[49] *Milde*, Annals of Air & Space L., 2001, 165 (168).
[50] *Cheng*, in: ders./Brown, Contemporary Problems of Internat. Law, S. 51.
[51] *Kotaite*, Air & Space L., 1995, 288 (289).
[52] Kritisch hierzu insbesondere *Milde*, ZLW, 1996, 3 (8 f.).
[53] Zu den Audit Programmen siehe *Huang*, Chinese JIL, 2009, 63 (67 ff.); *Milde*, Annals of Air & Space L., 2001, 165 (173 ff.); *Weber*, ZLW, 2004, 289 (301 ff.).
[54] Siehe etwa ICAO Ass. Res. A39-22, Formulation and implementation of Standards and Recommended Practices (SARPs) and Procedures for Air Navigation Services (PANS) and notification of differences, abgedruckt in: ICAO Doc 10075, Assembly Resolutions in Force (as of 6 October 2016), S. II–2, Ziff. 13.
[55] *Buergenthal*, Law-Making in the ICAO, S. 117; *Huang*, Aviation Safety, S. 62; *Zhang*, in: Samuel/Aronsson-Storrier/Bookmiller, Disaster Risk Reduction, S. 323.
[56] ICAO Ass. Res. A32-11, Establishment of an ICAO universal safety oversight audit programme, abgedruckt in: ICAO Doc 10075, Assembly Resolutions in Force (as of 6 October 2016), S. I–99, Ziff. 1.

nung eines die Souveränität wahrenden Memorandum of Understanding – einer Überprüfung durch die ICAO unterworfen.[57] Der globale Erfolg der *Audits* belegt, dass die Staaten ihre rechtliche Pflicht, die *Standards* zu implementieren, sofern sie keine anderweitige Mitteilung abgegeben haben, anerkennen. Wie *Milde* zutreffend anführt wirken die SARP in der Luftfahrt ähnlich wie die „Gesetze der Schwerkraft",[58] denen sich die Staaten in der Praxis nicht entziehen können, ohne sich selbst von der internationalen Zivilluftfahrt auszuschließen.[59] Die Einhaltung der *Standards*, die überwiegend Fragen der Sicherheit im Sinne von *safety* und *security* betreffen, liegt im gemeinsamen Interesse aller und wird zum Teil sogar als *erga omnes*, also als Verpflichtung „towards the international community as a whole",[60] erachtet.[61] Die Ermächtigung der ICAO, diese zu überwachen, zeugt von der Erkenntnis, dass die Gewährleistung der Sicherheit des Luftverkehrs mehr und mehr unter internationale Aufsicht gestellt wird. Insofern kann sie als anfängliches Element einer Abtretung supranationaler Autorität im Bereich der Sicherheit der internationalen Zivilluftfahrt gesehen werden.[62]

2. Zwischenergebnis

Zusammenfassend lässt sich festhalten, dass *Standards* – anders als *Recommended Practices* – rechtsverbindlich sind. Ihre Verbindlichkeit ist allerdings insofern abgeschwächt, als dass sie entfällt, sobald eine Mitteilung nach Art. 38 CA erfolgt ist.[63] Auch eine Pflicht zur Sperrung des Luftraums über Konfliktzonen könnte sich somit grundsätzlich aus den Annexen ergeben. Obgleich eine solche derzeit noch nicht explizit in ihnen enthalten ist, könnte sie ihnen durch Ausle-

---

[57] Die Ergebnisse der Safety Audits sind abrufbar unter: https://www.icao.int/safety/pages/usoap-results.aspx [zuletzt aufgerufen am 26.1.2023].

[58] *Milde*, ZLW, 1996, 3 (6); *ders.*, Annals of Air & Space L., 2001, 165 (169). Ähnlich: *Havel/Sanchez*, Internat. Aviation Law, S. 63.

[59] So hat die Sowjetunion die meisten ICAO-Standards lange vor ihrem Beitritt zum Chicagoer Abkommen im Jahre 1950 beachtet; siehe dazu *Milde*, ZLW, 1996, 3 (6, Fn. 14) und *Huang*, Chinese JIL, 2009, 63 (73), der diesbezüglich auch auf China verweist.

[60] IGH, *Barcelona Traction, Light and Power Company, Limited*, Judgment, 5.2.1970, I.C.J. Rep. 1970, p. 3, para. 33.

[61] *Huang*, Chinese JIL, 2009, 63 (71 ff.); *Kotaite*, Air & Space L., 1995, 288 (289). Zu aviation safety obligations als Erga-Omnes-Pflichten siehe auch: *Adediran*, Issues in Aviation L. & Pol., 2015, 313 (329).

[62] *Huang/Vaugeois*, in: Mendes de Leon/Buissing, Evolution of Aerial Sovereignty, S. 63; *Milde*, Annals of Air & Space L., 2001, 165 (176).

[63] *Adediran*, Issues in Aviation L. & Pol., 2015, 313 (323); *Cheng*, Internat. Air Transport, S. 70. Für eine rechtliche Bindungswirkung auch: *Abeyratne*, Air & Space L., 1994, 113 (121); *Schäffer*, Schutz des zivilen Luftverkehrs vor Terrorismus, S. 106.

gung zu entnehmen sein. Darüber hinaus kommt den Annexen auch bei der Auslegung der Bestimmungen des Chicagoer Abkommens große Bedeutung zu. Zwar werden sie nach Art. 54 lit. l) CA nur aus Zweckmäßigkeitsgründen als Annexe bezeichnet und zählen somit nicht wie die tatsächlichen Anhänge zum Wortlaut des Vertrages selbst (vgl. Art. 31 Abs. 1 und 2 WVK), doch sind sie – wie noch näher darzulegen sein wird –[64] bei der Auslegung des Vertrages zu berücksichtigen. Das gilt nicht nur für die *Standards*, sondern auch für die *Recommended Practices*. Auch wenn Letzteren kein rechtsverbindlicher Charakter zukommt, können sie herangezogen werden, um die Bestimmungen des Chicagoer Abkommens mit Leben zu füllen.[65]

B. Die Lufthoheit als Rechtsgrund luftraumbezogener Schutzpflichten

Wie schon in Art. 1 des Pariser Abkommens von 1919, erkennen die Vertragsstaaten in Art. 1 CA an, dass jedem Staat über seinem Hoheitsgebiet *complete and exclusive sovereignty* zukommt. Dabei lässt das Wort *anerkennen* darauf schließen, dass diese im Deutschen als Lufthoheit bezeichnete Ausprägung der Souveränität bereits vor dessen Kodifizierung völkergewohnheitsrechtlich akzeptiert war.[66]

Die Kodifikation beendete den seit Beginn des 20. Jahrhunderts geführten Theorienstreit zum Rechtsstatus des Luftraums endgültig.[67] Das militärische und polizeiliche Schutzbedürfnis der Staaten führte nach dem Ersten Weltkrieg dazu, dass sich die Lufthoheitstheorie, welche bereits Anklang in der Staatenpraxis gefunden hatte,[68] gegenüber der auf *Fauchille* zurückgehenden Luftfreiheits-

---

[64] Siehe unten, Teil 3 C. III. 3. d) bb) (1), S. 172 ff.

[65] Ähnlich: *Hobe*, Völkerrecht, S. 146.

[66] *Abeyratne*, Convention on Internat. Civil Aviation, Art. 1, S. 15; *Bentzien*, in: FS-Böckstiegel, S. 4; *Cooper*, in: Explorations in Aerospace Law, S. 56, 102; *Haanappel*, Air Space and Outer Space, S. 3 f.; kritisch dazu: *Correia*, in: Mendes de Leon/Buissing, Evolution of Aerial Sovereignty, S. 15, der darauf hinweist, dass vor dem Ersten Weltkrieg die Luftfreiheitstheorie wohl vorherrschend war. Zur Lufthoheit als naturgesetzmäßige Tatsache: *Meyer*, ZLW, 1963, 2 (7).

[67] Ausführlich dazu: *Lycklama à Nijeholt*, Air Sovereignty, S. 9 ff.; siehe auch *Correia*, in: Mendes de Leon/Buissing, Evolution of Aerial Sovereignty, S. 7 ff.

[68] *Bentzien*, in: FS-Böckstiegel, S. 3 mit Verweis auf den Aerial Navigation Act von 1911 und 1913, wonach Großbritannien den Einflug in seinen Luftraum von einer vorherigen Erlaubnis abhängig machte. Entsprechende Gesetze ergingen 1912 in Russland und 1914 in der Schweiz. Genauer dazu *Cooper*, in: FS-Meyer, S. 41 ff.; *Schladebach*, Lufthoheit, S. 57 ff. m. w. N.

theorie, wonach der Luftraum staats- und hoheitsfrei ist (*l'air est libre*),[69] als alternativlos durchsetzte.[70] Dies wurde nicht nur in Art. 1 des Pariser Abkommens sondern auch in allen weiteren internationalen Luftverkehrsabkommen wie selbstverständlich anerkannt.[71] Heute ist somit unstreitig, dass jeder Staat[72] – unabhängig von seiner Vertragsbindung –[73] im Luftraum über seinem Staatsgebiet die volle und ausschließliche Souveränität genießt. Das in Art. 1 CA, also an prominenter Stelle des Abkommens, verankerte Prinzip stellt einen Grundpfeiler des internationalen Luftrechts dar,[74] welcher als Ausgangspunkt aller weiteren Regelungen bei der Auslegung ebendieser zu beachten ist.[75]

I. Der Geltungsbereich der Lufthoheit

Art. 1 CA begrenzt die Lufthoheit eines jeden Staates auf den Luftraum über seinem Hoheitsgebiet. Letzterer umfasst somit jedenfalls den Raum über der Erdoberfläche, der sich horizontal bis zu den Landesgrenzen bzw. den Grenzen der Hoheitsgewässer ausdehnt.[76] Nicht dem staatlichen Luftraum – und somit auch nicht der Lufthoheit – unterfällt der Luftraum über der Hohen See.[77] Art. 2 CA präzisiert, dass unter Hoheitsgebiet im Sinne des Abkommens die der

---

[69] *Fauchille*, Annuaire XIX, 1902, 19 (32), Art. 7; genauer zur Luftfreiheitstheorie *ders.*, RGDIP, 1901, 414. Zur Parallele der Freiheit der Meere siehe *Grotius*, Mare Liberum.

[70] *Hobe*, in: ders./von Ruckteschell, Kölner Kompendium, Bd. 1, Teil II A, Rn. 39 f.; *Kaiser*, Annals of Air & Space L., 2010, 153 (156 ff.); *Lübben*, Freie Benutzung des Luftraums, S. 33; *Schladebach*, Lufthoheit, S. 61 ff.; *Volkmann*, Internat. Luftrecht, S. 48; *von Wrangell*, Globalisierungstendenzen im internat. Luftverkehr, S. 26. Zur Kritik an der Luftfreiheitstheorie siehe *Haupt*, Der Luftraum, S. 70 f.; *Meyer*, Die Erschliessung des Luftraumes, S. 18, 20 ff., 24; *ders.*, Freiheit der Luft, S. 7 ff. m.w.N; *Riese*, Lufrecht, S. 73; *Teuchert*, Luftrecht, S. 53.

[71] *Schladebach*, Lufthoheit, S. 68, 74 f., 84 f.

[72] Für einen Überblick über die Probleme im Zusammenhang mit dem Staatsbegriff siehe *Schladebach*, Lufthoheit, S. 120 ff.

[73] *Cooper*, ZLW, 1965, 272 (275); *Correia*, in: Mendes de Leon/Buissing, Evolution of Aerial Sovereignty, S. 15.

[74] *Cheng*, in: Bernhardt, EPIL I, Air Law, S. 67; *Hobe*, in: Mendes de Leon/Buissing, Evolution of Aerial Sovereignty, S. 35.

[75] *Abeyratne*, Convention on Internat. Civil Aviation, Art. 1, S. 17; *Schladebach*, Lufthoheit, S. 85.

[76] *Schladebach*, Lufthoheit, S. 158 f.; *Hobe*, Airspace, in: MPEPIL-Online, Rn. 5, abrufbar unter: http://opil.ouplaw.com/view/10.1093/law:epil/9780199231690/law-9780199231690-e1 138 [zuletzt aufgerufen am 26.1.2023]. Die Bestimmung der Reichweite der Hoheitsgewässer wird dabei dem Seerecht überlassen. Nach Art. 3 des Seerechtsübereinkommens (BGBl. 1994 II, S. 1798) kann jeder Staat die Breite seines Küstenmeeres bis zu maximal 12 Seemeilen festlegen.

[77] *Haanappel*, in: Mendes de Leon/Buissing, Evolution of Aerial Sovereignty, S. 27; *Heintze*, in: Ipsen, Völkerrecht, 6. Aufl., § 47, Rn. 9. Zur Ausnahme der Luftverteidigungszonen sie-

Staatshoheit, der Oberhoheit, dem Schutze oder der Mandatsgewalt des Staates unterstehenden Landgebiete und die angrenzenden Hoheitsgewässer zu verstehen sind. Zwar sind diese Formen der Herrschaft im modernen Völkerrecht kaum von Bedeutung, doch verdeutlicht die Bestimmung, dass die Lufthoheit dem Staat zukommt, der die Herrschaftsmacht über das Territorium ausübt.[78]

Bis heute ungeklärt ist die Frage nach der vertikalen Grenze zum Weltraum, der anders als der staatliche Luftraum gemäß Art. I und II Weltraumvertrag rechtlich hoheitsfrei ist.[79] Der Luftraum endet praktisch jedenfalls dort, wo Luftfahrzeuge mangels Luftauftrieb nicht mehr fliegen können,[80] also etwa bei einer Höhe von 83 km (sog. von Kármán-Linie).[81] Zivile Passagierluftfahrzeuge können derartige Flughöhen bei weitem nicht erreichen, so dass es für die Zwecke der Bearbeitung auf eine genauere Grenzziehung nicht ankommt.[82]

II. Der Begriff der Lufthoheit

Obgleich die Lufthoheit ein zentraler Begriff des internationalen öffentlichen Luftrechts ist, wird sie im CA nur erwähnt, ohne dass eine inhaltlich nähere Ausgestaltung erfolgt.[83] Sie umschreibt eine Ausprägung der Souveränität, die räumlich auf den staatlichen Luftraum begrenzt ist. Diesen souveränitätsrechtlichen Hintergrund anerkennend wird die Lufthoheit zum Teil mit „Souveränität im Sinne der durch die Fähigkeit ausschließlicher rechtlicher Selbstbestimmung und Selbstbindung gekennzeichneten Staatsgewalt"[84] gleichgesetzt. *Cooper* präzisiert, dass mit der vom ihm als *air power* bezeichneten Lufthoheit die „ability of a nation to act through the airspace"[85] gemeint ist. Aufgrund seiner Lufthoheit kann und muss der Bodenstaat die Luftraumnutzung regeln und somit Hoheits-

---

he *Hobe*, in: ders./von Ruckteschell, Kölner Kompendium, Bd. 1, Teil II A, Rn. 6; *Schwenk/ Giemulla*, Luftverkehrsrecht, Kap. 4, Rn. 2.

[78] *Abeyratne*, Convention on Internat. Civil Aviation, Art. 2, S. 48.

[79] Ausführlich zu dieser Frage siehe *Goedhart*, Delimitation of Air Space and Outer Space, S. 1 ff.; zu den wichtigsten Abgrenzungstheorien siehe *Schladebach*, Lufthoheit, S. 168 ff.

[80] Damit ist allerdings nicht gesagt, dass auf dieser Höhe der Weltraum beginnt. Zur Anerkennung einer sog. Zwischenzone zwischen Luft- und Weltraum siehe *Schladebach*, Lufthoheit, S. 179 ff.

[81] *Haley*, Space Law, S. 107; *Hobe*, in: Ipsen, Völkerrecht, 7. Aufl., § 47, Rn. 2; *Meyer*, ZLW, 1965, 296 (309); *Schladebach*, Luftrecht, S. 41; für eine juristische Begründung der von Kármán-Linie siehe *Schladebach*, Lufthoheit, S. 177 ff.

[82] *Hobe*, in: ders./von Ruckteschell, Kölner Kompendium, Bd. 1, Teil II A, Rn. 8; *Schwenk/ Giemulla*, Luftverkehrsrecht, Kap. 4, Rn. 3.

[83] *Schladebach*, Lufthoheit, S. 91.

[84] *Krämer*, Kapazitätsengpässe im Luftraum, S. 21.

[85] *Cooper*, YLJ, 1946, 1191 (1202).

gewalt im Sinne der Territorialgewalt ausüben.[86] Letztlich geht es also um die „Befugnis eines jeden Staates, unbeschränkte und alleinige Hoheitsgewalt im Luftraum über seinem Hoheitsgebiet auszuüben"[87].

III. Die Lufthoheit als Verantwortung für die Sicherheit des Luftraums

Die Anerkennung der Lufthoheit ist Ausdruck des Protektionismus der Staaten, welche die Luftfahrt als eng mit der Staatlichkeit verbundene, hoheitliche Aufgabe ansehen.[88] Sie ist ihrer Historie nach zunächst im Sinne von Souveränität als ausschließlicher Herrschaftsmacht und somit abwehrrechtlich zu verstehen. Aus der Lufthoheit folgt die alleinige Verfügungsmacht des Bodenstaates über den Luftraum. Eine staatliche Verpflichtung dahingehend, seinen Luftraum unter gewissen Umständen zu sperren, scheint somit zunächst nicht mit ihr vereinbar zu sein. Wie in Teil 2 ausführlich dargelegt, begründet die territoriale Souveränität, welche sich als Lufthoheit auch auf den staatlichen Luftraum erstreckt, aber nicht bloß Abwehrrechte, sondern – gleichsam als Korrelat – auch Rechtspflichten.

Die Entwicklung des Völkerrechts vom Koordinations- zum Kooperationsrecht und die damit einhergehende Wandlung des Souveränitätsverständnisses von absoluter Herrschaftsmacht zur Verantwortung[89] spiegelt sich im internationalen öffentlichen Luftrecht deutlich wider. Entsprechend kennt das im Kontext der Nachkriegszeit geschaffene Chicagoer Abkommen zahlreiche positive Verpflichtungen der Staaten, die überwiegend dem Schutz der Sicherheit des zivilen Luftverkehrs und somit letztlich auch dem Schutz der vom Luftverkehr betroffenen Personen dienen.[90] So hat der Eintragungsstaat, der in Folge der Art. 17 und 18 CA rechtlich für seine Luftfahrzeuge verantwortlich ist,[91] deren Lufttüchtigkeit sowie die Qualifikation des Personals fortlaufend sicherzustellen.[92] Der Staat, dessen Luftraum überflogen wird, hat nach Art. 12 S. 1 CA zu gewährleisten, dass jedes Luftfahrzeug die in seinem Hoheitsgebiet geltenden Flug- und Luftverkehrsregeln befolgt. Letztere sind nach Art. 12 S. 2 CA so weit wie möglich den auf Grund des Chicagoer Abkommens erlassenen Vorschriften anzuglei-

---

[86] In diesem Sinne auch *Krämer*, Kapazitätsengpässe im Luftraum, S. 21; *Schwenk/Giemulla*, Luftverkehrsrecht, Kap. 4, Rn. 4.
[87] *Schladebach*, Lufthoheit, S. 93.
[88] *Haanappel*, Air & Space L., 1995, 311 (312 f.); *Scott/Trimarchi*, Internat. Aviation Law, S. 84. Zur nationalen Sicherheit als wesentlichen Grund für die Anerkennung der Lufthoheit siehe *Kaiser*, Annals of Air & Space L., 2010, 153 (158 f.).
[89] Siehe dazu Teil 2 B. IV. und V., S. 58 ff.
[90] *Huang/Vaugeois*, in: Mendes de Leon/Buissing, Evolution of Aerial Sovereignty, S. 56.
[91] *Giemulla/Kortas*, ZLW, 2015, 431 (436); *Huang*, Aviation Safety, S. 24.
[92] Siehe dazu Art. 31 ff. CA; *Havel/Sanchez*, Internat. Aviation Law, S. 176 f.

chen. Nach Satz 4 ist zudem die Verfolgung aller Personen sicherzustellen, welche die anzuwendenden Vorschriften verletzen. Dem Schutz der Zivilluftfahrt dient auch Art. 3 lit. d) CA, der die Vertragsstaaten dazu verpflichtet, bei Erlass von Vorschriften für ihre Staatsluftfahrzeuge gebührende Rücksicht auf die Sicherheit des Zivilluftverkehrs zu nehmen.[93] Ferner sind nach Art. 8 CA Flüge unbemannter Luftfahrzeuge so zu überwachen, dass eine Gefahr für Zivilluftfahrzeuge vermieden wird. Hervorzuheben ist zudem, dass die Vertragsstaaten nach Maßgabe des Art. 28 CA die erforderlichen Luftfahrteinrichtungen in ihrem Hoheitsgebiet bereitzustellen haben.[94] Darüber hinaus sind sie nach Art. 25 CA zur Ergreifung von Hilfsmaßnahmen für in Not geratene Luftfahrzeuge und nach Art. 26 CA zur Untersuchung der Unfälle in ihrem Hoheitsgebiet verpflichtet. Zahlreiche weitere Pflichten zum Schutz der zivilen Luftfahrt sowie Konkretisierungen ebendieser finden sich zudem in den Annexen zum CA, welchen nach Maßgabe der Art. 37 und 38 CA Folge zu leisten ist.

Die in Art. 1 CA statuierte Lufthoheit gilt somit nicht absolut, sondern wird zum Zwecke der Gewährleistung der Sicherheit des Luftverkehrs Einschränkungen unterworfen.[95] Entsprechend sind die Staaten, wie sich aus den dargelegten Bestimmungen ergibt, für die ständige Lufttüchtigkeit ihrer Luftfahrzeuge, die Zertifizierung des Personals sowie insbesondere auch für den sicheren Verkehrsfluss innerhalb ihres Luftraums und die Bereitstellung einer insgesamt angemessenen Infrastruktur verantwortlich.[96] Obgleich das Chicagoer Abkommen selbst hauptsächlich betriebsbedingte Gefahren, also Aspekte der Sicherheit im Sinne von *safety* betrifft, erstreckt sich die aus der Lufthoheit fließende Verantwortung der Staaten gleichermaßen auf die Abwehr von äußeren Gefahren, also auf die Gewährleistung von Sicherheit im Sinne von *security*.[97] Insbesondere die steigende Zahl der Flugzeugentführungen, Sabotageakte und Terroranschläge seit den 1960er Jahren verdeutlichte, dass die Luftfahrt vor äußeren Angriffen ebenso zu schützen ist, wie vor betriebsbedingten Defiziten.[98]

Die Lufthoheit bedeutet somit nicht nur das Recht und die Pflicht, die Nutzung seines Luftraums zu regeln, sondern auch die umfassende Verantwortung des Bodenstaates für die Sicherheit seines Luftraums und der darin verkehrenden

---

[93] Für eine Analyse der Norm siehe *Bourbonnière/Haeck*, JALC, 2001, 885 (912 ff.).
[94] Näher dazu siehe unten, Teil 3 C. III. 1., S. 142 ff.
[95] So auch *Konert*, in: Mendes de Leon/Buissing, Evolution of Aerial Sovereignty, S. 46.
[96] *Adediran*, Issues in Aviation L. & Pol., 2015, 313 (321 f.); *Huang/Vaugeois*, in: Mendes de Leon/Buissing, Evolution of Aerial Sovereignty, S. 57.
[97] *Hong*, Air & Space L., 2010, 9 (31). Zur Unterscheidung zwischen „safety" und „security" siehe oben, Teil 1 A. I. 1. b) bb), S. 13 f.; näher zur Pflicht zur Abwehr widerrechtlicher Eingriffe in den Luftverkehr siehe unten, Teil 3 D., S. 182 ff.
[98] *Weber*, ICAO, Kap. 1, § 3, Rn. 14.

Luftfahrzeuge.[99] Auch die Souveränität im Luftraum schließt staatliche Schutzpflichten nicht aus, sondern gebietet sie. Kerngedanke ist dabei wiederum die aus der Souveränität folgende Pflicht der Staaten zum Schutz Fremder auf ihrem Hoheitsgebiet, welcher sich aus dem Fremdenrecht heraus entwickelt hat und heute das gesamte Völkerrecht durchzieht.[100] Die Verantwortungskomponente der Lufthoheit stellt den Rechtsgrund staatlicher Schutzpflichten in Bezug auf den Luftraum dar. Sie drückt sich an verschiedenen Stellen des internationalen Luftrechts aus, auf welche zur Erörterung der Pflicht zur Sperrung des Luftraums über Konfliktzonen eingegangen wird.

C. Herleitung einer Sperrpflicht aus dem internationalen öffentlichen Luftrecht

Nachdem dargelegt wurde, dass die Lufthoheit der Anerkennung staatlicher Schutzpflichten in Bezug auf den Luftraum nicht entgegensteht, sondern diese grundsätzlich gebietet, wird im Folgenden untersucht, ob sich aus den Regelungen des internationalen öffentlichen Luftrechts *de lege lata* eine Pflicht zur Sperrung des Luftraums über Konfliktzonen ergibt.

I. Die Bedeutung der Präambel des CA für die Pflicht zur Luftraumsperrung

Eine Sperrpflicht könnte möglicherweise schon aus der Präambel des Chicagoer Abkommens folgen. Ob Präambeln zu internationalen Übereinkünften aber eine Quelle konkreter Rechte und Pflichten sein können, bedarf einer näheren Betrachtung.

1. Die rechtliche Relevanz von Präambeln

Unter einer Präambel wird im Allgemeinen ein Vorspruch verstanden, der die Motive sowie Gegenstand und Zweck des Vertrages, Gesetzes, oder sonstigen Textes, dem er vorangestellt ist, darlegt.[101] Ihr rechtlicher Gehalt lässt sich nicht verallgemeinern.[102] Im Rahmen einer Analyse der Präambeln verschiedener na-

---

[99] So auch DSB-Abschlussbericht, S. 208.
[100] Siehe dazu oben, Teil 2 C. II., S. 74 ff.
[101] *Garner et al.*, Black's Law Dictionary, Preamble, S. 1423; *Treviranus*, in: Bernhardt, EPIL III, Preamble, S. 1097; *Weber*, Rechtswörterbuch, Präambel.
[102] Ausführlich dazu die Abhandlung von *You*, Préambule des traités internationaux aus dem Jahre 1941. Siehe auch *Suy*, in: FS-Bedjaoui, S. 253 ff. sowie aus neuerer Zeit *Hulme*, UPaLR, 2016, 1281 (1284 ff.).

tionaler Verfassungen arbeitete *Orgad* heraus, dass einigen nur ein symbolischer Charakter zukommt (*ceremonial-symbolic preamble*), andere als Interpretationshilfe (*interpretive preamble*) dienen und wieder andere substantiellen, also materiell-rechtlichen Gehalt, aufweisen (*substantive preamble*).[103] Allgemeine Regeln zur Einordnung in eine der drei Kategorien lassen sich nur schwerlich identifizieren. Maßgeblich ist jedenfalls die Formulierung der in Frage stehenden Präambel sowie ihr Zusammenspiel mit dem sonstigen Inhalt des jeweiligen Regelungswerkes.[104] Eine gewisse rechtliche Relevanz kann ihnen somit nicht grundsätzlich abgesprochen werden.[105] Vielmehr verdeutlicht die Betrachtung der Präambeln im nationalen Recht einen Trend hin zu ihrer Verrechtlichung.[106]

Der rechtliche Gehalt einer jeden Präambel ist durch Auslegung zu ermitteln. Für internationale Übereinkünfte ist dabei die Wiener Vertragsrechtskonvention heranzuziehen, welche in Art. 31 Abs. 1 den Grundsatz vorsieht, dass ein Vertrag „nach Treu und Glauben in Übereinstimmung mit der gewöhnlichen, seinen Bestimmungen in ihrem Zusammenhang zukommenden Bedeutung und im Lichte seines Zieles und Zweckes auszulegen" ist. Danach beginnt jede Auslegung beim Wortlaut des Vertrages, zu dem nach Art. 31 Abs. 2 ausdrücklich auch die Präambel zählt. Letztere wird hiermit – fast schon beiläufig – zum integralen Bestandteil des Vertrages erhoben.[107] Präambeln internationaler Übereinkünfte sind insofern nicht bloß als symbolische, rechtlich unerhebliche Programmsätze anzusehen, sondern sind, wie auch der sonstige Vertragstext, rechtsgültig.[108] Ihnen kommt zumindest interpretative Wirkung zu, so dass sie grundsätzlich in die zweite Kategorie nach *Orgad* einzuordnen sind. Im Rahmen der Vertragsinterpretation wird der Präambel allerdings ein besonders hoher Stellenwert beigemessen. Schon beim Ausgangspunkt der Auslegung nach dem Wortlaut spielt die Präambel – als Teil des Vertragstextes – eine wichtige Rolle. Darüber hinaus gibt sie ihrer Funktion nach auch Auskunft über die „Ziele und den Zweck des Vertrages", welche nach Art. 31 Abs. 1 WVK bei der Vertragsauslegung ebenfalls zu berücksichtigen sind.[109] Diese Doppelrolle, die die Präambel zum obligatorischen Faktor einer jeden Vertragsauslegung macht, führt zu einer Verstärkung

---

[103] *Orgad*, ICJL, 2010, 714 (722 ff.). Siehe dazu auch *Hulme*, UPaLR, 2016, 1281 (1293 ff.) und IGH, *Case concerning rights of nationals of the United States of America in Morocco*, Judgment, 27.8.1952, I.C.J. Rep. 1952, p. 176, 184, wo das Gericht von der Rechtsverbindlichkeit der infrage stehenden Präambel ausgeht.
[104] *Orgad*, ICJL, 2010, 714 (730).
[105] *Hulme*, UPaLR, 2016, 1281 (1289).
[106] *Orgad*, ICJL, 2010, 714 (738).
[107] *Hulme*, UPaLR, 2016, 1281 (1289).
[108] *Fitzmaurice*, BYIL, 1957, 203 (229).
[109] Siehe dazu *Dörr*, in: ders./Schmalenbach, VCLT Commentary, Art. 31, Rn. 49; *Schmalenbach*, in: Dörr/Schmalenbach, VCLT Commentary, Preamble, Rn. 2.

ihrer rechtlichen Relevanz für internationale Übereinkünfte.[110] Somit dienen Präambeln zumindest als wichtige Auslegungshilfe bei der Interpretation des Vertrages. Ob sie darüber hinaus auch konkrete Rechte und Pflichten vermitteln, hängt von ihrer jeweiligen Ausgestaltung ab.

2. Die rechtliche Relevanz der Präambel des CA

In der authentischen englischen Fassung des CA lautet die Präambel wie folgt:

„Whereas the future development of international civil aviation can greatly help to create and preserve friendship and understanding among the nations and peoples of the world, yet its abuse can become a threat to the general security;

Whereas it is desirable to avoid friction and to promote that cooperation between nations and peoples upon which the peace of the world depends;

Therefore, the undersigned governments having agreed on certain principles and arrangements in order that international aviation may be developed in a safe and orderly manner [...]

Have accordingly concluded this Convention to that end."

Die Vertragsstaaten haben sich somit unter anderem in der Erwägung, der Missbrauch der internationalen Zivilluftfahrt könne zu einer Bedrohung der allgemeinen Sicherheit führen, auf gewisse Grundsätze und Übereinkommen geeinigt, damit sich diese in *sicherer und geordneter* Weise entwickeln kann. *Giemulla/ Kortas* zu Folge ergebe sich hieraus schon die mit der Öffnung des Luftraums einhergehende Verpflichtung des Staates, die Sicherheit ihres Luftraums zu gewährleisten.[111] Diese Verpflichtung werde unter Umständen verletzt, sofern ein Staat – wie die Ukraine im Fall des Abschusses des Fluges MH17 – seinen Luftraum über Konfliktzonen für die zivile Luftfahrt nicht sperrt.

Ob sich aus den in der Präambel niedergelegten Grundsätzen aber schon die konkrete Pflicht der Vertragsstaaten ergibt, den Luftraum über Konfliktzonen zu sperren, erscheint im Hinblick auf ihre Formulierung fraglich.[112] Betrachtet man den Wortlaut der Präambel, fällt auf, dass ihr Fokus auf der Rolle der zivilen Luftfahrt bei der Schaffung und der Erhaltung des Friedens zwischen den Nationen liegt.[113] Dies erklärt sich aus dem historischen Kontext des Abkommens, welches nach den Erfahrungen des Zweiten Weltkrieges und des sich darin offenbarten zerstörerischen militärischen Potenzials der Luftfahrt, entstanden ist. Der Aspekt der Sicherheit wird in der Präambel dagegen nur beiläufig erwähnt. So

---

[110] *Hulme*, UPaLR, 2016, 1281 (1303 ff.).
[111] *Giemulla/Kortas*, ZLW, 2015, 431 (432). Zur Öffnung des Luftraums als Quelle staatlicher Pflichten siehe sogleich unter Teil 3 C. II., S. 129 ff.
[112] Ablehnend insbesondere *Knittlmayer*, ZLW, 2016, 44 (52).
[113] *Abeyratne*, Convention on Internat. Civil Aviation, Preamble, S. 3.

wurde das Abkommen zu dem Zwecke abgeschlossen, dass sich die internationale Luftfahrt in sicherer und geordneter Weise entwickeln kann. Darin ist keine Verpflichtung der Staaten zu erblicken, die Sicherheit der Zivilluftfahrt tatsächlich zu gewährleisten, erst recht nicht durch konkrete Maßnahmen, wie der Sperrung des Luftraums. Die Sicherheit der Luftfahrt ist in der Präambel nicht als solche erwähnt, sondern nur im Zusammenhang mit der stetigen Entwicklung ebendieser.

Allerdings kann in der Missachtung von sicherheitsbezogenen Verpflichtungen – etwa einer Pflicht zur Sperrung des Luftraums über Konfliktzonen – eine Bedrohung des internationalen Friedens liegen, die es der Präambel nach zu verhindern gilt.[114] Auch deutet schon die Erwähnung des Begriffes *safe* in der Präambel darauf hin, dass der Aspekt der Sicherheit das gesamte Abkommen durchzieht.[115] So sind die Vertragsstaaten gemäß Art. 3 lit. d) CA beim Erlass von Vorschriften für Staatsluftfahrzeuge dazu verpflichtet, auf die Sicherheit der Zivilluftfahrt Rücksicht zu nehmen. Besonders deutlich wird dies auch in Art. 44 CA, wonach es Ziel und Aufgabe der durch das Abkommen geschaffenen ICAO sei, ein sicheres und geordnetes Wachsen der internationalen Zivilluftfahrt in der ganzen Welt zu gewährleisten (lit. a)), den Bedürfnissen der Völker der Welt nach einem sicheren Luftverkehr zu entsprechen (lit. d)) sowie die Flugsicherheit in der internationalen Zivilluftfahrt zu fördern (lit. h)). Zum Zwecke der Sicherheit kann die ICAO nach Art. 37 CA auch internationale Richtlinien und Empfehlungen erlassen.[116]

Zwar ergibt sich eine Pflicht zur Sperrung des Luftraums über Konfliktzonen nicht unmittelbar aus der Präambel des CA, doch steht diese der Herleitung einer solchen Pflicht jedenfalls nicht entgegen. Vielmehr dient die Sperrpflicht dem Zwecke der sicheren und geordneten Entwicklung der internationalen Zivilluftfahrt und entspricht somit der Zielsetzung des Abkommens, wie sie in der Präambel zum Ausdruck kommt. Eine Sperrpflicht fügt sich somit in das Chicagoer System ein, welches von der Prämisse der Sicherheit als *raison d'être* des internationalen öffentlichen Luftrechts und der Verantwortung der Staaten zur Gewährleistung ebendieser ausgeht.[117]

---

[114] *Huang*, Aviation Safety, S. 18, 219.
[115] *Huang*, Aviation Safety, S. 16.
[116] Siehe oben, Teil 3 A. II., S. 113 ff.
[117] Zur aviation safety als *raison d'être* der ICAO siehe *Huang*, Aviation Safety, S. 17 ff.; *ders.*, Chinese JIL, 2009, 63 (63 ff.).

II. Die Öffnung des Luftraums als Grundlage der Sperrpflicht

Aus der abwehrrechtlichen Komponente der in Art. 1 CA anerkannten Lufthoheit folgt unmittelbar, dass der staatliche Luftraum *de iure* geschlossen ist und für den internationalen Luftverkehr explizit *geöffnet* werden muss.[118] Anders als in Art. 2 des Pariser Abkommens ist auch kein *Recht auf friedlichen Durchflug* vorgesehen.[119] In der Konsequenz bestimmt Art. 6 CA, dass planmäßiger internationaler Fluglinienverkehr über oder in das Hoheitsgebiet eines Vertragsstaats nur mit der besonderen Erlaubnis oder einer sonstigen Ermächtigung dieses Staates und nur in Übereinstimmung mit den Bedingungen ebendieser erfolgen darf. Ein unerlaubter Ein- oder Überflug verletzt die territoriale Integrität der Bodenstaaten.[120] Insofern dient Art. 6 CA der Sicherung der staatlichen Souveränität.[121]

Giemulla/Kortas zu Folge bewirkt die Grundannahme der Lufthoheit nicht nur, dass der Einflug in das Hoheitsgebiet eines Vertragsstaates von dessen Erlaubnis abhängig ist, sondern auch, dass für den *rechtmäßigen*, also erlaubten, Aufenthalt in anderen Lufträumen die Sicherheit in einer Weise gewährleistet ist, dass internationaler Luftverkehr überhaupt geordnet und sicher stattfinden kann.[122] Diese Verpflichtung ergebe sich ausdrücklich aus der Präambel sowie aus Art. 44 CA, wonach die ICAO das Ziel verfolgt, „ein sicheres und geordnetes Wachsen der internationalen Zivilluftfahrt in der ganzen Welt zu gewährleisten".[123] Die Argumentation, dass sich die Pflicht zur Gewährleistung der Sicherheit aus der Präambel sowie aus Art. 44 CA ergibt, ist kritisch zu betrachten. Wie bereits erörtert, lassen sich der Präambel zum Chicagoer Abkommen keine konkreten Verpflichtungen entnehmen.[124] Gleiches gilt für Art. 44 CA, der die Aufgaben der ICAO als internationaler Organisation mit eigener Rechtspersönlichkeit auflistet und somit keine Verpflichtungen für die Vertragsstaaten an sich begründet. Dem Wortlaut der Bestimmung lassen sich vielmehr nur Zielsetzungen entnehmen. Gleichwohl ist – wie im Folgenden darzulegen sein wird – *Giemulla/Kortas* insofern zuzustimmen, als dass mit der Öffnung des Luftraums für den zivilen Luftverkehr, welche über multi- und bilaterale Luftverkehrsabkommen erfolgt, Schutzpflichten des jeweiligen Bodenstaates einhergehen.

---

[118] *Cheng*, Internat. Air Transport, S. 3; *Hobe*, in: Mendes de Leon/Buissing, Evolution of Aerial Sovereignty, S. 38; *Mendes de Leon*, Air Law, S. 45.

[119] *Bentzien*, ZLW, 2008, 508 (522); *Weber*, in: Bernhardt, EPIL I, Chicago Convention, S. 571.

[120] So auch IGH, *Military and Paramilitary Activities in and against Nicaragua (Nicaragua v. United States of America)*, Judgment, 27.6.1986, I.C.J. Rep. 1986, p. 14, para. 251.

[121] *Schladebach*, Luftrecht, S. 48.

[122] *Giemulla/Kortas*, ZLW, 2015, 431 (432).

[123] *Giemulla/Kortas*, ZLW, 2015, 431 (432).

[124] Siehe oben, Teil 3 C. I. 2., S. 127 f.

1. Sperrpflicht aufgrund der Schaffung einer Gefahrenquelle

Jeder, der eine Gefahrenquelle schafft oder unterhält, muss die nach Lage der Verhältnisse erforderlichen und zumutbaren Vorkehrungen zum Schutz Dritter treffen. Diese unter dem Stichpunkt der sog. Verkehrssicherungspflicht diskutierten Schutzpflichten beruhen auf dem Rechtsgedanken, dass jedermann dazu verpflichtet ist, sich so zu verhalten, dass rechtlich geschützte Güter Dritter nicht durch in seinem Einwirkungs- und Verantwortungsbereich gesetzte Ursachen verletzt werden.[125] Der aus dem deutschen Deliktsrecht bekannte Rechtsgedanke findet sich in nahezu allen Rechtskreisen wieder[126] und hat auch Anklang im Völkerrecht gefunden. So sieht etwa der 1956 zwischen Deutschland, Frankreich und Luxemburg geschlossene Moselvertrag in seinen Art. 36 und 37 konkrete Verkehrssicherungspflichten in Bezug auf die Mosel vor.[127] Auch dem allgemeinen völkerrechtlichen Schädigungsverbot[128] liegt der Gedanke der Verkehrssicherungspflicht zugrunde. Das Verursacherprinzip, wonach die Schaffung einer Gefahrenquelle Verkehrssicherungspflichten auslöst, findet somit entsprechende Anwendung im Völkerrecht.

Die Verkehrssicherungspflicht spielt insbesondere im Straßenverkehr eine bedeutende Rolle. Ausgangspunkt ist dabei die Eröffnung des Verkehrs unter Inkaufnahme von Gefahrenlagen.[129] Sie verpflichtet denjenigen, der den Verkehr zugelassen hat bzw. andauern lässt dazu, die von der öffentlichen Verkehrsfläche ausgehenden Gefahren abzuwehren und ihnen durch die Ergreifung zumutbarer Maßnahmen vorzubeugen.[130] Nach der allgemeinen Verkehrsauffassung soll zwar jede Straße gefahrfrei befahrbar sein,[131] doch ist eine absolute Gefahrlosigkeit nicht zu gewährleisten.[132] Eine Haftung des Verkehrssicherungspflichtigen ist vielmehr nur anzunehmen, wenn ihm der Pflichtverstoß bei Anwendung der verkehrserforderlichen Sorgfalt erkennbar gewesen ist.[133] Gleichzeitig darf er

---

[125] BGHZ 5, 378, 380 f.; *Hager*, in: Staudinger BGB, § 823, Rn. E 1 ff. m. w. N.

[126] Siehe die Nachweise bei *Verlage*, Responsibility to Protect, S. 206, Fn. 152 auf *Eleftheriadou*, Die Haftung aus Verkehrspflichtverletzung im deutschen und griechischen Deliktsrecht, S. 68 ff.; *Furgler*, Die Verkehrssicherungspflicht im schweizerischen Haftpflichtrecht, S. 58 f., 124 f.; *Henrich/Huber*, Einführung in das engl. Privatrecht, S. 91; *Huck*, PHi, 2006, 98 (104).

[127] Vertrag zwischen der Bundesrepublik Deutschland, der Französischen Republik und dem Großherzogtum Luxemburg über die Schiffbarmachung der Mosel vom 27. Oktober 1956, BGBl. II, S. 1838; *Verlage*, Responsibility to Protect, S. 206.

[128] Siehe dazu ausführlich Teil 2 C. I. 2., S. 68 ff.

[129] *Wohlfahrt*, in: Haus/Krumm/Quarch, Gesamtes Verkehrsrecht, § 3 FStrG, Rn. 9.

[130] *Wohlfahrt*, in: Haus/Krumm/Quarch, Gesamtes Verkehrsrecht, § 3 FStrG, Rn. 10.

[131] *Pardey*, in: Haus/Krumm/Quarch, Gesamtes Verkehrsrecht, § 839 BGB, Rn. 25.

[132] *Hensen*, in: Berz/Burmann, Hdb. des Straßenverkehrsrechts, Kap. 9 A, Rn. 2.

[133] Siehe zur Erkennbarkeit des Pflichtverstoßes: BGH, Urt. v. 23.10.1984, VI ZR 85/83, abgedruckt in: NJW, 1985, 620.

C. Herleitung einer Sperrpflicht aus dem internationalen öffentlichen Luftrecht 131

darauf vertrauen, dass sich die Verkehrsteilnehmer selbst auf die ihnen bei angemessener Sorgfalt rechtzeitig erkennbaren Gefahren einstellen.[134] Das Maß der Verkehrssicherungspflicht bestimmt sich somit nach der Erkennbarkeit sowie der Größe und dem Ausmaß der Gefahren. Je geringer die Möglichkeiten der Verkehrsteilnehmer zur Gefahrvermeidung sind, desto weiter reicht die Sicherungspflicht.[135] Der Gedanke der Verkehrssicherungspflicht greift in jedem Verkehrsraum. Auf Wasserstraßen folgt daraus, dass das gesamte Fahrwasser für den durchgehenden Schiffsverkehr im Rahmen des Möglichen und Zumutbaren zu sichern ist und damit verbundene Gefahren für die Benutzer und für Dritte abzuwehren sind.[136] Diese Pflichten sind auf den staatlichen Luftraum übertragbar.

Mit der souveränen Entscheidung zur Öffnung des Luftraumes für den internationalen Luftverkehr schafft jeder Staat eine Gefahrenquelle, die ihn dazu verpflichtet, Vorkehrungen zum Schutz Dritter zu treffen. Herrscht auf dem Boden ein bewaffneter Konflikt, der die Sicherheit der *Luftstraße* gefährdet, ist der betroffene Bodenstaat somit zur Ergreifung konkreter Schutzmaßnahmen verpflichtet. Wie im Straßenverkehr, wo eine nicht sichere Straße ggf. gesperrt werden muss, muss auch ein Luftraum, der nicht sicher durchflogen werden kann, gesperrt werden. Entsprechend hob *Tony Tyler*, derzeitiger Generaldirektor der IATA, in seiner Pressemitteilung nach dem Abschuss des Fluges MH17 hervor, dass die Luftfahrtunternehmen ihre Flugrouten innerhalb der Grenzen planen, die ihnen von den Regierungen und den Flugsicherheitsbehörden gesetzt werden. Er fügte hinzu: „It is very similar to driving a car. If the road is open, you assume that it is safe. If it's closed you find an alternate route."[137]

Den Vergleich kritisierend, betont *Knittlmayer*, dass nach allgemeiner Lebenserfahrung Autofahrer gerade nicht uneingeschränkt davon ausgehen können, dass eine nicht gesperrte Straße unter Ausschluss jeglicher Gefahr befahrbar ist.[138] Gleiches gelte für den Luftraum. Wie auch das DSB in seinem Abschlussbericht zu Flug MH17 darlege,[139] hätten die Staaten bisher ihre von Konfliktzonen betroffenen Lufträume nicht für die zivile Luftfahrt gesperrt. Insofern könne sich keine Erwartungshaltung der Luftfahrtunternehmen dahingehend gebildet haben, dass ein offener Luftraum sicher ist.[140] Nach den Grundsät-

---

[134] *Bergmann/Schumacher*, Kommunalhaftung, S. 22, Rn. 41.
[135] *Pardey*, in: Haus/Krumm/Quarch, Gesamtes Verkehrsrecht, § 839 BGB, Rn. 24.
[136] BGHZ 37, 69 (70ff.); *Heinz*, in: Friesecke, WaStrG, § 8, Rn. 29; *Gröpl*, in: Dürig/Herzog/Scholz, GG, Art. 89, Rn. 68.
[137] Comments of Tony Tyler, IATA's Director General and CEO, on MH17, 21.7.2014, abrufbar unter: https://airlines.iata.org/blog/2014/07/comments-of-tony-tyler-iata%E2%80%99s-director-general-and-ceo-on-mh17 [zuletzt aufgerufen am 26.1.2023].
[138] *Knittlmayer*, ZLW, 2016, 44 (53).
[139] DSB-Abschlussbericht, S. 199ff., 204.
[140] *Knittlmayer*, ZLW, 2016, 44 (54); so auch DSB-Abschlussbericht, S. 262.

zen der Straßenverkehrssicherungspflicht im deutschen Recht sei eine völlige Gefahrlosigkeit der Verkehrsflächen nicht vom verkehrssicherungspflichtigen Hoheitsträger zu erwarten. Der Straßenbenutzer müsse sich vielmehr den gegebenen Verhältnissen anpassen und die Wege so hinnehmen, wie sie sich ihm erkennbar darbieten.[141]

Zwar mag sich bisher noch nicht die Erwartungshaltung entwickelt haben, dass ein offener Luftraum stets auch sicher ist, doch spricht dies nicht gegen das grundsätzliche Bestehen einer Verkehrssicherungspflicht, seinen unsicheren Luftraum zu sperren. Das primäre Ziel ist es, den Verkehrsraum möglichst gänzlich sicher zu halten. Aufgrund der Vielzahl von möglichen Gefahren, die sich etwa aus Unebenheiten der Straße, Kollisionen mit Bäumen, Steinschlagrisiken oder Baustellen ergeben können, ist es dem Hoheitsträger nicht möglich, einen Zustand absoluter Gefahrlosigkeit im Straßenverkehr zu gewährleisten. Darüber hinaus ist es den Verkehrsteilnehmern auf der Straße zuzumuten, erkennbaren Gefahren selbstständig auszuweichen. Diese Möglichkeit besteht für die Fluggäste eines Luftfahrzeuges nicht. Auch die Luftfahrzeugführenden können den Gefahren im Luftraum nicht in jedem Fall ausweichen. Insbesondere sind sie grundsätzlich an die von den Staaten freigegebene Flugroute und Flughöhe gebunden.[142] Ein wesentlicher Unterschied zum Straßenverkehr ist schließlich darin zu sehen, dass der Luftraum – anders als der Straßenverkehr – gänzlich überwacht wird.

Gleichwohl ist auch im Luftverkehr ein Zustand völliger Gefahrlosigkeit nicht zu erreichen. Neben dem der Luftfahrt immanenten Betriebsrisiko treten die Gefahr eines Missbrauchs von Luftfahrzeugen sowie von Angriffen auf die zivile Luftfahrt, welche selbst unter Anwendung äußerster Sorgfalt nicht in jedem Fall vermeidbar sind. Herrscht allerdings auf dem Boden eines Staates ein bewaffneter Konflikt, der sich erkennbar auf den Luftraum ausgeweitet hat, liegt eine erhebliche und unausweichliche Gefahr für Zivilluftfahrzeuge vor, die der Hoheitsträger mit einer Luftraumsperrung *gänzlich* abwenden kann. Diese – zum Schutz der betroffenen Personen einzig effiziente Maßnahme – ist dem Staat zumutbar und wird somit im Rahmen seiner Verkehrssicherungspflicht von ihm erwartet.

Die nach dem Chicagoer Abkommen erforderliche explizite Öffnung des Luftraums für den internationalen Zivilverkehr begründet die Verantwortlichkeit des Souveräns für die Sicherheit in ebendiesem. Näher ausgestaltet wird diese Verantwortung in den multi- und bilateralen Luftverkehrsabkommen, in denen

---

[141] *Knittlmayer*, ZLW, 2016, 44 (54) unter Berufung auf OLG Jena, Urt. v. 11.7.2012, 4 W 322/12, abgedruckt in: MDR 2012, 1160.

[142] Zur Verantwortung des Bodenstaates für die freigegebenen Routen siehe unten, Teil 3 C. III. 1., S. 142 ff.

2. Die Öffnung des Luftraums über multilaterale Abkommen

Zum Zwecke der Erreichung eines möglichst hohen Konsenses befasst sich das Chicagoer Abkommen zuvörderst mit Fragen der Sicherheit und klammert kommerzielle Aspekte des Luftverkehrs bewusst aus.[143] Schon im Rahmen der Chicagoer Konferenz wurde aber eine multilaterale Regelung der Verkehrsrechte angestrebt, was letztlich zum Abschluss zweier Zusatzabkommen, dem Transit- und dem Transportabkommen, führte.

a) Das Transit- und das Transportabkommen

Das Transitabkommen, in dessen Art. I Abschn. 1 sich die Staaten das Recht zum Überflug (1. Freiheit) und das Recht zur Landung zu nicht-gewerblichen Zwecken, also zur Notlandung (2. Freiheit),[144] gewähren, ist heute von 133 Staaten ratifiziert. Obgleich einige großflächige Staaten wie China, Russland oder Brasilien dem Abkommen nicht beigetreten sind,[145] kann festgehalten werden, dass für diese beiden sog. technischen Verkehrsrechte[146] eine nahezu universell geltende, multilaterale Lösung gefunden wurde.

Das Transportabkommen enthält in seinem Art. I Abschn. 1 neben dem Überflugs- und dem Notlanderecht drei sog. gewerbliche Verkehrsrechte, welche es den Luftfahrtunternehmen erst ermöglichen, kommerziellen Flugverkehr zu betreiben. So wird über die 3. Freiheit das Recht gewährt, Fluggäste, Post und Fracht in einen anderen Vertragsstaat zu befördern und dort abzusetzen. Die 4. Freiheit erlaubt es, diese in einem anderen Vertragsstaat aufzunehmen und zurück in den Heimatstaat des Luftfahrzeugs zu befördern. Über die 5. Freiheit wird darüber hinaus ermöglicht, Personen, Fracht und Post zwischen zwei anderen Vertragsstaaten zu befördern, sofern Anfangs- oder Endpunkt der Route der

---

[143] *Hobe*, in: Mendes de Leon/Buissing, Evolution of Aerial Sovereignty, S. 38; zum Aspekt der „Market Protection through Sovereignty", siehe *Kaiser*, Annals of Air & Space L., 2010, 153 (162 ff.).

[144] *Schladebach*, Luftrecht, S. 48.

[145] Kritisch hierzu: *Haanappel*, Air & Space L., 1995, 311 (316); *Schladebach*, Luftrecht, S. 50. Nach Fertigstellung der Bearbeitung hat sich der Ratifikationsstand verändert. Insbesondere ist Brasilien seit Juli 2022 Vertragspartei, vgl. https://www.icao.int/secretariat/legal/list%20of%20parties/transit_en.pdf [zuletzt aufgerufen am 26.1.2023].

[146] Zum gegenüber dem Ausdruck *Freiheiten der Luft* vorzugswürdigen Begriff der Verkehrsrechte siehe *Schladebach*, Luftrecht, S. 48; *ders.*, Lufthoheit, S. 186, Fn. 7; zur Unterteilung in technische und gewerbliche Verkehrsrechte: *Rossbach*, in: Hobe/von Ruckteschell, Kölner Kompendium, Bd. 1, Teil II A, Rn. 80 f.

Heimatstaat ist. Praktische Bedürfnisse führten zur Herausbildung weiterer Verkehrsrechte. So etwa zur 6. Freiheit, die das Recht vermittelt, mit einer Zwischenlandung im Heimatland zwischen Drittländern zu transportieren und zur 7. Freiheit, welche einen Transport zwischen Drittstaaten ohne Berührung zum Heimatstaat ermöglicht. Im Umkehrschluss folgt aus Art. 7 CA auch das Recht, Inlandsverkehr in einem Drittland zu betreiben (sog. Kabotage).[147]

Da sich die meisten Staaten das Recht vorbehalten wollten, gewerbliche Verkehrsrechte auf Reziprozitätsbasis auszutauschen, wurde das insofern als zu liberal empfundene Transportabkommen nur von wenigen Staaten ratifiziert und weist daher kaum rechtliche Relevanz auf.[148] Bedeutung kommt dem Abkommen nur insoweit zu, als es zur Formulierung und Systematisierung der Verkehrsrechte führte.[149] Festzuhalten ist somit, dass eine multilaterale Regelung der *gewerblichen* Verkehrsrechte – anders als die der technischen Verkehrsrechte – aufgrund der damit verbundenen Souveränitätseinbußen gescheitert ist. Im Folgenden wird zur Herleitung der Sperrpflicht daher nur das Transitabkommen erörtert.

b) Sperrpflicht aus dem Transitabkommen

Die Vertragsstaaten gewähren sich in Art. I Abschn. 1 des Transitabkommens das Recht zum Überflug sowie das Recht zur Landung zu nicht-gewerblichen Zwecken und öffnen insofern ihre Lufträume füreinander.

Bemerkenswerterweise enthält bereits das während der Chicagoer Konferenz entstandene Transitabkommen eine spezielle Regelung zum Überflug von Gebieten, in denen bewaffnete Auseinandersetzungen stattfinden. So sieht Art. I Abschn. 1 Abs. 2 S. 2 des Abkommens vor, dass die Ausübung des Überflugs- und des Notlanderechts in Gebieten, in denen offene Feindseligkeiten stattfinden oder die militärisch besetzt sind, von der Zustimmung der zuständigen militärischen Behörden abhängig ist. Das zunächst unbegrenzt erteilte Recht zum Überflug und zur Notlandung wird somit einer Einschränkung unterworfen. In Gebieten, in denen bewaffnete Auseinandersetzungen stattfinden hat der Staat gesondert zu prüfen, ob und inwiefern die Ausübung der gewährten Rechte im Hinblick auf die militärischen Operationen möglich ist. Das Zustimmungserfordernis, welches der Koordination von militärischen Operationen und ziviler Luftfahrt und letztlich dem Schutz ebendieser dient, belegt die gesteigerten Sorgfaltspflichten, die den Staat im Falle eines bewaffneten Konfliktes treffen. Zwar enthält die Bestim-

---
[147] Zum Ganzen: *Haanappel*, Air Space and Outer Space, S. 104 ff.; *Rossbach*, in: Hobe/von Ruckteschell, Kölner Kompendium, Bd. 1, Teil II A, Rn. 82.
[148] *Hobe*, in: ders./von Ruckteschell, Kölner Kompendium, Bd. 1, Teil II A, Rn. 48.
[149] *Schwenk/Giemulla*, Luftverkehrsrecht, Kap. 14, Rn. 81.

C. Herleitung einer Sperrpflicht aus dem internationalen öffentlichen Luftrecht 135

mung keine Pflicht zur Sperrung des betroffenen Luftraums, doch ergibt sich aus dem Sinn und Zweck der Regelung, dass die Ausübung der gewährten Rechte zu verweigern ist, sofern die Sicherheit des zivilen Flugverkehrs nicht gewährleistet ist. Faktisch kommt dies einer Sperrung des Luftraums gleich.

Die Verantwortung für die Sicherheit des geöffneten Luftraums drückt sich auch in Abschnitt 4 des Transitabkommens aus. Danach kann jeder Vertragsstaat die zu nutzenden Flughäfen sowie die Strecke bezeichnen, die innerhalb seines Hoheitsgebiets von jedem internationalen Fluglinienverkehr einzuhalten ist, und eine angemessene Gebühr für die Benutzung der Flughäfen sowie sonstiger Luftfahrteinrichtungen festsetzen. Die Vertragsstaaten bestimmen somit, welche Flugrouten zur Verfügung stehen und – im Umkehrschluss auch – welche nicht. Die Streckenplanung, welche den nicht veröffentlichten Routenplan beinhaltet, mache es *Hobe* zu Folge geradezu erforderlich, vor der Eröffnung eines bestimmten Luftverkehrs jedenfalls konkludent die Sicherheit zu gewährleisten. Insofern sei von der „Zusicherung" eines sicheren Überfluges auszugehen.[150]

Der Verantwortung für die Bestimmung, ob und welcher Luftraum für die zivile Luftfahrt geöffnet ist, entspricht die Pflicht des Staates, den Luftraum zu schließen, wenn seine Öffnung eine Gefahr für seine Vertragspartner darstellt. Grundlage dieser vertraglichen Pflicht ist der auch in völkerrechtlichen Beziehungen geltende Grundsatz von Treu und Glauben, dem als außerrechtliches Element eine wesentliche Funktion bei der Anwendung und Auslegung völkerrechtlicher Normen zukommt.[151] Der Grundsatz, wonach alle völkerrechtlichen Verpflichtungen nach Treu und Glauben zu erfüllen sind,[152] stellt bei der Auslegung von Verträgen sicher, dass ihr Geist und die darin vorgegebenen Ziele beachtet werden. Er bestimmt das gesamte Verhältnis der Parteien zueinander und konstituiert trotz seiner inhaltlichen Unschärfe rechtlich verbindliche Verhaltenspflichten, deren Verletzung die Staatenverantwortlichkeit begründen kann.[153] Insbesondere wenn gewichtige Rechtsgüter wie Leib und Leben einer Vielzahl von

---

[150] *Hobe*, in: FS-Dicke, S. 410.

[151] *Schwarzenberger*, RdC, 1955-I, 191 (304). Ausführlich zum Grundsatz von Treu und Glauben im Völkerrecht: *Kolb*, La bonne foi en droit Internat. public; *Zoller*, La bonne foi en droit internat. public.

[152] Siehe etwa UNGA Res. 2625 (XXV), Declaration on Principles of International Law concerning Friendly Relations and Co-operation among States in accordance with the Charter the United Nations, 24.10.1970, GAOR, 25th Sess., Suppl. No. 28, S. 121, 124: „Every State has the duty to fulfill in good faith its obligations under the generally recognized principles and rules of international law."

[153] Siehe zum Ganzen *Lachs*, in: FS-Röling, S. 49 ff.; *Wolfrum*, in: Dahm/Delbrück/Wolfrum, Völkerrecht, Bd. I/3, S. 845 ff. m. w. N.

Personen auf dem Spiel stehen, können sich aus dem Grundsatz konkrete Rücksichtnahmepflichten ergeben.[154]

Im Transitabkommen erteilen sich die Vertragspartner gegenseitig das Recht, bestimmte Flugrouten zu nicht gewerblichen Zwecken zu nutzen. Damit einher geht die Nebenpflicht eines jeden Staates, auf das Integritätsinteresse seiner Vertragspartner gebührend Rücksicht zu nehmen. Somit hat jeder Staat in seinem Luftraum zu gewährleisten, dass die Ausübung der gewährten Rechte in sicherer Weise erfolgen kann. Spielt sich auf dem Boden ein Konflikt ab, der die Sicherheit im staatlichen Luftraum gefährdet, muss der Staat diesen der zivilen Luftfahrt demnach entziehen. Aus der Lufthoheit über den staatlichen Luftraum folgt nicht nur, dass dieser *de jure* geschlossen ist und explizit für den Luftverkehr geöffnet werden muss, sondern auch, dass der Staat die Verantwortung für die Sicherheit im geöffneten Luftraum trägt. Dies ist Ausdruck der Verantwortungskomponente der Souveränität über den staatlichen Luftraum.

3. Die Öffnung des Luftraums über bilaterale Abkommen

Wie bereits erörtert, ist eine multilaterale Erteilung der gewerblichen Verkehrsrechte – anders als die der technischen Verkehrsrechte – im Rahmen der Chicagoer Konferenz gescheitert. Obgleich das Chicagoer Abkommen dies nicht zwingend vorschreibt, werden die gewerblichen Verkehrsrechte daher bis heute überwiegend bilateral erteilt.[155] Die bilateralen Luftverkehrsabkommen stellen die Grundlage für die Durchführung des planmäßigen Fluglinienverkehrs zwischen den jeweiligen Vertragspartnern dar.[156] Sie enthalten neben der Gewähr bestimmter Verkehrsrechte weitere Vorschriften, insbesondere in Bezug auf die Betriebsgenehmigung, das Beförderungsangebot, die Tarife und Gebühren, die Anerkennung von Zeugnissen und Erlaubnisscheinen sowie die Einhaltung von Sicherheitsstandards.[157] Durch eine sog. *Ownership-and-Control-Klausel* wird zudem sichergestellt, dass die gewährten Rechte auf die Luftfahrtunternehmen

---

[154] Zu Treu und Glauben als Quelle staatlicher Pflichten: *Delbrück*, in: Dahm/Delbrück/Wolfrum, Völkerrecht, Bd. I/3, S. 602; *Zoller*, La bonne foi en droit internat. public, Rn. 247. Siehe auch *Starski*, DöV, 2018, 85 (88), die unabhängig vom Bestehen eines Vertragsverhältnisses davon ausgeht, dass Staaten als gleichgeordnete Subjekte Rücksichtnahme- und Sorgfaltspflichten treffen, die sich im Rechtsprinzip des guten Glaubens widerspiegeln und das Fundament der Staatenverantwortlichkeit bilden.

[155] *Havel/Sanchez*, Internat. Aviation Law, S. 73, 75; *Hobe*, in: Mendes de Leon/Buissing, Evolution of Aerial Sovereignty, S. 39; *Mendes de Leon*, Air Law, S. 45.

[156] *Schwenk/Giemulla*, Luftverkehrsrecht, Kap. 14, Rn. 88.

[157] *Hobe*, Völkerrecht, S. 431; *Mendes de Leon*, Air Law, S. 49 f.; *Schwenk/Giemulla*, Luftverkehrsrecht, Kap. 14, Rn. 92, 170 ff.; eingehend zum Inhalt der Luftverkehrsabkommen: *Cheng*, Internat. Air Transport, S. 289 ff.

C. Herleitung einer Sperrpflicht aus dem internationalen öffentlichen Luftrecht

beschränkt bleiben, die sich im Eigentum und unter der Kontrolle von Staatsangehörigen der jeweiligen Vertragsparteien befinden.

Nachdem lange Zeit das 1946 zwischen Großbritannien und den Vereinigten Staaten geschlossene Luftverkehrsabkommen (sog. Bermuda I-Abkommen) als Vorbild für weitere Abkommen diente,[158] geht die Tendenz heute zu einer weiteren Liberalisierung des internationalen Luftverkehrs.[159] Einen bedeutenden Beitrag dazu leistet das auf der amerikanischen *Open-Skies-Politik*[160] beruhende Luftverkehrsabkommen zwischen der EU und seinen Mitgliedstaaten auf der einen und den USA auf der anderen Seite.[161] Das am 30. März 2008 in Kraft getretene Abkommen, welches etwa 60% des weltweiten Flugverkehrs betrifft, stellt die bisher weitreichendste Vereinbarung zum Luftverkehr dar.[162] Es steht dem Beitritt von Drittstaaten offen gegenüber[163] und weist einen „trendsetting character"[164] auf. So hat die EU bereits ein ähnliches Luftverkehrsabkommen mit Kanada geschlossen.[165] Das EU-USA-Abkommen wird daher beispielhaft zur Untersuchung der Frage herangezogen, ob sich aus den bilateralen Luftverkehrsabkommen die Pflicht der Vertragsstaaten ergibt, ihren Luftraum über Konfliktzonen zu sperren.

---

[158] Air Services Agreement between the United States and the United Kingdom, 11.2.1946, T.I.A.S. No. 1507; *Mendes de Leon*, Air Law, S. 51; *Schwenk/Giemulla*, Luftverkehrsrecht, Kap. 14, Rn. 101 ff.; näher zum Abkommen: *Cooper*, Foreign Aff., 1946, 59 (59 ff.); zu seiner Historie: *Haanappel*, Int'l Trade L. J., 1980, 241 (243 ff.).

[159] Eingehend dazu: *Havel*, Beyond Open Skies; *ders./Sanchez*, Internat. Aviation Law, S. 122.

[160] Näher dazu: *Salazar/van Fenema*, in: Dempsey/Jakhu, Public Aviation Law, S. 269 ff. Das aktuelle US-Open-Skies-Musterabkommen ist abrufbar unter: https://2009-2017.state.gov/e/eb/tra/ata//index.htm [zuletzt aufgerufen am 26.1.2023].

[161] Luftverkehrsabkommen, ABl. Nr. L 134 vom 25.5.2007, S. 4; zuletzt geändert durch das Protokoll vom 25.8.2010, ABl. Nr. 223, S. 3. Zum Abkommen im Überblick: *Kinne*, Das Luftverkehrsabkommen Open Skies; zur Entwicklung des Single European Market im Überblick: *Kaiser*, Annals of Air & Space L., 2010, 153 (165 ff.).

[162] Siehe dazu: „Open Skies"-Luftverkehrsabkommen zwischen der EU und den USA: Am 30. März beginnt ein neues Zeitalter der transatlantischen Luftfahrt, Pressemitteilung der EU-Kommission v. 28.3.2008, IP/08/474, abrufbar unter: https://ec.europa.eu/commission/presscorner/detail/de/IP_08_474 [zuletzt aufgerufen am 26.1.2023].

[163] Siehe Art. 18 Abs. 5 des EU-USA-Abkommens. Zum Beitritt Norwegens und Islands im Jahre 2011 siehe *Havel/Sanchez*, Internat. Aviation Law, S. 114.

[164] *Salazar/van Fenema*, in: Dempsey/Jakhu, Public Aviation Law, S. 281. Das Bestreben, ein Beispiel für die Vorteile der Liberalisierung im Bereich der Luftfahrt zu setzen, wird auch in der Präambel des Abkommens festgehalten.

[165] Luftverkehrsabkommen zwischen Kanada und der Europäischen Gemeinschaft und ihren Mitgliedstaaten, ABl. Nr. L 207 vom 6.8.2010, S. 32.

a) Das EU-USA-Abkommen im Überblick

Das Luftverkehrsabkommen zwischen der EU und den USA verfolgt ausweislich seiner Präambel das Ziel, ein internationales Luftverkehrssystem auf der Grundlage des am Markt herrschenden Wettbewerbs, mit einem Mindestmaß an staatlichen Eingriffen und Regulierung zu fördern. Dazu gewähren sich die Vertragsparteien in Art. 3 des Abkommens weitreichende Verkehrsrechte.

Neben dem Überflugs- und dem Notlanderecht (1. und 2. Freiheit, Art. 3 Abs. 1 lit. a), b)) wird in Art. 3 Abs. 1 lit. c) auch das Recht festgehalten, internationalen Luftverkehr zwischen der EU und den USA durchzuführen (3. und 4. Freiheit). Ferner gewähren die Vertragsparteien einander das Recht, Luftverkehr zwischen Drittstaaten zu betreiben, sofern Anfangs- oder Endpunkt der Route ein Vertragsstaat ist, oder eine Zwischenlandung in einem Vertragsstaat erfolgt (5. und 6. Freiheit).[166] Wie aus Art. 3 Abs. 6 hervorgeht, kann aus dem Abkommen das Recht zur Kabotage, also zum reinen Inlandsverkehr in einem Drittland, nicht abgeleitet werden. Frequenz und Kapazität der Luftverkehrsdienste können die Luftfahrtunternehmen nach Art. 3 Abs. 4 aufgrund kommerzieller Überlegungen selbst festlegen. Entsprechend kommt ihnen gemäß Art. 3 Abs. 2 hinsichtlich der Anzahl der Flüge, der Flugnummern, der verwendeten Fluggeräte sowie der Routenführung Ermessen zu. Darüber hinaus können die Preise nach Art. 13 frei festgesetzt werden und unterliegen keiner staatlichen Genehmigung oder Vorlagepflicht. Ferner sieht das Abkommen ausführliche Regelungen für Franchise- und Markenvereinbarungen vor und gestattet uneingeschränkte Code-Sharing-Vereinbarungen.

Neben der Förderung des Wettbewerbs verfolgt das Abkommen auch das Ziel, „im internationalen Luftverkehr ein Höchstmaß an Sicherheit zu gewährleisten". Entsprechend sieht es in seinen Artikeln 8 und 9 detaillierte Regelungen zum Schutz der Flugsicherheit (*safety*) bzw. der Luftsicherheit (*security*) vor. Art. 8 betrifft vorwiegend die Anerkennung von Zeugnissen, sofern diese den Mindeststandards der ICAO entsprechen. Art. 9 widmet sich dem Schutz der Zivilluftfahrt vor Angriffen von außen. Bei Missachtung der Regelungen zur Flug- bzw. zur Luftsicherheit kann die Genehmigung zum Flugbetrieb entzogen werden, vgl. Art. 4, 5 und 6a. Gleiches gilt bei Missachtung der auch in diesem *Open-Skies-Abkommen* enthaltenen Eigentümer- und Kontrollklausel, welche aller-

---

[166] *Bentzien*, ZLW, 2007, 587 (592). Zur unbegrenzten 5. und 6. Freiheit in den Open-Skies-Abkommen siehe *Salazar/van Fenema*, in: Dempsey/Jakhu, Public Aviation Law, S. 272. Zur Vereinbarkeit des Abkommens mit der Lufthoheit der EU-Mitgliedstaaten siehe *Schladebach*, Lufthoheit, S. 361 ff.

dings – in Umsetzung der europäischen Rechtsprechung – als Gemeinschaftsklausel formuliert ist.[167]

b) Sperrpflicht aus dem EU-USA-Abkommen

Den Regelungen des Luftverkehrsabkommens zwischen der EU und den USA lässt sich eine Pflicht zur Sperrung des Luftraums über Konfliktzonen entnehmen. Das Überflugs- und Notlanderecht, welche mittlerweile sogar als völkergewohnheitsrechtlich anerkannt gelten,[168] haben sich die Staaten im Transitabkommen erteilt. Nichtsdestotrotz werden auch diese beiden sog. ersten Freiheiten explizit in das Luftverkehrsabkommen aufgenommen. *Hobe* zu Folge spricht diese ansonsten überflüssige Erwähnung dafür, dass Staaten mit dem Abschluss der Abkommen „eine ausdrückliche Gewähr für den unfallfreien Durchflug durch den eigenen Luftraum abgeben."[169] In der Tat bekräftigt die Aufnahme des Überflugs- und Notlanderechts in den Vertrag, dass sich die Vertragspartner diese Rechte mitsamt den damit verbundenen vertraglichen Treue- und Rücksichtnahmepflichten gegenseitig zusprechen. Mit der Gewähr konkret umrissener Verkehrsrechte geht – wie bereits erörtert – die vertragliche Nebenpflicht einher, die sichere Ausübung ebendieser Rechte zu ermöglichen.

Die Verpflichtung zur Gewährleistung von Sicherheit wird auch an anderen Stellen deutlich sichtbar. Zunächst wird schon in der Präambel festgehalten, dass das Abkommen in dem Wunsch geschlossen wurde, „im internationalen Luftverkehr ein Höchstmaß an Sicherheit zu gewährleisten". Auch bekunden die Vertragsstaaten an dieser Stelle ihre tiefe Besorgnis über „Handlungen oder Bedrohungen, die sich gegen die Sicherheit von Luftfahrzeugen richten und die Sicherheit von Personen oder Sachen gefährden, den Luftverkehrsbetrieb beeinträchtigen und das Vertrauen der Öffentlichkeit in die Sicherheit der Zivilluftfahrt untergraben". Das Ziel der Sicherheit der zivilen Luftfahrt und insbesondere der Verhinderung von Angriffen auf ebendiese zieht sich somit durch das gesamte Abkommen und ist bei der Auslegung seiner Bestimmungen stets im Blick zu behalten.

Maßgeblich ist in diesem Zusammenhang vor allem Art. 9 Abs. 1, worin die Vertragsstaaten in Übereinstimmung mit ihren völkerrechtlichen Rechten und Pflichten erneut bekräftigen, „dass ihre gegenseitige Verpflichtung, die Sicherheit der Zivilluftfahrt vor widerrechtlichen Eingriffen zu schützen, fester Bestandteil dieses Abkommens ist." Sodann wird Bezug auf vier völkerrechtliche Verträge zum Schutz der Zivilluftfahrt vor widerrechtlichen Eingriffen genommen und festgehalten, dass die Vertragsparteien auf ihrer Grundlage handeln.

---

[167] Siehe Art. 6 sowie Anhang 4 des EU-USA-Abkommens.
[168] *Hobe*, in: FS-Dicke, S. 410.
[169] *Hobe*, in: FS-Dicke, S. 410.

Hervorzuheben ist insbesondere das Montrealer Übereinkommen zur Bekämpfung widerrechtlicher Handlungen gegen die Sicherheit der Zivilluftfahrt vom 23. September 1971, welches die Zerstörung eines Luftfahrzeuges zur Straftat erklärt und in seinem Art. 10 Abs. 1 vorsieht, dass die Vertragsstaaten sich bemühen, alle geeigneten Maßnahmen zur Verhinderung ebendieser zu treffen.[170] Obgleich der Wortlaut aufgrund der Nutzung des Verbs *bemühen* im Vergleich zu sonstigen Formulierungen wie etwa *ist verpflichtet*, abgeschwächt ist, wird die Verhinderung strafbarer Handlungen durch die Bezugnahme in Art. 9 Abs. 1 zu einer Pflicht der Vertragsstaaten erhoben. Zum Schutz vor Abschüssen ziviler Luftfahrzeuge, also einer Zerstörung im Einsatz befindlicher Luftfahrzeuge, kann eine Sperrung des Luftraums über Konfliktzonen erforderlich sein. Aus der Verpflichtung, Maßnahmen zum Schutz vor widerrechtlichen Eingriffen auf die Zivilluftfahrt zu ergreifen, welche sich aus Art. 9 Abs. 1 in Verbindung mit Art. 10 des Montrealer Übereinkommens ergibt, folgt daher – sofern der Schutz der Zivilluftfahrt dies im Einzelfall erfordert – die Pflicht, den Luftraum über Konfliktzonen zu sperren.

Das Bekenntnis zur Gewährleistung von Sicherheit wird auch in Art. 9 Abs. 3 des EU-USA-Abkommens erkenntlich, der die Einhaltung der Luftsicherheitsstandards sowie der – sonst nur unverbindlichen –[171] *recommendations* sicherstellt. Den luftsicherheitsbezogenen SARP wird über Art. 9 Abs. 3 somit bindende Rechtswirkung vermittelt. Relevant ist das insbesondere für Annex 17 betreffend *Security*. Letzterer hebt in *Standard* 2.1.1 zunächst hervor, dass in allen Angelegenheiten, die mit dem Schutz vor widerrechtlichen Eingriffen in die Zivilluftfahrt zusammenhängen, das primäre Ziel eines jeden Vertragsstaates die Sicherheit der Fluggäste, der Besatzung, des Bodenpersonals und der Öffentlichkeit ist. Darüber hinaus wird in dem – nach dem Abschuss von Flug MH17 überarbeiteten –[172] *Standard* 3.1.3 die Pflicht der Vertragsstaaten festgehalten, Art und Ausmaß der Bedrohungen für die Zivilluftfahrt, die sich aus seinem Hoheitsgebiet ergeben, fortlaufend zu überprüfen und seine nationalen Sicherheitsprogramme entsprechend anzupassen. Jeder Staat ist somit dafür verantwortlich, die Sicherheit in seinem Luftraum zu gewährleisten. Sollte dies aufgrund eines bewaffneten Konfliktes am Boden nicht möglich sein, folgt aus dieser Verantwortung die Pflicht des Staates, seinen Luftraum für die zivile Luftfahrt zu sperren. Nur so kann die Sicherheit der Luftfahrt effizient gewährleistet werden.

Art. 9 des EU-USA-Abkommens enthält neben diesen Festsetzungen auch weitere Pflichten zum Schutz der Luftsicherheit. So gewähren sich die Vertrags-

---

[170] Näher zum Montrealer Übereinkommen siehe unten, Teil 3 D. I., S. 183 ff.
[171] Zur Rechtsverbindlichkeit der Recommended Practices siehe oben, Teil 3 A. II. 1. a), S. 115.
[172] Dazu: DSB Follow-up Report, S. 28.

partner nach Art. 9 Abs. 2 jede erforderliche Unterstützung, um Bedrohungen der Sicherheit der Zivilluftfahrt zu verhindern. Nach Abs. 4 stellt jede Vertragspartei sicher, dass in ihrem Gebiet wirksame Schutzmaßnahmen am Boden ergriffen und die Sicherheitsvorschriften der jeweils anderen Partei im Gebiet ebendieser eingehalten werden. Flügen, die als Sicherheitsbedrohung angesehen werden, kann der Einflug nach Maßgabe von Abs. 5 verweigert werden. Die Absätze neun bis elf enthalten weitere Kommunikations-, Konsultations- und Verfahrenspflichten.

Die sehr ausführlichen Bestimmungen zur Flugsicherheit in Art. 8 und zur Luftsicherheit in Art. 9 verdeutlichen den Willen der Vertragspartner, die Luftfahrt in einem möglichst umfassenden Sinne zu schützen. Zwar enthält auch Art. 9, der sich spezifisch dem Schutz der zivilen Luftfahrt vor widerrechtlichen Eingriffen widmet, keine ausdrückliche Pflicht zur Sperrung des Luftraums über Konfliktzonen, doch kann der effektive Schutz der Luftfahrt nur gewährleistet werden, wenn mit der Schutzbestimmung auch eine Handlungspflicht einhergeht. Entsprechend ist Art. 9 des Abkommens durch Auslegung die Pflicht zur Ergreifung konkreter Schutzmaßnahmen im Einzelfall zu entnehmen. Bei der Entscheidung, welche Maßnahme zur Abwehr einer Gefahr angemessen ist, steht dem Staat grundsätzlich ein Ermessensspielraum zu. Dieser reduziert sich indes auf Null, wenn – wie im Fall des Überflugs von Konfliktzonen – nur eine Maßnahme denkbar und zumutbar ist, um die Gefahr effektiv abzuwehren.[173]

Die Bestimmungen zur *safety* und zur *security* stellen keine Besonderheit des EU-USA-Abkommens dar. Vielmehr zeigt das *Template Air Services Agreement* (TASA)[174] der ICAO, welches aus einer Vielzahl von Abkommen zusammengestellte Musterklauseln für bilaterale sowie multilaterale Luftverkehrsabkommen enthält, dass sich die Vorschriften im Kern durchgesetzt haben. Hervorzuheben ist dabei, dass für diese Vorschriften – anders als für sonstige – im TASA keine unterschiedlichen Formulierungen existieren, je nachdem, ob das Luftverkehrsabkommen restriktiv oder liberal ausgestaltet ist. Die Anforderungen an die Gewährleistung der Sicherheit sind somit in jedem Fall gleich. Auch die – im Vergleich zum EU-USA-Abkommen weniger ausführlichen – Bestimmungen des TASA sehen, unter Verweis auf die einschlägigen völkerrechtlichen Abkommen, eine Verpflichtung der Vertragsstaaten zum Schutz der Zivilluftfahrt vor widerrechtlichen Eingriffen vor. Zudem wird auch hier den luftsicherheitsrelevanten SARP rechtliche Bindungswirkung zugesprochen. Ferner betont die Musterklau-

---

[173] Näher zur Ermessensreduzierung siehe unten, Teil 3 C. III. 3. b), S. 158 ff.; Teil 5 B. III. 2., S. 234 ff.

[174] Template Air Services Agreements, abgedruckt in: ICAO Doc 9587, Policy and Guidance Material on the Economic Regulation of International Air Transport, 4. Aufl. 2017, Appendix 1.

sel die Pflicht der Vertragsstaaten zur Kooperation bei der Prävention von Angriffen auf die Luftsicherheit. Dies schließt die Pflicht zur gegenseitigen Information und Warnung über das Vorliegen von Konfliktzonen ein.

Im Ergebnis ist somit festzuhalten, dass sich eine Pflicht zur Sperrung des Luftraums über Konfliktzonen grundsätzlich allen Luftverkehrsabkommen entnehmen lässt. Wie anhand des EU-USA-Abkommens sowie des TASA aufgezeigt wurde, verfolgen die bilateralen Luftverkehrsabkommen das Ziel, die Sicherheit des Luftverkehrs zu gewährleisten. Dieser Zielsetzung entsprechend, kann aus den Vorschriften zum Schutz der zivilen Luftfahrt im Einzelfall die Pflicht der Staaten folgen, ihren Luftraum über Konfliktzonen zu sperren.

III. Sperrpflicht als Ausdruck der Verantwortung für das Luftraummanagement

Bisher wurde dargelegt, dass die Pflicht zur Sperrung des Luftraums über Konfliktzonen auf dem Gedanken der Verantwortung des Staates für die Sicherheit des geöffneten Luftraums beruht. Dieser Gedanke, der die Verantwortungskomponente der Lufthoheit unterstreicht, spiegelt sich auch an anderen Stellen des Chicagoer Abkommens wider. So kommt den Staaten aufgrund ihrer Lufthoheit die umfassende und ausschließliche Zuständigkeit für die Organisation ihres Luftraumes und des darin erfolgenden Flugverkehrs zu.[175] Wie auch das DSB in seinem Abschlussbericht zu Flug MH17 hervorhebt, geht mit der Zuständigkeit für das Luftraummanagement eine weitreichende Verantwortung der Staaten einher,[176] auf welche zur Begründung der Sperrpflicht näher einzugehen ist.

1. Die Verantwortung der Staaten für die Flugsicherung

Nach Art. 28 lit. a) CA ist jeder Vertragsstaat verpflichtet, soweit er es für durchführbar hält, in seinem Hoheitsgebiet Flughäfen, Funk- und Wetterdienste sowie andere Luftfahrteinrichtungen bereitzustellen, die der Erleichterung der internationalen Luftfahrt dienen. Danach kommt den Staaten die grundsätzliche Verantwortung für die Bereitstellung der Flugsicherungsdienste (*Air Traffic Services*, ATS)[177] in ihrem Hoheitsgebiet zu. Zwar beinhaltet die Vorschrift über die Ein-

---

[175] *Erkelens*, in: Mendes de Leon/Buissing, Evolution of Aerial Sovereignty, S. 187. Problematisch ist daher, inwiefern die Schaffung des einheitlichen europäischen Luftraums mit der Lufthoheit der Mitgliedstaaten vereinbar ist, dazu: *Schladebach*, Lufthoheit, S. 384 ff.
[176] DSB-Abschlussbericht, S. 205.
[177] Das ATS stellt einen wesentlichen Aspekt des Flugverkehrsmanagements (Air Traffic Management, ATM) dar, welcher als Oberbegriff „the dynamic, integrated management of air traffic and airspace including air traffic services, airspace management and air traffic flow management – safely, economically and efficiently – through the provision of facilities and seam-

schränkung des aus Sicht der Staaten Durchführbaren ein „escape-vale"[178], welcher Zweifel an ihrem verpflichtenden Charakter zulässt,[179] doch zeigt die Staatenpraxis, dass die zur Umsetzung von Art. 28 CA vom ICAO-Rat erarbeiteten *Regional Air Navigation Plans* (RANP) grundsätzlich gewissenhaft eingehalten werden.[180] Durch die Einschränkung auf das Durchführbare soll Rücksicht auf die unterschiedlichen Möglichkeiten der Staaten genommen werden, nicht aber soll die Befolgung der Norm gänzlich in ihr Belieben gestellt werden.

Wie Art. 28 lit. a) CA präzisiert, haben die Staaten die Flugsicherungsdienste bereitzustellen und dabei in Übereinstimmung mit den entsprechenden SARP zu handeln. Zusätzlich zur *operativen Pflicht* der Bereitstellung legt Art. 28 CA den Vertragsstaaten somit die *regulatorische Pflicht* auf, die Einhaltung der SARP zu gewährleisten.[181] Maßgeblich sind in diesem Zusammenhang insbesondere Annex 2 (*Rules of the Air*) und Annex 11 (*Air Traffic Services*) zum Chicagoer Abkommen. Sie sollen sicherstellen, dass der Flugbetrieb auf internationalen Flugrouten unter einheitlichen Bedingungen durchgeführt, und die Sicherheit und Effizienz des Flugbetriebs dadurch insgesamt verbessert wird.[182]

Dazu sieht Annex 11 in *Standard* 2.1.1 zunächst die Pflicht der Vertragsstaaten vor, die Teile ihres Luftraums und die Flugplätze, auf denen Flugverkehrsdienste erbracht werden, zu bestimmen und dafür zu sorgen, dass die Dienste in Übereinstimmung mit den Bestimmungen des Annexes eingerichtet und erbracht werden. Anerkanntermaßen kann die Erbringung der Dienste auf Nichtregierungsorganisationen, internationale Organisationen oder auf einen anderen Staat übertragen werden.[183]

Für den Fall der Übertragung der Flugsicherungsdienste auf einen anderen Staat sieht die erläuternde *Note* zu *Standard* 2.1.1 vor, dass die Verantwortung des Staates, auf den die Erbringung der Dienste übertragen wird, begrenzt ist auf

---

less services in collaboration with all parties and involving airborne and ground-based functions" umschreibt, siehe ICAO Doc 4444, Procedures for Air Navigation Services, Air Traffic Management, 16. Aufl. 2016, Kap. 1.

[178] *Cheng*, Internat. Air Transport, S. 146; *Huang*, Aviation Safety, S. 35.

[179] *Buergenthal*, Law-Making in the ICAO, S. 78; *Cheng*, Internat. Air Transport, S. 146; *Knittlmayer*, ZLW, 2016, 44 (57); *Shawcross and Beaumont*, Air Law, Vol. I, Div. VI, Rn. 4.

[180] *Huang*, Aviation Safety, S. 35 f.; ausführlich zu den RANP: *Riedi*, Die technischen Normen der ICAO, S. 303 ff.; zu ihrem fraglichen Rechtsstatus siehe *Milde*, Internat. Air Law, S. 219 f.

[181] *Huang*, Aviation Safety, S. 37; *van Antwerpen*, Cross-Border Provision of ANS, S. 140.

[182] Siehe Annex 11, Air Traffic Services, S. (ix). Zahlreiche Konkretisierungen zu diesem Annex sowie zu Annex 2, Rules of the Air, sind in ICAO Doc 444, Procedures for Air Navigation Services, Air Traffic Management, 16. Aufl. 2016, enthalten.

[183] Annex 11, Air Traffic Services, 2.1.1; ICAO Circ 284-AT/120, Privatization in the Provision of Airports and Air Navigation Services, 1.3.2002, S. 13.

technical and operational considerations and does not extend beyond those pertaining to the safety and expedition of aircraft using the concerned airspace. Unklar bleibt, ob damit die Verantwortung des delegierenden Staates aufgehoben werden soll. Allerdings stellen die *Notes* – wie zu Beginn der Annexe festgehalten wird – keinen Bestandteil der eigentlichen SARP dar, sondern geben nur sachliche Informationen bzw. Hinweise zum Umgang mit ebendiesen.[184] Ihr rechtlicher Gehalt ist somit fragwürdig.[185] Auch legt Art. 28 CA, wie *Huang* richtigerweise hervorhebt, die primäre Verantwortung dem Staat auf, in dessen Hoheitsgebiet die ATS erbracht werden.[186] Eine Abweichung von diesem Grundsatz durch einen *Standard*, bzw. einer bloßen Erläuterung zu diesem, wäre ihm zufolge *ultra vires*. Obgleich die Delegation der Verantwortung zwischen den betroffenen Staaten verbindlich ist, werden durch sie somit nicht automatisch Rechte und Pflichten von Dritten gegenüber dem anderen Staate begründet.[187]

Auch im Fall der Übertragung der Dienste auf private Anbieter verbleibt die Verantwortung für die Flugsicherung beim Bodenstaat.[188] Dieser kann sich seiner Verantwortung nicht durch einen Rückgriff auf private Dienstleister entziehen.[189] Vielmehr gilt innerhalb der ICAO, dass die Vertragsstaaten für die Gewährleistung der Sicherheit der Luftfahrt verantwortlich sind, „regardless of the status accorded to airport operators and providers of air navigation services in their respective territories."[190] Das ist auch mit dem souveränitätsrechtlichen Hintergrund der Verantwortung für die Flugsicherung zu begründen.[191] Traditionell ist das Bedürfnis nach staatlicher Kontrolle über die Flugsicherung von der Sorge um die nationale Sicherheit geprägt.[192] Darüber hinaus ist die Flugsiche-

---

[184] Siehe z. B. Annex 11, Air Traffic Services, S. (xi), 2 lit. c).
[185] So auch *van Antwerpen*, Cross-Border Provision of ANS, S. 117.
[186] *Huang*, Aviation Safety, S. 38.
[187] *Huang*, Aviation Safety, S. 38. Zu möglichen Verschiebungen der Verantwortung durch bilaterale oder multilaterale Abkommen, siehe *van Antwerpen*, Cross-Border Provision of ANS, S. 138 ff.
[188] *Polkowska*, Annals of Air & Space L., 2011, 579 (587 f.); *van Antwerpen*, Cross-Border Provision of ANS, S. 115, siehe auch den Bericht des Sesar Joint Undertaking, einer durch die EU gegründeten öffentlich-privaten Partnerschaft zur Entwicklung des europäischen Flugverkehrsmanagementsystems der neuen Generation: A proposal for the future architecture of the European airspace, S. 129, abrufbar unter: https://www.sesarju.eu/sites/default/files/2019-05/AAS_FINAL.pdf [zuletzt aufgerufen am 26.1.2023].
[189] Siehe zur Parallele im deutschen Recht („Keine Flucht ins Privatrecht") *Kirchhof*, in: Dürig/Herzog/Scholz, GG, Art. 83, Rn. 138.
[190] *Huang*, Aviation Safety, S. 38 mit Verweis auf ICAO Doc 9779-C/1138, C-Min. 16/1-13, Council, 162nd Session, Summary Minutes with Subject Index (2001), 88.
[191] Dazu: *Schubert*, Annals of Air & Space L., 2000, 239 (245 ff.).
[192] *Brownlie*, Public Internat. Law, S. 115 f.; *Schubert*, Annals of Air & Space L., 2000, 239 (245).

C. Herleitung einer Sperrpflicht aus dem internationalen öffentlichen Luftrecht 145

rung, welche der Vermeidung von Luftverkehrsunfällen dient, unerlässlich für die Gewährleistung der öffentlichen Sicherheit in der Luft und am Boden. Wie bereits erörtert stellt der Schutz der öffentlichen Sicherheit eine der wesentlichen Aufgaben eines jeden Staates dar.[193] Entsprechend hielt das LG Konstanz im Fall der Kollision zweier Luftfahrzeuge über Überlingen unter Anwendung des deutschen Rechts fest, dass die Ausübung der Luftaufsicht eine hoheitliche Tätigkeit darstellt und etwaige private Anbieter in dieser Funktion ein öffentliches Amt wahrnehmen.[194] Die Staaten sind somit unabhängig von der konkreten Organisationsform zur Gewährleistung adäquater Flugsicherungsdienste verpflichtet. Bei einer Verletzung dieser Pflicht ist eine Haftung nach den Grundsätzen der Staatenverantwortlichkeit denkbar.[195]

Die Flugsicherungsdienste (ATS) sind nach Annex 11 in drei Divisionen unterteilt, die jeweils unterschiedlichen Zwecken dienen: Der Fluginformationsdienst (*Flight Information Service*, FIS), welcher die zum sicheren und effizienten Flugverkehr erforderlichen Informationen bereitstellt, der Alarmdienst (*Alerting Service*), der im Notfall den Such- und Rettungsdienst einleitet und die Flugverkehrskontrolle (*Air Traffic Control*, ATC).[196] Letztere verfolgt das Ziel, Kollisionen zwischen oder mit Luftfahrzeugen zu meiden und einen zügigen und geordneten Flugverkehrsfluss zu gewährleisten.[197] Zur Überwachung der Einhaltung von Mindestabständen und Sicherheitshöhen benötigt die ATC den jeweiligen Flugplan. Regelungen dazu sind in Annex 2 enthalten, welcher im Gefüge der Anhänge eine hervorgehobene Stellung einnimmt. Zunächst enthält Annex 2 nur *Standards* und keine *Recommended Practices*, so dass er nach hiesigem Verständnis vorbehaltlich einer Mitteilung nach Art. 38 CA insgesamt als rechtsverbindlich anzusehen ist.[198] Darüber hinaus hielt der Rat der ICAO bei Erlass des Annex 2 fest, dass dieser *rules relating to flight and maneuver of aircraft* im Sinne von Art. 12 CA darstellt. In der Folge gilt er über dem offenen Meer ausnahmslos, also ohne Abweichungsmöglichkeit nach Art. 38 CA.[199]

---

[193] Siehe oben, Teil 2 A. I., S. 49 ff.; *Schubert*, Annals of Air & Space L., 2000, 239 (245 ff.).

[194] LG Konstanz, Urt. v. 27.7.2006, 4 O 234/05 H, S. 20; vgl. Art. 5 ILC-Draft Articles on State Responsibility: „The conduct of a person or entity which is not an organ of the State [...] but which is empowered by the law of that State to exercise elements of the governmental authority shall be considered an act of the State under international law, providing the person or entity is acting in that capacity in the particular instance."

[195] *Erkelens*, in: Mendes de Leon/Buissing, Evolution of Aerial Sovereignty, S. 188; *van Antwerpen*, Cross-Border Provision of ANS, S. 111 ff.

[196] Annex 11, Air Traffic Services, 2.2. und 2.3. Genauer zum ATC siehe Kapitel 3, zum FIS Kapitel 4 und zum Alerting Service Kapitel 5 des Annex 11.

[197] *Klußmann/Arnim*, Lexikon der Luftfahrt, S. 233.

[198] Zum Rechtsstatus der Annexe siehe oben, Teil 3 A. II. 1, S. 114 ff.

[199] Annex 2, Rules of the Air, S. (v); ICAO Doc 7310-C/846, Proceedings of the Council,

Nach Annex 2 ist jedenfalls vor der Durchführung eines internationalen Fluges unter Vorlage des Flugplanes eine Freigabe durch die zuständige ATC einzuholen (vgl. 3.3.1.2 und 3.6.1.1). Dem Flugplan, der insbesondere die vorgesehene Flugroute beinhalten muss, ist grundsätzlich Folge zu leisten. Etwaige Abweichungen sind nur im Notfall und möglichst nur nach Rücksprache mit der Flugsicherung zulässig (3.6.2). Internationaler Flugverkehr kann somit grundsätzlich nur auf den durch die ATC freigegeben Flugrouten erfolgen. Mit der Freigabe übernimmt diese gleichsam die Verantwortung für die Sicherheit der genehmigten Route. Sinn und Zweck des gesamten Flugverkehrsmanagements ist es letztlich, die Sicherheit der zivilen Luftfahrt zu gewährleisten. Herrscht auf dem Boden ein Konflikt, der ebendiese gefährdet, so trägt die zuständige ATC die Verantwortung dafür, die betroffene Route nicht freizugeben. Wie auch das DSB betont, müssen die Nutzer des Luftraums darauf vertrauen dürfen, dass ein unsicherer Luftraum der zivilen Luftfahrt nicht zur Verfügung gestellt wird.[200] So wirft Malaysia der Ukraine Medienberichten zufolge vor, dass ihre ATC das Flugzeug nicht durch die betroffene Route hätte führen dürfen. Vielmehr hätte die ukrainische Flugsicherung die Pflicht gehabt, das Flugzeug davor zu warnen, die Route zu nutzen.[201] Wie oben dargelegt, sind etwaige Fehleinschätzungen der ATC-Controller dem Bodenstaat zuzurechnen.

2. Die Pflicht zum Schutz der Zivilluftfahrt vor militärischen Operationen

Mit der aus der Lufthoheit folgenden Verantwortung des Bodenstaates für das Luftraummanagement geht seine Pflicht zur Koordination zwischen militärischer und ziviler Luftfahrt einher. Zwar ist das Chicagoer Abkommen nicht auf die militärische Luftfahrt anwendbar, doch beziehen sich einige ihrer Vorschriften auf ebendiese. So sieht Art. 3 lit. d) CA die Pflicht der Vertragsstaaten vor, bei Erlass von Vorschriften für ihre Staatsluftfahrzeuge – wozu nach Art. 3 lit. b) CA jedenfalls Luftfahrzeuge gehören, die im Militärdienst verwendet werden – auf die Sicherheit des Zivilluftverkehrs gebührend Rücksicht zu nehmen. Der Ausdruck *bei Erlass* lässt auf die grundsätzliche Pflicht zur Regulierung von Staatsluftfahrzeugen schließen.[202] Dabei haben die Staaten die Koordination von militärischer und ziviler Luftfahrt zum Zwecke der Sicherheit der Letzteren sicherzustellen. Näher ausgestaltet wird dies in Kapitel 2 des Annex 11. Danach sind

---

3rd Session, 13.1.–20.4 1948, S. 26 ff.; näher dazu *Buergenthal*, Law-Making in the ICAO, S. 80 ff.

[200] DSB-Abschlussbericht, S. 208.

[201] *Abeyratne*, Air & Space L., 2014, 329 (334).

[202] *Bourbonnière/Haeck*, JALC, 2001, 885 (915 f.). Dabei sei der Begriff der Regulierung in einem weiten Sinne zu verstehen, der auch militärische Anordnungen an Piloten und ATC-Controller erfasst, *Bourbonnière/Haeck*, JALC, 2001, 885 (926 f.).

die ATS-Behörden zur engen Kooperation mit den militärischen Behörden verpflichtet, die für Aktivitäten verantwortlich sind, welche die zivile Luftfahrt betreffen können (*Standard* 2.18.1). Unterpunkt 3 sieht Vorkehrungen zum unverzüglichen Austausch der Informationen vor, die für die sichere und zügige Durchführung der zivilen Luftfahrt von Bedeutung sind. Darüber hinaus enthält *Standard* 2.19 Bestimmungen zu *activities potentially hazardous to civil aircraft*. Diese sind nach 2.19.1 mit den zuständigen Behörden der Flugverkehrsdienste zu koordinieren, mit dem Ziel, Gefahren für zivile Luftfahrzeuge möglichst zu meiden und Beeinträchtigungen des Flugbetriebs auf ein Mindestmaß zu reduzieren (2.19.2). In Reaktion auf die Empfehlungen des DSB in seinem Abschlussbericht zu Flug MH17 wurde Annex 11 um folgenden *Standard* 2.19.3 ergänzt:

„The appropriate ATS authority shall ensure that a safety risk assessment is conducted, as soon as practicable, for activities potentially hazardous to civil aircraft and that appropriate risk mitigation measures are implemented.

Note 1. – Such risk mitigation measures may include, but would not be limited to, airspace restriction or temporary withdrawal of established ATS routes or portions thereof."

Der am 5. November 2020 in Kraft getretene *Standard* betont die Notwendigkeit einer Risikobewertung bei für die Luftfahrt potenziell gefährlichen Aktivitäten und unterstreicht das Erfordernis, angemessene Maßnahmen zu ergreifen. Wie aus der erläuternden *Note* 1 ersichtlich wird, kommen als angemessene Maßnahmen insbesondere auch Luftraumsperrungen in Betracht.

Die genannten Bestimmungen sind auf *geplante* Aktivitäten beschränkt, so dass sie das Risiko eines versehentlichen Abschusses über einer Konfliktzone nicht erfassen.[203] Auch ist zu bedenken, dass im Rahmen asymmetrischer Konflikte, in denen nicht-staatliche Gruppierungen militärische Angriffe ausüben, keine Kommunikation mit den nationalen ATS-Behörden erfolgt.[204] Nichtsdestotrotz belegen die Vorschriften, dass der Schutz der zivilen Luftfahrt über Gebieten, auf denen militärische Aktivitäten stattfinden, besondere Beachtung erfordert.[205] Die Koordination von militärischen Operationen und der zivilen Luftfahrt ist für die Sicherheit der Letzteren wesentlich. Sollte sich auch nur ein Staat nicht an die Vorgaben des Annex 11 halten, könnte das tiefgreifende Auswirkungen auf die Sicherheit der internationalen Zivilluftfahrt haben. *Huang* schließt daraus, dass den Pflichten aus Annex 11 aufgrund ihrer immensen Bedeutung *Erga-Omnes-Wirkung* zukomme, so dass Abweichungen von ihnen nicht möglich seien.[206]

---
[203] *Zhang*, in: Samuel/Aronsson-Storrier/Bookmiller, Disaster Risk Reduction, S. 330.
[204] *Kaiser*, Air & Space L., 2015, 107 (115).
[205] *Bourbonnière/Haeck*, JALC, 2001, 885 (924).
[206] *Huang*, Aviation Safety, S. 103.

Konkretisierungen zur Koordination von militärischer und ziviler Luftfahrt enthält das *Manual Concerning Safety Measures Relating to Military Activities Potentially Hazardous to Civil Aircraft Operations*,[207] welches die ICAO in Folge des versehentlichen Abschusses des Iran Air Fluges IR655 im Jahre 1988 durch das US Kriegsschiff Vincennes erlassen hat. In dessen Einleitung wird festgehalten, dass die gemeinsame Nutzung des Luftraums, bestimmter Einrichtungen und Dienste durch die zivile und militärische Luftfahrt derart zu regeln ist, dass die Sicherheit, Regelmäßigkeit und Effizienz des internationalen zivilen Luftverkehrs gewährleistet ist.[208] Daraus folgt, dass Staaten alle ihnen zumutbaren Anstrengungen zu unternehmen haben, um die Sicherheit des Luftraums zu gewährleisten. Dies gilt umso mehr, wenn dieser durch die militärische und die zivile Luftfahrt gemeinsam genutzt wird.[209]

Zwar kommt dem unter das ICAO-*Guidance Material* fallenden Handbuch ein nur empfehlender Charakter zu, doch ist es bei der Auslegung der an sonstigen Stellen begründeten Pflichten zu berücksichtigen. So soll das *Manual* gemäß seinem Punkt 1.2 den Staaten bei der Festlegung der Maßnahmen behilflich sein, die in den von Annex 11 unter 2.18 und 2.19 erfassten Situationen zu ergreifen sind und dient insofern als Ausgestaltung der dort normierten Koordinierungspflichten.[210]

Kapitel 3 des *Manuals* betrifft die Koordinierung zwischen militärischen Behörden und ATS-Behörden, auch hinsichtlich *operations in areas of conflict, or the potential for armed conflict, when such operations include a potential threat to civil air traffic* (3.2 lit. d)). In diesen Gebieten haben die ATS-Behörden nach 3.2.1 besonders wachsam zu sein und angemessen zu reagieren, was *any necessary re-routing of aircraft to avoid the area of activity* einschließt (3.10). Ferner hat der Informationsaustausch in Bezug auf potenziell gefährliche Aktivitäten

---

[207] ICAO Doc 9554, Manual Concerning Safety Measures Relating to Military Activities Potentially Hazardous to Civil Aircraft Operations, 1990. Weitere Konkretisierungen finden sich in ICAO Circ 330-AN/189, Civil/Military Cooperation in Air Traffic Management, welches nach Fertigstellung der Bearbeitung in ein Manual (ICAO Doc 10088) umgewandelt wurde.
[208] So auch ICAO Ass. Res. A37-15, Consolidated statement of continuing policies and associated practices related specifically to air navigation, Appendix O, abgedruckt in: ICAO Doc 9958, Assembly Resolutions in Force (as of 8 October 2010), S. II–17, Ziff. 1.
[209] So auch DSB-Abschlussbericht, S. 172.
[210] Auch die ICAO sieht die Funktion der Manuals unter anderem darin, die einheitliche Anwendung der SARP zu fördern, siehe ICAO Doc 7231, Publications Regulations, 15. Aufl. 2020, Art. III Nr. 3 c), wonach die Manuals „guidance and information concerning selected aspects of aeronautical activity or facilitating the uniform application of international Standards and Recommended Practices" bieten.

C. Herleitung einer Sperrpflicht aus dem internationalen öffentlichen Luftrecht 149

nach 4.7 auch zwischen Staaten stattzufinden, die sich in einem Konflikt befinden:

„It must be borne in mind that the information is required not only for the airlines of the two States but also for international operators flying through the airspace affected by the activities. These operators will, in all probability, have no part in the disagreement and there can be no justification for penalizing them by denying them information which is essential for the safety of their operations."

Diese bemerkenswerte Bestimmung, die eine Erläuterung ihrer Motive enthält, belegt, dass es sich bei der Sicherheit der zivilen Luftfahrt um ein *common concern* handelt und unterstreicht den *Erga-Omnes-Charakter* der Pflichten zum Schutz ebendieser.

Spezielle Regelungen zum Überflug von Gebieten, auf denen bewaffnete Konflikte stattfinden bzw. drohen sind in Kapitel 10 des *Manuals* enthalten. In 10.1 wird zunächst Art. 89 CA wiederholt, wonach die Bestimmungen des Chicagoer Abkommens im Kriegsfall die Handlungsfreiheit der betroffenen Staaten, sei es als Kriegführende oder Neutrale, nicht beeinträchtigen.[211] Allerdings wird sodann betont, dass in diesen Zeiten das Erfordernis einer engen Koordinierung zwischen den zivilen und den militärischen Behörden und Einheiten noch entscheidender ist. Art. 89 CA enthebt die Vertragsstaaten somit auch in Kriegszeiten nicht von ihren Pflichten zur Koordination. Wie unter 10.2 präzisiert wird, liegt die Verantwortung zur Ergreifung von speziellen Maßnahmen zur Gewährleistung der Sicherheit des zivilen Luftverkehrs bei dem Staat, der die ATS in dem vom Konflikt betroffenen Luftraum erbringt. Dieser hat nach 10.3 auf Grundlage der verfügbaren Informationen das geographische Gebiet des Konflikts zu ermitteln, die (potenziellen) Gefahren für den internationalen Zivilluftverkehr zu bewerten und zu bestimmen, *whether such operations in or through the area of conflict should be avoided or may be continued under special conditions*. Der Staat hat somit unter Beachtung von Art und Umfang der potenziellen Gefahren darüber zu entscheiden, ob ziviler Luftverkehr stattfinden darf oder nicht. Wie erörtert ist es – auch bei einer Delegation der Erbringung der ATS-Dienste – stets der Bodenstaat, der die Letztverantwortung für ebendiese trägt.[212] Dieser ist somit auch dafür verantwortlich zu überprüfen, ob der zivile Luftverkehr im Fall eines bewaffneten Konfliktes fortgesetzt werden kann. Kommt der Staat im Rahmen seiner Risikobewertung zu dem Ergebnis, dass die Sicherheit der Luftfahrt gefährdet ist, so hat er die entsprechenden Sicherheitsmaßnahmen zu ergreifen.[213] Beim Überflug von Konfliktzonen kommt hierbei

---
[211] Näher zu Art. 89 CA siehe unten, Teil 3 C. IV., S. 179 ff.
[212] Siehe oben, Teil 3 C. III. 1., S. 142 ff.
[213] ICAO Doc 9554, Manual Concerning Safety Measures Relating to Military Activities

150   Teil 3: Konkretisierung der allgemeinen Schutzverantwortung

regelmäßig nur in Betracht, den betroffenen Luftraum für die zivile Luftfahrt zu sperren. Sollte ein Staat Schwierigkeiten haben, die Konfliktzone zu bestimmen, oder dessen Auswirkungen auf den Betrieb ziviler Luftfahrzeuge zu beurteilen, kann er die Unterstützung der ICAO anfragen (10.9).

3. Die Verantwortung für die Errichtung von Luftsperrgebieten, Art. 9 CA

Entsprechend ihrer Zuständigkeit für das Luftraummanagement können die Vertragsstaaten nach Maßgabe des Art. 9 CA den Überflug über ihr Hoheitsgebiet beschränken, also ein Luftbeschränkungsgebiet (*restricted area*)[214] einrichten, oder untersagen und somit ein Luftsperrgebiet (*prohibited area*)[215] schaffen. Haben sich die Staaten im Transitabkommen – als Ausnahme zur in Art. 1 CA kodifizierten Lufthoheit – gegenseitig das Überflugs- und Notlanderecht erteilt, so sieht Art. 9 CA – als Gegenausnahme – die Möglichkeit vor, durch die Einrichtung von Luftsperrgebieten die erteilten Rechte wieder zurückzunehmen.[216] Dies stellt einen unmittelbaren Ausdruck der Souveränität über den staatlichen Luftraum dar.[217] Ob Art. 9 CA aber nicht nur das Recht zur Errichtung von Luftsperrgebieten statuiert, sondern unter Umständen auch die Pflicht zur Schaffung ebendieser enthält, ist durch Auslegung zu ermitteln. Diese richtet sich nach der bereits angesprochenen Wiener Vertragsrechtskonvention.

Nach der allgemeinen Auslegungsregel des Art. 31 Abs. 1 WVK ist ein Vertrag nach Treu und Glauben in Übereinstimmung mit der gewöhnlichen, seinen Bestimmungen in ihrem Zusammenhang zukommenden Bedeutung und im Lichte seines Zieles und Zweckes auszulegen.[218] Ziel der Auslegung ist es somit, wie der IGH schon 1950 festhielt, „to endeavour to give effect to [the provisions] in their natural and ordinary meaning in the context in which they occur."[219] Zu dem Zusammenhang gehören nach Art. 31 Abs. 2 WVK neben dem Vertragswortlaut samt Präambel und Anlagen auch sich auf den Vertrag beziehende Übereinkünfte

---

Potentially Hazardous to Civil Aircraft Operations, 1990, 10.5; zur Risikobewertung siehe ICAO Doc 10084, Risk Assessment Manual und Teil 5 B. III. 2. a), S. 236 f.

[214] Der Begriff der „restricted area" wird in Annex 2, Rules of the Air, Kap. 1 definiert als: „An airspace of defined dimensions, above the land areas or territorial waters of a State, within which the flight of aircraft is restricted in accordance with certain specified conditions."

[215] Der Begriff der „prohibited area" wird in Annex 2, Rules of the Air, Kap. 1 definiert als: „An airspace of defined dimensions, above the land areas or territorial waters of a State, within which the flight of aircraft is prohibited."

[216] *Knittlmayer*, ZLW, 2016, 44 (54).

[217] *Milde*, Internat. Air Law, S. 47.

[218] Siehe dazu *Dörr*, in: ders./Schmalenbach, VCLT Commentary, Art. 31, 32; *Linderfalk*, EJIL, 2015, 169 (169 ff.); *Shaw*, Internat. Law, S. 813 ff. m. w. N.

[219] IGH, *Competence of Assembly regarding admission to the United Nations*, Advisory Opinion, 3.3.1950, I.C.J. Rep. 1950, p. 4, 8.

C. Herleitung einer Sperrpflicht aus dem internationalen öffentlichen Luftrecht 151

und Urkunden, die anlässlich des Vertragsabschlusses angenommen wurden. Nach Art. 31 Abs. 3 WVK sind darüber hinaus spätere Übereinkünfte über die Auslegung des Vertrages und die spätere Übung bei der Anwendung des Vertrages in gleicher Weise zu berücksichtigen. Ergänzende Auslegungsmittel, insbesondere die vorbereitenden Arbeiten und die Umstände des Vertragsabschlusses, können nach Maßgabe des Art. 32 WVK herangezogen werden.

Wie das ILC betont, besteht die Auslegung eines Vertrags aus einer „single combined operation",[220] welche die verschiedenen in Art. 31 und 32 WVK angeführten Auslegungsmittel in angemessener Weise berücksichtigt. Zwischen den einzelnen Auslegungsmittel herrscht keine hierarchische Ordnung. Vielmehr kann ihre Bedeutung je nach Vertrag bzw. Vertragsbestimmung von unterschiedlichem Gewicht sein.[221] In Anlehnung an Art. 31 und 32 WVK, welche als „integrated framework for the interpretation of treaties"[222] gemeinsam zu lesen sind, werden im Folgenden zunächst der Wortlaut des Art. 9 CA sowie Ziel und Zweck der Vorschrift im Gefüge des Chicagoer Abkommens analysiert. Sodann wird ein Blick auf die Entstehungsgeschichte des Artikels sowie dessen Anwendung in der Praxis geworfen.

a) Auslegung des Wortlauts

Die Auslegung des Wortlauts der Bestimmung erfordert eine getrennte Betrachtung der Voraussetzungen und Rechtsfolgen von Art. 9 lit. a) und Art. 9 lit. b) CA.

aa) Art. 9 lit. a) CA

In der authentischen englischen Fassung besagt Art. 9 lit. a) CA:

„Each contracting State may, for reasons of military necessity or public safety, restrict or prohibit uniformly the aircraft of other States from flying over certain areas of its territory, provided that no distinction in this respect is made between the aircraft of the State whose territory is involved, engaged in international scheduled airline services, and the aircraft of other contracting States likewise engaged. Such prohibited areas shall be of reasonable extent and location so as not to interfere unnecessarily with air navigation. Descriptions of such prohibited areas in the territory of a contracting State, as well as any subsequent alterations therein, shall be communicated as soon as possible to the other contracting States and to the International Civil Aviation Organization."

Die Schaffung von Luftsperrgebieten oder Luftbeschränkungsgebieten setzt danach zunächst Gründe der militärischen Notwendigkeit oder der öffentlichen Si-

---
[220] ILC-Report 2018, A/73/10, Conclusion 2, Ziff. 5 und dazu S. 21.
[221] ILC-Report 2018, A/73/10, S. 22.
[222] ILC-Report 2018, A/73/10, S. 17.

cherheit voraus. Der Begriff der militärischen Notwendigkeit stammt grundsätzlich aus dem humanitären Völkerrecht und umschreibt den schon im Lieber Code von 1863[223] festgehaltenen Grundsatz, dass im bewaffneten Konflikt nur solche Maßnahmen gerechtfertigt sind, die zur Unterwerfung des Gegners notwendig sind und nicht durch das humanitäre Völkerrecht verboten sind.[224] Die militärische Notwendigkeit, welche heute als wesentliches Grundprinzip des humanitären Völkerrechts gilt, ist somit als Begrenzung der Gewaltanwendung im bewaffneten Konflikt bekannt.[225] Im Zusammenhang von Art. 9 lit. a) CA, der keine Maßnahmen der Kriegsführung betrifft, kann der Begriff allerdings nicht in diesem humanitärvölkerrechtlichen Sinne verstanden werden. Dem allgemeinen Sprachgebrauch entsprechend ist militärische Notwendigkeit im Sinne des Art. 9 lit. a) CA daher gegeben, wenn die Sperrung bzw. Beschränkung des Luftraums aus militärischen Gründen erforderlich ist, etwa um die Ausübung bestimmter militärischer Operationen zu ermöglichen oder die Trennung von ziviler und militärischer Luftfahrt durchzusetzen. Letztlich dient die Beschränkung oder Sperrung des Luftraums aus Gründen der militärischen Notwendigkeit somit dem Schutz der zivilen Luftfahrt vor geplanten oder ungeplanten militärischen Aktivitäten.

Eine Luftraumsperrung oder -beschränkung nach Art. 9 lit. a) CA kann auch aus Gründen der *public safety* erfolgen. Zwar ist der Begriff im Völkerrecht nicht allgemeingültig definiert, doch findet er sich, etwa in der EMRK, mehrfach wieder.[226] Er umfasst grundsätzlich, ähnlich wie die öffentliche Sicherheit im deutschen Gefahrenabwehrrecht, die Unversehrtheit der objektiven Rechtsordnung und der Einrichtungen des Staates sowie den Schutz zentraler subjektiver Rechte wie insbesondere Leib und Leben des Einzelnen.[227] Im Zusammenhang mit Luftraumsperrungen und -beschränkungen ist allerdings einschränkend zu for-

---

[223] U.S. War Department, General Orders No. 100, 24.4.1863, Instructions for the Government of Armies of the United States in the Field, „Lieber Code", Art. 14: „Military necessity, as understood by modern civilized nations, consists in the necessity of those measures which are indispensable for securing the ends of the war, and which are lawful according to the modern law and usages of war." Näher zum Lieber Code siehe *Carnahan*, AJIL, 1998, 213 (213 ff.); *Vöneky*, ZaöRV, 2002, 423 (423 ff.).

[224] Zur militärischen Notwendigkeit siehe *Solis*, Law of Armed Conflict, S. 217 ff. m. w. N.

[225] Siehe oben, Teil 2 C. II. 4., S. 83.

[226] So im jeweiligen Absatz 2 der Art. 8 bis 11 EMRK sowie in Art. 2 Abs. 3 des Protokolls Nr. 4 vom 16. September 1963 zur Konvention zum Schutz der Menschenrechte und Grundfreiheiten, durch das gewisse Rechte und Freiheiten gewährleistet werden, die nicht bereits in der Konvention oder im ersten Zusatzprotokoll enthalten sind, BGBl. 1968 II, S. 423.

[227] Zum Begriff der öffentlichen Sicherheit im deutschen Recht siehe BVerfGE 69, 315, 352; *Giemulla*, in: Giemulla/Schmid, LuftVG, § 29, Rn. 24.

dern, dass die Sicherheit des Luftverkehrs betroffen ist.[228] Entsprechend betont § 17 Abs. 1 S. 1 LuftVO für das deutsche Recht, dass das zuständige Ministerium Luftsperrgebiete und Gebiete mit Flugbeschränkungen insbesondere dann festlegt, wenn dies für die Sicherheit des Luftverkehrs erforderlich ist. Luftraumsperrungen oder -beschränkungen aus reinen Umwelt- oder Lärmschutzgründen können somit nicht auf Art. 9 lit. a) CA gestützt werden.[229]

Neben dem Vorliegen militärischer Notwendigkeit oder Gründen der öffentlichen Sicherheit setzt Art. 9 lit. a) CA auch voraus, dass zwischen den eigenen im internationalen planmäßigen Fluglinienverkehr eingesetzten Luftfahrzeugen und den Luftfahrzeugen der anderen Vertragsstaaten kein Unterschied gemacht wird. Dieses Diskriminierungsverbot untersagt es den Staaten, ihren Luftraum als Machtinstrument, etwa zum Zwecke einseitiger Boykottmaßnahmen, zu missbrauchen.[230]

Liegen die Voraussetzungen von Art. 9 lit. a) CA vor, so kann jeder Vertragsstaat das Überfliegen bestimmter Gebiete seines Hoheitsgebietes durch Luftfahrzeuge anderer Staaten beschränken oder verbieten und somit Luftsperrgebiete bzw. Gebiete mit Flugbeschränkungen errichten. Beschreibungen der Luftsperrgebiete sowie alle späteren Änderungen derselben sind den anderen Vertragsstaaten und der ICAO so bald wie möglich mitzuteilen. Nach Art. 9 lit. a) CA müssen *diese* Luftsperrgebiete, worunter wohl auch die Gebiete mit Flugbeschränkungen zu fassen sind, in Ausdehnung und Lage angemessen sein, damit sie die Luftfahrt nicht unnötig behindern. Der Grundsatz ist somit die Ermöglichung des Luftverkehrs im staatseigenen Luftraum.[231] Ausnahmsweise zulässige Sperrungen oder Beschränkungen des Luftraums müssen sich – nach dem sich hier widerspiegelnden Grundsatz der Verhältnismäßigkeit – auf das absolut Erforderliche begrenzen, damit die Luftfahrt nicht über die Maße behindert wird. Die Frage nach der Angemessenheit einer Luftraumsperrung ist aufgrund ihrer Wertungsoffenheit unterschiedlichen Interpretationen zugänglich.[232] Im Streitfall

---

[228] *Kaienburg*, in: Hobe/von Ruckteschell/Heffernan, Cologne Compendium, Part 4, para. 1053; *Lübben/Ohlhoff/Wolfrum*, ZLW, 2001, 350 (356). Für eine einschränkende Auslegung siehe auch *Schwenk/Giemulla*, Luftverkehrsrecht, Kap. 5, Rn. 12, wonach „[d]ie Einrichtung von Flugbeschränkungsgebieten aus Gründen, die nicht eindeutig durch die Sicherheit des Luftverkehrs bestimmt werden", unterbleiben sollte.

[229] *Lübben/Ohlhoff/Wolfrum*, ZLW, 2001, 350 (356) mit Hinweis auf die entsprechende Praxis der ICAO sowie der Praxis in Deutschland. Kritisch zur Einbeziehung privater Rechtsgüter und Interessen auch: *van Schyndel*, in: Giemulla/Schmid, LuftVG, § 26, Rn. 9.

[230] *Schwenk/Giemulla*, Luftverkehrsrecht, Kap. 5, Rn. 6; *Uhl*, in: Hobe/von Ruckteschell, Kölner Kompendium, Bd. 1, Teil II B, Rn. 57.

[231] *Knittlmayer*, ZLW, 2016, 44 (55).

[232] *Schladebach*, Lufthoheit, S. 212.

kann ein Verfahren nach Art. 84 CA vor dem Rat der ICAO eingeleitet werden.[233] Dieser ist allerdings nach Art. 54 lit. n) CA nur dazu verpflichtet, über die Angelegenheit zu beraten, nicht auch dazu, über sie zu entscheiden.[234] Entsprechend wurde der Konflikt um die Angemessenheit des 1967 von der spanischen Regierung im Gebiet über die britische Kronkolonie Gibraltar errichteten Luftsperrgebiets nach langen Erörterungen im ICAO-Rat letztlich ohne Entscheidung in der Sache gelöst.[235] Allgemeine Festlegungen des Rates zum Verhältnis von staatlicher Souveränität und der Errichtung von Luftsperrgebieten oder zur Auslegung von Art. 9 CA erfolgten somit nicht.

bb) Art. 9 lit. b) CA

Neben Art. 9 lit. a) CA erlaubt auch Art. 9 lit. b) CA Luftraumsperrungen bzw. -beschränkungen. Darin heißt es:

„Each contracting State reserves also the right, in exceptional circumstances or during a period of emergency, or in the interest of public safety, and with immediate effect, temporarily to restrict or prohibit flying over the whole or any part of its territory, on condition that such restriction or prohibition shall be applicable without distinction of nationality to aircraft of all other States."

Anders als Art. 9 lit. a) CA, wonach die Vertragsstaaten ihren Luftraum sperren bzw. beschränken *können* (*may restrict or prohibit*), sieht Art. 9 lit. b) CA vor, dass sie sich das Recht dazu *vorbehalten* (*reserve also the right*). Daraus könnte der Schluss gezogen werden, dass die Vertragsstaaten im Rahmen des Art. 9 lit. b) CA in ihrer Entscheidung, ihren Luftraum zu sperren, gänzlich frei sind – ihre Entscheidung also keiner Überprüfung durch den ICAO-Rat zugänglich ist. Allerdings gilt Art. 84 CA, wonach Meinungsverschiedenheiten über die Auslegung oder Anwendung des Übereinkommens und seiner Anhänge auf Ersuchen eines beteiligten Staates vom Rat zu entscheiden sind, ohne Ausnahme für alle Vorschriften des CA und seiner Annexe. Auch wäre die abschließende Aufzählung der Gründe, die eine Sperrung oder Beschränkung nach Art. 9 lit. b) CA rechtfertigen sinnlos, wenn die Vertragsstaaten diesbezüglich keiner Kontrolle unterlägen. Hinsichtlich der Kontrollmöglichkeit durch den ICAO-Rat geht Art. 9 lit. b) CA somit nicht weiter als Art. 9 lit. a) CA.[236]

---

[233] Zur Kompetenz des Rates in diesem Fall: *Eisemann*, ZLW, 1970, 165 (165 ff.).
[234] Dazu: *Milde*, Internat. Air Law, S. 168.
[235] ICAO Doc 8869, Annual Report of the Council to the Assembly for 1969, S. 133; *Milde*, Internat. Air Law, S. 168; *Schladebach*, Lufthoheit, S. 213; *Schwenk/Giemulla*, Luftverkehrsrecht, Kap. 5, Rn. 7; *Uhl*, in: Hobe/von Ruckteschell, Kölner Kompendium, Bd. 1, Teil II B, Rn. 58.
[236] Siehe zum Ganzen *Eisemann*, ZLW, 1970, 165 (167 ff.).

Weitergehend ist die Norm allerdings in ihren Voraussetzungen sowie ihren Rechtsfolgen. Eine Sperrung oder Beschränkung nach Art. 9 lit. b) CA ist nur temporär und nur „unter außergewöhnlichen Umständen, während der Zeit eines Notstandes oder im Interesse der öffentlichen Sicherheit" möglich und erfordert somit das Vorliegen qualifizierter Tatbestandsvoraussetzungen.[237] Was unter außergewöhnlichen Umständen zu verstehen ist, wird nicht erörtert. Jedenfalls muss es sich um Umstände handeln, die aufgrund ihrer Natur oder Ursache jenseits der Kontrolle des Staates liegen, also unvorhersehbar oder unbeherrschbar sind.[238] Hinsichtlich der Bestimmung, ob derartige Umstände vorliegen, kommt den Staaten naturgemäß ein Beurteilungsspielraum zu. Gleiches gilt für das Vorliegen eines Notstandes. Auch Art. 9 lit. b) CA enthält ein Diskriminierungsverbot, indem es vorsieht, dass das Verbot ohne Unterschied der Staatszugehörigkeit auf die Luftfahrzeuge aller anderen Staaten angewendet werden muss. Anders als in Art. 9 lit. a) CA werden die eigenen Luftfahrtunternehmen hier aber nicht erwähnt. Letztere können somit von den Verboten bzw. Beschränkungen ausgenommen werden.

Die hohen Voraussetzungen auf der Tatbestandsseite führen zu weitreichenden Handlungsbefugnissen auf der Rechtsfolgenseite. So kann der Staat bei Vorliegen der Voraussetzungen das Überfliegen seines Hoheitsgebietes oder eines Teiles davon mit sofortiger Wirkung zeitweilig beschränken oder verbieten. Anders als bei Art. 9 lit. a) CA ist nach Art. 9 lit. b) CA somit auch die Sperrung des *gesamten* Luftraums möglich.[239] Darüber hinaus ist die Sperrung *sofort* wirksam, unabhängig von einer Bekanntgabe. In dieser parallelen Steigerung der Voraussetzungen und Rechtsfolgen der Norm spiegelt sich das Spezialitätsverhältnis von Art. 9 lit. b) CA gegenüber Art. 9 lit. a) CA wider.[240]

cc) Würdigung

Festzuhalten ist, dass sowohl Art. 9 lit. a) als auch Art. 9 lit. b) CA strenge Voraussetzungen für die Errichtung von Luftsperrgebieten und Flugbeschränkungsgebieten vorsehen. Problematisch ist dabei allerdings, dass die einzelnen Voraussetzungen vage gehalten sind, so dass nicht mit Sicherheit zu bestimmen ist, wann eine Lage gegeben ist, die zur Errichtung von Sperrgebieten berechtigt.[241] Auch ist die Abgrenzung der Situationen, die von Art. 9 lit. a) bzw. lit. b) CA er-

---

[237] *Schladebach*, Lufthoheit, S. 212.
[238] Zum damit vergleichbaren Begriff der höheren Gewalt im Bereich der Staatenverantwortlichkeit siehe YbILC 2001, Vol. II/2, S. 76 f.
[239] *Kaiser*, Air & Space L., 2015, 107 (114).
[240] Dazu: *Schladebach*, Lufthoheit, S. 212.
[241] So auch *Milde*, Internat. Air Law, S. 47.

fasst werden, nicht in jedem Fall eindeutig. Das gilt umso mehr, als dass das öffentliche Interesse in beiden Vorschriften als Grund für die Schaffung von Sperrgebieten angeführt wird. So könnte das Vorliegen einer Konfliktzone, die die zivile Luftfahrt gefährdet, einen außergewöhnlichen Umstand im Sinne des Art. 9 lit. b) CA darstellen und somit Sperrungen des gesamten Luftraums rechtfertigen. Die Konfliktzone könnte aber auch ein Luftsperrgebiet aufgrund militärischer Notwendigkeit oder zum Schutz der öffentlichen Sicherheit rechtfertigen, also unter Art. 9 lit. a) CA fallen.

Trotz seiner Unschärfe suggeriert der Wortlaut des Art. 9 CA jedenfalls, dass Beschränkungen oder Sperrungen des Luftraums aufgrund ihrer negativen Auswirkungen auf den internationalen Luftverkehr möglichst zu vermeiden sind. Die Norm setzt dem Recht zur Luftraumsperrung, welches unmittelbar aus der Lufthoheit selbst folgt, Grenzen[242] und schafft einen schonenden Ausgleich zwischen den nationalen Sicherheitsinteressen und dem Interesse an der Aufrechterhaltung der zivilen Luftfahrt.

Art. 9 CA, wonach die Vertragsstaaten Sperrgebiete errichten *können* (*may*) bzw. sich das Recht dazu *vorbehalten* (*reserve the right to*), stellt klar, dass der jeweilige Bodenstaat zwar die Verfügungsbefugnis über seinen Luftraum hat, grundsätzlich aber zur Offenhaltung des Luftraums verpflichtet ist.[243] Der Wortlaut unterstreicht das *Recht* eines Staates, seinen nationalen Luftraum oder Teile davon zu sperren, nicht aber die *Verpflichtung*, dies zum Schutz der internationalen Zivilluftfahrt zu tun.[244] Dafür spricht, dass den Staaten sowohl hinsichtlich des Vorliegens der Voraussetzungen nach Art. 9 lit. a) und b) ein Beurteilungsspielraum zukommt als auch die Rechtsfolge, also die Entscheidung für oder gegen eine Sperrung – wie die Ausdrücke *may* bzw. *reserve the right to* belegen – in ihrem Ermessen liegt.[245] Der ICAO-Rat kann die Anwendung des Art. 9 CA zwar überprüfen, darf sein Ermessen aber nicht über das eines Staates stellen. Allein die Übertretung des Spielraums sowie Verstöße gegen Völkergewohnheitsrecht und allgemeine Rechtsgrundsätze sind einer Korrektur durch den Rat zugänglich.[246] Innerhalb des von Art. 9 CA gesetzten Ermessensspielraums sind die Staaten in ihrer Entscheidung, den Luftraum zu sperren bzw. zu beschränken

---

[242] *Eisemann*, ZLW, 1970, 165 (167).
[243] *Hobe*, in: FS-Dicke, S. 411.
[244] *Kaiser*, Air & Space L., 2015, 107 (115).
[245] Anders als im deutschen Verwaltungsrecht erfolgt im Völkerrecht keine strenge Unterscheidung zwischen Beurteilungs- und Ermessensspielraum. Vielmehr wird hier einheitlich der Begriff der „margin of appreciation" genutzt, siehe zur EMRK: *Streuer*, Positive Verpflichtungen, S. 258, Fn. 287.
[246] *Eisemann*, ZLW, 1970, 165 (171 f.); zur Übertragung der deutschen Ermessensfehlerlehre ins Völkerrecht siehe *Stahl*, Schutzpflichten im Völkerrecht, S. 281 ff.

C. Herleitung einer Sperrpflicht aus dem internationalen öffentlichen Luftrecht 157

grundsätzlich frei. Eine Pflicht, den Luftraum über Konfliktzonen zu sperren kann dem Wortlaut des Art. 9 CA zwar nicht entnommen werden, doch steht dieser der Annahme einer Sperrpflicht auch nicht entgegen.

b) Auslegung nach Ziel und Zweck

Der Wortlaut eines Vertrages ist nach der Wiener Vertragsrechtskonvention stets derart auszulegen, dass er zu dessen Zweckerreichung beiträgt.[247] Dabei bezieht sich „Ziel und Zweck" i. S. d. Art. 31 Abs. 1 WVK auf das übergreifende Telos des gesamten Vertrages,[248] welches unter Zugrundelegung seiner Präambel definiert wird.

In der Präambel des Chicagoer Abkommens heißt es, wie bereits erörtert, dass das Abkommen *zu dem Zwecke abgeschlossen* wurde, dass sich die internationale Zivilluftfahrt *in sicherer und geordneter Weise* entwickeln kann. Dieser Zweck wird auch in Art. 44 CA aufgegriffen, wonach die wesentliche Aufgabe der ICAO in der Förderung der Sicherheit der internationalen Zivilluftfahrt liegt. Dass die Chicagoer Konferenz in erster Linie einen rechtlichen Rahmen für die Sicherheit der Luftfahrt schafft, zeigt sich auch an sonstigen Stellen des Abkommens.[249] Es enthält zahlreiche Bestimmungen, die der Sicherstellung der Betriebssicherheit,[250] also der *safety* i. e. S. dienen und erstreckt sich auf den Schutz der *security*. Besonderer Ausdruck Letzterer ist Art. 3*bis* CA,[251] welcher in Folge des Abschusses von Korean Airlines Flug 007 im Jahre 1983 über russischem militärischem Sperrgebiet eingefügt wurde[252] und die Anwendung von Waffengewalt gegen im Flug befindliche Zivilluftfahrzeuge untersagt. Darüber hinaus verbietet Art. 4 CA den Missbrauch der Zivilluftfahrt für Zwecke, die mit den Zielen des Übereinkommens nicht vereinbar sind.

Art. 9 CA, wonach der Luftraum aus Gründen der militärischen Notwendigkeit oder der öffentlichen Sicherheit (lit. a)) bzw. bei Vorliegen außergewöhnlicher Umstände oder eines Notstandes (lit. b)) gesperrt werden kann, dient zwar nationalen Sicherheitsinteressen,[253] doch ist die Sicherheit im staatlichen

---

[247] *Dörr*, in: ders./Schmalenbach, VCLT Commentary, Art. 31, Rn. 53.
[248] *Klabbers*, Treaties, Object and Purpose, in: MPEPIL, Rn. 6 ff.
[249] *Huang*, Aviation Safety, S. 18.
[250] Siehe etwa die Regelungen in Kapitel V des CA hinsichtlich der Bedingungen, die in Bezug auf Luftfahrzeuge zu erfüllen sind.
[251] Protokoll vom 10. Mai 1984 zur Änderung des Abkommens vom 7. Dezember 1944 über die Internationale Zivilluftfahrt, BGBl. 1996 II, S. 210. Das Protokoll trat am 1. Oktober 1998 in Kraft und wurde bisher von 158 Staaten ratifiziert, siehe https://www.icao.int/secretariat/legal/List%20of%20Parties/3bis_EN.pdf [zuletzt aufgerufen am 26.1.2023].
[252] Dazu *Milde*, Internat. Air Law, S. 56 ff.
[253] So insbesondere *Knittlmayer*, ZLW, 2016, 44 (55 f.).

Luftraum wesentlicher Bestandteil ebendieser Interessen. Obgleich Art. 9 CA den Staaten bei der Errichtung von Sperrgebieten grundsätzlich Ermessen einräumt, ergibt eine Auslegung nach dem Telos des Chicagoer Systems, dass es zum Zwecke der Sicherheit des zivilen Luftverkehrs, also der *raison d'être* des gesamten Systems, Situationen geben muss, in denen der Luftraum zu sperren ist.[254] Das ist dann der Fall, wenn die Sicherheit des zivilen Luftverkehrs derart gefährdet ist, dass der Staat seiner Schutzpflicht mit nur einer einzigen Maßnahme, namentlich der Sperrung des Luftraums, nachkommen kann. Diese sog. Ermessensreduzierung auf Null, die aus dem deutschen Verwaltungsrecht bekannt ist,[255] lässt sich auf das Völkerrecht übertragen.[256] Die Begründung von Schutzpflichten wäre, wie *Bleckmann* richtigerweise hervorhebt, sinnlos, wenn sie sich nicht zumindest in extremen Fällen eindeutig konkretisieren ließen. Der Schutz der Freiheiten durch den Staat müsse effektiv sein. Stelle sich heraus, dass im konkreten Fall nur ein einziges Mittel effektiv ist, werde der Ermessensspielraum daher auf ebendieses Mittel reduziert. Nur so könne garantiert werden, dass das geschützte Individuum seine Freiheiten voll ausüben kann.[257]

Ob im konkreten Fall eine Ermessensreduzierung gegeben ist, unterliegt einer Überprüfung durch die jeweiligen Kontrollorgane. Zwar können diese ihr Ermessen nicht an die Stelle des Staates stellen, doch haben sie zu prüfen, ob das Ermessen fehlerhaft ausgeübt wurde.[258] Im Rahmen völkerrechtlicher Schutzpflichten ist das der Fall, wenn die ergriffene staatliche Schutzhandlung unzureichend ist. Entsprechend führte der EGMR im Fall *X and Y v. The Netherlands* aus, dass die Wahl der Schutzmaßnahmen zwar grundsätzlich im Ermessen des Staates liege, der durch das Zivilrecht gewährleistete Schutz vor Verletzungen wie sie das minderjährige, geistig behinderte Mädchen im konkreten Fall erlitten habe, aber unzureichend sei. Es handele sich um einen Fall, in dem grundlegende Werte und wesentliche Aspekte des Privatlebens betroffen seien. Wirksame Abschreckung sei in diesem Bereich unerlässlich und könne nur durch strafrechtliche Vorschriften erreicht werden.[259] Das Ermessen des niederländischen Gesetz-

---

[254] So auch *Hobe*, in: Mendes de Leon/Buissing, Evolution of Aerial Sovereignty, S. 43.

[255] Siehe dazu nur BVerwGE 78, 40 (46); *Maurer/Waldhoff*, Allg. VerwR, § 7, Rn. 24 f.; *Schübel-Pfister*, in: Eyermann/Fröhler, VwGO, § 114, Rn. 32.

[256] Siehe *Bleckmann*, in: FS-Bernhardt, S. 320 f.; *Jaeckel*, Schutzpflichten im dt. und europ. Recht, S. 172; *Murswiek*, in: Konrad, Internat. Menschenrechtsschutz, S. 239. Zur Möglichkeit von Ermessensreduzierungen bei Übergriffen in ius cogens sowie bei Beeinträchtigungen des Kernbereichs der Menschenrechte siehe *Wiesbrock*, Schutz der Menschenrechte, S. 171 f.

[257] *Bleckmann*, in: FS-Bernhardt, S. 320 f.; in Bezug auf die AMRK siehe *Kokott*, in: Klein, The Duty to Protect and to Ensure Human Rights, S. 275.

[258] Zur Möglichkeit der Übertragung der deutschen Ermessensfehlerlehre siehe *Stahl*, Schutzpflichten im Völkerrecht, S. 281 ff.

[259] EGMR, *X and Y v. The Netherlands*, Judgment, 26.3.1985, Series A91, para. 27 f.; ähn-

C. Herleitung einer Sperrpflicht aus dem internationalen öffentlichen Luftrecht

gebers wurde somit auf den Erlass strafrechtlicher Vorschriften reduziert. Nur so könne er seiner Schutzpflicht aus Art. 8 EMRK nachkommen.

In Anwendung dieser Grundsätze kann aus Art. 9 CA somit im Einzelfall die Pflicht des betroffenen Staates hergeleitet werden, seinen über einer Konfliktzone liegenden Luftraum für den zivilen Luftverkehr zu sperren.[260] Davon geht auch das DSB in seinem *Follow-Up-Bericht* zum Abschuss des Fluges MH17 aus, in welchem es die Bedeutung von Luftsperrgebieten zur Bewältigung der Risiken des Überflugs von Konfliktzonen unterstreicht und kritisiert, dass nach wie vor aus dem Chicagoer Abkommen und den SARP nicht eindeutig hervorgeht, *in welchen Fällen* der Luftraum gesperrt werden muss.[261] Dass es Fälle gibt, in denen er gesperrt werden muss, wird nicht bezweifelt.

Ist die Sicherheit des staatlichen Luftraums aufgrund der Gefahren, die von einer Konfliktzone für ebendiesen ausgehen, nicht mehr gewährleistet, so ist der betroffene Staat zur Ergreifung von Schutzmaßnahmen nach Art. 9 CA nicht nur berechtigt, sondern auch verpflichtet.[262] Wie *Trouwborst* in Bezug auf das umweltvölkerrechtliche Vorsorgeprinzip[263] betont, erwächst eine Handlungspflicht der Staaten, sobald der mögliche Schaden, der von ihrem Hoheitsgebiet ausgeht, nicht nur erheblich, sondern auch schwerwiegend oder irreversibel ist: „when the right conditions are met, precautionary action is not merely optional".[264] Entsprechend führt das hohe Ausmaß des potenziellen Schadens beim Überflug einer Konfliktzone führt zunächst zu einer Reduzierung des Entschließungsermessens,[265] also der Frage nach dem *ob* des staatlichen Eingreifens.[266] Ist eine Lage gegeben, in der Warnungen oder Flugbeschränkungen zur Gewährleistung der

---

lich EGMR, *A v. The United Kingdom*, Judgment, 23.9.1998, Reports 1998-VI, para. 23 f., wo das Vereinigte Königreich aufgrund seiner Pflicht zum Schutz vor körperlicher Misshandlung von Kindern aus Art. 3 EMRK zur Nachbesserung bestehender Strafvorschriften verpflichtet wurde.

[260] Siehe zur Anwendung dieser Grundsätze auf die Frage einer Sperrpflicht der Ukraine im Kontext des Ostukrainekonflikts: Teil 5 B. III. 2. b), S. 237 ff.

[261] DSB-Follow-up Report, S. 34, 37.

[262] So auch *Giemulla/Kortas*, ZLW, 2015, 431 (433), die davon ausgehen, dass ein Staat, der trotz Vorliegens der in Art. 9 CA beschriebenen Situation von den ihm zustehenden Möglichkeiten keinen Gebrauch macht, sich völkerrechtswidrig verhält, da die Luftraumnutzer darauf vertrauen müssen, dass der zur Verfügung gestellte Luftraum als sicher gilt, solange der Staat von der Möglichkeit der Luftraumsperrung keinen Gebrauch gemacht hat. Zur a.A. siehe *Knittlmayer*, ZLW, 2016, 44 (55 f.).

[263] Siehe oben, Teil 2 C. I. 1., S. 66 f.

[264] *Trouwborst*, Precautionary Rights and Duties, S. 121.

[265] Zur Unterscheidung zwischen Entschließungs- und Auswahlermessen siehe *Maurer/Waldhoff*, Allg. VerwR, § 7, Rn. 7.

[266] Dazu, dass das Vorliegen des Tatbestandes einer Schutzpflicht die Pflicht zum Tätigwerden indiziert, siehe *Stahl*, Schutzpflichten im Völkerrecht, S. 277, 299 f.

Sicherheit im staatlichen Luftraum nicht ausreichen, verdichtet sich ferner das Auswahlermessen des Staates,[267] so dass dieser – zum effektiven Schutz der betroffenen Rechte – zu einer vollständigen Sperrung von Teilen seines Luftraumes bzw. seines gesamten Luftraumes verpflichtet ist. Wann eine derartige Lage gegeben ist, hängt naturgemäß von den Umständen des Einzelfalls ab.[268]

c) Historischer Kontext

Nach Art. 32 WVK können insbesondere die vorbereitenden Arbeiten und die Umstände des Vertragsabschlusses als ergänzende Auslegungsmittel herangezogen werden, um die sich unter Anwendung des Art. 31 WVK ergebende Bedeutung zu bestätigen oder zu bestimmen. Hinsichtlich der Umstände des Vertragsabschlusses ist zu bedenken, dass die Chicagoer Konferenz im Jahre 1944, kurz vor dem Ende des Zweiten Weltkrieges, gehalten wurde. In dieser Phase der Transition vom Krieg zum Frieden wurde die Schaffung eines internationalen Rahmens für die zivile Luftfahrt als wesentliches Instrument der Neuordnung der Staatenbeziehungen gesehen. So hielt US-Präsident *Roosevelt* in seiner Eröffnungsrede fest:

„The rebuilding of peace means reopening the lines of communication and peaceful relationship. Air transport will be the first available means by which we can start to heal the wounds of war, and put the world once more on a peacetime basis".[269]

Dies spiegelt sich auch in der Präambel des Chicagoer Abkommens wider, wonach das Abkommen in der Erwägung geschlossen wurde, dass die Entwicklung der internationalen Zivilluftfahrt in hohem Maße dazu beitragen kann, Freundschaft und Verständnis zwischen den Nationen und Völkern der Welt zu schaffen und zu erhalten sowie die Zusammenarbeit zwischen diesen zu fördern.

Mit dem Chicagoer Abkommen wurde die internationale Zivilluftfahrt in Friedenszeiten geregelt. Obgleich dabei von der grundsätzlichen Prämisse ausgegangen wurde, dass *friendly nations* einander den Luftverkehr ermöglichen,[270] war von Anfang an unstreitig, dass Staaten auch in Friedenszeiten, insbesondere aus Sicherheitserwägungen, das Recht haben müssen, ihren Luftraum in bestimmten Fällen zu sperren. Dies wurde bereits in den Vorgängern des Chicagoer Abkommens anerkannt. So sah Art. 3 S. 1 des Pariser Abkommens von 1919 in seiner ursprünglichen Fassung vor:

---

[267] Kritisch hierzu *Stahl*, Schutzpflichten im Völkerrecht, S. 300 ff.
[268] Für eine Prüfung anhand des Falles von Flug MH17 siehe Teil 5 B. III. 2. b), S. 237 ff.
[269] Proceedings of the Internat. Civil Aviation Conference, Vol. I, S. 42.
[270] So jedenfalls die Auffassung der US-Delegation, siehe Proceedings of the Internat. Civil Aviation Conference, Vol. I, S. 57.

C. Herleitung einer Sperrpflicht aus dem internationalen öffentlichen Luftrecht

„Each contracting State is entitled for military reasons or in the interest of public safety to prohibit the aircraft of the other contracting States, under the penalties provided by its legislation and subject to no distinction being made in this respect between its private aircraft and those of the other contracting States from flying over certain areas of its territory."[271]

Nach langen Diskussionen wurde die Vorschrift im Rahmen der Konferenz von 1929[272] wie folgt ergänzt:

„Each contracting State reserves also the right in exceptional circumstances in time of peace and with immediate effect temporarily to limit or prohibit flight over its territory or over part of its territory on condition that such limitation or prohibition shall be applicable without distinction of nationality to the aircraft of all the other States. [...]"

Auch die im Rahmen der Chicagoer Konferenz diskutierten Entwürfe der amerikanischen[273] und kanadischen[274] Delegation enthielten jeweils eine Bestimmung zur Errichtung von Sperrgebieten. Anders als im kanadischen Vorschlag, wonach

---

[271] Eine ähnliche Bestimmung enthielt das Pan-Amerikanische Luftverkehrsabkommen, welches in seinem Art. 5 S. 1 das Recht eines jeden Vertragsstaates vorsah, „to prohibit, for reasons which it deems convenient in the public interest, the flight over fixed zones of its territory by the aircraft of the other contracting states and privately owned national aircraft employed in the service of international commercial aviation, with the reservation that no distinction shall be made in this respect between its own private aircraft engaged in international commerce and those of the other contracting states likewise engaged."

[272] Siehe zu den einzelnen Positionen *Roper*, La Convention Internationale du 13 Octobre 1919, S. 127 ff.

[273] Siehe Art. 10 des US-Entwurfes: „(a) Each Contracting State may, for military reasons, or in the interest of public safety, prohibit uniformly the aircraft of the other Contracting States from flying over certain areas of its territory of reasonable extent, provided that no distinction in this respect is made between the aircraft of the State whose territory is involved, engaged in international scheduled airline services, and the aircraft of other Contracting States likewise engaged. [...]

(c) During any period of national emergency proclaimed by a Contracting State, flight of aircraft above the whole or any part of the territory under its jurisdiction may temporarily, and with immediate effect, be restricted or prohibited on condition that such restriction or prohibition shall, subject to the rights and obligations of any Contracting State under any general international agreement concerning international security, be applicable without distinction of nationality to all foreign aircraft.", abgedruckt in: Proceedings of the Internat. Civil Aviation Conference, Vol. I, S. 554 ff.

[274] Siehe Art. XIII des kanadischen Entwurfes: „Each member state is entitled for military reasons or in the interest of public safety to prohibit the aircraft of the other member states, under the penalties provided by its legislation and subject to no distinction being made in this respect between its private aircraft and those of the other member states, from flying over certain areas of its territory. Each member state undertakes that the allocation and extent of these areas shall not be unreasonably defined. [...] Each member state reserves also the right in exceptional circumstances in time of peace and with immediate effect temporarily to restrict or prohibit flight over its territory or over part of its territory on condition that such restriction or prohibition shall be applicable without distinction of nationality to the aircraft of all the other

jeder Vertragsstaat *entitled* ist, seinen Luftraum aus Gründen militärischer Notwendigkeit oder im Interesse der öffentlichen Sicherheit für die zivile Luftfahrt zu sperren, wurde im US-Vorschlag das Verb *may* genutzt. Ein bedeutender Unterschied ergibt sich hieraus allerdings nicht. In beiden Fällen wird erkenntlich, dass die Norm lediglich die rechtliche Möglichkeit und nicht die Rechtspflicht regelt, seinen Luftraum zu sperren. Letztlich war es – aus nicht näher dargelegten Gründen – der US-Vorschlag, der dem *drafting commitee* übermittelt und nach diversen Überarbeitungen[275] als Art. 9 CA angenommen wurde. Dieser ähnelt Art. 3 des Pariser Abkommens stark. Weder im Rahmen der Chicagoer Konferenz noch im Rahmen der Verhandlungen zu Art. 3 des Pariser Abkommens wurde die Motivation zur Annahme der Bestimmung näher dargelegt. Aus den Vorarbeiten wird allerdings ihr Ausnahmecharakter ersichtlich. Schließungen des Luftraums sollen nur unter strengen Voraussetzungen möglich sein und somit restriktiv behandelt werden. Eine etwaige Pflicht zur Sperrung des Luftraums wurde nicht diskutiert. Allerdings ist zu bedenken, dass viele Bedrohungslagen zur Zeit der Schaffung des Chicagoer Abkommens noch nicht vorhersehbar waren.[276] Dass sich aus historischer Perspektive zunächst keine Pflicht zur Sperrung des Luftraums über Konfliktzonen ergibt, spricht somit nicht gegen die Möglichkeit eine solche auf Art. 9 CA zu stützen.

d) Spätere Übereinkünfte und spätere Übung

Wie jedes völkerrechtliche Instrument ist auch das Chicagoer Abkommen nur ein „,snapshot' of a particular time of its drafting, of the social relations existing at that time and of the specific agreed balance of the conflicting interests achieved by the original parties at that time."[277] Insbesondere weil das Abkommen auf eine langfristige Regelung der Beziehungen ausgerichtet ist, sind spätere Entwicklun-

---

member states.", abgedruckt in: Proceedings of the Internat. Civil Aviation Conference, Vol. I, S. 570 ff.

[275] Siehe zur Annahme des Artikels im Überblick: Proceedings of the Internat. Civil Aviation Conference, Vol. II, S. 1382. Hervorzuheben ist insbesondere die auf den Vorschlag der britischen Delegation zurückgehende Änderung des Art. 10 lit. c), wonach „Each member state reserves also the right, in exceptional circumstances, or in the interest of public safety, and with immediate effect, temporarily to restrict or prohibit flying over the whole or any part of its territory, on condition that such restriction or prohibition shall be applicable without distinction of nationality to all foreign aircraft", abgedruckt in: Proceedings of the Internat. Civil Aviation Conference, Vol. I, S. 694. Nach „exceptional circumstances" wurde „or during a period of emergency" eingefügt, siehe Proceedings of the Internat. Civil Aviation Conference, Vol. I, S. 684. Ferner wurde vor der Annahme des Artikels unter lit. a) „restrict or" vor „prohibit" eingefügt, Proceedings of the Internat. Civil Aviation Conference, Vol. I, S. 687.

[276] *Milde*, Internat. Air Law, S. 210.

[277] *Milde*, Internat. Air Law, S. 210.

C. Herleitung einer Sperrpflicht aus dem internationalen öffentlichen Luftrecht

gen bei seiner Auslegung zu berücksichtigen.[278] Nur so kann sich das mittlerweile seit 75 Jahren geltende Abkommen auch in Zukunft bewähren.

Dies erkennend sieht auch Art. 31 Abs. 3 WVK vor, dass bei der Auslegung spätere Übereinkünfte zwischen den Vertragsparteien über die Auslegung des Vertrages oder die Anwendung seiner Bestimmungen (lit. a)) sowie jede spätere Übung bei der Anwendung des Vertrags zu berücksichtigen sind, aus der die Übereinstimmung der Vertragsparteien über seine Auslegung hervorgeht (lit. b)). Die Abgrenzung zwischen späteren Übereinkünften und späterer Übung ist nicht ganz eindeutig. Eine spätere Übereinkunft nach lit. a) setzt eine Vereinbarung zwischen allen Vertragsparteien voraus, wobei ein förmlicher Akt, etwa i. S. e. Vertrages, nicht erforderlich ist.[279] Entscheidend ist das Vorliegen eines übereinstimmenden Willens, nicht die Form seiner Bekundung. Auch die spätere Übung nach lit. b) setzt einen gemeinsamen Willen aller Vertragsparteien voraus. Anders als nach lit. a) ergibt dieser sich allerdings nicht *ipso facto* aus einer Übereinkunft, sondern aus verschiedenen Verhaltensweisen, die zusammengenommen das gemeinsame Verständnis der Vertragsparteien über die Auslegung belegen. Der Unterschied zwischen späterer Übereinkunft und späterer Übung liegt somit in der Art der Manifestation des gemeinsamen Willens.[280] Beiden Auslegungsmitteln kommt als objektiver Beleg des gemeinsamen Willens der Vertragsparteien – der Herren der Verträge – eine besondere Autorität zu.[281] Liegt eine spätere Übung durch nur eine oder mehre, nicht aber alle Vertragsparteien, vor, ist Art. 31 Abs. 3 WVK nicht einschlägig. Die spätere Übung *kann* in diesem Fall aber nach Art. 32 WVK berücksichtigt werden (*recourse may be had*).[282] Spätere Übungen im Sinne von Art. 31 und 32 WVK können verschiedene Formen annehmen. Maßgeblich sind nicht nur nach außen gerichtete Amtshandlungen, Erklärungen oder Abstimmungen auf internationaler Ebene, sondern auch interne Handlungen der Legislative, Exekutive und Judikative.[283] Auch Unterlassungen können – wie im Rahmen der Staatenverantwortlichkeit – ein Verhalten i. S. e. späteren Übung darstellen.[284] Wie die ILC betont, kann sich eine spätere Übung

---

[278] *Herdegen*, Völkerrecht, § 15, Rn. 32 mit Verweis auf IGH, *Dispute regarding Navigational and Related Rights (Costa Rica v. Nicaragua)*, Judgment, 13.7.2009, I.C.J. Rep 2009, p. 213, para. 64, 66; *Riedi*, Die technischen Normen der ICAO, S. 44; *Verdross/Simma*, Universelles Völkerrecht, § 782, S. 496 f.

[279] ILC-Report 2018, A/73/10, S. 28.

[280] ILC-Report 2018, A/73/10, S. 30.

[281] ILC-Report 2018, A/73/10, S. 24; so auch schon Report of the International Law Commission on the work of its eighteenth session, Geneva, 4 May–19 July 1966, A/6309/Rev.1, abgedruckt in YbILC 1966, Vol. II, S. 172 ff. (nachfolgend: YbILC 1966, Vol. II), S. 221.

[282] ILC-Report 2018, A/73/10, S. 20, 31.

[283] ILC-Report 2018, A/73/10, S. 50.

[284] ILC-Report 2018, A/73/10, S. 31.

164   Teil 3: Konkretisierung der allgemeinen Schutzverantwortung

der Vertragsstaaten zudem aus ihren Reaktionen auf die Praxis einer internationalen Organisation bei der Anwendung ihres Gründungsaktes ergeben oder darin zum Ausdruck kommen. Die Praxis der internationalen Organisation selbst kann bei der Interpretation ihres Gründungsaktes behilflich sein.[285] Entsprechend sind auch die Arbeiten der ICAO bei der Anwendung des Chicagoer Abkommens als ihrem Gründungsakt im Rahmen der Auslegung zu berücksichtigen.

Im Folgenden wird zur Erörterung der Frage, ob sich aus Art. 9 CA die Pflicht der Staaten ergibt, ihren Luftraum über Konfliktzonen zu sperren, geprüft, wie ebendieser Artikel in der Praxis angewandt wird. Dazu wird zunächst die Staatenpraxis in Bezug auf das Luftraummanagement über Konfliktzonen dargestellt, bevor auf die Arbeit der ICAO in diesem Bereich eingegangen wird.

aa) Luftraummanagement über Konfliktzonen in der Praxis

Obgleich Abschüsse ziviler Luftfahrzeuge in der Geschichte der Luftfahrt immer wieder vorkommen, sind Luftraumsperrungen zur Vorbeugung derartiger Vorkommnisse bislang eher die Ausnahme. Seit dem Abschuss des Fluges MH17 deutet sich diesbezüglich allerdings eine neue Entwicklung an.

(1) Abschüsse ziviler Luftfahrzeuge im Überblick

Der Abschuss des Fluges MH17 stellt keinen Einzelfall dar. Vielmehr sind bereits zahlreiche Fälle bekannt, in denen zivile Luftfahrzeuge – irrtümlich oder absichtlich – im Zuge militärischer Spannungen abgeschossen wurden.[286] So wurde am 14. Juni 1940, kurz vor der Besetzung Estlands durch die Sowjetunion, ein finnisches Passagierflugzeug namens Kaleva auf seinem Weg von Tallinn nach Helsinki von zwei Flugzeugen der sowjetischen Luftwaffe über dem Finnischen Meerbusen abgeschossen.[287] Am 1. Juni 1943 schoss die deutsche Luftwaffe ein britisches Passagierflugzeug im Golf von Biskaya ab.[288] Im Jahre 1955 gelang Flug 402 der israelischen Fluggesellschaft El Al aufgrund eines Navigationsfehlers in den gesperrten Luftraum Bulgariens und wurde zum Ziel bulgari-

---

[285] ILC-Report 2018, A/73/10, Conclusion 12, S. 97, 101.
[286] DSB-Report, Appendices, Appendix S, S. 113; dazu im Überblick: *Huang*, Aviation Safety, S. 83 f.; *de Hoon/Fraser/McGonigle Leyh*, White Paper, S. 15 ff.; zu den Abschüssen seit dem Zweiten Weltkrieg siehe *Foont*, JALC, 2007, 695 (704 ff.).
[287] Siehe dazu den Eintrag in der Aviation Safety Network Datenbank, abrufbar unter: https://aviation-safety.net/database/record.php?id=19400614-0 [zuletzt aufgerufen am 26.1.2023].
[288] Siehe dazu den Eintrag in der Aviation Safety Network Datenbank, abrufbar unter: https://aviation-safety.net/database/record.php?id=19430601-0&lang=de [zuletzt aufgerufen am 26.1.2023].

scher MiG-15.²⁸⁹ 1973 führte der Abschuss einer Boeing 727 der Libyan Arab Airlines über der von Israel besetzen Sinai-Halbinsel zum Tod von 110 Personen.²⁹⁰ Hervorzuheben ist ferner der Fall des Korean Airlines Fluges KAL 007, welcher im Jahre 1983 abgeschossen wurde, nachdem er in ein sowjetisches Luftsperrgebiet eingeflogen war. Der Abschuss, der 269 Personen das Leben kostete, führte letztlich zum Erlass von Art. 3*bis* CA, der die Anwendung von Waffengewalt gegen Zivilluftfahrzeuge nur als allerletztes Mittel zur Selbstverteidigung gestattet.²⁹¹ Gleichwohl kam und kommt es weiterhin zu ähnlichen Vorkommnissen. So wurde am 3. Juli 1988 ein Airbus A300 der Iran Air über dem Persischen Golf von Raketen getroffen, die von dem amerikanischen Militärschiff USS Vincennes aus abgefeuert wurden. Letzteres gab an, das Flugzeug fälschlicherweise für ein militärisches Objekt gehalten zu haben.²⁹² Zuletzt stürzte am 8. Januar 2020 ein Passagierflugzeug der Ukrainian Airlines kurz nach dem Start nahe Teheran ab. Nachdem über die Absturzursache zunächst spekuliert wurde, erklärte der Iran am 11. Januar 2020, dass das Flugzeug aufgrund eines menschlichen Versagens von zwei Boden-Luft-Raketen abgeschossen wurde.²⁹³ Bei dem Vorfall, der sich nur kurz nach einem Angriff des Irans auf zwei US-Militärstützpunkte im Irak ereignete, kamen alle 176 Personen an Bord ums Leben.

(2) Reaktionen der Staaten

Die Gefahr des Überfluges von Gebieten, auf denen bewaffnete Konflikte stattfinden, realisierte sich wie aufgezeigt bereits mehrfach und stellt auch weiterhin eine Bedrohung für die zivile Luftfahrt dar. Gleichwohl sind Luftraumsperrungen über den betroffenen Gebieten bisher die Ausnahme. In seinem Abschlussbericht zu MH17 analysierte das DSB das Luftraummanagement über zehn Kon-

---

²⁸⁹ Siehe dazu den Eintrag in der Aviation Safety Network Datenbank, abrufbar unter: https://aviation-safety.net/database/record.php?id=19550727-0 [zuletzt aufgerufen am 26.1. 2023].
²⁹⁰ Siehe dazu *Abeyratne*, Convention on Internat. Civil Aviation, Art. 4, S. 82; ICAO Ass. Res. A19-1, Shooting down of a Libyan civil aircraft by Israeli fighters on 21 February 1973, abgedruckt in: ICAO Doc 9061, Resolutions and Minutes, Assembly, Nineteenth Session (Extraordinary), 27.2.–2.3.1973, S. 11.
²⁹¹ Näher dazu: *Cheng*, in: FS-Diederiks-Verschoor, S. 49 ff.; *Kido*, JALC, 1997, 1049 (1049 ff.).
²⁹² Siehe dazu den Unfalluntersuchungsbericht der ICAO: ICAO Circ 260-AN/154, No. 3, Airbus A300B2, EP-IBU, accident in the vicinity of Qeshm Island, Islamic Republic of Iran on 3 July 1988, Report released by ICAO, 3.2.1, abrufbar unter: https://reports.aviation-safety. net/1988/19880703-0_A30B_EP-IBU.pdf [zuletzt aufgerufen am 26.1.2023].
²⁹³ Siehe dazu auch den Unfalluntersuchungsbericht der iranischen Zivilluftfahrtbehörde vom 11.7.2020, abrufbar unter: https://reports.aviation-safety.net/2020/20200108-0_B738_ UR-PSR_FACTUAL.pdf [zuletzt aufgerufen am 26.1.2023].

fliktzonen und kam zu dem Ergebnis, dass die von der Krise betroffenen Staaten selbst nur selten Maßnahmen ergreifen.[294] Einzig Libyen hatte zur Zeit der Untersuchung des DSB, also im Jahr 2015, eine NOTAM in Bezug auf seinen Luftraum erlassen, in welcher der Überflug von einer vorherigen Erlaubnis abhängig gemacht wurde. Dieser Erlaubnisvorbehalt bedeutet eine Rücknahme des Überflugrechts und kommt somit faktisch einer Sperrung des Luftraums gleich. Auch das DSB kam zu dem Schluss, dass Hinweise auf Gefahren des Überflugs von Konfliktzonen für die zivile Luftfahrt in der Regel nicht vom betroffenen Staat kamen, sondern von Luftfahrtbehörden anderer Staaten oder von internationalen Organisationen wie der ICAO oder der EASA.[295] Die zur Zeit der Untersuchung bestehenden NOTAM in Bezug auf die Durchführung von Flügen über Konfliktzonen stammten aus den USA, dem Vereinigten Königreich, Frankreich und Deutschland.[296] Ganz überwiegend handelte es sich dabei um bloße Warnungen oder Empfehlungen – nicht aber um Verbote – ein Gebiet unterhalb einer bestimmten Höhe nicht zu überfliegen.

Flugverbote wurden in der Vergangenheit auch schon durch den VN-Sicherheitsrat erlassen. In seiner Funktion als Hüter des Weltfriedens kann dieser stellvertretend für die Mitgliedstaaten sog. *No-Fly Zones*[297] errichten und somit den Luftraum bestimmter Staaten für die zivile Luftfahrt sperren. Entsprechend ordnete er im Zuge des Bürgerkrieges in Libyen mit Resolution 1973 (2011) einen „ban on all flights in the airspace of the Libyan Arab Jamahiriya"[298] an. Zuvor sperrte er im Jahre 1992 den Luftraum über Bosnien und Herzegowina für die militärische Luftfahrt[299] und erstreckte die Sperrung kurze Zeit darauf auf alle „fixed-wing and rotary-wing aircraft".[300]

Obgleich die Praxis der VN als internationale Organisation keine spätere Übung im Sinne von Art. 31, 32 WVK in Bezug auf das Chicagoer Abkommen darstellt,[301] kann das Verhalten der Vertragsstaaten im Rahmen der Organisation als Hinweis auf ihre eigene Staatspraxis dienen. Allerdings wird in den bisheri-

---

[294] DSB-Abschlussbericht, S. 200 ff.; untersucht wurden Nordmali, Südsudan, Libyen, Syrien, Irak, Ägypten (Sinai), Afghanistan, Somalia, Jemen sowie die Demokratische Republik Kongo.
[295] DSB-Abschlussbericht, S. 204.
[296] DSB-Abschlussbericht, S. 199 ff.
[297] Zum Begriff der No-Fly Zones siehe *Kaiser*, ZLW, 2011, 402 (402).
[298] UNSC Res. 1973 (2011) vom 17.3.2011, S/RES/1973 (2011), Ziff. 6. Zu den Ausnahmen vom Flugverbot siehe Ziff. 7 der Resolution. Näher dazu: *Adediran*, Issues in Aviation L. & Pol., 2015, 313 (334); *Hobe/Fremuth*, ZLW, 2011, 389 (389 ff.); *Schmitt*, YJIL, 2011, 45 (45 ff.).
[299] UNSC Res. 1992 (781) vom 9.10.1992, S/RES/781 (1992), Ziff. 1.
[300] UNSC Res. 1993 (816) vom 31.3.1993, S/RES/816 (1993), Ziff. 1.
[301] ILC-Report 2018, A/73/10, S. 16, 83, 94.

gen Resolutionen zur Schaffung von *No-Fly Zones* kein Bezug zu Art. 9 CA oder dem Chicagoer Abkommen im Allgemeinen genommen. Auch im Sicherheitsrat wurde etwa anlässlich des Erlasses der Flugverbotszone über Libyen nicht über die speziellen luftrechtlichen Vorgaben zur Schaffung von Luftsperrgebieten gesprochen.[302] *No-Fly Zones* werden somit nicht in Anwendung von Art. 9 CA, sondern nach Maßgabe von Kapitel VII der VN-Charta errichtet[303] und stellen daher keine *subsequent practice* in der Anwendung des CA dar. Gleichwohl belegen sie die grundsätzliche Anerkenntnis der Staatengemeinschaft, dass Luftraumsperrungen zum Schutz der Zivilbevölkerung erforderlich sein können.

(3) Entwicklungen seit dem Abschuss des Fluges MH17

Seit dem Abschuss des Fluges MH17 hat die Zahl der NOTAM, in denen vor dem Überflug von Konfliktzonen gewarnt wird bzw. der Überflug Beschränkungen unterworfen oder gar gänzlich verboten wird, zugenommen.[304] Auch führte der Vorfall zur Schaffung nationaler Gesetze zum Luftraummanagement über Krisengebieten. So wurde etwa in Deutschland § 26a LuftVG erlassen, nach dessen Absatz 1 das Bundesministerium für Verkehr und digitale Infrastruktur (BMVI) bei tatsächlichen Anhaltspunkten für eine erhebliche Gefährdung der Betriebssicherheit von Luftfahrzeugen auch außerhalb des Hoheitsgebiets der Bundesrepublik Deutschland für alle oder bestimmte Beförderungsarten ein Überflug-, Start- oder Landeverbot verhängen kann. Nach der Gesetzesbegründung dieser neuen Ermächtigungsgrundlage sei es bis zum Abschuss von Flug MH17 undenkbar gewesen, dass ein Luftfahrzeug in so großen Höhen über einem Krisengebiet abgeschossen werden könnte. Angesichts neuartiger Gefahrenlagen könne für Krisengebiete im Ausland die Verantwortung, welche Gebiete noch überflogen und welche Flughäfen noch bedient werden können, nicht allein den Luftfahrtunternehmen und Luftfahrzeugführern überlassen bleiben. Die Schutzpflicht des Staates erfordere vielmehr auch hier ein staatliches Handeln.[305] Der Bund könne seiner Verantwortung für die Gewährleistung der Sicherheit des Luftverkehrs nunmehr nicht nur im Inland durch die Schaffung von Luftsperr- oder Flugbeschränkungsgebieten, sondern auch im Ausland, nachkommen. Auf Grundlage des § 26a Abs. 1 LuftVG hat Deutschland derzeit Flug-

---

[302] Siehe UNSC, 66th Sess., 6498th meeting, S/PV.6498, 17.3.2011.
[303] Näher hierzu siehe unten, Teil 4 C II, S. 220 ff.
[304] So auch DSB Follow-up Report, S. 31.
[305] BT-Drucks. 18/10493, S. 13.

verbote in Bezug auf den Luftraum Libyens,[306] des Jemens[307] sowie Syriens[308] erlassen. Auch Frankreich und die USA haben den Überflug dieser Gebiete untersagt. Gleiches gilt für das Vereinigte Königreich, welches allerdings in Bezug auf den Jemen nur eine Empfehlung ausgesprochen hat, den Luftraum nicht zu überfliegen. Kanada empfiehlt seinen Luftfahrtunternehmen, die Lufträume Libyens, Syriens und des Jemens nicht zu überfliegen.[309]

Auch zu sonstigen Konfliktzonen finden sich zahlreiche NOTAM, die etwa auf der Website der EASA in Form von *Conflict Zone Information Bulletins* veröffentlicht worden sind. So sind derzeit in Bezug auf den Iran aufgrund der hohen Gefährdungslage sowie der mangelhaften Kooperation zwischen ziviler und militärischer Luftfahrt Warnungen seitens Kanadas, des Vereinigten Königreichs, der Vereinigten Arabischen Emirate, Schweden und Deutschland sowie Flugverbote seitens der USA, Frankreich, der Ukraine und Indien in Kraft. Die USA, Frankreich und die Ukraine haben auch hinsichtlich des irakischen Luftraums Flugverbote ausgesprochen. Deutschland, das Vereinigte Königreich, Südafrika, Kanada und Schweden warnen vor diesem bzw. empfehlen eine bestimmte Flughöhe nicht zu unterschreiten. Nach wie vor verbieten Frankreich und die USA zudem den Überflug von Teilen der Ostukraine. Kanada und das Vereinigte Königreichen warnen davor. Auch vor dem Überflug von Afghanistan, Ägypten, Pakistan, Mali, des Südsudans und Somalia sowie Saudi-Arabien wird gewarnt. Dabei stammen die Warnungen vorwiegend vom Vereinigten Königreich, Kanada, den USA, Frankreich und Deutschland und betreffen i.d.R. den Luftraum unter FL250 oder FL260. In Bezug auf Afghanistan, Somalia und Südsudan hat Frankreich ein Flugverbot für Flüge unterhalb von FL260 ausgesprochen. Auch

---

[306] Allgemeinverfügung des BMVI über ein Flugverbot für das Fluginformationsgebiets Tripolis (HLLL) vom 13.2.2021, https://www.bmvi.de/SharedDocs/DE/Artikel/LF/verbot-luftraum-libyen.html [zuletzt abrufbar am 16.4.2021]. Dieses Verbot ist nach Fertigstellung der Bearbeitung außer Kraft getreten.

[307] Allgemeinverfügung des BMVI über ein Flugverbot für das Fluginformationsgebiet Sanaa (OYSC) vom 13.2.2021, https://www.bmvi.de/SharedDocs/DE/Artikel/LF/verbot-luftraum-jemen.html [zuletzt abrufbar am 16.4.2021]. Dieses Verbot wurde noch am 14.10.2022 verlängert, siehe https://bmdv.bund.de/SharedDocs/DE/Artikel/LF/verbot-luftraum-jemen.html [zuletzt aufgerufen am 26.1.2023].

[308] Allgemeinverfügung des BMVI über ein Flugverbot für das Fluginformationsgebiet Damascus (OSTT) vom 13.2.2021, https://www.bmvi.de/SharedDocs/DE/Artikel/LF/verbot-luftraum-syrien.html [zuletzt abrufbar am 16.4.2021]. Dieses Verbot wurde noch am 12.1.2023 verlängert, siehe https://bmdv.bund.de/SharedDocs/DE/Artikel/LF/verbot-luftraum-syrien.html [zuletzt aufgerufen am 26.1.2023].

[309] Diese und die im Folgenden genannten NOTAM waren zur Zeit der Bearbeitung online abrufbar unter: https://www.easa.europa.eu/domains/air-operations/czibs [zuletzt aufgerufen am 16.4.2021]. Nach Fertigstellung der Bearbeitung sind sie zum Teil außer Kraft getreten bzw. ersetzt worden.

US-amerikanischen Luftfahrzeugen ist der Überflug von Somalias Luftraum unterhalb von FL260 nicht gestattet. Angesichts des neu aufgeflammten Konflikts zwischen Aserbaidschan und Armenien, im Zuge dessen ein militärisches Luftfahrzeug abgeschossen worden sein soll, erließen Frankreich und Deutschland im Juli 2020 NOTAM, in denen den Luftfahrtunternehmen geraten wurde, die Grenzregion nicht zu überfliegen bzw. auf die Risiken für die zivile Luftfahrt hingewiesen wurde. Diese NOTAM sind mittlerweile nicht mehr in Kraft.[310]

(4) Luftraumsperrungen durch den betroffenen Staat

Wie die erörterten NOTAM belegen, ist eine Sperrung des Luftraums über Konfliktzonen durch den betroffenen Staat selbst weiterhin selten. Obgleich die Ukraine ihren Luftraum über dem Osten des Landes bis zu FL320 gesperrt hatte, reichte dies nicht aus, um den Abschuss des Fluges MH17 zu verhindern.[311] Der Vorfall, der die Problematik des Überflugs von Gebieten, auf denen bewaffnete Konflikte stattfinden, deutlich werden ließ, führte indes zu einer Sensibilisierung der Luftfahrtunternehmen, der Staatengemeinschaft und der von den Konflikten betroffenen Staaten. Entsprechend weist Saudi-Arabien seit 2018 per NOTAM auf den Konflikt zwischen der Regierung Jemens und Huthi-Milizen hin und fordert die Piloten dazu auf, beim Überflug der am Jemen grenzenden saudi-arabischen FIR Jeddah die Anweisungen der ATC strengstens zu beachten. Darüber hinaus wird mitgeteilt, dass Saudi-Arabien Maßnahmen ergreift „to mitigate risk that might result from limited long-range missiles and unmanned aircraft system capabilities that may target airports within Jeddah FIR."[312] Das Land warnt somit vor den Gefahren des Überflugs von Teilen seines eigenen Luftraums und zeigt an, Maßnahmen gegen ebendiese zu ergreifen. Ferner hat Libyen mit einer NOTAM vom 15. April 2020 festgesetzt, dass alle Luftfahrzeugführer Kontakt zur Tripoli ATC aufnehmen müssen, bevor sie in libysche Fluginformationsgebiete einfliegen.[313] Hierin liegt eine Flugbeschränkung, die der Konfliktlage im Land

---

[310] Siehe für die deutschen NOTAM B1280/20 und B1281/21: https://aviapages.com/buzz/thread/azerbaijan-armenia-potentially-hazardous-situation-17-jul-17-aug20-impact-high-20032 / [zuletzt aufgerufen am 26.1.2023] und für die französische NOTAM: AIC France A23/20, Nr. 3.15, aufgehoben durch AIC France A02/21, welche bezüglich Armenien und Aserbaidschan keine Eintragungen mehr enthält. Die französischen NOTAM sind abrufbar unter: https://www.sia.aviation-civile.gouv.fr/pub/media/store/documents/file/l/f/lf_circ_2020_a_023_en.pdf und https://www.sia.aviation-civile.gouv.fr/pub/media/store/documents/file/l/f/lf_circ_2021_a_002_en.pdf [zuletzt aufgerufen am 26.1.2023].
[311] Siehe zu den ukrainischen Luftraumsperrungen oben, Teil 1 A. II. 2., S. 23 ff.
[312] Diese NOTAM wurde am 28.1.2021 verlängert, siehe Saudi-Arabia NOTAM W0120/21, abrufbar unter: https://www.easa.europa.eu/en/domains/air-operations/czibs/czib-2017-07r11 [zuletzt aufgerufen am 26.1.2023].
[313] Diese NOTAM wurde am 7.10.2020 verlängert, siehe Libya NOTAM A0086/2,

geschuldet ist. In Reaktion auf den verschärften Konflikt um die Region Bergkarabach sperrte Aserbaidschan im Oktober 2020 Teile des Luftraums der Grenzregion und erließ eine NOTAM, in der vor einer Bedrohung der zivilen Luftfahrt durch Langstreckenraketen im eigenen Luftraum gewarnt wurde.[314]

Im Zuge des Abbruchs der diplomatischen Beziehungen zu Katar sperrten Saudi-Arabien, die Vereinigten Arabischen Emirate, Bahrain und Ägypten am 5. Juni 2017 ihre Lufträume für alle in Katar registrierten Luftfahrzeuge.[315] Diese souveräne Entscheidung sei der saudi-arabischen Zivilluftfahrtbehörde als präventive Maßnahme zum Schutz der nationalen Sicherheit und insbesondere der Zivilbevölkerung erforderlich gewesen.[316] Obgleich Gründe der öffentlichen Sicherheit angeführt wurden, kann diese Luftraumsperrung, die bis Anfang Januar 2021 in Kraft war,[317] aber nicht auf Art. 9 lit. a) CA gestützt werden. Sie betrifft nur katarische Luftfahrzeuge und ist insofern diskriminierend. Zudem enthält sie entgegen Art. 9 lit. a) CA keine Begrenzung auf bestimmte Gebiete. Auch Art. 9 lit. b) CA ist aufgrund der ausschließlichen Betroffenheit katarischer Luftfahrzeuge nicht einschlägig.[318]

Eine Luftraumsperrung in Anwendung des Art. 9 lit. b) CA kann allerdings in der Sperrung des pakistanischen Luftraums vom 27. Februar 2019 gesehen werden.[319] Nachdem es im indisch-pakistanischen Grenzgebiet zu militärischen Auseinandersetzungen gekommen war, bei denen mehrere Kampfflugzeuge abgeschossen wurden und Langstreckenflüge über dem Krisengebiet abdrehen

---

https://www.easa.europa.eu/domains/air-operations/czibs/czib-2017-02r7 [zuletzt abrufbar am 23.4.2021]. Nach Fertigstellung der Bearbeitung ist die NOTAM außer Kraft getreten.

[314] Siehe zu diesen NOTAM, welche seit Ende 2020 nicht mehr in Kraft sind, https://safeairspace.net/azerbaijan/ und https://ops.group/blog/armenia-azerbaijan-airspace-risk/ [zuletzt aufgerufen am 26.1.2023].

[315] Dazu: *Sreejith*, Air & Space L., 2018, 191 (191 ff.).

[316] Siehe dazu Reuters, 13.6.2017, Update 2-Saudia Arabia says airspace ban on Qatari flights to protect citizens, abrufbar unter: https://www.reuters.com/article/gulf-qatar-flights/update-2-saudi-arabia-says-airspace-ban-on-qatari-flights-to-protect-citizens-idUSL8N1JA1FK [zuletzt aufgerufen am 26.1.2023].

[317] Zeit Online v. 4.1.2021, Golf-Konflikt, Saudi-Arabien will Grenzen für Katar wieder öffnen, abrufbar unter: https://www.zeit.de/politik/ausland/2021-01/golf-krise-saudi-arabien-katar-blockade-oeffnung-grenzverkehr [zuletzt aufgerufen am 26.1.2023].

[318] Auch Katar rügte unter anderem eine Verletzung von Art. 9 CA und wandte sich gem. Art. 84 CA an den ICAO-Rat. Der IGH bestätigte jüngst die Kompetenz des ICAO-Rates zur Entscheidung in dieser Sache, siehe: IGH, *Appeal relating to the jurisdiction of the ICAO Council under Article 84 of the Convention on International Civil Aviation (Bahrain, Egypt, Saudi Arabia and United Arab Emirates v. Qatar)*, Judgment, 14.7.2020.

[319] So auch *Hobe*, in: Mendes de Leon/Buissing, Evolution of Aerial Sovereignty, S. 41.

mussten, sperrte Pakistan seinen gesamten Luftraum für die zivile Luftfahrt.[320] Die Luftraumsperrung war bis Mitte Juli 2019 in Kraft.

Zwei der bedeutendsten Anwendungsfälle des Art. 9 CA in der Praxis stellen nach wie vor die Sperrung des US-amerikanischen Luftraums nach den Terroranschlägen vom 11. September 2001 sowie die Sperrung weiter Teile des europäischen Luftraums über einen Zeitraum von einem Monat nach dem Ausbruch des isländischen Vulkans Eyjafjallajökull im Jahr 2010 dar.[321] Obgleich die Luftfahrtunternehmen letztere als unverhältnismäßig kritisierten und *Giovanni Bisignani*, damaliger Generaldirektor der IATA, den Regierungen vorwarf „with no risk assessment, no consultation, no coordination, and no leadership"[322] vorgegangen zu sein, verteidigte die EU die Entscheidung der Regierungen und betonte: „safety is paramount".[323]

Beim Ausbruch des gletscherbedeckten Vulkans kühlte das aufsteigende Magma ab und wurde in kleine Partikel zerrissen, wodurch es zur Entstehung einer kilometerweiten Aschewolke kam.[324] Die Partikel, die die Pilotenfenster hätten undurchsichtig werden lassen und die Triebwerke der Luftfahrzeuge zerstören können, stellten – als außerordentlicher Umstand – eine beträchtliche Gefahr für die Sicherheit der zivilen Luftfahrt dar, auf welche einige europäischen Staaten mit einer Luftraumsperrung nach Art. 9 lit. b) CA reagierten. Zwar handelte es sich hierbei um eine Luftraumsperrung aufgrund einer Naturkatastrophe und nicht aufgrund einer Konfliktzone im Sinne der Bearbeitung, doch sind die Fälle vergleichbar. Wie *Peters* richtigerweise hervorhebt, beruhen viele Notlagen auf einem Zusammenspiel von natürlichen und politisch-militärischen Faktoren. So können Ressourcenfragen bewaffnete Konflikte auslösen und Naturkatastrophen auf menschliche Einwirkungen zurückzuführen sein. Insbesondere aber kommt es für die von der Notlage Betroffenen nicht auf die Ursachen, sondern auf die

---

[320] Siehe dazu: *Nowak*, Konflikt, Pakistan schließt Luftraum, Indien stoppt Flüge, Aerotelegraph, 27.2.2019, abrufbar unter: https://www.aerotelegraph.com/pakistan-schliesst-luftraum-indien-stoppt-fluege [zuletzt aufgerufen am 26.1.2023]; *Steinke*, Ziviler Luftverkehr von Gefechten beeinträchtigt, Pakistan sperrt seinen Luftraum, Flugrevue, 27.2.2019, abrufbar unter: https://www.flugrevue.de/zivil/ziviler-luftverkehr-von-gefechten-beeintraechtigt-pakistan-sperrt-seinen-luftraum/ [zuletzt aufgerufen am 26.1.2023].

[321] *Havel/Sanchez*, Internat. Aviation Law, S. 43; näher zum Vulkanausbruch: *Abeyratne*, Air & Space L., 2010, 281 (283); *Jaffe*, Airspace Closure, S. 92 ff.

[322] Siehe dazu Re-Think Volcano Measures – Governments Must Base Decisions on Fact Not Theory, Pressemitteilung der IATA v. 19.4.2010, https://www.iata.org/en/pressroom/2010-press-releases/2010-04-19-01/ [zuletzt abrufbar am 29.8.2022].

[323] Siehe dazu EU disagrees with airlines' criticism over airspace closure, Expatica, 19.4.2010, abrufbar unter: https://www.expatica.com/es/uncategorized/eu-disagrees-with-airlines-criticism-over-airspace-closure-spain-34774/ [zuletzt aufgerufen am 26.1.2023].

[324] Näher hierzu: *Gislason et al.*, PNAS, 2011, 7307 (7307 ff.).

Auswirkungen der Notlage auf ihre Rechtsgüter – hier Leben und körperliche Unversehrtheit – an.[325] Für die Erforderlichkeit einer Luftraumsperrung ist somit nicht von Belang, ob die Gefahr von einer Naturkatastrophe wie einem Vulkanausbruch herrührt oder von einem bewaffneten Konflikt, der die Sicherheit der zivilen Luftfahrt beeinträchtigt. Das kollektive Ergreifen der Maßnahme der Luftraumsperrung nach dem Vulkanausbruch belegt, dass die Staaten ihre Verantwortung zur Sperrung des Luftraums in besonderen Gefahrenlagen anerkennen. Dies gilt auch für die Problematik des Überfluges von Konfliktzonen.

bb) Arbeiten der ICAO

Wie bereits erwähnt, kann sich der gemeinsame Wille der Vertragsparteien in der Praxis einer internationalen Organisation bei der Anwendung und Auslegung ihres Gründungsaktes widerspiegeln. Entsprechend sind nach den Art. 31 und 32 WVK auch die Arbeiten der ICAO im Rahmen der Auslegung des Chicagoer Abkommens als ihrem Gründungsakt zu beachten. Ferner ist, wie in *Conclusion 12* des ILC-Reports betont wird, auch die Praxis der internationalen Organisation selbst zu berücksichtigen. Zur Erörterung der Frage, ob sich aus Art. 9 CA eine Pflicht zur Sperrung des Luftraums über Konfliktzonen ergibt, ist demnach auch die Praxis der ICAO zu untersuchen.

(1) Die zu berücksichtigenden Arbeiten der ICAO

Unter die zu berücksichtigenden Arbeiten der ICAO fallen zunächst die Annexe zum Chicagoer Abkommen. Letztere werden, wie bereits dargelegt,[326] unter Einbeziehung der Mitgliedstaaten erarbeitet und durch den Rat der ICAO angenommen. Daraufhin gibt Art. 90 lit. a) S. 2 CA den Vertragsstaaten die Möglichkeit, dem Rat ihre Ablehnung mitzuteilen und somit zu verhindern, dass der Annex bzw. dessen Änderung wirksam wird. Aufgrund dieser Möglichkeit werden die Annexe zum Teil als völkerrechtliche Verträge gesehen, wobei der Ratsbeschluss das *Angebot* und das fehlende Veto der Staaten die *Annahme* darstelle.[327] *Ros* spricht dem Ratsbeschluss sogar jede rechtliche Bedeutung ab, indem er in den Arbeiten des ICAO-Rates lediglich die Vorbereitung einer internationalen Norm sieht, dessen Inkrafttreten von der stillschweigenden Zustimmung der Vertragsstaaten abhängt.[328] Qualifiziert man die Annexe als völkerrechtliche Verträge oder Erklärung der Vertragsstaaten, so sind sie als spätere Übereinkünf-

---

[325] Siehe zum Ganzen *Peters*, Jenseits der Menschenrechte, S. 216 f.
[326] Siehe oben, Teil 3 A. II. 1. b), S. 115 ff.
[327] Dazu *Riedi*, Die technischen Normen der ICAO, S. 108 ff.; *Schermers/Blokker*, Internat. Institutional Law, S. 824, § 1264, sehen die Annexe als „besondere Form" einer Konvention an.
[328] *Ros*, RGA, 1953, 25 (29).

C. Herleitung einer Sperrpflicht aus dem internationalen öffentlichen Luftrecht 173

te nach Art. 31 Abs. 3 lit. a) WVK im Rahmen der Vertragsauslegung zu berücksichtigen.

Gegen diese Einordnung spricht allerdings, dass die Annexe nicht durch eine Willensübereinstimmung im eigentlichen Sinne zustande kommen.[329] Vielmehr obliegt es ausschließlich dem ICAO-Rat, die erarbeiteten Annexe anzunehmen. Die so getroffenen Maßnahmen werden den Vertragsstaaten nach Art. 54 lit. l) CA lediglich *bekanntgegeben*. Letztere wirken somit nicht an der Gestaltung der Anhänge mit, sondern können diese mit der erforderlichen Mehrheit nach Art. 90 lit. a) S. 2 CA nur in ihrer Gesamtheit ablehnen. Das Zustandekommen eines Annexes setzt somit gerade keine Zustimmung der Staaten voraus.

Überzeugender ist es daher, die Annexe als Beschlüsse einer internationalen Organisation einzuordnen.[330] Auch diese sind bei der Auslegung nach Art. 31 und 32 WVK zu berücksichtigen. Da die Anhänge nicht aus dem Willen der Mitgliedstaaten heraus entstehen, sondern von Gremien der ICAO ausgearbeitet und beschlossen werden, sprechen die besseren Argumente dafür, sie nicht als Ausdruck des gemeinsamen Willens der Staaten, sondern als Praxis der ICAO selbst anzusehen.[331] Obgleich dieser, wie der IGH hervorhebt, eine besondere Bedeutung im Rahmen der Vertragsinterpretation zukommt,[332] herrscht bezüglich der genauen Einordnung der Praxis einer internationalen Organisation in das Gefüge der Auslegungsregeln der WVK Unsicherheit.[333] Der IGH scheint sie mit der *subsequent practice* im Sinne des Art. 31 Abs. 3 lit. b) WVK gleichzusetzen.[334] Im Hinblick darauf, dass Letzterer auf die Praxis der *Staaten* abstellt, erscheint es allerdings vorzugswürdig, die Praxis der Organisation bzw. ihrer Organe als ergänzendes Auslegungsmittel nach Art. 32 WVK anzusehen.[335]

Ebenfalls im Rahmen der Auslegung zu beachten ist das sog. *Guidance Material*, worunter insbesondere die *Circulars* und *Manuals* zu fassen sind. Diese haben sich aus praktischen Bedürfnissen heraus entwickelt und dienen der Konkretisierung der Annexe, welche naturgemäß keine detaillierten Ausführungen

---

[329] So auch *Riedi*, Die technischen Normen der ICAO, S. 109.
[330] So auch *Riedi*, Die technischen Normen der ICAO, S. 112.
[331] Zur Unterscheidung siehe ILC-Report 2018, A/73/10, S. 98 f.
[332] IGH, *Legality of the Use of Nuclear Weapons in Armed Conflict*, Advisory Opinion, 8.7.1996, I.C.J. Rep. 1996, p. 66, para. 19.
[333] ILC-Report 2018, A/73/10, S. 103; *Gardiner*, Treaty Interpretation, S. 282.
[334] Siehe IGH, *Legality of the Use of Nuclear Weapons in Armed Conflict*, Advisory Opinion, 8.7.1996, I.C.J. Rep. 1996, p. 66, para. 19, wo das Gericht zunächst Art. 31 Abs. 3 lit. b) WVK zitiert und unter para. 21 ausführt, dass Verträge „in accordance with their ordinary meaning, in their context and in the light of the object and purpose of the [...] Constitution, as well as of the practice followed by the Organization [...]" interpretiert werden.
[335] *Brölmann*, in: Hollis, Guide to Treaties, S. 531; *Schermers/Blokker*, Internat. Institutional Law, S. 884, § 1350H.

enthalten können.³³⁶ Sie werden vom ICAO-Sekretariat in einem formlosen Verfahren erarbeitet und stellen daher keinen Beschluss der Organisation dar.³³⁷ Nichtsdestotrotz sind diese rechtlich unverbindlichen Publikationen der ICAO, denen die Staaten in der Praxis eine große Bedeutung beimessen, im Rahmen der Auslegung zu berücksichtigen. Auch sonstige Arbeiten der ICAO, wie etwa Resolutionen oder *State Letter*, sind als Ausdruck der Praxis der Organisation bei der Auslegung heranzuziehen.

(2) Luftraumsperrungen über Konfliktzonen und die Praxis der ICAO

Wie bereits erörtert und zuletzt von der ICAO in einer Pressemitteilung klargestellt,³³⁸ liegt die Verantwortung für das Luftraummanagement und somit auch die Verantwortung zur Errichtung von Luftsperrgebieten nach dem Chicagoer System bei den Staaten.³³⁹ Nichtsdestotrotz kommt der ICAO, die nach Art. 44 lit. a) CA das Ziel verfolgt, ein sicheres und geordnetes Wachsen der internationalen Zivilluftfahrt in der ganzen Welt zu gewährleisten, eine Schlüsselrolle im Bereich der *aviation safety* zu.³⁴⁰ Entsprechend wurde sie unmittelbar nach dem Abschuss des Fluges MH17 tätig und ergriff diverse Maßnahmen zur Bewältigung der Problematik des Überflugs von Konfliktzonen.³⁴¹ Hervorzuheben ist dabei zunächst der bereits erwähnte *State Letter* vom 24. Juli 2014, in welchem der Generalsekretär der ICAO die Verantwortung der nationalen Zivilluftfahrtbehörden für die in einer Konfliktzone operierenden Luftfahrzeuge betont. Unter expliziter Bezugnahme auf Art. 9 CA wird sodann festgehalten, dass die Vertragsstaaten die Konfliktzonen zu identifizieren, die Gefahren für den Luftraum zu bewerten, und zu entscheiden haben, ob bzw. unter welchen Bedingungen ziviler Luftverkehr über den betroffenen Gebieten stattfinden darf.³⁴² Zwar

---

[336] *Riedi*, Die technischen Normen der ICAO, S. 345 ff.

[337] *Riedi*, Die technischen Normen der ICAO, S. 349.

[338] Clarification on Airspace Safety Management, Pressemitteilung der ICAO v. 13.1.2020, abrufbar unter: https://www.icao.int/Newsroom/Pages/Clarification-on-Airspace-Safety-Management.aspx [zuletzt aufgerufen am 26.1.2023].

[339] Siehe etwa ICAO Doc 9554, Manual Concerning Safety Measures Relating to Military Activities Potentially Hazardous to Civil Aircraft Operations, 1990, 10.3: „Based on the information which is available, the State responsible for providing air traffic services should identify the geographical are of the conflict, assess the hazards or potential hazards to international civil aircraft operations, and determine whether such operations in or through the area of conflict should be avoided or may be continued under specified conditions." Zur Verantwortung der Staaten für das Luftraummanagement siehe Teil 3 C. III., S. 142 ff.

[340] So auch *Huang*, Chinese JIL, 2009, 63 (64), dem zufolge „ICAO should assume the worldwide leadership in aviation safety".

[341] Zu den ergriffenen Maßnahmen siehe oben, Teil 1 D. II., S. 40 ff.

[342] ICAO, State Letter AN 13/4.2-14/59 vom 24.7.2014.

kommt den *State Letter*, durch welche die ICAO mit den Vertragsstaaten kommuniziert, keine rechtliche Wirkung zu, doch geben sie die Position der Organisation gut wieder.

Letztere spiegelt sich auch in der einstimmig angenommenen Resolution vom 28. Oktober 2014 wider, in welcher der ICAO-Rat die Staaten dazu anhält,

„to take all necessary measures to safeguard the safety of air navigation [...] and, if considered necessary when the safety of civil aircraft is deemed to be compromised, take appropriate airspace management measures [...] such as access restrictions or the closure of airspace [...]."[343]

Obgleich Art. 9 CA hier erstaunlicherweise nicht genannt wird, ist aus dem Erfordernis etwaiger *access restrictions* oder *the closure of airspace* zu schließen, dass der Rat die Staaten auf die nach Art. 9 CA möglichen Maßnahmen hinweist.

Der Überflug von Konfliktzonen wurde auch im Rahmen der 39. ICAO-Generalversammlung thematisiert.[344] Insbesondere wurde mit der Annahme der entsprechenden Berichte der *Technical Commission* ein gemeinsames *Working Paper* der EU und ihrer Mitgliedstaaten, der Mitgliedstaaten der ECAC, EUROCONTROL, Australien und Malaysia bekräftigt, in welchem gefordert wird, die Verantwortlichkeit der Staaten für die Sperrung unsicherer Lufträume zu verdeutlichen. Hierzu heißt es:

„[T]he responsibilities of States and mechanisms for closure of their own airspace (partially or totally) where airspace cannot be safeguarded and dissemination of information relating to threats to aviation arising from conflict zones need to be clarified; and consideration should be given to the need for measures, including SARPs if appropriate, to ensure that these responsibilities are better formulated and realized through appropriate mechanisms."[345]

Mit den Mechanismen der vollständigen bzw. partiellen Luftraumsperrung wird auf Art. 9 CA Bezug genommen. Aus dem Paper geht dabei hervor, dass die Verantwortung der Staaten für die Sperrung und die Erforderlichkeit einer Sperrung in bestimmten Fällen nicht bestritten wird. Vielmehr soll künftig nur herausgestellt werden, *in welchen Fällen* der Luftraum zu sperren ist. Auch soll die tatsächliche Umsetzung der Sperrpflicht sichergestellt werden. Die vorbehaltlose Annahme der Arbeiten der *Technical Commission* durch die ICAO-Generalversammlung – und somit auch durch die seinerzeit 191 darin repräsentierten Mitgliedstaaten – zeigt deren Unterstützung der Vorschläge an.

Wie das DSB in seinem *Follow-Up-Bericht* zum Abschuss des Fluges MH17 aufzeigt, sind mittlerweile einige Annexe überarbeitet worden. So sieht etwa

---

[343] ICAO Council, Res. on Flight MH17 vom 28.10.2014.
[344] ICAO Doc 10080, Assembly, 39th Session, Montréal, 27 September–6 October 2016, Plenary Meetings, Minutes, S. 38, Rn. 40, S. 39, Rn. 46.
[345] ICAO Assembly, 39th Session, Technical Commission, Working Paper, Conflict Zones, A39-WP/108, Revision No. 1, 13.9.2016, 2.2 a).

Standard 3.1.3 des Annex 17 (*Security*) nunmehr vor, dass jeder Vertragsstaat in seinem Hoheitsgebiet und im darüber liegenden Luftraum fortwährend den Grad und die Art der Bedrohungen für die Zivilluftfahrt überprüft und seine nationalen Sicherheitsprogramme entsprechend anpasst.[346] Die Vertragsstaaten haben somit angemessen auf bestehende Bedrohungslagen zu reagieren. Dies kann auch eine Sperrung des Luftraums erfordern.

Ferner wurde mit dem *Risk Assessment Manual for Civil Aircraft Operations Over or Near Conflict Zones* im Jahr 2018 eine Neuauflage des 2016 erstmals erschienen ICAO-Handbuchs zur Risikobewertung veröffentlicht. Hervorzuheben ist hierbei Punkt 3.1.2 des *Manuals*, worin auf die Möglichkeit der Staaten hingewiesen wird, den Luftraum über ihrem Hoheitsgebiet aus Gründen militärischer Notwendigkeit oder zum Schutz der öffentlichen Sicherheit ganz oder teilweise zu schließen und somit Bezug auf Art. 9 CA genommen wird. Nach 3.1.3 haben die für das ATS zuständigen Staaten aufgrund der ihnen zur Verfügung stehenden Informationen eine etwaige Konfliktzone zu identifizieren, die (potenziellen) Gefahren zu bewerten und zu bestimmen, ob „operations in or through the area of conflict should be avoided or may be continued under specified conditions".[347] Unter 3.1.6 wird sodann festgehalten:

„Principally, the need for any safety measures will depend on the results of the risk assessment conducted by the State or States responsible for providing ATS. Flight operations by civil aircraft through the airspace should only be allowed to continue if the risks can be mitigated to an acceptable level."

Daraus folgt, dass der ICAO zufolge der für das Luftraummanagement verantwortliche Staat zur Sperrung des betroffenen Luftraums verpflichtet ist, wenn die Risiken des Überflugs der Konfliktzone durch andere Maßnahmen nicht auf ein akzeptables Niveau reduziert werden können.

Am 16. November 2018 informierte die ICAO die Staaten in einem *State Letter* ferner über Änderungen in Annex 11 und 15, welche am 5. November 2020 in Kraft getreten sind.[348] Annex 11 enthält nunmehr einen *Standard* 2.19.3, wonach die zuständige ATS-Behörde *sicherstellt* (*shall ensure*), dass Risikobewertungen hinsichtlich für die Luftfahrt potenziell gefährlicher Aktivitäten schnellstmöglich durchgeführt werden und geeignete Maßnahmen zur Risikominderung getroffen werden. Wie die erläuternde *Note* dazu betont, kann diese Maßnahme auch in einer *airspace restriction or temporary withdrawal of established ATS routes or portions thereof*, und somit in einer Sperrung des betroffenen Luftraums, liegen. In Annex 15 wird nunmehr klargestellt, dass über *conflict zones which*

---

[346] ICAO, Annex 17, Security, 3.1.3.
[347] ICAO Doc 10084, Risk Assessment Manual, 3.1.2.
[348] ICAO, State Letter AN 13/35-18/106 vom 16. November 2018.

affect air navigation eine NOTAM auszustellen ist, welche möglichst genaue Informationen über Art und Ausmaß der Bedrohungen sowie ihrer Folgen für die zivile Luftfahrt beinhalten muss. Weitere Änderungen relevanter Annexe sowie des einschlägigen ICAO-*Guidance Materials* sind angekündigt; ihre genaue Ausgestaltung ist bisher aber noch nicht bekannt.[349]

Aus den vorstehenden Ausführungen folgt, dass sich sämtliche Organe der ICAO seit dem Abschuss des Fluges MH17 mit der Problematik des Überflugs von Konfliktzonen befasst haben. Wie auch das DSB in seinem *Follow-Up-Bericht* kritisiert, ist bisher – trotz der grundsätzlich zu begrüßenden Bemühungen – nicht eindeutig klargestellt, in welchen konkreten Fällen der Luftraum zu sperren ist.[350] Das ist allerdings in Anbetracht der Vielzahl von Situationen und der Einzigartigkeit jeder Konfliktlage auch nicht allgemeingültig festzulegen. Dass es Fälle gibt, in denen der Luftraum der zivilen Luftfahrt zu entziehen ist, wird von der ICAO nicht infrage gestellt. Vielmehr zeigen die erörterten Bestimmungen der Annexe und des *Guidance Materials*, dass die ICAO die Staaten in der Pflicht sieht, auf die Gefahrensituationen angemessen zu reagieren. Daraus kann sich im Einzelfall auch eine Pflicht zur Sperrung des Luftraums über Konfliktzonen ergeben, wenn nur diese Maßnahme angemessen ist, um die Gefahr zu bewältigen. Insbesondere seit dem Abschuss von Flug MH17 betont die ICAO immer wieder, die den Staaten nach Art. 9 CA zur Verfügung stehenden Mittel und weist sie darauf hin, von diesen Gebrauch zu machen, sofern dies erforderlich ist. Art. 9 CA wird demnach in der Praxis der ICAO so verstanden, dass ein Staat, auf dessen Hoheitsgebiet ein Konflikt herrscht, der die Sicherheit der zivilen Luftfahrt gefährdet, je nach konkreter Gefährdungslage dazu verpflichtet sein kann, seinen Luftraum bzw. Teile davon zu sperren.

e) Zwischenergebnis zur Auslegung des Art. 9 CA

Aus der Lufthoheit der Staaten folgt ihr Recht, den Überflug ihres Hoheitsgebietes zu beschränken oder zu untersagen. Art. 9 CA setzt diesem Recht Grenzen auf. Die Auslegung des Wortlauts der Norm ergibt, dass weder aus Art. 9 lit. a) CA noch aus Art. 9 lit. b) CA die *Pflicht* der Mitgliedstaaten folgt, ihren Luftraum über Konfliktzonen zu sperren. Vielmehr kommt den Staaten hinsichtlich des Vorliegens der Voraussetzungen für eine Luftraumsperrung ein gewisser

---

[349] DSB-Follow-up Report, S. 29. Betroffen sind davon insbesondere ICAO Doc 9554, Manual Concerning Safety Measures Relating to Military Activities Potentially Hazardous to Civil Aircraft Operations und ICAO Circ 330-AN/189, Civil/Military Cooperation in Air Traffic Management. Letzteres wurde nach Fertigstellung der Bearbeitung in ein Manual (ICAO Doc 10088) umgewandelt.

[350] DSB-Follow-up Report, S. 34.

Beurteilungsspielraum zu. Ferner liegt die Entscheidung für oder gegen die Errichtung einer Sperrzone grundsätzlich in ihrem Ermessen, was die Verwendung der Ausdrücke *kann* bzw. *behalten sich das Recht vor* verdeutlicht. Aus dem Ziel und Zweck der Vorschrift und des Chicagoer Abkommens im Ganzen, welcher in der Gewährleistung der Sicherheit der internationalen Zivilluftfahrt liegt, ergibt sich allerdings, dass es Fälle gibt, in denen sich das Ermessen der Staaten auf Null reduziert. Herrscht auf dem Boden ein Konflikt, der die Sicherheit der zivilen Luftfahrt gefährdet, kann der Staat seiner Schutzpflicht nur dadurch effektiv nachkommen, dass er den betroffenen Luftraum sperrt. Aufgrund des hohen Ausmaßes des potenziellen Schadens ist der Staat in diesen Fällen zur Ergreifung dieser Maßnahme nicht nur berechtigt, sondern auch verpflichtet. Obgleich die historische Auslegung gezeigt hat, dass eine Pflicht zur Sperrung des Luftraums im Rahmen der Chicagoer Konferenz nicht diskutiert wurde, ist zu bedenken, dass viele Bedrohungslagen seinerzeit nicht vorhersehbar waren. Insbesondere ist die Gefahr des Abschusses ziviler Luftfahrzeuge auf gewöhnlicher Flughöhe über Konfliktzonen erst seit dem Fall MH17 in das Bewusstsein der Staatengemeinschaft gerückt. Ein Blick auf die Staatenpraxis verdeutlicht, dass die Zahl der NOTAM in denen vor dem Überflug bestimmter Gebiete gewarnt wird bzw. der Überflug Beschränkungen unterworfen oder gar untersagt wird, in Folge des Abschusses von Flug MH17 gestiegen ist. Auch haben seither einige von bewaffneten Konflikten betroffene Staaten das Instrument der Luftraumsperrung genutzt.

Ob diese Staatspraxis als spätere Übung im Sinne von Art. 31 Abs. 3 lit. b) WVK zu qualifizieren ist, hängt davon ab, ob sie von einem gemeinsamen Willen der Staaten getragen ist. Gerade weil es sich bei Maßnahmen des Luftraummanagements um unilaterale Akte handelt, ist diese Feststellung schwerlich zu treffen. Die Sperrung weiter Teile des europäischen Luftraums nach dem Ausbruch des Vulkans Eyjafjallajökull im Jahr 2010 belegt aber die Erkenntnis der Staaten, dass besondere Gefahrenlagen – seien es Naturkatastrophen oder bewaffnete Konflikte – eine Sperrung des Luftraums erforderlich machen können. Auch kann die Praxis einzelner bzw. mehrerer Staaten bei der Sperrung des Luftraums über Konfliktzonen jedenfalls im Rahmen der Auslegung nach Art. 32 WVK herangezogen werden. Zudem unterstreicht die ICAO seit dem Abschuss des Fluges MH17 verstärkt die Verantwortung der Staaten für das Luftraummanagement und verweist sie wiederholt auf Art. 9 CA. Aus den erörterten Arbeiten der ICAO zeigt sich, dass diese die Staaten in der Pflicht sieht, angemessene Maßnahme zur Abwehr einer Gefahr für die Sicherheit der internationalen Zivilluftfahrt zu treffen. Daraus kann sich im Einzelfall auch eine Pflicht zur Sperrung des Luftraums über Konfliktzonen ergeben.

Die Auslegung ergibt somit, dass Art. 9 CA derart zu lesen ist, dass sich das Ermessen der Staaten zur Pflicht verdichtet, den Luftraum über Konfliktzonen zu sperren, wenn die Umstände des Einzelfalls dies erfordern.

IV. Fazit zur Sperrpflicht aus dem internationalen öffentlichen Luftrecht

Die in Art. 1 CA kodifizierte Lufthoheit erstreckt die Souveränität der Staaten auf den Luftraum über ihrem Hoheitsgebiet. Daraus folgt nicht nur die alleinige Verfügungsmacht des Bodenstaates, sondern auch dessen umfassende Verantwortlichkeit für die Sicherheit in seinem staatlichen Luftraum.[351] Diese Verantwortungskomponente der Lufthoheit, welche – wie dargelegt – an verschiedenen Stellen des internationalen öffentlichen Luftrechts zum Ausdruck kommt, stellt die Grundlage aller Schutzpflichten in Bezug auf die zivile Luftfahrt und somit auch der Pflicht zur Sperrung des Luftraums über Konfliktzonen dar.

So folgt aus der Lufthoheit zunächst, dass der Luftraum *de iure* geschlossen ist und für den internationalen Zivilluftverkehr explizit geöffnet werden muss. Mit der Öffnung des Luftraums und der Bestimmung der zur Verfügung stehenden Routen, welche über multi- oder bilaterale Abkommen erfolgt, wird eine Gefahrenquelle geschaffen, die die Staaten zur Ergreifung aller zumutbaren Vorkehrungen zum Schutz Dritter verpflichtet. Die Pflicht zur Gewährleistung der Sicherheit im staatlichen Luftraum schlägt sich in den entsprechenden Abkommen nieder. Aus ihnen folgt die vertragliche Pflicht, den Luftraum zu sperren, wenn dieser aufgrund eines Konfliktes, der die zivile Luftfahrt gefährdet, nicht sicher ist.

Die Lufthoheit begründet zudem die umfassende Zuständigkeit der Staaten für das Luftraummanagement und somit auch ihre Verantwortung für die Flugsicherung. Daraus folgt, dass die zuständige ATC bestimmte Routen nicht freigeben darf, wenn die Sicherheit der Luftfahrt auf ebendiesen nicht gewährleistet ist. Ferner kann es auch zum Zwecke der Koordination zwischen militärischer und ziviler Luftfahrt erforderlich sein, Flugbeschränkungen zu erlassen oder bestimmte Teile des Luftraums der zivilen Luftfahrt zu entziehen. Eine konkrete Pflicht zur Sperrung des Luftraums über Konfliktzonen kann sich darüber hinaus aus Art. 9 CA ergeben, der verdeutlicht, dass die Verantwortung für die Sperrung staatlicher Lufträume einzig und allein beim Staat als Souverän liegt.

Zu erörtern bleibt, ob Art. 89 CA der Herleitung einer Pflicht zur Sperrung des Luftraums über Konfliktzonen aus dem Chicagoer Abkommen entgegensteht. Danach wird im Kriegsfall die Handlungsfreiheit der betroffenen Vertragsstaaten, sei es als Kriegsführende oder Neutrale, nicht durch die Bestimmungen des

---

[351] *Giemulla/Kortas*, ZLW, 2015, 431 (432).

Übereinkommens beeinträchtigt. Anders als im Fall des nationalen Notstandes setzt Art. 89 CA im Kriegsfall keine Bekanntgabe an den Rat voraus. Somit ist nicht nur der *erklärte* Krieg im formellen Sinne, sondern auch der *faktische* Krieg im materiellen Sinne von der Vorschrift erfasst.[352] Traditionell wird darunter ein Zustand von Feindseligkeiten zwischen mindestens zwei Staaten verstanden, der durch die Anwendung militärischer Gewalt gekennzeichnet ist und das Ziel der Überwältigung des Anderen verfolgt.[353] Wie bereits erwähnt, ist der Kriegsbegriff mittlerweile aber weitestgehend durch den des bewaffneten Konfliktes ersetzt worden.[354] *Kriegsfall* im Sinne des Art. 89 CA ist heute demnach als internationaler bewaffneter Konflikt zu verstehen. Ein nicht-internationaler bewaffneter Konflikt kann als nationaler Notstand unter die Norm fallen.[355]

Aus der Vorschrift könnte geschlossen werden, dass die Vertragsstaaten bei Vorliegen eines internationalen bewaffneten Konfliktes von der Anwendung der Bestimmungen des Chicagoer Abkommens befreit sind, so dass ihnen hieraus weder Rechte noch Pflichten erwachsen können.[356] Allerdings legt Art. 89 CA nicht fest, dass das Abkommen in den genannten Fällen automatisch keine Anwendung findet, sondern stellt es den Staaten frei, seine Bestimmungen weiterhin anzuwenden.[357] Entsprechend wurde die Anwendbarkeit des Chicagoer Abkommens, etwa nach dem Abschuss des Fluges IR 655 im Kontext des Iran-Irak-Krieges, weder von den Staaten, noch der ICAO, noch den Organen der VN bezweifelt.[358] Der VN-Sicherheitsrat drängt in der daraufhin erlassenen Resolution 616 vielmehr alle Vertragsstaaten dazu, „to observe to the fullest extent, in all circumstances, the international rules and practices concerning the safety of civil aviation".[359] Dies wiederholte er in nahezu identischen Worten in der Resolution 2166 anlässlich des Abschusses von Flug MH17.[360]

---

[352] *Gestri*, in: Ronzitti/Venturini, Law of Air Warfare, S. 133; *Matte*, Treatise on Air-Aeronautical Law, S. 209; zur Unterscheidung zwischen Krieg im formellen und materiellen Sinne siehe *Dinstein*, War, Agression and Self-Defence, S. 12.

[353] *Lee*, Ateneo L. J., 2008, 364 (365); siehe etwa die Definition bei *Oppenheim/Lauterpacht*, Internat. Law, Vol. II, S. 202 und dazu die Analyse bei *Dinstein*, War, Agression and Self-Defence, S. 7 ff.

[354] Siehe oben, Teil 1 A I. 1., S. 9.

[355] *Gestri*, in: Ronzitti/Venturini, Law of Air Warfare, S. 132 f.; näher zum Begriff des internationalen bzw. nicht-internationalen bewaffneten Konflikts siehe Teil 1 A. I. 1., S. 9 ff.

[356] *Knittlmayer*, ZLW, 2016, 44 (56); *Cheng* zu Folge ist dies auch völkergewohnheitsrechtlich anerkannt, siehe *ders.*, Internat. Air Transport, S. 155.

[357] *Huang*, Aviation Safety, S. 93 f.

[358] Siehe dazu die Nachweise bei *Gestri*, in: Ronzitti/Venturini, Law of Air Warfare, S. 134.

[359] UNSC Res. 616 (1988) vom 20.7.1988, S/RES/616 (1988), Ziff. 4.

[360] UNSC Res. 2166 (2014) vom 21.7.2014, S/RES/2166 (2014), Ziff. 12.

Das Chicagoer Abkommen schafft den grundsätzlichen Rechtsrahmen für menschliche Aktivitäten im Luftraum.[361] Grundannahmen wie die Souveränität über den staatlichen Luftraum und die daraus folgende Pflicht zum Schutz der zivilen Luftfahrt gelten auch und gerade in Zeiten bewaffneter Konflikte, in denen der weiterhin stattfindende internationale Zivilluftverkehr besonders schutzbedürftig ist.[362] Insofern wird von einer „grey area with regard to the application in armed conflict of law developed for peacetime"[363] gesprochen. Art. 89 CA mag zwar angeführt werden, um gewährte Verkehrsrechte zurückzunehmen, oder den Luftraum ungeachtet der Beschränkungen des Art. 9 CA zu sperren,[364] er befreit aber auch in Kriegszeiten nicht von der Pflicht zur Gewährleistung der Sicherheit der zivilen Luftfahrt.[365] Insbesondere aufgrund ihrer engen Verknüpfung mit dem Schutz des Lebens des Einzelnen,[366] liegt die Gewährleistung der Sicherheit der zivilen Luftfahrt im Interesse aller Staaten.[367] Die entsprechenden Verpflichtungen gelten, losgelöst vom vertraglichen Synallagma, aufgrund der Zugehörigkeit zu einem normativen System[368] und können somit nicht von Art. 89 CA außer Kraft gesetzt werden. Auch die Regelungen des humanitären Völkerrechts[369] sowie des Völkergewohnheitsrechts bleiben von Art. 89 CA unberührt. Die Norm hat somit nur geringe tatsächliche Auswirkungen[370] und steht der Herleitung einer Pflicht zur Sperrung des Luftraums über Konfliktzonen aus dem Chicagoer System nicht entgegen.

Nach der von der ICAO in Folge des Abschusses von Flug MH17 eingerichteten *Task Force* sei derzeit keine Änderung des Chicagoer Abkommens erforderlich, um die Problematik des Überflugs von Konfliktzonen zu erfassen.[371] Obgleich sich die Sperrpflicht bereits *de lege lata* aus dem Abkommen ergibt, wäre

---

[361] *Gestri*, in: Ronzitti/Venturini, Law of Air Warfare, S. 136.
[362] *Abeyratne*, ZLW, 2015, 18 (23); *Robertson*, IYHR, 1997, 113 (118).
[363] *Doswald-Beck*, San Remo Manual, Explanation, S. 142, Rn. 53.3.
[364] Diesbezüglich weist *Huang* auf die mit Art. 5 CA grundsätzlich unvereinbare Schließung des US-amerikanischen Luftraums auch für nichtplanmäßige Flüge nach den Anschlägen vom 11. September 2001 hin, die aufgrund von Art. 89 CA aber gerechtfertigt gewesen sei, siehe ders., Aviation Safety, S. 94.
[365] *Bourbonnière/Haeck*, JALC, 2001, 885 (964); *Gestri*, in: Ronzitti/Venturini, Law of Air Warfare, S. 155.
[366] Näher dazu siehe unten, Teil 4 B. II, S. 204 ff.
[367] *Adediran*, Issues in Aviation L. & Pol., 2015, 313 (329); *Huang*, Aviation Safety, S. 157 ff.; ders., Chinese JIL, 2009, 63 (72 ff.).
[368] *Provost*, BYIL, 1994, 383 (386).
[369] Siehe näher dazu Teil 4 A., S. 193 ff.
[370] *Huang*, Aviation Safety, S. 94.
[371] ICAO, Special Group to Review the Application of ICAO Treaties Relating to Conflict Zones, Summary of the Meeting, Montréal, 13–14 July 2015, C-WP/14325, 20.10.2015, Summary of Conclusions, Ziff. 2.

eine entsprechende Klarstellung aus Gründen der Rechtssicherheit aber wünschenswert.[372] Denkbar wäre etwa die Annahme eines Zusatzprotokolls zur Schaffung eines Art. 9*bis* CA, der die Pflicht zur Sperrung des Luftraums über Konfliktzonen kodifiziert. Ein Formulierungsbeispiel könnte wie folgt lauten:

> Each contracting State shall prohibit all civil aircraft from flying over areas of its territory where an armed conflict is occurring, provided that the conflict poses a serious threat to the safety of civil aviation. Such prohibited areas shall be of reasonable extent and location so as not to interfere unnecessarily with air navigation. Descriptions of such prohibited areas in the territory of a contracting State, as well as any subsequent alterations therein, shall be communicated as soon as possible to the other contracting States and to the International Civil Aviation Organization.

D. Herleitung einer Sperrpflicht aus dem internationalen Luftstrafrecht

Eine Pflicht zur Sperrung des Luftraums über Konfliktzonen könnte sich auch aus dem internationalen Luftstrafrecht ergeben.

Das Chicagoer Abkommen, welches auf Aspekte der *safety* und nicht speziell auf solche der *security*, also der Abwehr von außen kommender Angriffe auf die Zivilluftfahrt,[373] zugeschnitten ist, enthält grundsätzlich keine luftstrafrechtlichen Bestimmungen. Einzig Art. 4 CA, wonach die Vertragsstaaten sich einverstanden erklären, die Zivilluftfahrt nicht für Zwecke zu nutzen, die mit den Zielen des Übereinkommens unvereinbar sind, verbietet es, diese zu Angriffszwecken zu missbrauchen.[374] Allerdings ist Art. 4 CA nur sehr vage – als allgemeines

---

[372] Ähnlich: *Abeyratne*, ZLW, 2015, 18 (21); DSB-Abschlussbericht, S. 264; siehe auch das gemeinsame Working Paper von Bolivien und Russland, in dem eine Änderung des CA vorgeschlagen wird, nach der jeder Vertragsstaat „in order to eliminate the threat to lives of persons on board civil aircrafts *shall* make all possible efforts for timely and proper restriction of flights of civil aircraft in the national or delegated airspace over zones, where *military activity, potentially hazardous to civil aircraft operations*, take place, at a minimum, within the radius of the possible destruction by used types of weaponry", ICAO, Council, 203rd Session, Risk Assessment of Operations over Airspace Affected by Armed Conflict – Responsibility of States for Ensuring the Flight Safety of Civil Aircraft Within Their National and Delegated Airspace Over Armed Conflict Zones or Zones of Military Exercises, C-WP/14227, 20.10.2014, 3.5 (Hervorhebung durch Verf.).

[373] *Huang*, in: Dempsey/Jakhu, Public Aviation Law, S. 137; zur Abgrenzung zwischen *safety* und *security* siehe oben, Teil 1 A. I. 1. b) bb) S. 13 f.

[374] Siehe ICAO, Council, 117th Session, Misuse of Civil Aviation, C-WP/8217, 18.3.1986, wonach „an inconsistent purpose with the aims of the Convention" derart zu interpretieren ist, dass „threats to the general security" erfasst sind. Siehe auch *Abeyratne*, Convention on Internat. Civil Aviation, Art. 4, S. 75.

Missbrauchsverbot – formuliert. Darüber hinaus ist die Bestimmung auf die Beziehungen der Staaten untereinander beschränkt, so dass sie Handlungen von Individuen nicht erfasst.[375] Zur Abwehr widerrechtlicher Handlungen gegen die zivile Luftfahrt hat sich Art. 4 CA daher nicht als ausreichend erwiesen.

Infolge der rasant steigenden Zahl an Sabotageakten, Entführungen und Bombenangriffen auf die zivile Luftfahrt in den 1960er Jahren rückte die *aviation security* stark in den Vordergrund der Tätigkeiten der ICAO.[376] Insbesondere wurde unter ihrer Schirmherrschaft ein dichtes Netz an internationalen Abkommen zur Bewältigung von *acts of unlawful interference against civil aviation* geschaffen. Diese Abkommen, auf welche im Folgenden näher einzugehen sein wird, dienen dem Schutz der zivilen Luftfahrt vor Gewaltakten und stellen heute einen bedeutenden Teil des internationalen öffentlichen Luftrechts dar.[377] Ergänzt werden sie durch den 1974 erlassen Annex 17 zum Chicagoer Abkommen, welcher sich mit Fragen der *security* befasst und regelmäßig überarbeitet wird. Darüber hinaus wurde mit Art. 3*bis* CA, der die Anwendung von Waffengewalt gegen im Flug befindliche Zivilluftfahrzeuge grundsätzlich verbietet,[378] eine Norm eingefügt, die dem Schutz der zivilen Luftfahrt vor Angriffen dient.

I. Die Abkommen zum Schutz der Zivilluftfahrt vor widerrechtlichen Handlungen

Auf internationaler Ebene wird der Schutz der zivilen Luftfahrt vor widerrechtlichen Handlungen vorwiegend durch spezielle multilaterale Konventionen gewährleistet. Hinzuweisen ist dabei zunächst auf das Tokioter Abkommen vom 14. September 1963 über strafbare und bestimmte andere an Bord von Luftfahrzeugen begangene Handlungen,[379] welches auf breite Akzeptanz stieß[380] und als

---

[375] *Milde*, Annals of Air & Space L., 1986, 105 (122 f.); *Schladebach*, Lufthoheit, S. 222; *Schönwald*, AVR, 2012, 75 (84).

[376] *Faller*, Annals of Air & Space L., 1992, 369 (371 f.).

[377] *Hobe*, Völkerrecht, S. 432.

[378] Näher zu Art. 3*bis* CA siehe *Huang*, Aviation Safety, S. 84 ff.; *Schladebach*, Lufthoheit, S. 223 ff.

[379] Abkommen vom 14. September 1963 über strafbare und bestimmte andere an Bord von Luftfahrzeugen begangene Handlungen, BGBl. 1969 II, S. 121. Das sog. Tokioter Abkommen wird durch das Montrealer Protokoll vom 4. April 2014 (ICAO Doc 10034) abgeändert, welches seit dem 1.1.2020 in Kraft ist, siehe zum Ratifikationsstand https://www.icao.int/secretariat/legal/List%20of%20Parties/Montreal_Prot_2014_EN.pdf [zuletzt aufgerufen am 26.1.2023].

[380] Das Tokioter Abkommen ist von 187 Staaten ratifiziert, so dass ihm nahezu universelle Geltung zukommt. Siehe zum Ratifikationsstand: https://www.icao.int/secretariat/legal/List%20of%20Parties/Tokyo_EN.pdf [zuletzt aufgerufen am 26.1.2023].

erstes weltweites *Antiterrorabkommen* gesehen werden kann.[381] Es betrifft zuvörderst die Festlegung der Gerichtsbarkeit für Straftaten und andere Handlungen, welche die Sicherheit des Luftfahrzeugs oder der Personen an Bord gefährden.[382] Auch erteilt es dem Luftfahrzeugkommandanten weitreichende Befugnisse, etwa zur Gewährleistung der Ordnung an Bord, und sieht für den Fall der widerrechtlichen Inbesitznahme eines Luftfahrzeuges die Pflicht der Vertragsstaaten vor, alle geeigneten Maßnahmen zu treffen, um die Herrschaft des Luftfahrzeugkommandanten wiederherzustellen.[383] Allerdings erklärt das Tokioter Abkommen weder die widerrechtliche Inbesitznahme eines Luftfahrzeuges noch sonstige Handlungen zum Straftatbestand. Auch begründet es keine Pflicht der Staaten, präventive Sicherheitsmaßnahmen zu ergreifen oder Tatverdächtige auszuliefern, so dass es mit Recht als „zahnlos" kritisiert wurde.[384] Bis zu seinem Inkrafttreten im Jahre 1969 stieg die Zahl der Flugzeugentführungen drastisch an,[385] woraufhin 1970 das Haager Übereinkommen abgeschlossen wurde.[386] Dieses kriminalisiert in seinem Art. 1 die widerrechtliche Inbesitznahme von Luftfahrzeugen und statuiert in Art. 7 das Prinzip des *aut dedere aut judicare*, wonach Tatverdächtige, wenn sie nicht ausgeliefert werden, in dem Vertragsstaat in dessen Hoheitsgebiet sie aufgefunden werden, strafrechtlich zu verfolgen sind.[387]

In Fortführung des Haager Abkommens wurde mit dem Montrealer Übereinkommen zur Bekämpfung widerrechtlicher Handlungen gegen die Sicherheit der Zivilluftfahrt von 1971[388] erstmals ein Katalog von gegen die Luftfahrt gerichteten Straftaten eingeführt. Darunter fallen nach Art. 1 Abs. 1 des Abkommens etwa gewalttätige Handlungen gegen Personen an Bord, sofern sie geeignet sind, die Sicherheit des Luftfahrzeuges zu gefährden und die Zerstörung oder Beschä-

---

[381] Kritisch dazu: *Finke/Wandscher*, VN, 2001, 167 (169).

[382] *Hobe*, Völkerrecht, S. 432; näher dazu: *FitzGerald*, CYIL, 1964, 191 (191 ff.); *Huang*, in: Dempsey/Jakhu, Public Aviation Law, S. 138 ff.

[383] Näher zu den einzelnen Vorschriften des Abkommens *Milde*, Internat. Air Law, S. 229 ff.

[384] *Huang*, Aviation Safety, S. 119; *McWhinney*, Aerial Piracy, S. 40; zu den Schwächen des Abkommens im Überblick siehe *Schäffer*, Schutz des zivilen Luftverkehrs vor Terrorismus, S. 173 f.

[385] *Cheng* weist auf 33 erfolgreiche Flugzeugentführungen im Jahr 1968 und 72 im Jahr 1969 hin, siehe *ders.*, in: Conference Proceedings, Aviation Security, 1987, S. 27; *Sheppard/Sochor* gehen für das Jahr 1969 sogar von 91 Flugzeugentführungen aus, siehe *dies.*, in: Alexander/Sochor, Aerial Piracy and Aviation Security, S. 5.

[386] Übereinkommen zur Bekämpfung der widerrechtlichen Inbesitznahme von Luftfahrzeugen vom 16. Dezember 1970, BGBl. 1972 II, S. 1505.

[387] Näher zum Abkommen: *Cheng*, in: Conference Proceedings, Aviation Security, 1987, S. 27 ff.; *Milde*, Internat. Air Law, S. 238 ff.; zu den Schwächen, insbesondere in Bezug auf die Auslieferung, siehe *Havel/Sanchez*, Internat. Aviation Law, S. 204 f.

[388] Übereinkommen zur Bekämpfung widerrechtlicher Handlungen gegen die Sicherheit der Zivilluftfahrt, BGBl. 1977 II, S. 1230.

digung eines im Einsatz befindlichen Luftfahrzeuges, wobei die Beschädigung zur Flugunfähigkeit führen muss oder geeignet sein muss, die Flugsicherheit zu gefährden.[389] Hervorzuheben ist, dass die Vertragsstaaten sich nach Art. 10 des Abkommens bemühen „alle geeigneten Maßnahmen zur Verhinderung der in Art. 1 genannten strafbaren Handlungen zu treffen". Nach Art. 12 haben sie darüber hinaus bei Grund zur Annahme, dass eine der genannten Handlung begangen wird, alle sachdienlichen Angaben an die betroffenen Staaten zu übermitteln. Das Montrealer Übereinkommen betont somit erstmals die Verantwortung der Staaten zur Prävention von Straftaten gegen die zivile Luftfahrt und schafft mit der Pflicht zum Informationsaustausch eine Grundvoraussetzung dafür.[390]

Die dargestellte „Troika"[391] völkerrechtlicher Konventionen wurde lange Zeit als ausreichendes Regelwerk zum Schutz der *aviation security* erachtet.[392] Erst die Terroranschläge vom 11. September 2001, welche neuartige Gefahrenlagen für die Zivilluftfahrt offenbarten, ließen Zweifel an ihrer Adäquanz aufkommen. Entsprechend forderte die ICAO-Generalversammlung den Rat sowie den Generalsekretär in Resolution A33-1 dazu auf, die Geeignetheit der bestehenden luftstrafrechtlichen Übereinkommen zu überprüfen.[393] Nach langen Erörterungen wurden im Jahr 2010 auf der diplomatischen Konferenz in Peking ein neues Übereinkommen über die Bekämpfung widerrechtlicher Handlungen mit Bezug auf die internationale Zivilluftfahrt (Pekinger Übereinkommen)[394] sowie ein Zusatzprotokoll zur Modernisierung des Haager Abkommens angenommen.[395] Das Pekinger Übereinkommen, welches langfristig das Montrealer Übereinkommen ersetzen soll, trat am 1. Juli 2018 in Kraft und ist derzeit in 45 Staaten in Geltung.[396] Es ergänzt den Straftatenkatalog des Montrealer Übereinkommens,

---

[389] Näher zu den Tatbeständen siehe *Huang*, in: Dempsey/Jakhu, Public Aviation Law, S. 144 f.; *Milde*, Internat. Air Law, S. 247 ff. Mit dem Protokoll vom 24. Februar 1988 zur Bekämpfung widerrechtlicher gewalttätiger Handlungen auf Flughäfen, die der internationalen Zivilluftfahrt dienen (BGBl. 1993 II, S. 867) wurde der Bereich der strafbaren Handlungen auf Flughäfen und ihre Einrichtungen erstreckt.

[390] So auch *Schäffer*, Schutz des zivilen Luftverkehrs vor Terrorismus, S. 189.

[391] *Faller*, Annals of Air & Space L., 1992, 369 (372); *Schäffer*, Schutz des zivilen Luftverkehrs vor Terrorismus, S. 165.

[392] *Milde*, ZLW, 2011, 9 (10).

[393] ICAO Ass. Res. A33-1, Declaration on misuse of civil aircraft as weapons of destruction and other terrorist acts involving civil aviation, abgedruckt in: ICAO Doc 9958, Assembly Resolutions in Force (as of 8 October 2010), S. VII–1, Ziff. 7.

[394] ICAO Doc 9960, Convention on the Suppression of Unlawful Acts Relating to International Civil Aviation, done at Beijing on 10 September 2010. Näher dazu: *Abeyratne*, Air & Space L., 2011, 243 (243 ff.); *Milde*, ZLW, 2011, 9 (9 ff.).

[395] ICAO Doc 9959, Protocol Supplementary to the Convention for the Suppression of Unlawful Seizure of Aircraft, done at Beijing on 10 September 2010.

[396] Der Ratifikationsstand ist abrufbar unter: https://www.icao.int/secretariat/legal/List%20

indem es insbesondere die Nutzung eines Luftfahrzeugs als Waffe (Art. 1 Abs. 1 lit. f)) und die Anwendung von biologischen, chemischen oder Kernwaffen sowie explosiven, radioaktiven oder ähnlichen Stoffen gegen Luftfahrzeuge (Art. 1 Abs. 1 lit. h)) verbietet. Auch Cyberangriffe auf Flugnavigationseinrichtungen werden erfasst (Art. 1 Abs. 1 lit. d) i. V. m. Art. 2 lit. c)). Zudem kriminalisiert das Abkommen die Drohung mit der Vornahme bestimmter strafbarer Handlungen (Art. 3) und sieht vor, dass die Vertragsstaaten einige vorbereitende Handlungen als Straftaten zu umschreiben haben (Art. 1 Abs. 5).[397] Das Übereinkommen geht insofern wesentlich weiter als seine Vorgänger. Es soll die Fähigkeit der Staaten stärken, die Begehung der genannten Straftaten zu verhindern und diejenigen, die sie begangen haben, strafrechtlich zu verfolgen.[398] Ob es sich in Zukunft weiter durchsetzt, bleibt abzuwarten.

II. Herleitung einer Pflicht zur Sperrung des Luftraums über Konfliktzonen

Zu untersuchen ist nunmehr, ob sich aus den luftstrafrechtlichen Vorschriften eine Pflicht der Staaten zur Sperrung des Luftraums über Konfliktzonen herleiten lässt. Dazu wird zunächst dargelegt, ob und inwiefern der Abschuss eines zivilen Luftfahrzeuges eine Straftat im Sinne der genannten Konventionen darstellt, bevor erörtert wird, ob Staaten durch konkrete Maßnahmen wie der Sperrung des Luftraums, zur Verhinderung ebendieser verpflichtet sind.

1. Der Abschuss ziviler Luftfahrzeuge als Straftat i. S. d. Völkerstrafrechts

Nach Art. 1 Abs. 1 lit. b) des Montrealer Übereinkommens, welcher vom Pekinger Übereinkommen wortgleich übernommen wurde, begeht jede Person eine strafbare Handlung, die widerrechtlich und vorsätzlich ein im Einsatz befindliches Luftfahrzeug zerstört oder beschädigt. Dabei gilt ein Luftfahrzeug, wie Art. 2 lit. b) beider Übereinkommen präzisiert, nicht nur während der Flugphase, sondern vom Beginn der Flugvorbereitung bis zu vierundzwanzig Stunden nach

---

of%20Parties/Beijing_Conv_EN.pdf [zuletzt aufgerufen am 26.1.2023]. Zu beachten ist, dass das Montrealer Übereinkommen für seine 188 Vertragsstaaten weiterhin in Kraft bleibt. Das Pekinger Übereinkommen hat nur unter den Staaten, die es ratifiziert haben Vorrang vor dem Montrealer Übereinkommen und dem Montrealer Protokoll, siehe dazu *Milde*, ZLW, 2011, 9 (13).

[397] Näher zu den Tatbeständen siehe *Huang*, in: Dempsey/Jakhu, Public Aviation Law, S. 149 ff.

[398] ICAO, High-Level Conference on Aviation Security, Montréal, 12 to 14 September 2012, Promotion of the Beijing Convent and the Beijing Protocol of 2010, HLCAS-WP/15, 20.7.2012, 3.1.

der Landung, als im Einsatz befindlich. Das Tatbestandsmerkmal der Zerstörung setzt – anders als das der Beschädigung, die nur erfasst ist, wenn sie zur Flugunfähigkeit führt, oder geeignet ist, die Luftsicherheit zu gefährden – einen gänzlichen Untergang des Luftfahrzeugs voraus. Der Abschuss eines zivilen Luftfahrzeugs erfüllt somit den objektiven Tatbestand. Ferner ist nach Art. 1 Abs. 2 lit. a) beider Abkommen auch der bloße Versuch strafbar.

Wie alle von Art. 1 der Abkommen erfassten strafbaren Handlungen, muss der Abschuss aber auch *unlawfully and intentionally*, also widerrechtlich und vorsätzlich erfolgen. Unklar bleibt, ob der in der authentischen englischen Fassung genutzte Begriff der *intention* im Sinne eines zielgerichteten Wollens zu verstehen ist oder ob er darüber hinaus auch geringere Vorsatzstufen erfasst.[399] Mangels einer allgemein anerkannten Vorsatzdogmatik im Völkerstrafrecht,[400] obliegt die genaue Ausgestaltung des Begriffes den Gerichten.[401] Dabei könnte Art. 30 des Rom-Statuts,[402] der erstmals eine völkerstrafrechtliche Definition des subjektiven Tatbestandsmerkmals enthält,[403] eine Orientierungshilfe bieten. Vorbehaltlich anderweitiger Bestimmungen ist eine Person danach nur dann strafrechtlich verantwortlich, wenn die objektiven Tatbestandsmerkmale *with intent and knowledge* verwirklicht werden. Aus einer Zusammenschau der Absätze 2 und 3 ergibt sich, dass der Täter dazu die Tatbestandsverwirklichung als „praktisch gewisse Folge seines gewollten Verhaltens"[404] ansehen muss. Fälle der aus dem *common law* bekannten *recklessness*, also des bewusst riskanten Handelns,[405] oder Fälle des *dolus eventualis*, in denen der Täter die Folge nicht als gewiss ansieht, sondern sie lediglich billigend in Kauf nimmt,[406] sind somit nicht von Art. 30 des Rom-Statuts erfasst.[407]

---

[399] Sie dazu *Satzger*, Internat. und Europ. Strafrecht, § 15, Rn. 21 ff.
[400] Für eine ausführliche Untersuchung siehe *Stuckenberg*, Vorsatz und Irrtum im Völkerstrafrecht.
[401] So auch *Milde*, Internat. Air Law, S. 243.
[402] Römisches Statut des Internationalen Strafgerichtshofs vom 17. Juli 1988, BGBl. 2000 II, S. 1393.
[403] *Werle/Jessberger*, JICJ, 2005, 35 (36).
[404] *Stuckenberg*, ZIS, 2018, 524 (532); für eine Analyse der einzelnen Merkmale siehe *Finnin*, ICLQ, 2012, 325 (341 ff.).
[405] Siehe zum Begriff der recklessness: Law Com. No. 177, Criminal Law, Vol. 2, S. 193, Rn. 8.17 ff.
[406] Vgl. nur *Joecks/Kulhanek*, in: MüKo StGB, Bd. 1, § 16, Rn. 59 m.w.N. zur aktuellen Rechtsprechung.
[407] So auch *Ohlin*, Mich. J. Int'l L., 2013, 79 (110); *Satzger*, Internat. und Europ. Strafrecht, § 15, Rn. 25.; *Stuckenberg*, ZIS, 2018, 524 (532) m.w.N.; *Werle/Jessberger*, JICJ, 2005, 35 (52). Siehe auch *Pigaroff/Robinson*, in: Ambos, Rome Statute, Art. 30, Rn. 3, die darauf hinweisen, dass diese Fälle mangels Konsenses bewusst ausgeklammert wurden. Für einen Über-

Zwar bezweckt die unter „Allgemeine Grundsätze des Strafrechts" aufgeführte Norm die Schaffung eines einheitlichen Standards zum Vorsatzbegriff, doch weicht sie mit der starken Einengung des Vorsatzes von der bisherigen völkerstrafrechtlichen Praxis sowie den nationalen Rechtsordnungen ab.[408] Dieser besonders strenge Maßstab, der für die vom Statut betroffenen *core crimes*, also für das Völkerstrafrecht i. e. S., gerechtfertigt sein mag,[409] lässt sich nicht verallgemeinert auf das Völkerstrafrecht i. w. S. – zu dem auch die luftstrafrechtlichen Konventionen gehören –[410] übertragen.[411]

Der Abschuss eines zivilen Luftfahrzeuges ist demnach jedenfalls dann als widerrechtliche und vorsätzliche Zerstörung im Sinne des Montrealer und des Pekinger Übereinkommens zu sehen, wenn das Verhalten, also das Absetzen des Schusses vom Willen des Täters getragen war und dieser sich der Folgen bewusst war. Auch erfasst sind nach hiesigem Verständnis Fälle, in denen der Täter es lediglich für möglich hielt, dass ein ziviles Luftfahrzeug getroffen wird und diese Folge billigend in Kauf nahm. Die Einbeziehung des bedingten Vorsatzes trägt der Natur bewaffneter Konflikte Rechnung, in denen regelmäßig unter Bedingungen der Ungewissheit gehandelt wird.[412]

2. Die Luftraumsperrung als Ausprägung staatlicher Präventionspflichten

Nach Art. 10 des Montrealer Übereinkommens sowie Art. 16 des Pekinger Übereinkommens bemühen sich die Vertragsstaaten, alle geeigneten Maßnahmen zur Verhinderung der in den Art. 1 bezeichneten Straftaten zu ergreifen (*shall endeavour to take all practicable measures*). Unter diese Straftaten fällt – wie soeben erörtert – auch der vorsätzliche Abschuss eines zivilen Luftfahrzeuges. Das Verb *bemühen* verdeutlicht, dass die Staaten grundsätzlich nicht zur Ergreifung konkreter Maßnahmen verpflichtet sind. Insbesondere trifft sie keine Erfolgsgarantie in Bezug auf die Verhinderung von Straftaten. Gleichwohl erfordert die Vorschrift *tatsächliche* Bemühungen seitens der Staaten und unterstreicht ihre

---

blick zum Streitstand siehe *van Sliedregt*, Individual Criminal Responsibility in Internat. Law, S. 47 f.

[408] So insbesondere *Stuckenberg*, ZIS, 2018, 524 (531 ff.); zur Kritik an Art. 30 Rom-Statut siehe auch *Cassese*, EJIL, 1999, 144 (154); *Roßkopf*, Die innere Tatseite des Völkerrechtsverbrechens, S. 97 f.; *Satzger*, Internat. und Europ. Strafrecht, § 15, Rn. 22 ff.; *Werle/Jeßberger*, Völkerstrafrecht, Rn. 538 ff.

[409] So *van der Vyver*, Univ. of Miami ICL Rev., 2004, 57 (65).

[410] Zur Unterscheidung zwischen dem Völkerstrafrecht i. e. S. und i. w. S. siehe *Stuckenberg*, Vorsatz und Irrtum im Völkerstrafrecht, S. 4.

[411] Ähnlich *Cassese*, EJIL, 1999, 144 (154), dem zufolge für „less serious crimes" wie Kriegsverbrechen recklessness als ausreichend zu erachten sei.

[412] *Stuckenberg*, ZIS, 2018, 524 (534).

Pflicht, die ihnen zur Verfügung stehenden Möglichkeiten zur Verhinderung von Straftaten auszuschöpfen.

Die Bedeutung dieser in den luftstrafrechtlichen Abkommen normierten Präventionspflicht wird durch die einstimmig angenommene Sicherheitsratsresolution 2309 (2016) verstärkt, in welcher sich der Sicherheitsrat erstmals in seiner Geschichte mit dem gegen die Zivilluftfahrt gerichteten Terrorismus befasst. Darin bekräftigt er zunächst, dass die Sicherheit der internationalen Zivilluftfahrt ein *common goal of the international community* darstellt und dass terroristische Angriffe gegen die Zivilluftfahrt eine Bedrohung des internationalen Friedens darstellen. Zwar wird in der Resolution keine Definition des Begriffs des Terrorismus angeführt,[413] doch bezieht sich der Sicherheitsrat explizit auf die einzelnen Konventionen zum Schutz der zivilen Luftfahrt vor widerrechtlichen Eingriffen, woraus zu schließen ist, dass jedenfalls vorsätzliche Angriffe auf die Luftfahrt als terroristische Handlungen zu qualifizieren sind.

Im Kampf gegen den Terrorismus ruft der Sicherheitsrat alle Staaten dazu auf, sich den genannten Konventionen und Protokollen schnellstmöglich anzuschließen. Darüber hinaus sollen sie ihren Verpflichtungen aus den bereits ratifizierten Verträgen – und somit auch der *Due-Diligence-Pflicht* zur Prävention – *vollständig* nachkommen. Unter diesen Erwägungen bekräftigt der Sicherheitsrat:

„[A]ll States have the responsibility to protect the security of citizens and nationals of all nations against terrorist attacks on air services operating within their territory, in a manner consistent with existing obligations under international law".

Alle Staaten sind somit zum Schutz aller Personen in ihrem Luftraum vor terroristischen Angriffen verpflichtet. Wie in Teil 2 erörtert, folgt aus dem allgemeinen Schädigungsverbot, wonach kein Staat sein Territorium so nutzen darf, dass einem anderen dadurch Schäden entstehen bzw. eine derartige Nutzung dulden darf, auch die Pflicht der Staaten, Maßnahmen zur Prävention terroristischer Handlungen zu ergreifen.[414] Diese wird hier auf den Luftraum erstreckt. Insofern stellt sich die Resolution als Bestätigung allgemeiner Grundsätze dar, wonach der Territorialhoheit – als Korrelat – Schutzpflichten entspringen.

Der Sicherheitsrat stärkt in der Resolution zum gegen die Zivilluftfahrt gerichteten Terrorismus auch die Rolle der ICAO und der von ihr erlassenen Annexe. Insbesondere wird explizit Bezug auf Annex 17 und die darin normierte Pflicht der Vertragsstaaten genommen, Vorschriften, Praktiken und Verfahren zum

---

[413] Zur Schwierigkeit, den Begriff des Terrorismus allgemeingültig zu definieren, siehe *di Filippo*, in: Saul, Internat. Law and Terrorism, S. 4 ff.; *Schäffer*, Schutz des zivilen Luftverkehrs vor Terrorismus, S. 20 ff.; *Thiel*, Die „Entgrenzung" der Gefahrenabwehr, S. 32 ff.; *Warbrick*, ICLQ, 1983, 82 (82 f.).

[414] Siehe oben, Teil 2 C. I. 2., S. 72 f.

Schutz der zivilen Luftfahrt vor widerrechtlichen Eingriffen umzusetzen und auf erhöhte Sicherheitsbedrohungen rasch zu reagieren. Dabei wird daran erinnert, dass die Vertragsstaaten nach dem Chicagoer Abkommen zur Einhaltung der *Standards* verpflichtet sind (*shall conform*). Ferner werden alle Staaten aufgefordert, im Rahmen der ICAO darauf hinzuwirken, dass die *Standards* fortlaufend überprüft und angepasst werden, um *wirksam* gegen die Bedrohungen der Zivilluftfahrt durch den Terrorismus vorzugehen.

Die Resolution ist ihrem Wortlaut und den Umständen nach als rechtsverbindliche Entscheidung im Sinne des Art. 25 der VN-Charta und nicht lediglich als *recommendation* zu verstehen.[415] Der Sicherheitsrat stellt hierin konkrete Forderungen an die Staaten auf. Durch seine Bezugnahmen auf die Konventionen zum Schutz der Luftfahrt vor widerrechtlichen Eingriffen sowie auf Annex 17 zum Chicagoer Abkommen erhebt er die sich aus ebendiesen ergebenden Vorgaben zu Pflichten der Staaten. Diese müssen *wirksam* gegen Straftaten gegen den zivilen Luftverkehr, und somit auch vorsätzlichen Abschüssen ziviler Luftfahrzeuge, vorgehen. Auch die ICAO-Generalversammlung, die in Resolution A39-18 festhält, dass alle widerrechtlichen Handlungen gegen die internationale Zivilluftfahrt *a grave offence in violation of international law* darstellen, bezieht sich auf die Resolution des Sicherheitsrats. Darüber hinaus ruft sie die Vertragsstaaten dazu auf, *the most effective security measures* anzuwenden, um widerrechtlichen Handlungen gegen die Zivilluftfahrt vorzubeugen.[416]

Aus alledem folgt, dass die Staaten zur Ergreifung präventiver Maßnahmen verpflichtet sind, um Abschüsse ziviler Luftfahrzeuge im Sinne des Luftstrafrechts zu verhindern. Ob sich daraus auch eine Pflicht zu Sperrung des Luftraums über Konfliktzonen ergibt, ist fraglich und hängt davon ab, wie weit die Pflicht zur Prävention von Straftaten gezogen werden kann. Zwar besteht beim Überflug von Konfliktzonen die Gefahr vorsätzlicher Abschüsse ziviler Luftfahrzeuge, den Regelfall stellen aber versehentliche Abschüsse dar.[417] Letztere sind vom Schutzzweck der luftstrafrechtlichen Normen nicht erfasst. Stellt sich der Täter irrtümlich vor, das anvisierte Objekt sei ein militärisches, so unterliegt er einem Tatbestandsirrtum, der den Vorsatz zum Abschuss eines *zivilen* Luftfahrzeuges nach hier vertretener Ansicht entfallen lässt.[418] Trotz der Einbeziehung des *dolus eventualis* ist nur schwer festzustellen, ab wann ein Staat mit der Gefahr der

---

[415] Zur Unterscheidung siehe *Peters*, in: Simma et al., Charter of the UN, Art. 25, Rn. 8 ff.
[416] ICAO Ass. Res. A39-18, Consolidated statement of continuing ICAO policies related to aviation security, Appendix A, abgedruckt in: ICAO Doc 10075, Assembly Resolutions in Force (as of 6 October 2016), S. VII-4, Ziff. 4.
[417] So auch ICAO Doc 10084, Risk Assessment Manual, 2.3.3, 2.4.1.
[418] So auch Art. 32 Abs. 1 Rom-Statut. Ausführlich zu den möglichen Rechtsfolgen der Irrtümer siehe *Stuckenberg*, Vorsatz und Irrtum im Völkerstrafrecht, S. 339 ff.

Begehung von *vorsätzlichen* Straftaten gegen die Luftfahrt rechnen und mit Blick auf diese tätig werden musste. Aus den luftstrafrechtlichen Vorschriften lässt sich eine Pflicht zur Sperrung des Luftraums über Konfliktzonen somit nur in den Fällen ableiten, in denen die äußeren Umstände konkrete Anhaltspunkte dafür bieten, dass es den Konfliktparteien gerade auf den Abschuss ziviler Luftfahrzeuge ankommt oder sie diese Folge billigend in Kauf nehmen. In den sonstigen Fällen kann sich eine Pflicht zur Luftraumsperrung aus anderen Rechtsquellen ergeben.

Teil 4

Die Herleitung der Sperrpflicht aus sonstigen Rechtsquellen

Nachdem dargelegt wurde, dass das Völkerrecht die Anerkennung von Schutzpflichten gebietet und dass das internationale öffentliche Luftrecht Staaten zum Schutze der Zivilluftfahrt grundsätzlich zur Sperrung des Luftraums über Konfliktzonen verpflichten kann, wird im Folgenden erörtert, ob eine Sperrpflicht auch aus anderen Rechtsquellen folgen kann. Dies gewinnt insbesondere dann an Bedeutung, wenn das Chicagoer Abkommen nicht greift, also etwa in Bezug auf Inlandsflüge oder im Falle der Annahme, dass Art. 89 CA zur Unanwendbarkeit des Abkommens im Rahmen bewaffneter Konflikte führt. Auch im Übrigen ist eine Betrachtung der sonstigen völkerrechtlichen Gebiete erforderlich. Der Überflug von Konfliktzonen stellt keine rein luftrechtliche Problematik dar. Vielmehr sind gleichsam das humanitäre Völkerrecht als das Recht der bewaffneten Konflikte sowie die Menschenrechte und allgemeine völkerrechtliche Grundsätze berührt.[1] Im Sinne der Einheitlichkeit der Völkerrechtsordnung kann die Frage nach einer Pflicht zur Sperrung des Luftraums über Konfliktzonen nicht isoliert anhand von einem völkerrechtlichen Teilgebiet beantwortet werden, sondern bedarf einer gesamtheitlichen Würdigung. Zwar gilt auch im Völkerrecht der Grundsatz der *lex specialis*,[2] doch stellt sich das Problem des Verhältnisses unterschiedlicher Normen zueinander nur im Kollisionsfall, nicht aber, wenn die Normen miteinander in Einklang gebracht werden können.

A. Herleitung einer Sperrpflicht aus dem humanitären Völkerrecht

Wie bereits in Teil 2 dargelegt, lassen sich dem humanitären Völkerrecht weitreichende Schutzpflichten entnehmen. Grundlage ebendieser ist der in der *Martens'schen Klausel* formulierte Gedanke der Menschlichkeit, der in den Genfer

---

[1] So auch *Zhang*, CJICL, 2016, 450 (451 f.); siehe auch *de Hoon/Fraser/McGonigle Leyh*, White Paper, S. 3.

[2] Siehe Art. 55 ILC-Draft Articles on State Responsibility.

Abkommen sowie den entsprechenden Zusatzprotokollen Anklang fand und heute auf das gesamte Völkerrecht ausstrahlt.[3] So ergebe sich, wie der IGH im *Korfu-Kanal-Fall* festhielt, die Pflicht, andere Staaten vor Gefahren in seinen Territorialgewässern zu warnen, unter anderem aus „elementary considerations of humanity".[4] Auch im internationalen Luftrecht wird auf diese zurückgegriffen. Entsprechend sieht die Präambel des Protokolls zur Schaffung von Art. 3*bis* CA vor, dass die Sicherheit und das Leben von Personen an Bord von Zivilluftfahrzeugen „im Einklang mit grundlegenden Erwägungen der Menschlichkeit" gewährleistet sein müssen. Dem Gedanken der Menschlichkeit, auf welchem der Schutz der Personen an Bord ziviler Luftfahrzeuge basiert, entspringen weitere Grundsätze des humanitären Völkerrechts, welche den Ursprung staatlicher Schutzpflichten, auch in Bezug auf die zivile Luftfahrt, darstellen.

I. Der Schutz ziviler Personen und Objekte im bewaffneten Konflikt

Das humanitäre Völkerrecht dient zuvörderst dem Schutz der Zivilbevölkerung vor den Auswirkungen bewaffneter Konflikte. Schon die Präambel der Petersburger Erklärung vom 29. November 1868 sah vor, dass der einzig rechtmäßige Zweck, den Staaten im Krieg verfolgen dürfen, die Schwächung der militärischen Kräfte des Feindes sei. Der sich hier andeutende Unterscheidungsgrundsatz fand Anklang in der Haager Landkriegsordnung[5] sowie in den – nie in Kraft getretenen – Haager Luftkriegsregeln von 1923[6] und wurde völkervertragsrechtlich erstmals im Zusatzprotokoll I zu den Genfer Abkommen kodifiziert.[7]

Nach der Grundregel des Art. 48 ZP I müssen die am Konflikt beteiligten Parteien zum Schutz der Zivilbevölkerung und ziviler Objekte jederzeit zwischen der Zivilbevölkerung und Kombattanten sowie zwischen zivilen Objekten und

---

[3] Siehe oben, Teil 2 C. II. 4., S. 82 ff.

[4] IGH, *Corfu Channel Case*, Judgment, 9.4.1949, I.C.J. Rep. 1949, p. 4, 22.

[5] Abkommen betreffend die Gesetze und Gebräuche des Landkriegs vom 18. Oktober 1907, RGBl. 1910, S. 107. Nach Art. 25 des Abkommens ist es untersagt, unverteidigte Städte, Dörfer, Wohnstätten oder Gebäude, mit welchen Mitteln es auch sei, anzugreifen oder zu beschießen. Nach Art. 27 sind bei Belagerungen und Beschießungen alle erforderlichen Vorkehrungen zu treffen, um die dem Gottesdienste, der Kunst, der Wissenschaft und der Wohltätigkeit gewidmeten Gebäude, die geschichtlichen Denkmäler, die Hospitäler und Sammelplätze für Kranke und Verwundete soviel wie möglich zu schonen.

[6] Siehe Art. 22, 24 der Haager Luftkriegsregeln, abgedruckt in: *Schindler/Toman*, The Laws of Armed Conflicts, S. 317 ff.; zur Historie der Luftkriegsregeln und zu ihrer Bedeutung für die weitere Entwicklung des humanitären Völkerrechts siehe *Hanke*, Auszüge der RICR, 1991, 139 (139 ff., 168 f.).

[7] Zur völkergewohnheitsrechtlichen Anerkennung des Verbots gezielter Angriffe auf Zivilpersonen bereits vor dessen Kodifizierung siehe *Amer*, in: Ronzitti/Venturini, Law of Air Warfare, S. 22 m. w. N.

militärischen Zielen unterscheiden; ihre Kriegshandlungen dürfen sich nur gegen militärische Ziele richten. Zivilperson wird in Art. 50 Abs. 1 ZP I negativ definiert als jede Person, die nicht zu den Kombattanten und anderen Streitkräften einer am Konflikt beteiligten Partei oder einer *levée en masse* nach Art. 4 A Nr. 6 GA III gehört.[8] Zivile Objekte sind nach Art. 52 Abs. 1 S. 2 ZP I alle Objekte, die nicht militärische Ziele im Sinne des Abs. 2 darstellen, die also nicht wirksam zu militärischen Handlungen beitragen und deren Zerstörung oder Inbesitznahme keinen eindeutigen militärischen Vorteil darstellt.

In Bestätigung des in Art. 48 statuierten Grundsatzes sieht Art. 51 ZP I vor, dass die Zivilbevölkerung sowie einzelne Zivilpersonen allgemeinen Schutz vor den von Kriegshandlungen ausgehenden Gefahren genießen. Nach Abs. 2 S. 1 dürfen sie nicht das *Ziel* von Angriffen sein. Der Schutzstatus wird in Art. 52 ZP I auf zivile Objekte erstreckt.[9] Dabei folgt aus den Formulierungen, dass das Unterscheidungsgebot nicht schon verletzt ist, sobald zivile Personen oder Objekte in Mitleidenschaft gezogen werden, sondern erst, wenn ein zielgerichteter, also vorsätzlicher, Angriff auf ebendiese vorliegt.[10] Daneben statuiert Art. 51 Abs. 4 ZP I das Verbot von Angriffen, die militärische Ziele und Zivilpersonen oder -objekte unterschiedslos treffen können. Dabei ist ein solch unterschiedsloser Angriff nach Abs. 5 lit. b) auch anzunehmen, wenn damit zu rechnen ist, dass der Angriff zu Verlusten an Menschenleben in der Zivilbevölkerung oder zu Schäden an zivilen Objekten führt, die in keinem Verhältnis zum erwarteten konkreten und unmittelbaren militärischen Vorteil stehen. Ein Verstoß gegen das humanitäre Völkerrecht liegt somit nicht nur vor, wenn ein Angriff gezielt gegen Zivilpersonen bzw. zivile Objekte gerichtet ist, sondern auch, wenn er – unabhängig vom Vorsatz des Angreifers –[11] zu unverhältnismäßigen Schäden führt.[12] Kollateralschäden an Zivilpersonen und -objekten sind nach dieser kriegsvölkerrechtlichen Ausprägung des Übermaßverbots[13] hinzunehmen, sofern sie proportional im Verhältnis zum militärischen Vorteil sind.

Den Schutzstatus ziviler Personen und Objekte konkretisierend, sieht Art. 57 ZP I die Pflicht zur Ergreifung konkreter Vorsichtsmaßnahmen beim An-

---

[8] Näher dazu: *Dinstein*, Conduct of Hostilities under the Law of Internat. Armed Conflict, S. 160, Rn. 462 f.

[9] Zum Schutz ziviler Objekte siehe *Sassòli/Cameron*, in: Ronzitti/Venturini, Law of Air Warfare, S. 35 ff.

[10] *Ohlin*, Mich. J. Int'l L., 2013, 79 (85 f.); *Sandoz/Swinarski/Zimmermann*, Commentary on the Additional Protocols, Art. 51, Rn. 1934.

[11] Zur Frage, ob der Vorsatz auch den dolus eventualis umfasst, siehe *Ohlin*, Mich. J. Int'l L., 2013, 79 (92 ff., 112 ff.).

[12] Zu diesem „two track system" siehe *Ohlin*, Mich. J. Int'l L., 2013, 79 (86).

[13] *Ipsen*, in: ders., Völkerrecht, 6. Aufl., § 62, Rn. 8; zur Abgrenzung zur Verhältnismäßigkeit siehe *Barth*, Zivilpersonen im modernen Luftkrieg, S. 137 ff.

griff vor. Danach ist bei Kriegshandlungen stets darauf zu achten, dass die Zivilbevölkerung, Zivilpersonen und zivile Objekte verschont bleiben. Dazu hat, wer einen Angriff plant oder beschließt alles praktisch Mögliche zu tun, um sicherzugehen, dass die Angriffsziele militärisch sind und der Angriff nach dem Protokoll nicht verboten ist (Art. 57 Abs. 2 lit. a) i) ZP I). Im Zusammenhang mit der erforderlichen Identifizierung der Ziele wird von den Parteien größtmögliche Sorgfalt gefordert. Sie haben alle ihnen zur Verfügung stehenden Informationen auszuwerten und im Zweifelsfall weitere Informationen einzuholen. Dies gilt umso mehr, wenn die Ziele – wie etwa zivile Luftfahrzeuge auf gewöhnlicher Flughöhe – in weiter Entfernung liegen.[14] Auch bei der Wahl der Angriffsmittel und -methoden sind alle möglichen Vorsichtsmaßnahmen zu treffen, um Verluste unter der Zivilbevölkerung, die Verwundung von Zivilpersonen und die Beschädigung ziviler Objekte zu vermeiden bzw. auf ein Mindestmaß zu beschränken (Art. 57 Abs. 2 lit. a) ii) ZP I). Im Rahmen dieser positiven Pflicht zur Minimalisierung etwaiger Kollateralschäden[15] spielen insbesondere Präzision und Reichweite der Waffen eine bedeutende Rolle.[16] In Bestätigung des Grundsatzes der Proportionalität wird in Art. 57 Abs. 2 lit. a) iii) ZP I sodann festgehalten, dass von Angriffen, bei denen mit exzessiven Zivilverlusten zu rechnen ist, Abstand zu nehmen ist.

Vorsichtsmaßnahmen gegen die Angriffswirkungen sind in Art. 58 ZP I vorgesehen. *To the maximum extent feasible*, also soweit dies praktisch irgend möglich ist, verpflichten sich die Parteien dazu, zivile Personen und Objekte, die ihrer Herrschaft unterstehen, aus der Umgebung militärischer Ziele zu entfernen (lit. a)), es zu vermeiden, innerhalb oder in der Nähe dicht bevölkerter Gebiete militärische Ziele anzulegen (lit. b)) sowie weitere notwendige Vorsichtsmaßnahmen zu treffen, um die Zivilbevölkerung, einzelne Zivilpersonen und zivile Objekte, die ihrer Herrschaft unterstehen, vor den mit Kriegshandlungen verbundenen Gefahren zu schützen (lit. c)). Mit dieser Bestimmung haben die Staaten eine „triple duty to act"[17] unterzeichnet, die sie zur Ergreifung präventiver Schutzmaßnahmen in ihrem Hoheitsgebiet verpflichtet. Insbesondere handelt es sich bei Art. 58 lit. c) um einen Auffangtatbestand, aus dem sich je nach Einzelfall konkrete Pflichten herleiten lassen.

---

[14] *Sandoz/Swinarski/Zimmermann*, Commentary on the Additional Protocols, Art. 57, Rn. 2195; zum Umgang mit Zweifeln siehe *Barth*, Zivilpersonen im modernen Luftkrieg, S. 152 f.; *Henderson*, Law of Targeting, S. 163 ff.

[15] Dazu: *Henderson*, Law of Targeting, S. 168 ff.

[16] *Sandoz/Swinarski/Zimmermann*, Commentary on the Additional Protocols, Art. 57, Rn. 2200.

[17] *Sandoz/Swinarski/Zimmermann*, Commentary on the Additional Protocols, Art. 58, Rn. 2244.

Aus dem ZP I ergeben sich weitreichende Pflichten zum Schutz der Zivilpersonen sowie ziviler Objekte. Vorsätzliche Verstöße gegen das Verbot gezielter Angriffe auf die Zivilbevölkerung oder einzelner Zivilpersonen sowie gegen das Verbot unterschiedsloser Angriffe in Kenntnis davon, dass sie zu unverhältnismäßigen Zivilverlusten führen, stellen nach Maßgabe des Art. 85 Abs. 3 ZP I schwerwiegende Verstöße gegen das Protokoll dar.

Das Protokoll genießt weitreichende Akzeptanz.[18] Obgleich es grundsätzlich nur auf internationale bewaffnete Konflikte anwendbar ist, sind viele seiner Bestimmungen, insbesondere die in Bezug auf den Schutz der Zivilpersonen, gewohnheitsrechtlich anerkannt und gelten somit für alle Konflikte.[19] Dafür spricht auch Art. 13 Abs. 2 ZP II, welcher den Schutz der Zivilbevölkerung und Zivilpersonen vor von Kampfhandlungen ausgehenden Gefahren sowie das Unterscheidungsgebot auch im Fall eines nicht-internationalen bewaffneten Konflikts vorsieht. Dieser Schutz ist ohne die – im ZP II nicht ausdrücklich normierte – Pflicht zur Ergreifung von Vorsichtsmaßnahmen nicht effektiv zu gewährleisten.[20]

II. Der humanitärvölkerrechtliche Schutz der zivilen Luftfahrt

Zivile Luftfahrzeuge, die Besatzung ebendieser sowie die Reisenden sind grundsätzlich zivile Objekte bzw. Zivilpersonen im Sinne der Art. 50 und 52 ZP I. Zwar besteht, wie *Spaight* hervorhebt, immer die Möglichkeit, dass „an apparently non-military aircraft may be a combatant one disguised",[21] doch wird vermutet, dass Passagierluftfahrzeuge Zivilpersonen befördern. Dabei operieren sie in einer für den Menschen feindlichen Umgebung, in der die Zerstörung des Luftfahrzeuges im Regelfall mit dem Verlust von vielen Menschenleben verbunden ist. Obgleich das humanitäre Völkerrecht, anders als etwa für Sanitätsluftfahrzeuge,[22] keine spezielle Bestimmung in Bezug auf zivile Passagierluftfahrzeuge enthält, ist heute allgemein anerkannt, dass Letztere einen besonderen Schutz genie-

---

[18] Das ZP I ist bisher von 174 Staaten ratifiziert worden, siehe zum aktuellen Ratifikationsstand: https://ihl-databases.icrc.org/en/ihl-treaties/api-1977/state-parties?activeTab=undefined [zuletzt aufgerufen am 26.1.2023].

[19] *Dörmann*, in: Fleck, Humanitarian Law, 4. Aufl., S. 249 f.; siehe auch *Henckaerts/Doswald-Beck*, Customary IHL, Vol. I, Rules 1–10 zur Unterscheidung zwischen Zivilisten und Kombattanten sowie zwischen zivilen und militärischen Objekten, Rules 11–14 zu unterschiedslosen Angriffen und zum Grundsatz der Proportionalität sowie Rules 15–24 zu den Vorsichtsmaßnahmen.

[20] *Henckaerts/Doswald-Beck*, Customary IHL, Vol. I, Rule 15, S. 52.

[21] *Spaight*, Air Power and War Rights, S. 399.

[22] Siehe etwa Art. 36 und Art. 37 GA I; Art. 22 GA IV; Art. 24 ff. ZP I.

ßen.²³ Gezielte Angriffe auf zivile Passagierluftfahrzeuge sind nach dem Unterscheidungsgrundsatz verboten. Die in den Haager Luftkriegsregeln vorgesehen Bestimmungen, wonach selbst neutrale Zivilluftfahrzeuge abgeschossen werden können, sofern sie im Hoheitsgebiet eines kriegführenden Staates fliegen, gewarnt werden und nicht sofort landen,²⁴ wurden seit jeher kritisch betrachtet²⁵ und sind heute – insbesondere seit der Einfügung des Art. 3*bis* CA – nicht mehr haltbar.²⁶ Ferner stehen die sich aus einem Abschuss ergebenden Verletzungen und Todesfälle im Regelfall außer Verhältnis zu etwaigen militärischen Vorteilen, so dass auch bei fehlendem Vorsatz ein Verstoß gegen das humanitäre Völkerrecht, namentlich gegen den Grundsatz der Proportionalität, vorliegt.²⁷

Die zur Durchsetzung des Unterscheidungsgebots erforderlichen Vorsichtsmaßnahmen spielen aufgrund der Schnelligkeit der Kampfhandlungen sowie der räumlichen Distanz gerade bei Luftoperationen eine wesentliche Rolle.²⁸ Entsprechend sieht Art. 57 Abs. 4 ZP I vor, dass bei Kriegshandlungen auf See oder in der Luft jede am Konflikt beteiligte Partei alle angemessenen Vorsichtsmaßnahmen zu treffen hat, um Verluste unter der Zivilbevölkerung und die Beschädigung ziviler Objekte zu meiden. Art. 49 Abs. 3 S. 1 ZP I begrenzt die Bestimmung auf jede Kriegführung zu Land, in der Luft oder auf See, welche die Zivilbevölkerung, Zivilpersonen oder zivile Objekte *auf dem Land* in Mitleidenschaft ziehen kann. Danach findet die Pflicht zur Ergreifung von Vorsichtsmaßnahmen auf Luft-Luft- oder Boden-Luft-Operationen grundsätzlich keine Anwendung. Die Begrenzung auf Zivilverluste *auf dem Land* wurde aber bereits im Rahmen der Diplomatischen Konferenz zum Zusatzprotokoll I stark kritisiert. Viele Delegationen sprachen sich für eine Streichung der Begriffe aus, um einen möglichst weitreichenden Schutz von Zivilpersonen, auch bei Luft-Luft-Angriffen oder Boden-Luft-Angriffen, zu gewährleisten.²⁹ Mit Blick darauf, dass es *both diffi-*

---

[23] HPCR Manual on Air and Missile Warfare, Rule 58; *Barth*, Zivilpersonen im modernen Luftkrieg, S. 173; *Gestri*, in: Ronzitti/Venturini, Law of Air Warfare, S. 144; *Robertson*, IYHR, 1997, 113 (126); *Schmitt*, in: Clapham/Gaeta, Internat. Law in Armed Conflict, S. 135.

[24] Siehe Art. 33, 34, 35 und Art. 50 HLR.

[25] *Spaight*, Air Power and War Rights, S. 402.

[26] *Dinstein*, Conduct of Hostilities under the Law of Internat. Armed Conflict, S. 155, Rn. 448 ff.; *Gestri*, in: Ronzitti/Venturini, Law of Air Warfare, S. 146 ff.; Angriffe auf Passagierflugzeuge sind heute nur noch in den seltenen Fällen möglich, in denen diese tatsächlich zu militärischen Zwecken genutzt werden und somit nicht mehr als „zivil" einzustufen sind, siehe dazu: HPCR Manual on Air and Missile Warfare, Rules 25–27, Rule 47.

[27] So in Bezug auf Passagierschiffe auch *Dinstein*, Conduct of Hostilities under the Law of Internat. Armed Conflict, S. 180, Rn. 529.

[28] *Amer*, in: Ronzitti/Venturini, Law of Air Warfare, S. 18: „[A]ir warfare is intrinsically blind by nature and less capable of drawing a distinction between armed forces and civilians."

[29] Siehe zu den Diskussionen: Official Records of the Diplomatic Conference on the Reaffirmation and Development of International Humanitarian Law Applicable in Armed Conflicts,

cult and undesirable sei, die anwendbaren Regeln zum See- und Luftkrieg zu modifizieren, wurde Art. 49 ZP I letztlich – mit nur knapper Mehrheit – in seiner jetzigen Form angenommen.[30] Schon in der Diplomatischen Konferenz wurde aber festgehalten, dass der heutige Art. 57 Abs. 4 ZP I den Schutz der ziviler Personen sowie Objekte vor den Auswirkungen militärischerer Operationen auf See oder in der Luft auch in den Fällen gewährleisten soll, die über Art. 49 Abs. 3 ZP I hinausgehen.[31] Dies entspricht dem Wortlaut der Norm, der keine Beschränkung auf Auswirkungen *auf dem Land* enthält. Auch wäre ihr Mehrwert ansonsten fraglich.[32] Wie im IKRK-Kommentar zum ZP I angemerkt, können Raketen fehlgehen und zivile Luftfahrzeuge in Kämpfe verwickelt werden. Auch können Kämpfe zwischen Militärluftfahrzeugen zufällige Auswirkungen auf die Zivilbevölkerung haben.[33] Eine Beschränkung auf Zivilverluste auf dem Boden ist mit dem Schutzzweck der humanitärvölkerrechtlichen Pflichten nicht vereinbar. Schon *Oppenheim/Lauterpacht* betonten, dass die spezifische Situation der Luftkriegsführung, obgleich sie eigene Bestimmungen erfordere, „subject to the general principles of a customary or conventional character which underlie alike the law of war on land and at sea"[34] sei. Zu diesen gehöre neben den *humanitarian principles of unchallenged applicability* insbesondere das Verbot von direkten Angriffen auf Nicht-Kombattanten. Entsprechend wird in dem im Jahr 2009 veröffentlichten *Manual on International Law applicable to Air and Missile Warfare*, welches die anerkannten Grundsätze des Luftkrieges zusammenstellt,[35] festgehalten, dass die Zivilbevölkerung, zivile Personen und zivile Objekte unter allen Umständen zu schonen sind (*Rule* 30). Eine Unterscheidung

---

Geneva (1974–1977), Vol. XIV, First Session, CDDH/III/SR. 2, S. 16 f., SR.3, S. 20 ff., SR. 4, S. 27 ff.

[30] Official Records, Vol. XV, Part Two, Report to Committee III on the Work of the Working Group, CDDH/III/224, S. 328. Zum Abstimmungsergebnis von 35 zu 33 und 4 Enthaltungen siehe Official Records, Vol. XIV, CDDH/III/SR. 11, S. 86.

[31] Official Records, Vol. XV, Part Two, Report to Committee III on the Work of the Working Group, CDDH/III/224, S. 328; Vol. XV, Part Two, Reports of Committee III, CDDH/215/Rev.1, S. 285, Rn. 99.

[32] So auch *Bothe/Partsch/Solf*, New Rules for Victims of Armed Conflicts, Art. 57 ZP I, Rn. 2.11., die gleichwohl davon ausgehen, dass die Norm auf Angriffe auf Zivilpersonen und zivile Objekte auf dem Land beschränkt ist.

[33] *Sandoz/Swinarski/Zimmermann*, Commentary on the Additional Protocols, Art. 57, Rn. 2230.

[34] *Oppenheim/Lauterpacht*, Internat. Law, Vol. II, S. 520; siehe auch US Air Force Pamphlet, AFP 110-31, Judge Advocate General Activities, International Law, The Conduct of Armed Conflict and Air Operations, 19 November 1976, S. 1–7: „The law of armed conflict affecting aerial operations is not entirely codified. Therefore, the law applicable to air warfare must be derived from general principles […]."

[35] HPCR Manual on Air and Missile Warfare, S. iii, Rule 2 (a).

zwischen Luft-, See-, oder Landkrieg erfolgt dabei nicht. Vielmehr sei anerkannt, dass „[a]s a general principle, the same norms apply equally *in all domains of warfare*."[36] Somit ist auch die Pflicht zur Ergreifung aller praktisch möglicher Vorsichtsmaßnahmen als prozessuale Begleiterscheinung des Unterscheidungsgebots auf alle Luftoperationen anwendbar.[37] Insbesondere sieht das *Manual* unter *Specifics of attacks directed at aircraft in the air* vor, dass vor einem Angriff alle praktisch möglichen Vorkehrungen zu treffen sind, um sicherzustellen, dass das Luftfahrzeug ein legitimes militärisches Ziel darstellt.[38]

III. Ableitung einer Pflicht zur Sperrung des Luftraums über Konfliktzonen

Wie bereits in Teil 2 erörtert, verpflichten Art. 1 GA I–IV sowie Art. 1 Abs. 1 ZP I die Vertragsparteien dazu, die jeweiligen Abkommen bzw. das Protokoll unter allen Umständen einzuhalten (*duty to respect*) und ihre Einhaltung durchzusetzen (*duty to ensure respect*).[39] Aus dieser humanitären Schutz- und Gewährleistungspflicht folgen zahlreiche Präventions-, Überwachungs- und Untersuchungspflichten, die in den Genfer Abkommen sowie den entsprechen Zusatzprotokollen näher ausgestaltet werden.[40] Welche Maßnahmen zur Erfüllung dieser Pflichten zu ergreifen sind, richtet sich nach dem Maßstab der *due diligence* und hängt von den jeweiligen Umständen des Einzelfalls ab. Aus der präventiven Schutzrichtung des humanitären Völkerrechts folgt, dass der Staat schon die Möglichkeit der Begehung von Rechtsverstößen – auch durch Private – weitestgehend auszuschließen hat.[41] So kann er zur Abwehr oder Minimalisierung der Auswirkungen eines Konflikts auf die Zivilbevölkerung und somit zur Wahrung des Unterscheidungsgrundsatzes etwa zur Evakuierung bestimmter Orte oder zur Errichtung sog. Sicherheitszonen verpflichtet sein.[42] Dieser Gedanke kann auf die Pflicht, den Luftraum über Konfliktzonen für die zivile Luftfahrt zu sperren, übertragen werden.

---

[36] HPCR Manual on Air and Missile Warfare, S. 142, Rn. 2 (Hervorhebung durch Verf.). Auch ist das Manual auf „air or missile operations" anwendbar, unabhängig davon, ob diese „in the air, on the ground or from a vessel" erfolgen, siehe HPCR Manual on Air and Missile Warfare, S. 25, Rn. 2.
[37] *Gestri*, in: Ronzitti/Venturini, Law of Air Warfare, S. 150 f.; HPCR Manual on Air and Missile Warfare, Rules 30–41.
[38] HPCR Manual on Air and Missile Warfare, Rule 40.
[39] Siehe oben, Teil 2 C. II. 4., S. 85 f.
[40] *Rensmann*, ZaöRV, 2008, 111 (118).
[41] *Henckaerts*, in: ICRC Commentary 2016, GC I, Art. 1, Rn. 145, 150.
[42] *Dörmann*, in: Fleck, Humanitarian Law, 4. Aufl., S. 252 f.; siehe auch Art. 23 GA I; Art. 14 GA IV.

Art. 58 ZP I verpflichtet die am Konflikt beteiligten Parteien dazu, soweit dies praktisch irgend möglich ist, die Zivilbevölkerung, einzelne Zivilpersonen und zivile Objekte, die ihrer Herrschaft unterstehen, aus der Umgebung militärischer Ziele zu entfernen (lit. a)) und es zu vermeiden, innerhalb oder in der Nähe dicht bevölkerter Gebiete militärische Ziele anzulegen (lit. b)). Darüber hinaus sind nach lit. c) alle weiteren notwendigen Vorsichtsmaßnahmen zum Schutz vor den mit Kriegshandlungen verbundenen Gefahren zu treffen. Die der Umsetzung des Unterscheidungsgebots dienende Vorschrift ist völkergewohnheitsrechtlich anerkannt[43] und findet – wie erörtert – auch im Luftkrieg, insbesondere zum Schutz der zivilen Luftfahrt, Anwendung. Zwar räumt sie den Konfliktstaaten ihrem Wortlaut nach einen gewissen Beurteilungsspielraum ein, doch sind bei ihrer Auslegung und Anwendung die vom IGH betonten *elementary considerations of humanity* zu berücksichtigen. Wie der JStGH im Fall *Kupreškić* ausführt, sind Anwendungsbereich und Zweck einer nicht hinreichend bestimmten Norm des humanitären Völkerrechts unter Rückgriff auf die völkergewohnheitsrechtlich anerkannte *Martens'schen Klausel* und somit unter Rückgriff auf die Grundsätze der Menschlichkeit sowie den Forderungen des öffentlichen Gewissens festzulegen.[44] Mit Blick auf diese Grundsätze ist der in Art. 58 ZP I vorgesehene Beurteilungsspielraum der Konfliktstaaten zum Schutz der Zivilbevölkerung vor den Auswirkungen bewaffneter Konflikte möglichst eng auszulegen.

Dies gilt umso mehr, als es im vorliegenden Fall um den Schutz ziviler Passagierluftfahrzeuge geht. Diese unterstehen nicht nur dem allgemeinen Schutz des Unterscheidungsgebots, sondern haben aufgrund ihrer Bedeutung für die internationale Luftfahrt sowie der hohen Anzahl an Zivilpersonen an Bord Anspruch auf „particular care in terms of precautions".[45] Konfliktstaaten haben daher alle praktisch möglichen Maßnahmen zu ergreifen, um Situationen vorzubeugen, die zu einem versehentlichen Abschuss eines zivilen Passagierluftfahrzeugs führen könnten.[46] Entsprechend ist ein Staat, auf dessen Boden sich ein bewaffneter Konflikt abspielt, der die Sicherheit der zivilen Luftfahrzeuge sowie der an Bord befindlichen Zivilpersonen gefährdet, dazu verpflichtet, den Luftraum für die zivile Luftfahrt ganz oder teilweise zu sperren. Diese Maßnahme, die eine effektive Trennung von zivilen Personen bzw. Objekten von den Konflikthandlungen gewährleistet, entspricht der *ratio* von Art. 58 lit. a) und b) ZP I und lässt sich auf Art. 58 lit. c) ZP I stützen. Die Pflicht zur Ergreifung positiver Maßnahmen zur

---

[43] JStGH, *Prosecutor v. Kupreškić et al.*, Judgement, 14.1.2000, IT-95-16-T, para. 524.
[44] JStGH, *Prosecutor v. Kupreškić et al.*, Judgement, 14.1.2000, IT-95-16-T, para. 525.
[45] HPCR Manual on Air and Missile Warfare, S. 17, Rn. 3; Rule 58.
[46] HPCR Manual on Air and Missile Warfare, S. 184.

Sicherstellung des Unterscheidungsgebots kann sich somit zu einer Pflicht zur Sperrung des Luftraums über Konfliktzonen verdichten.[47]

B. Sperrpflicht zum Schutz des Menschenrechts auf Leben

Der Abschuss eines zivilen Luftfahrzeugs führt in der Regel zum Verlust zahlreicher Menschenleben. Die Pflicht des Staates, seinen Luftraum über Konfliktzonen zu sperren, könnte sich daher auch aus einer etwaigen Schutzpflicht in Bezug auf das Menschrecht auf Leben ergeben.

I. Verhältnis zum humanitären Völkerrecht

Zur Herleitung einer menschenrechtlichen Pflicht, den Luftraum über Konfliktzonen zu sperren, müssten Menschenrechte im Kontext bewaffneter Konflikte anwendbar sein. Wurde dies entsprechend der strikten Trennung von Kriegs- und Friedenszustand im klassischen Völkerrecht[48] zunächst abgelehnt,[49] gilt diese Auffassung im heutigen Zeitalter der Humanisierung des Völkerrechts als überholt.[50] Zwar ist richtig, dass Menschenrechte sich vorwiegend unter Friedensbedingungen entfalten und das Verhältnis zwischen dem Staat und den seiner Hoheitsmacht unterstehenden Bürgern regeln, wohingegen das humanitäre Völkerrecht für den Ausnahmezustand eines bewaffneten Konflikts geschaffen wurde und das Verhältnis zwischen dem Staat und seinen Gegner betrifft, doch verfolgen beide Rechtsgebiete dieselbe Zielsetzung: den Schutz des Individuums als solchem.[51] Dazu vermitteln die Menschenrechte den Bürgern und Bürgerinnen Abwehrrechte gegenüber dem Staat und verpflichten diesen zu ihrer

---

[47] Ähnlich *Zhang*, CJICL, 2016, 450 (459), die betont: „[T]he humanitarian obligation requires the application of certain control and restriction to the use of airspace. It seeks to protect civilians from the expansion of armed conflicts where airspace is used in a negligent manner." Zur Frage, unter welchen Voraussetzungen eine Sperrpflicht ausgelöst wird, siehe unten, Teil 5, S. 225 ff.

[48] *Hobe*, Völkerrecht, S. 21.

[49] *Draper*, Acta Juridica, 1979, 193 (204 f.); *Kimminich*, Schutz der Menschen in bewaffneten Konflikten, S. 26 ff.; kritisch zur „confusion" der beiden Rechtsgebiete, auch *Mushkat*, GYIL, 1978, 150 (156 ff.). Siehe aus neuerer Zeit *Bowring*, JCSL, 2009, 485 (486, 489 ff.), der sich gegen eine Komplementarität von humanitärem Völkerrecht und Menschenrechten ausspricht. Zu den Hintergründen der Separationsthese siehe *Kolb*, CYIL, 1999, 57 (60 ff.).

[50] *Heintze*, in: Kolb/Gaggioli, Human Rights and Humanitarian Law, S. 56; *Schindler*, Am. U. L. Rev., 1982, 935 (941 f.).

[51] *Dröge*, ILR, 2007, 310 (312 ff.); *O'Connell*, in: Fleck, Humanitarian Law, 4. Aufl., S. 22; zu den Gemeinsamkeiten siehe auch *Greenwood*, Case W. Res. J. Int'l L., 2010, 419 (498 f.).

Achtung und Wahrung.⁵² Die Bestimmungen des humanitären Völkerrechts begrenzen ihrerseits die Mittel und Methoden der Kriegsführung auf das militärisch notwendige Maß und dienen so insbesondere dem Schutz der nicht oder nicht mehr an den Kampfhandlungen beteiligten Personen.⁵³ Gerade das hier in Frage stehende Recht auf Leben von Zivilpersonen wird somit nach beiden Rechtsgebieten weitestgehend geschützt, wenngleich der Schutz rechtlich unterschiedlich ausgestaltet ist. Bei näherer Betrachtung erweisen sich die Unterschiede eher als graduell denn als substantiell und führen – insbesondere mit Blick auf staatliche Schutzpflichten – nicht zu einer Inkompatibilität der Rechtsgebiete.⁵⁴ Entsprechend wurde die Anwendbarkeit von Menschenrechten in bewaffneten Konflikten in der Teheraner Konferenz von 1968 explizit anerkannt⁵⁵ und in mehreren Konventionen aufgegriffen.⁵⁶ Auch in der Staatspraxis,⁵⁷ der Praxis internationaler Organisationen⁵⁸ sowie der internationalen Rechtsprechung⁵⁹ setzte sich diese Auffassung durch. So hielt der IGH 1996 in seinem Gutachten zur Legalität der Androhung oder Anwendung von Atomwaffen fest: „[T]he protection of the International Covenant of Civil and Political Rights

---

⁵² *Fremuth*, Menschenrechte, S. 15.
⁵³ *Hobe*, Völkerrecht, S. 463.
⁵⁴ *Gaggioli/Kolb*, IYHR, 2007, 115 (134 ff.).
⁵⁵ Final Act of the International Conference on Human Rights, Teheran 22 April to 13 May 1968, Resolution XXIII, Human rights in armed conflicts, A/Conf.32/41.
⁵⁶ Siehe etwa Art. 15 Abs. 1 EMRK, der Abweichungen von den Verpflichtungen der Konvention im Kriegsfall nur ermöglicht, soweit es die Lage unbedingt erfordert und es sich nicht um ein derogationsfestes Recht i. S. v. Art. 15 Abs. 2 EMRK handelt. Im Übrigen bleiben die menschrechtlichen Pflichten somit anwendbar. Siehe auch den gemeinsamen Art. 3 GA I–IV, der den Schutz bestimmter menschenrechtliche Garantien sicherstellt. Zudem sehen die Zusatzprotokolle zu den Genfer Abkommen, etwa in Art. 1 Abs. 4, Art. 72 und Art. 75 Abs. 4 ZP I oder in der Präambel des ZP II, explizite Verknüpfungen zu den Menschenrechten vor. Siehe ferner Art. 38 der Convention on the Rights of the Child, 20.11.1989, UNTS Bd. 1577, Nr. 27531, S. 3 und kritisch dazu *Heintze*, in: Kolb/Gaggioli, Human Rights and Humanitarian Law, S. 61 f.
⁵⁷ Einzig die USA und Israel zeigten sich zurückhaltend in der Anwendung von Menschenrechten im bewaffneten Konflikt, siehe dazu: *Doswald-Beck*, Human Rights in Times of Conflict, S. 8, die aber auf die diesbezügliche Inkonsequenz der beiden Staaten hinweist und zu dem Schluss kommt, dass diese nicht als *persistent objectors* gesehen werden können. Kritisch zur Möglichkeit der Widersetzung: *Dröge*, ILR, 2007, 310 (323 f.).
⁵⁸ Siehe etwa UNSC Res. 1265 (1999) vom 17.9.1999, S/RES/1265 (1999), Ziff. 4; Res. 1297 (2000) vom 12.5.2000, S/RES/1297 (2000), Ziff. 8; Res. 1565 (2004) vom 1.10.2004, S/RES/1565 (2004), Ziff. 19 sowie insbesondere UNGA Res. 2444 (XXIII), Respect for human rights in armed conflicts, 19.12.1968, GAOR, 23rd Sess., Suppl. No. 18, S. 50; Res. 2675 (XXV), Basic principles for the protection of civilian populations in armed conflicts, 9.12.1970, GAOR, 25th Sess., Suppl. No. 28, S. 76. Eine Aufzählung zahlreicher weiterer Resolutionen findet sich bei: *Kolb*, CYIL, 1999, 57 (84 f.).
⁵⁹ Für einen Überblick zur Rechtsprechung siehe *Dröge*, ILR, 2007, 310 (320 ff.).

does not cease in times of war [...]."⁶⁰ Im Gutachten zu den rechtlichen Konsequenzen des Baus einer Mauer in den besetzten palästinensischen Gebieten präzisierte er diese Rechtsprechung und erstreckte sie auf alle menschenrechtlichen Konventionen.⁶¹ Somit sind das humanitäre Völkerrecht und die Menschenrechte grundsätzlich als „complementary and mutually reinforcing"⁶² anzusehen, wobei ihr Verhältnis im Kollisionsfall weiterhin unklar bleibt. Trotz der Bezeichnung des humanitären Völkerrechts als *lex specialis*, geht auch der IGH nicht davon aus, dass dieses die Menschenrechte in einem solchen Fall grundsätzlich verdrängt.⁶³ Erforderlich ist vielmehr eine Auslegung im Einzelfall.⁶⁴

II. Herleitung aus dem Menschenrecht auf Leben

Zwar sind insbesondere die Menschenrechte der sog. ersten Generation, also die bürgerlichen und politischen Rechte, als Abwehrrechte des Indiviuums gegen den Staat konzipiert,⁶⁵ doch ist mittlerweile – wie in Teil 2 herausgearbeitet wurde – anerkannt, dass Staaten auch dazu verpflichtet sind, sich durch die Ergreifung positiver Maßnahmen schützend vor die Menschenrechte zu stellen. Die Staaten trifft nicht nur eine *duty to respect*, sondern gleichsam eine *duty to protect*.⁶⁶ Entsprechend haben die Menschenrechtsgremien auf universeller wie auch auf regionaler Ebene weitreichende positive Verpflichtungen aus den einschlägigen Menschenrechtskonventionen abgeleitet.⁶⁷ Dies gilt vor allem in Be-

---

⁶⁰ IGH, *Legality of the Threat or Use of Nuclear Weapons*, Advisory Opinion, I.C.J. Rep. 1996, p. 226, para. 25.

⁶¹ IGH, *Legal Consequences of the Construction of a Wall in the Occupied Palestinian Territory*, Advisory Opinion, 9.7.2004, I.C.J. Rep. 2004, p. 136, para. 106; *Armed Activities on the Territory of the Congo (Democratic Republic of the Congo v. Uganda)*, Judgment, 19.12.2005, I.C.J. Rep. 2005, p. 168, para. 216.

⁶² UNGA, Report of the Office of the High Commissioner on the outcome of the expert consultation on the issue of protecting the human rights of civilians in armed conflict, A/HRC/14/40, 2.6.2010, Rn. 7.

⁶³ *Gaggioli/Kolb*, IYHR, 2007, 115 (120 f.); *Lindroos*, NJIL, 2005, 27 (42 ff.); *Schabas*, ILR, 2007, 592 (597).

⁶⁴ *Gaggioli/Kolb*, IYHR, 2007, 115 (122, 124). Zu den unterschiedlichen Ansätzen des IAGMR und des EGMR siehe *Gowlland-Debbas/Gaggioli*, in: Kolb/Gaggioli, Human Rights and Humanitarian Law, S. 88 ff.

⁶⁵ *Fremuth*, Menschenrechte, S. 42, 45; *Krähenmann*, in: Kolb/Gaggioli, Human Rights and Humanitarian Law, S. 170.

⁶⁶ Siehe oben, Teil 2 C. II. 6., S. 99 f.; siehe auch *Fremuth*, Menschenrechte, S. 18, der von einer Pflichtentrias der Menschenrechtsadressaten spricht (*duty to respect, to protect and to fulfill*).

⁶⁷ *Krähenmann*, in: Kolb/Gaggioli, Human Rights and Humanitarian Law, S. 170.

zug auf das mitunter als „supreme right"⁶⁸ oder „foundation and cornerstore of all the other rights"⁶⁹ betitelte Recht auf Leben, welches in allen Menschenrechtskonventionen einem besonderen Schutz unterstellt wird.⁷⁰ Anhand seiner wichtigsten Verbürgungen wird nachfolgend aufgezeigt, dass aus der Schutzpflichtendimension des Menschenrechts auf Leben die konkrete Pflicht zur Sperrung des Luftraums über Konfliktzonen folgen kann.

1. Art. 6 Abs. 1 IPbpR

Auf universeller Ebene wird das Recht auf Leben über Art. 6 Abs. 1 IPbpR geschützt. Dieser unterstellt das angeborene Menschenrecht auf Leben dem gesetzlichen Schutz und statuiert, dass niemand willkürlich seines Lebens beraubt werden darf. Trotz des begrenzten Wortlauts richtet sich die Pflicht zum Schutz des Lebens nicht nur an den Gesetzgeber, sondern – wie auch Art. 2 Abs. 2 IPbpR erkennen lässt – an alle staatlichen Organe.⁷¹ Entsprechend leitete der VN-Menschenrechtsausschuss aus Art. 6 Abs. 1 IPbpR weit über den Wortlaut hinausreichende staatliche Handlungspflichten ab. So hielt er schon im Jahre 1982 in der Allgemeinen Bemerkung Nr. 6 fest, dass aus dem Recht auf Leben die *supreme duty* der Staaten folge, Maßnahmen zur Verhinderung von Kriegen, Genoziden und sonstiger Massengewalt die zu willkürlichen Tötungen führt, zu ergreifen.⁷² In der 2018 ergangenen Allgemeinen Bemerkung zu Art. 6 IPbpR, welche die von 1982 ersetzt, wird die Schutzpflichtendimension der Norm wesentlich erweitert. Art. 6 Abs. 1 IPbpR bilde danach die Grundlage für die Verpflichtung der Vertragsstaaten, das Recht auf Leben zu achten und zu gewährleisten, ihm durch legislative und andere Maßnahmen Geltung zu verschaffen und allen Opfern von Verletzungen des Rechts auf Leben wirksame Rechtsbehelfe und Entschädigungen zu gewähren.⁷³ Insbesondere seien die Staaten im Rahmen der angemessenen Sorgfalt auch dazu verpflichtet, positive Maßnahmen zum Schutz vor vor-

---

⁶⁸ Siehe etwa HRCee, General Comment No. 36, on article 6 of the International Covenant on Civil and Political Rights, on the right to life, CCPR/C/GC/36, 3.9.2019, (nachfolgend: GenC No. 36, Right to life), Ziff. 2.

⁶⁹ Annual Report of the Inter-American Commission on Human Rights, 1986–1987, OEA/Ser.L./V/II.71, Doc. 9 rev. 1, 22.9.1987, Chapter V; ähnlich EGMR, *McCann and Others v. The United Kingdom*, Judgment, 27.9.1995, Series A324, para. 147.

⁷⁰ Zum Rechtsstatus des Rechts auf Leben, siehe *Rodley*, in: Moeckli/Shah/Sivakumaran, Internat. Human Rights Law, S. 176.

⁷¹ *Klein*, in: ders., The Duty to Protect and to Ensure Human Rights, S. 306; *Ramcharan*, NILR, 1983, 297 (314).

⁷² HRCee, CCPR General Comment No. 6, Article 6 (Right to Life), 30.4.1982, Ziff. 2, abgedruckt in: Compilation of General Comments and General Recommendations Adopted by Human Rights Treaty Bodies, HRI/GEN/1/Rev. 1, 2.7.1994, S. 6.

⁷³ GenC No. 36, Right to life, Ziff. 4.

hersehbaren Bedrohungen des Lebens durch Dritte zu ergreifen, deren Verhalten ihnen nicht zurechenbar ist.[74] Dies gelte auch in Bezug auf Bedrohungen seitens Milizen und bewaffneter oder terroristischer Gruppen.[75] Die Pflicht zur Ergreifung von Präventivmaßnahmen ergebe sich dabei aus der allgemeinen Gewährleistungspflicht des Art. 2 Abs. 1 IPbpR in Verbindung mit Art. 6, insbesondere mit der konkreten Pflicht zu legislativem Schutz nach Art. 6 Abs. 1 S. 2 IPbpR.[76]

Verletzungen dieser Schutzpflichten stellte der VN-Menschenrechtsausschuss schon mehrfach im Rahmen der nach Art. 1 des Ersten Fakultativprotokolls zum IPbpR[77] möglichen sog. Mitteilungen von Einzelpersonen (*Communications*)[78] fest, in denen Letztere nach Erschöpfung des innerstaatlichen Rechtsweges die Verletzung eines im Pakt niedergelegten Rechts durch einen Vertragsstaat rügen können.[79] Hervorzuheben ist etwa der Fall *Delgado Paéz*, in dem das Unterlassen Kolumbiens, einen Lehrer gegen private Morddrohungen zu schützen, als Verletzung des Rechts auf Freiheit und Sicherheit aus Art. 9 IPbpR gewertet wurde. Dieser sei nicht auf Haftsituationen begrenzt, sondern verpflichte die Vertragsstaaten zur Ergreifung konkreter Maßnahmen zum Schutz des Lebens der ihrer Hoheitsgewalt unterstehenden Personen, unabhängig davon, ob sich diese in Gewahrsam befinden oder nicht. Hierzu führt der Ausschuss aus:

„It cannot be the case that, as a matter of law, States can ignore known threats to the life of persons under their jurisdiction [...]. States parties are under an obligation to take reasonable and appropriate measures to protect them".[80]

Im Übrigen wurde im Zusammenhang mit dem Recht auf Leben aus Art. 6 Abs. 1 IPbpR auf die Schutzpflichtenkonstellation zurückgegriffen, um Beweisprobleme hinsichtlich der Zurechenbarkeit der Handlungen an den Staat zu über-

---

[74] GenC No. 36, Right to life, Ziff. 7, 21.

[75] GenC No. 36, Right to life, Ziff. 21.

[76] GenC No. 36, Right to life, Ziff. 21; zum Zusammenspiel mit Art. 2 siehe auch *Nowak*, CCPR Commentary, Art. 6, Rn. 6.

[77] Fakultativprotokoll vom 19. Dezember 1966 zum Internationalen Pakt über bürgerliche und politische Rechte, BGBl. 1992 II, S. 1246 ff.

[78] Eingehend zur Möglichkeit der Individualbeschwerde nach dem IPbpR siehe *Pappa*, Das Individualbeschwerdeverfahren des Fakultativprotokolls zum IPbpR; zur Bedeutung der Communications im nationalen Recht siehe *van Alebeek/Nollkaemper*, in: Keller/Ulfstein, UN Human Rights Treaty Bodies, S. 356 ff.

[79] Siehe z. B. zu Schutzpflichtverletzungen nach Art. 7: HRCee, *Edgardo Dante Santullo Valcada v. Uruguay*, Comm. No. 9/1977, 26.10.1979, CCPR/C/8/D/9/1977, para. 12; *Rodriguez v. Uruguay*, Comm. No. 322/1988, 9.8.1994, CCPR/C/51/D/322/1988, para. 12.3. Zum grundsätzlichen Bestehen von Schutzpflichten nach Art. 17: HRCee, *S.S. v. Norway*, Comm. No. 79/1980, 2.4.1982, CCPR/C/15/D/79/1980, para. 4.2.

[80] HRCee, *Delgado Paéz v. Colombia*, Comm. No. 195/1985, 12.7.1990, CCPR/C/39/D/195/1985, para. 5.5 f.

brücken.⁸¹ So befand der Ausschuss im Fall *Barbato v. Uruguay*, in dem unklar war, ob der Betroffene einen Suizid begangen hatte, oder durch staatliche Folter zu Tode kam, dass „in all the circumstances the Uruguayan authorities either by act or by omission were responsible for not taking adequate measures to protect his life [...]".⁸²

Im Fall *Rickly Burrell v. Jamaica*, betreffend einen Häftling, der im Zuge einer Geiselnahme durch Sicherheitskräfte erschossen wurde, nahm der Ausschuss eine Verletzung des Art. 6 Abs. 1 IPbpR an, weil der Staat es versäumt habe, effektive Maßnahmen zum Schutz des Lebens des Häftlings zu ergreifen.⁸³ In *Chongwe v. Zambia* hielt er allgemein fest, dass aus Art. 6 Abs. 1 IPbpR die Pflicht der Vertragsstaaten folge, das Leben aller Personen zu schützen, die sich auf ihrem Hoheitsgebiet befinden.⁸⁴ Dabei wird die Schutzpflicht in einem weiten Sinne als Abwehr von Gefahren verstanden; unabhängig davon, ob die Pflichtverletzung dem Staat zurechenbar war oder nicht.

Aus den vorstehenden Ausführungen wird erkenntlich, dass auch der VN-Menschenrechtsausschuss die Pflicht eines jeden Staates zum Schutz des Lebens der Personen auf seinem Hoheitsgebiet als Korrelat der Territorialhoheit ansieht. Zwar handelt es sich bei der Schutzpflicht um eine *Due-Diligence-Pflicht*,⁸⁵ doch kann der Schutz des Lebens nach Art. 6 Abs. 1 IPbpR im Einzelfall das Ergreifen einer konkreten Maßnahme erfordern. Herrscht auf dem Boden ein bewaffneter Konflikt, der die Sicherheit der zivilen Luftfahrt sowie der Reisenden im staatlichen Luftraum erkennbar bedroht, so kann der Staat zum Schutz des Lebens der betroffenen Menschen somit grundsätzlich aus Art. 6 Abs. 1 IPbpR zur Sperrung des Luftraums verpflichtet sein.⁸⁶

2. Art. 2 Abs. 1 S. 1 EMRK

Für den Schutz der Menschenrechte auf regionaler Ebene ist insbesondere die EMRK maßgeblich. Wie in Teil 2 erörtert, ist die Schutzpflichtendimension der

---

⁸¹ Dazu: *Stahl*, Schutzpflichten im Völkerrecht, S. 236, 386 f.
⁸² HRCee, *Guillermo Ignacio Dermit Barbato et al. v. Uruguay*, Comm. No. 84/1981, 21.10.1982, CCPR/C/OP/2, p. 112, para. 9.2. Ähnlich im Zusammenhang mit dem gewaltsamen Verschwindenlassen von Personen: HRCee, *Joaquín David Herrera Rubio et al. v. Colombia*, Comm. No. 161/1983, 2.11.1987, CCPR/C/OP/2, p. 192, para. 10.3.
⁸³ HRCee, *Rickly Burrell v. Jamaica*, Comm. No. 546/1993, 18.7.1996, CCPR/C/53/D/546/1993, para. 9.5. Ähnlich: HRCee, *Suárez de Guerrero v. Colombia*, Comm. No. R.11/45, 31.3.1982, CCPR/C/15/D/45/1979, para. 13.3.
⁸⁴ HRCee, *Rodger Chongwe v. Zambia*, Comm. No. 821/1998, 25.10.2000, CCPR/C/70/D/821/1998, para. 5.2.
⁸⁵ *De Hoon/Fraser/McGonigle Leyh*, White Paper, S. 41.
⁸⁶ Zur Frage, ab wann die Sperrpflicht greift, siehe unten, Teil 5 B. III., S. 230 ff.

Freiheitsrechte der EMRK mittlerweile anerkannt.[87] Nach ständiger Rechtsprechung des EGMR sei bei der Auslegung der Konvention ihr besonderer Charakter als Vertrag zur kollektiven Durchsetzung der Menschenrechte und Grundfreiheiten zu berücksichtigen.[88] Zudem müsse jede Auslegung im Einklang mit dem allgemeinen Geist der Konvention stehen, die Ideale und Werte einer demokratischen Gesellschaft zu erhalten und zu fördern.[89] Mit Blick darauf, dass Ziel und Zweck der EMRK als Instrument zum Schutz des Einzelnen eine praktische und wirksame Auslegung ihrer Garantien erfordern,[90] leiteten die Rechtsprechungsorgane der EMRK auch aus Art. 2 EMRK schon früh positive Pflichten der Staaten her. So hielt die EKMR bereits im Zusammenhang mit dem Nordirlandkonflikt fest, „Article 2 [...] may [...] indeed give rise to positive obligations on the part of the State"[91] und ebnete somit den Weg für die Anerkennung umfassender Handlungspflichten zum Schutz des Rechts auf Leben.

a) Die Grundsätze zur Schutzpflicht aus Art. 2 EMRK

Obgleich das Recht auf Leben eines jeden Menschen dem Wortlaut der Norm nach lediglich gesetzlich zu schützen ist, zeigt ein Blick auf die Rechtsprechung, dass diese weit über den Wortlaut hinausgehende Schutzpflichten aus Art. 2 Abs. 1 S. 1 EMRK herleitet.[92] Wegweisend ist in diesem Zusammenhang die 1995 im Fall *McCann* ergangene Entscheidung des EGMR, betreffend drei Mitglieder der *Irish Republican Army* (IRA), die von britischen Soldaten aufgrund des falschen Verdachts, einen Anschlag verüben zu wollen, erschossen wurden. Zwar durften die Soldaten nach den ihnen gegebenen Informationen von der Erforderlichkeit der Schüsse ausgehen, so dass ihre Handlungen keine Verlet-

---

[87] Siehe oben, Teil 2 C. II. 5. b) aa), S. 91 ff.; siehe auch *Krieger,* ZaöRV, 2014, 187 (189); eingehend dazu: *Jaeckel,* Schutzpflichten im dt. und europ. Recht, S. 103 ff.; *Stahl,* Schutzpflichten im Völkerrecht, S. 205 ff.; *Streuer,* Positive Verpflichtungen, S. 191 ff.

[88] EGMR, *Ireland v. The United Kingdom,* Judgment, 18.1.1978, Series A25, para. 239; *Soering v. The United Kingdom,* Judgment, 7.7.1989, Series A161, para. 87; *Nada v. Switzerland,* Judgment, 12.9.2012, Reports of Judgments and Decisions 2012, para. 196; *Güzelyurtlu and Others v. Cyprus and Turkey,* Judgment, 29.1.2019, No. 36925/07, para. 232.

[89] EGMR, *Kjeldsen, Busk Madsen and Pedersen v. Denmark,* Judgment, 7.12.1976, Series A23, para. 53; *Soering v. The United Kingdom,* Judgment, 7.7.1989, Series A161, para. 87.

[90] EGMR, *Artico v. Italy,* Judgment, 13.5.1980, Series A37, para. 33; *Soering v. The United Kingdom,* Judgment, 7.7.1989, Series A161, para. 87; *Loizidou v. Turkey,* Judgment, 23.3.1995, Series A310, para. 72.

[91] EKMR, *W v. The United Kingdom,* Decision, 28.2.1983, D.R. 32, p. 190, para. 12. Siehe dazu *Koranyi,* Europ. Standards für die Öffnung des Strafvollzugs, S. 71 f.

[92] Siehe dazu, dass die Schutzpflicht aus Art. 2 EMRK nicht nur den Gesetzgeber, sondern alle staatlichen Organe bindet: *Bleckmann,* in: FS-Bernhardt, S. 313; *Grabenwarter/Pabel,* EMRK, § 19, Rn. 4.

zung von Art. 2 EMRK begründeten,[93] doch habe der Staat gegen seine präventive Pflicht verstoßen, derartigen Fehlern durch organisatorische Maßnahmen vorzubeugen.[94] Den Schutzstatus erweiternd, statuierte der EGMR sodann im Jahre 1998 im Fall *L.C.B. v. The United Kingdom*, dass Art. 2 Abs. 1 EMRK den Staat nicht nur dazu verpflichte, von der absichtlichen und rechtswidrigen Tötung Abstand zu nehmen, sondern auch „to take appropriate steps to safeguard the lives of those within its jurisdiction."[95] Zu prüfen sei danach, ob der Staat alles getan habe, was in Anbetracht der Umstände zur Verhinderung der Gefahr vernünftigerweise von ihm hätte erwartet werden können. Ging es hier um die Reichweite der Verantwortlichkeit des Staates für die gesundheitsschädlichen Folgen von Nukleartests und somit um die Pflicht zum Schutz vor staatlichen Eingriffen, erstreckte der EGMR die Schutzpflicht kurze Zeit später auch auf den Schutz vor Handlungen Privater. Unter expliziter Bestätigung des in *L.C.B.* aufgestellten Grundsatzes präzisierte es dazu im Fall *Osman*, betreffend die der Polizei bekannten Belästigung eines Schülers durch seinen Lehrer:

„Article 2 of the Convention may also imply in certain well-defined circumstances *a positive obligation on the authorities to take preventive operational measures to protect an individual whose life is at risk from the criminal acts of another individual.*"[96]

Mit Blick auf die Unvorhersehbarkeit menschlichen Verhaltens sowie die Begrenztheit staatlicher Ressourcen sei eine solche positive Verpflichtung allerdings so auszulegen, dass sie für die Behörden keine unmögliche oder unverhältnismäßige Belastung darstelle. Nicht jedes behauptete Lebensrisiko könne eine Pflicht zur Ergreifung operativer Maßnahmen nach sich ziehen. Vielmehr erfordere eine Verletzung der Schutzpflicht, dass die Behörden vom Bestehen einer *real and immediate risk* für das Leben bestimmter Personen wussten oder hätten wissen müssen und es gleichwohl unterließen, die in ihrer Macht stehenden Maßnahmen zu ergreifen, die bei vernünftiger Betrachtung erwartet werden konnten, um der Gefahr zu begegnen.[97] Die Notwendigkeit eines *wirklichen* und *unmittelbaren* Risikos für das Leben *bestimmter* Personen verdeutlicht den restriktiven Ansatz des EGMR. Den Staat trifft danach keine generelle präventive

---

[93] EGMR, *McCann and Others v. The United Kingdom*, Judgment, 27.9.1995, Series A324, para. 200.
[94] EGMR, *McCann and Others v. The United Kingdom*, Judgment, 27.9.1995, Series A324, para. 213. Siehe auch EGMR, *Güleç v. Turkey*, Judgment, 27.7.1998, Reports 1998-IV, para 71; *Ergi v. Turkey*, Judgment, 28.7.1998, Reports 1998-IV, para. 79.
[95] EGMR, *L.C.B. v. The United Kingdom*, Judgment, 9.6.1998, Reports 1998-III, para. 36.
[96] EGMR, *Osman v. The United Kingdom*, Judgment, 28.10.1998, Reports 1998-VIII, para. 115 (Hervorhebung durch Verf.).
[97] EGMR, *Osman v. The United Kingdom*, Judgment, 28.10.1998, Reports 1998-VIII, para. 116. Zum Begriff der *real risk* siehe *Streuer*, Positive Verpflichtungen, S. 236 ff.

Schutzpflicht. Seine Handlungspflicht erwächst vielmehr erst bei Vorliegen eines konkreten Risikos für das Leben.[98] Dazu muss die Lebensgefahr gewiss und unmittelbar sein, d. h. mit dem Schadenseintritt muss in nächster Zeit mit an Sicherheit grenzender Wahrscheinlichkeit zu rechnen sein.[99] Diese Grundsätze zur Pflicht zum Schutz des Lebens nach Art. 2 EMRK wurden in den verschiedensten Kontexten rezipiert, so dass insoweit von einer gefestigten Rechtsprechung des EGMR gesprochen werden kann.[100]

b) Die Pflicht zum Schutz des Lebens im bewaffneten Konflikt

Auch im Rahmen bewaffneter Konflikte erkennt der EGMR die aus Art. 2 EMRK folgende Pflicht zum Schutz des Lebens an. So hielt das Gericht im Zusammenhang mit internationalen bewaffneten Konflikten im Fall *Varnava* fest, dass Art. 2 EMRK so weit wie möglich im Lichte der allgemeinen Grundsätze des Völkerrechts, einschließlich der Regeln des humanitären Völkerrechts, auszulegen sei. Daraus folge, dass „in a zone of international conflict Contracting States are under obligation to protect the lives of those not, or no longer, engaged in hostilities."[101] Eine Pflicht zum Schutz der Personen, die nicht oder nicht mehr an Feindseligkeiten teilnehmen, also der Zivilpersonen im Sinne des humanitären Völkerrechts, besteht somit auch in Konfliktzonen.[102] Davon umfasst ist die Verpflichtung, den Schutz durch die Ergreifung präventiver Maßnahmen effektiv sicherzustellen.[103]

Ungeachtet des Verhältnisses der Menschenrechte zum humanitären Völkerrecht,[104] leitet der EGMR auch im Rahmen interner bewaffneter Konflikte

---

[98] *Dröge*, Positive Verpflichtungen in der EMRK, S. 298 f.

[99] Zum Begriff der unmittelbaren Gefahr im deutschen Recht siehe BVerwGE 131, 216 (218).

[100] Siehe aus jüngerer Zeit etwa EGMR, *Kotilainen and Others v. Finland*, Judgment, 17.9.2020, No. 62439/12, para. 69; *Fernandes de Oliveira v. Portugal*, Judgment, 31.1.2019, No. 78103/14, para. 108 f., 111; *Olewnik-Cieplińska and Olewnik v. Poland*, Judgment, 5.9.2019, No. 20147/15, para. 117 ff.; *Tërshana v. Albania*, Judgment, 4.8.2020, No. 48756/14, para. 147 f. sowie die zahlreichen Rechtsprechungshinweise im ECHR Guide on Article 2 of the European Convention on Human Rights, Right to life, 31.12.2020, S. 9 ff., abrufbar unter: https://www.echr.coe.int/Documents/Guide_Art_2_ENG.pdf [zuletzt aufgerufen am 26.1.2023].

[101] EGMR, *Varnava and Others v. Turkey*, Judgment, 18.9.2009, No. 16064/90 and others, para. 185.

[102] *Meyer-Ladewig/Huber*, in: Meyer-Ladewig/Nettesheim/von Raumer, EMRK, Art. 2, Rn. 13.

[103] *Hobe*, in: FS-Dicke, S. 411.

[104] Siehe hierzu oben, Teil 4 B. I., S. 202 ff.; zum sog. „Ivory Tower Approach" des EGMR siehe *Gowlland-Debbas/Gaggioli*, in: Kolb/Gaggioli, Human Rights and Humanitarian Law, S. 89 ff.

Schutzpflichten unmittelbar aus Art. 2 EMRK ab. Diese beschränken sich nicht auf den Schutz konkreter Individuen,[105] sondern erstrecken sich auf die Gesellschaft als solche.[106] Insoweit ist eine gewisse Aufweichung des im Fall *Osman* aufgestellten Kriteriums der Bestimmtheit zu konstatieren. So wurde im Fall *Ergi* eine Verletzung der positiven Pflicht zum Schutz des Lebens in Bezug auf eine zuvor nicht identifizierte Zivilistin festgestellt, die im Rahmen des internen Konflikts zwischen der Türkei und der PKK[107] zufällig erschossen wurde. Zwar könne nicht geklärt werden, ob der Schuss von türkischen Sicherheitskräften oder Mitgliedern der PKK abgesetzt wurde, doch greife die Verantwortlichkeit nach Art. 2 EMRK, auch wenn der Staat es versäumt habe, „to take all feasible precautions in the choice of means and methods of a security operation mounted against an opposing group with a view to avoiding and, in any event, to minimising, incidental loss of civilian life."[108] Unter Rückgriff auf humanitärvölkerrechtliche Begrifflichkeiten[109] hält das Gericht somit fest, dass aus Art. 2 EMRK die Pflicht folge, bei staatlichen Operationen ausreichende Vorkehrungen zum Schutz des Lebens der Zivilbevölkerung zu treffen. Letztere dürfe nicht – wie im konkreten Fall geschehen – dem Risiko ausgesetzt werden, ins Kreuzfeuer zwischen den Parteien zu geraten. Interessanterweise führt das Gericht sodann aus, dass selbst wenn man unterstelle, die staatlichen Sicherheitskräfte nähmen gebührende Rücksicht auf die Zivilbevölkerung, jedenfalls nicht davon ausgegangen werden könne, dass die Terroristen dies auch täten. Daraus folgt, dass der Staat bei der Planung einer Operation zum Schutz der Zivilbevölkerung auch das mögliche Verhalten seines Gegners zu berücksichtigen hat.[110] Seine Schutz-

---

[105] EGMR, *Kılıç v. Turkey*, Judgment, 28.3.2000, Reports of Judgments and Decisions 2000-III; para. 76 f.; *Mahmut Kaya v. Turkey*, Judgment, 28.3.2000, Reports of Judgments and Decisions 2000-III, para. 98 ff.

[106] Siehe EGMR, *Kotilainen and Others v. Finland*, Judgment, 17.9.2020, No. 62439/12, para. 71 ff.; zum Schutz vor Rechtsverletzungen durch beurlaubte oder im halboffenen Vollzug befindliche Gefangene: EGMR, *Mastromatteo v. Italy*, Judgment, 24.10.2002, Reports of Judgments and Decisions 2002-VIII, para. 69; *Maiorano and Others v. Italy*, Judgment, 15.12.2009, No. 28634/06, para. 107; *Choreftakis and Choreftaki v. Greece*, Judgment, 17.1.2012, No. 46846/08, para. 48 f.

[107] Die Abkürzung PKK steht für Partiya Karkerên Kurdistanê und bezeichnet die Arbeiterpartei Kurdistans.

[108] EGMR, *Ergi v. Turkey*, Judgment, 28.7.1998, Reports 1998-IV, para. 79; so auch EGMR, *Ahmet Özkan and Others v. Turkey*, Judgment, 6.4.2004, No. 21689/93, para. 297. Siehe im Zusammenhang mit dem Tschetschenienkonflikt: EGMR, *Isayeva, Yusupova and Bazayeva v. Russia*, Judgment, 24.2.2005, No. 57947/00, 57948/00, 57949/00, para. 171, 199 f.; *Isayeva v. Russia*, Judgment, 24.2.2005, No. 57950/00, para. 175, para. 179 ff. sowie zu diesen Urteilen *Irmscher*, EuGRZ, 2006, 11 (11 ff.).

[109] Siehe dazu *Heintze*, ZRP, 2000, 506 (510); kritisch auch *Dröge*, ILR, 2007, 310 (346 f.).

[110] So auch *Dröge*, Positive Verpflichtungen in der EMRK, S. 48.

pflicht erstreckt sich somit darauf, Rechtsverletzungen seitens des Gegners zu verhindern.

Im Hinblick auf eine etwaige Pflicht zur Verhinderung terroristischer Angriffe betonte das Gericht im Kontext des Tschetschenienkonflikts, es sei „acutely conscious of the difficulties faced by modern States in the fight against terrorism".[111] Gleichwohl stellte es auch hier darauf ab, ob sich der Staat der *real and immediate risk* des Angriffs bewusst war oder sich dessen hätte bewusst sein müssen. Konnte dies im Fall *Finogenov* nicht bejaht werden,[112] entschied der Gerichtshof in der Sache *Tagayeva*, dass den Behörden jedenfalls einige Tage vor dem gegenständlichen Anschlag auf eine Schule hinreichend genaue Informationen zur Verfügung standen und sie daher weitere Maßnahmen hätten ergreifen müssen. Dazu führte er aus:

„A threat of this kind clearly indicated a real and immediate risk to the lives of the potential target population […]. The authorities had a sufficient level of control over the situation and could be expected to undertake any measures within their powers that could reasonably be expected to avoid, or at least mitigate this risk."[113]

Unabhängig davon, ob die Verursachung der Gefahr dem Staat zuzurechnen ist oder nicht, ist der Staat somit dazu verpflichtet, Maßnahmen zum Schutz des Lebens, jedenfalls der Zivilpersonen und der Zivilbevölkerung als solche, zu ergreifen, sofern er von der Gefahr wusste oder hätte wissen müssen. Wann dies der Fall ist und welche Pflichten sich daraus im Einzelfall ergeben, hängt naturgemäß von den jeweiligen Umständen ab.

c) Herleitung der Sperrpflicht

Aus der erörterten Pflicht des Staates, Maßnahmen zum Schutz des Lebens zu ergreifen, kann sich die konkrete Pflicht zur Sperrung des Luftraums über Konfliktzonen ergeben. Handelt es sich um einen internationalen bewaffneten Konflikt, beruht die Sperrpflicht – in Anwendung der *Varnava*-Rechtsprechung – auf der Pflicht des Staates zum Schutz der Fluggäste als nicht an den Feindseligkeiten beteiligten Personen. Auch in diesem Fall richtet sich die Frage, wann der Staat zum Handeln verpflichtet ist, nach den allgemeinen, im Fall *Osman* anläss-

---

[111] EGMR, *Finogenov and Others v. Russia*, Judgment, 20.12.2011, Reports of Judgments and Decisions 2011, para. 212; *Tagayeva and Others v. Russia*, Judgment, 13.4.2017, Reports of Judgments and Decisions 2017, para. 481.

[112] EGMR, *Finogenov and Others v. Russia*, Judgment, 20.12.2011, Reports of Judgments and Decisions 2011, para. 216. Zu beachten ist aber, dass gleichwohl eine Verletzung des Art. 2 EMRK aufgrund der mangelhaften Vorbereitung der Operation festgestellt wurde, siehe para. 266.

[113] EGMR, *Tagayeva and Others v. Russia*, Judgment, 13.4.2017, Reports of Judgments and Decisions 2017, para. 491.

lich eines internen Konflikts aufgestellten, Grundsätzen. Für das Bestehen der Pflicht, den Luftraum über Konfliktzonen für die zivile Luftfahrt zu sperren, ist somit nicht von Belang, ob der Konflikt internationaler oder interner Art ist. Maßgeblich ist in jedem Fall, ob der Staat eine wirkliche und unmittelbare Gefahr für das Leben einer oder mehrerer Personen erkannt hat oder hätte erkennen müssen und ob die Sperrung des Luftraums zum Schutz des Lebens erforderlich gewesen wäre und vernünftigerweise vom Staat hätte erwartet werden können.

Die Anwendung dieser Grundsätze auf den Fall des Fluges MH17 verdeutlicht, dass sie für die Problematik des Überflugs von Konfliktzonen einer Anpassung bedürfen.[114] Nach den Maßstäben der *Osman-Rechtsprechung* würde eine Handlungspflicht der Ukraine voraussetzen, dass diese die unmittelbare Gefahr für das Leben der Insassen des konkreten Luftfahrzeuges der Malaysia Airlines hätte erkennen müssen. Ein derart strenger Maßstab würde in der Praxis aber dazu führen, dass eine Schutzpflichtverletzung kaum jemals angenommen werden könnte.[115] Die Pflicht zur Sperrung des Luftraums über Konfliktzonen ist eine Präventivmaßnahme, die dem Schutz der Zivilbevölkerung im Allgemeinen vor den Auswirkungen bewaffneter Konflikte dient. Da es nicht um den Schutz konkreter Personen geht, hängt die Handlungspflicht des Staates – ähnlich wie im Fall *Ergi* – nicht davon ab, dass die Opfer identifiziert sind. Die Kenntnis bzw. fahrlässige Unkenntnis des Staates muss sich somit nicht auf die Gefährdung eines konkreten Luftfahrzeuges und seiner Insassen beziehen, sondern auf die Tatsache, dass die zivile Luftfahrt in ihrem Luftraum gefährdet ist. Auch ist die Unmittelbarkeit der Gefahr für die Problematik des Überflugs von Konfliktzonen nicht derart zu verstehen, dass der Schadenseintritt in nächster Zeit und mit an Sicherheit grenzender Wahrscheinlichkeit zu erwarten ist. In einer derart zugespitzten Situation könnte es für eine Sperrung des Luftraums bereits zu spät sein. Mit Blick auf das geschützte Rechtsgut, dessen Höchstwert der EGMR in ständiger Rechtsprechung betont,[116] sowie der präventiven Schutzrichtung der positiven Verpflichtungen ist der Staat vielmehr bereits dann zum Handeln verpflichtet, wenn die Realisierung der Bedrohung hinreichend wahrscheinlich ist.[117] Der Staat ist somit aus Art. 2 EMRK zur Sperrung des Luftraums verpflichtet, sofern dies vernünftigerweise erwartet werden kann, um die tatsächliche und hinreichend wahrscheinliche Gefahr für das Leben der Insassen (irgend-)eines den

---

[114] Zur Möglichkeit der „Senkung" des im Fall *Osman* gesetzten Standards siehe *Wicks*, Right to Life, S. 224.

[115] *De Hoon*, UJIEL, 2017, 90 (109).

[116] Siehe dazu bereits EGMR, *McCann and Others v. The United Kingdom*, Judgment, 27.9.1995, Series A324, para. 147.

[117] Ähnlich: *Koranyi*, Europ. Standards für die Öffnung des Strafvollzugs, S. 90; näher dazu siehe unten, Teil 5 B. III. 1. b), S. 232 ff.

Luftraum durchfliegenden Luftfahrzeuges abzuwehren.[118] Wie der EGMR im Fall *Soering* in Bezug auf eine Auslieferung bei drohender Todesstrafe festhielt, ist eine Verletzung der Konventionsrechte bereits dann anzunehmen, wenn eine Staat eine Person dem realen Risiko einer Rechtsverletzung aussetzt.[119] Entsprechend begründet es schon eine Verletzung des Art. 2 EMRK, wenn ein Staat seinen Luftraum für die zivile Luftfahrt nicht sperrt, obwohl er weiß bzw. hätte wissen müssen, dass er damit sämtliche Fluggäste dem realen Risiko aussetzt, Opfer eines Abschusses zu werden.

Unter Berufung auf eine Verletzung des Art. 2 Abs. 1 EMRK legten vier Hinterbliebene von Reisenden des Fluges MH17 am 24. November 2014 eine Individualbeschwerde gegen die Ukraine ein (*Ioppa v. Ukraine*).[120] Darin machen sie geltend, die ukrainischen Behörden hätten von der Gefahr für die zivile Luftfahrt gewusst und es versäumt, das Leben ihrer Angehörigen zu schützen. Indem die Ukraine den Luftraum über der Konfliktzone nicht vollständig sperrte, habe sie den Tod der Angehörigen rechtswidrig verursacht. Die Beschwerde wurde der Ukraine am 5. Juli 2016 kommuniziert, über ihre Zulässigkeit wurde nach wie vor aber noch nicht entschieden.[121] Mit Blick auf die mehr als 4000 anhängigen Individualbeschwerden im Zusammenhang mit dem Ukrainekonflikt, gab der EGMR in einer Pressemitteilung vom 17. Dezember 2018 bekannt, eine Entscheidung zu vertagen, bis die für alle Beschwerden relevante Frage der Jurisdiktion in dem zwischenstaatlichen Rechtsstreit *Ukraine v. Russia*[122] geklärt ist. Es ist somit noch nicht absehbar, wann mit einer Entscheidung in der Sache *Ioppa* zu rechnen ist.

---

[118] Ähnlich: *Hobe*, in: FS-Dicke, S. 411.

[119] EGMR, *Soering v. The United Kingdom*, Judgment, 7.7.1989, Series A161, para. 111; dazu auch HRCee, *Chitat Ng v. Canada*, Comm. No. 469/1991, 5.11.1993, CCPR/C/49/D/469/1991, para. 14.2, 15.6; *Rodley*, in: Moeckli/Shah/Sivakumaran, Internat. Human Rights Law, S. 182.

[120] EGMR, *Ioppa v. Ukraine*, Communicated Case, Nos. 73776/14, 973/15, 4407/15, 4412/15.

[121] Kritisch hierzu: *Rötzer*, MH17: Der EGMR drückt sich vor einer Entscheidung, Telepolis v. 18.4.2019, abrufbar unter: https://www.heise.de/tp/features/MH17-Der-EGMR-drueckt-sich-vor-einer-Entscheidung-4401994.html [zuletzt aufgerufen am 26.1.2023].

[122] ECHR to adjourn some individual applications on Eastern Ukraine pending Grand Chamber judgment in related inter-State case, Pressemitteilung des EGMR v. 17.12.2018, ECHR 432 (2018). Am 26. Januar 2022, nach Fertigstellung der Bearbeitung, fand eine erste Gerichtsverhandlung in der Sache *Ukraine v. Russia* sowie weiteren damit verbundenen Fällen statt. Siehe dazu die Pressemitteilung des EGMR v. 26.1.2022, ECHR 029 (2022).

3. Art. 4 Abs. 1 AMRK

Wie in Teil 2 dargestellt, wurden auch aus der AMRK weitreichende Schutzpflichten abgeleitet.[123] Insbesondere hielt der IAGMR in der Sache *Velásquez Rodriguez v. Honduras* fest, dass aus Art. 1 Abs. 1 und 2 AMRK die rechtliche Pflicht der Staaten folge, angemessene Maßnahmen zu ergreifen, um Verletzungen der Menschenrechte zu verhindern.[124] Diese Pflicht umschließt nicht nur die Gewähr generellen Menschenrechtsschutzes durch administrative und legislative Mechanismen,[125] sondern auch die Gewährleistung des Schutzes im Einzelfall durch konkrete Maßnahmen der Gefahrenabwehr. Letztere, als *specific obligation to prevent* bezeichnete Pflicht, konkretisierte der IAGMR insbesondere in seiner Rechtsprechung zum Schutz des Lebens nach Art. 4 Abs. 1 AMRK.[126] Danach ist das Recht einer jeden Person auf Respekt ihres Lebens „durch das Gesetz und im Allgemeinen" zu schützen. Die Schutzpflicht richtet sich ausdrücklich nicht nur an den Gesetzgeber, sondern betrifft alle staatlichen Institutionen.[127] Hinsichtlich ihrer näheren Ausgestaltung orientiert sich der IAGMR an den vom EGMR im Fall *Osman* entwickelten Grundsätzen. Entsprechend hielt er unter expliziter Berufung auf ebendiese in der Sache *Pueblo Bello Massacre v. Colombia* fest, dass die Verantwortlichkeit des Staates nicht unbegrenzt gelte. Seine Pflicht zur Ergreifung präventiver Maßnahmen setze vielmehr die „awareness of a situation of real and imminent danger for a specific individual or group of individuals and [...] reasonable possibilities of preventing or avoiding that danger"[128] voraus. Dabei dürfen die positiven Verpflichtungen den Staaten keine unmögliche oder unverhältnismäßige Belastung auferlegen.[129] Auch die Handlungspflicht nach der AMRK erfordert somit das Wissen bzw. Wissenmüssen von einer wirklichen und mittelbaren Gefahr für das Leben bestimmter Personen.[130]

---

[123] Siehe oben, Teil 2 C. II. 5. b) bb), S. 94 ff.

[124] IAGMR, *Velásquez Rodríguez v. Honduras*, Judgment, 29.7.1988, Series C No. 4, para. 174.

[125] Näher zu dieser sog. „general obligation to prevent" siehe *Ferrer Mac-Gregor/Pelayo Möller*, Estudios Constitucionales, 2012, 141 (154 f.); *Lavrysen*, Inter-Am. & Europ. HRJ, 2014, 94 (98 ff.).

[126] *Lavrysen*, Inter-Am. & Europ. HRJ, 2014, 94 (104).

[127] So auch IAGMR, *Juan Humberto Sánchez v. Honduras*, Judgment, 7.6.2003, Series C No. 99, para. 110.

[128] IAGMR, *Pueblo Bello Massacre v. Colombia*, Judgment, 31.1.2006, Series C No. 140, para. 123. Siehe auch IAGMR, *Sawhoyamaxa Indigenous Community v. Paraguay*, Judgment, 29.3.2006, Series C No. 146, para. 155; *González et al. („Cotton Field") v. Mexico*, Judgment, 16.11.2009, Series C No. 205, para. 280.

[129] *Sawhoyamaxa Indigenous Community v. Paraguay*, Judgment, 29.3.2006, Series C No. 146, para. 155.

[130] Ob dieser Maßstab für alle Freiheitsrechte gilt, ist noch nicht geklärt. Dafür spreche nach

Da auch die Konventionsrechte der AMRK im bewaffneten Konflikt Anwendung finden,[131] kann sich aus Art. 4 Abs. 1 AMRK zum Schutz der zivilen Bevölkerung vor den Auswirkungen eines bewaffneten Konflikts eine Pflicht zur Sperrung des Luftraums über Konfliktzonen ergeben. Wie schon im Zusammenhang mit Art. 2 EMRK erörtert, bedürfen die Grundsätze zur Entstehung von Pflichten zum Schutz des Lebens für den spezifischen Fall des Überflugs von Konfliktzonen aber einer Anpassung. Insoweit kann auf die obigen Ausführungen verwiesen werden.[132]

III. Zwischenergebnis

Die auf regionaler und universeller Ebene anerkannte Pflicht der Staaten, das Recht auf Leben zu achten und durch Ergreifung präventiver Maßnahmen effektiv zu schützen, reflektiert die stetige Stärkung der Rechtsposition des Menschen im Völkerrecht.[133] Wie *Ramcharan* zurecht betont, kennt das moderne Völkerrecht „no issue of more pressing concern [...] than to protect the life of every human being from unwarranted deprivation."[134] Angesichts neuer Probleme müsse das Völkerrecht daher Einfallsreichtum und Innovationsfähigkeit zeigen und beweisen, dass es seine Grundfunktion, die Würde und Rechte des Individuums zu achten, zu gewährleisten und zu fördern, erfüllen kann.[135] Insoweit gebietet es der effektive Schutz des Menschenrechts auf Leben, weitreichende positive Verpflichtungen der Staaten anzuerkennen. Bei der Ausfüllung der Schutzpflicht im Einzelfall ist zu beachten, dass das Recht auf Leben heute unzweifelhaft nicht nur völkervertragsrechtlich, sondern auch völkergewohnheitsrechtlich geschützt ist.[136] Als völkergewohnheitsrechtliche Norm transzendiert der Schutz des Lebens die einzelnen Bestimmungen der Menschenrechtskonventionen, so dass es auf spezifische Beschränkungen ebendieser auf universaler Ebene nicht notwen-

---

Lavrysen, Inter-Am. & Europ. HRJ, 2014, 94 (105) die offene Formulierung in *González et al. („Cotton Field") v. Mexico*, Judgment, 16.11.2009, Series C No. 205, para. 280.

[131] Siehe zum sog. „open approach" der IAKMR und des IAGMR, die das Humanitäre Völkerrecht stärker berücksichtigen als der EGMR: *Gowlland-Debbas/Gaggioli*, in: Kolb/Gaggioli, Human Rights and Humanitarian Law, S. 88 f.; speziell zur IAKMR: *Cerna*, JIHLS, 2011, 3 (3 ff.).

[132] Dazu siehe oben, Teil 4 B. II. 2. c), S. 212 ff.

[133] Dazu siehe oben, Teil 2 C. II., S. 74 ff.

[134] *Ramcharan*, NILR, 1983, 297 (298).

[135] *Ramcharan*, NILR, 1983, 297 (297).

[136] *Petersen*, Life, Right to, International Protection, in: MPEPIL, Rn. 1; *Rodley*, in: Moeckli/Shah/Sivakumaran, Internat. Human Rights Law, S. 176.

digerweise ankommt.¹³⁷ Maßgeblich ist vielmehr, ob sich ein gemeinsamer Gedanke erkennen lässt, der von der internationalen Gemeinschaft anerkannt ist.

Wie erörtert, lässt sich die grundsätzliche Pflicht zur Sperrung des Luftraums über Konfliktzonen allen konventionsrechtlichen Verbürgungen des Menschenrechts auf Leben entnehmen. Die Untersuchung hat gezeigt, dass es sowohl nach dem IPbpR als auch nach der EMRK und der AMRK für eine Handlungspflicht des Staates darauf ankommt, ob dieser sich einer bestimmten Gefahr für das Leben bewusst war oder sich dessen hätte bewusst sein müssen. Anders als vom EGMR und in der Folge auch von IAGMR gefordert, kommt es für die Sperrpflicht nicht auf das Bestehen einer *real and immediate risk* für bestimmte Personen an. Mit Blick auf die Besonderheiten der Problematik des Überflugs von Konfliktzonen ist vielmehr ausreichend, dass der Staat eine hinreichende Gefahr die zivile Luftfahrt in seinem Luftraum erkennt bzw. hätte erkennen müssen. Auch muss die Sperrung des Luftraums die im Einzelfall angemessene Maßnahme zur Abwehr der Gefahr für das Leben der betroffenen Personen sein.¹³⁸

C. Sperrpflicht aus Grundsätzen des allgemeinen Völkerrechts

Die Pflicht zur Sperrung des Luftraums über Konfliktzonen, welche sich nicht nur aus dem internationalen Luftrecht, sondern auch aus dem humanitären Völkerrecht sowie der Pflicht zum Schutz des Menschenrechts auf Leben ergeben kann, lässt sich auf allgemeine völkerrechtliche Grundsätze zurückführen. Wie im Folgenden zu erörtern sein wird, führt schon die konsequente Anwendung des allgemeinen völkerrechtlichen Schädigungsverbots zur Annahme einer Sperrpflicht im konkreten Einzelfall. Auch zeigt sich, dass die Sperrpflicht eine Ausprägung der staatlichen Schutzverantwortung darstellt, wie sie sich im Konzept der *Responsibility to Protect* niederschlägt.

I. Sperrpflicht aufgrund des allgemeinen Schädigungsverbotes

Nach allgemeinen Grundsätzen folgt aus der Territorialhoheit als Korrelat die Pflicht der Staaten, innerhalb ihres Hoheitsgebiets die Rechte anderer Staaten sowie ihrer Staatsangehörigen zu schützen.¹³⁹ Das auf diesem Gedanken beruhende allgemeine Schädigungsverbot, welches im Umweltrecht herausgearbeitet

---

¹³⁷ *Ramcharan*, NILR, 1983, 297 (299).
¹³⁸ Näher dazu siehe unten, Teil 5 B. III. 2., S. 234 ff.
¹³⁹ *Island of Palmas case*, 4.4.1928, RIAA, Vol. II, p. 829, 839; näher dazu siehe oben, Teil 2 C. I. 1., S. 62 ff.

und im *Korfu-Kanal-Fall* als „every State's obligation not to allow knowingly its territory to be used for acts contrary to the rights of other States"[140] formuliert wurde, gilt auch im staatlichen Luftraum. In Anwendung dieses Grundsatzes darf kein Staat seinen Luftraum wissentlich so nutzen bzw. eine Nutzung erlauben, die anderen Staaten Schaden zufügt. Wie bereits erörtert, handelt es sich bei dem Schädigungsverbot nicht bloß um ein repressives Verbot, sondern vorwiegend um das präventive Gebot, eigene Beeinträchtigungen zu unterlassen und Beeinträchtigungen seitens Dritter weitestgehend vorzubeugen.[141] Die Staaten trifft somit die verhaltensbezogene Gewährleistungspflicht, sicherzustellen, dass von ihrem Luftraum keine schädigenden Auswirkungen ausgehen. Ergreift ein Staat trotz Kenntnis bzw. Kennenmüssen von einer bestehenden Gefahr für die zivile Luftfahrt in seinem Luftraum keine angemessenen Präventionsmaßnahmen zur Abwehr ebendieser, so begeht er eine Schutzpflichtverletzung.[142] Wann von einer entsprechenden Kenntnis bzw. von einem Kennenmüssen des Staates auszugehen ist, hängt naturgemäß vom Einzelfall ab. Erforderlich ist jedenfalls eine erkennbare und hinreichend wahrscheinliche Gefahr.[143] Diese begründet zwar keine Erfolgsgarantiehaftung,[144] generiert aber eine völkerrechtliche Handlungspflicht des Staates, dessen Ausfüllung grundsätzlich in seinem Ermessen liegt. Nach dem auch im Völkerrecht anerkannten Grundsatz der Verhältnismäßigkeit[145] muss die Präventionsmaßnahme zur Abwehr der Gefahr geeignet, erforderlich und angemessen sein.[146] *Knittlmayer* hebt hervor, dass es sich hierbei um eine Prognoseentscheidung des Staates handelt, der die Beurteilung der Wahrscheinlichkeit des Eintritts der Gefahr sowie die Einschätzung zugrunde liegt, welches Mittel sich im Ergebnis als geeignet erweisen würde.[147] Daraus zieht er

---

[140] IGH, *Corfu Channel Case*, Judgment, 9.4.1949, I.C.J. Rep. 1949, p. 4, 22.
[141] Siehe oben, Teil 2 C. I. 1., S. 63 f.; *Trail Smelter case*, 11.3.1941, RIAA, Vol. III, p. 1938, 1965.
[142] *Hobe*, in: FS-Dicke, S. 412.
[143] Zum Gefahrenbegriff siehe unten, Teil 5 B. III. 1. a), S. 230 ff.
[144] *Hong*, Air & Space L., 2010, 9 (31); *Seibert-Fohr*, ZaöRV, 2013, 37 (50) m.w.N.
[145] Zur Verhältnismäßigkeit als Grundsatz des Völkerrechts *Delbrück*, in: Bernhardt, EPIL III, Proportionality, S. 1144.
[146] Siehe dazu beispielhaft *Laura M.B. Janes et al. U.S.A. v. United Mexican States*, General Claims Commission, 16.11.1925, UNRIAA, Vol. IV, p. 91: „obligation to take appropriate steps" sowie EGMR, *Rees v. The United Kingdom*, Judgment, 17.10.1986, Series A106, para. 37: „In determining whether or not a positive obligation exists, regard must be had to the fair balance that has to be struck between the general interest of the community and the interests of the individual [...]" und EGMR, *Plattform „Ärzte für das Leben" v. Austria*, Judgment, 21.6.1988, Series A139, para. 36: „necessary measures", para. 39: „reasonable and appropriate measures". Zur Verhältnismäßigkeit im Rahmen der EMRK siehe *Sudre*, RTDH, 1995, 363 (378 ff.).
[147] *Knittlmayer*, ZLW, 2016, 44 (51).

den Schluss, dass das Handeln bzw. Nichthandeln nur dann völkerrechtswidrig sein könne, wenn bei vernünftiger Betrachtungsweise erkennbar ist, dass der betroffene Staat in völlig ungeeigneter Weise reagiert. Hiergegen ist zunächst einzuwenden, dass nicht nur die Wahrscheinlichkeit der Verwirklichung der Gefahr zu betrachten ist, sondern insbesondere auch die Höhe des potenziellen Schadens und das Gewicht der in Frage stehenden Rechtsgüter. Diese sind in Relation zueinander zu setzen. Dabei reicht die Schutzpflicht des Staates weiter, je größer der Schaden und je gewichtiger die in Frage stehenden Rechtsgüter sind.[148] Darüber hinaus ist der Staat nicht nur dazu verpflichtet, „nicht in völlig ungeeigneter Weise zu reagieren", sondern dazu, die Rechtsgüter in möglichst effizienter Weise zu schützen. Den Staat trifft somit primär die Pflicht, Beeinträchtigungen an Rechtsgütern gänzlich vorzubeugen. Sollte ihm dies aus Gründen der Verhältnismäßigkeit nicht zuzumuten sein, so hat er – im Sinne der Gewähr größtmöglichen Schutzes – diejenige Präventionsmaßnahme zu ergreifen, die den Schaden weitestgehend reduziert.

Im Fall des Überflugs von Konfliktzonen stehen Leib und Leben einer Vielzahl von Menschen auf dem Spiel. Für die Zeit des Überflugs sind die Fluggäste dem Staat darüber hinaus „anvertraut".[149] Sie haben keine Möglichkeit sich der Situation zu entziehen oder auch nur die Flugroute im Voraus verlässlich einzusehen und sind somit gänzlich darauf angewiesen, dass der durchflogene Luftraum sicher ist. Angesichts der irreparablen potenziellen Schäden und des Höchstwertes des menschlichen Lebens sind an die Schutzpflicht des Bodenstaates somit besonders hohe Anforderungen zu stellen.[150] Herrscht auf seinem Hoheitsgebiet ein bewaffneter Konflikt und wusste er bzw. hätte er wissen müssen, dass dieser eine hinreichend wahrscheinliche Gefahr für die Sicherheit in seinem Luftraum begründet, so folgt somit schon aus dem völkerrechtlichen Schädigungsverbot die Pflicht des Staates, seinen Luftraum für die zivile Luftfahrt zu sperren. Nur durch diese Maßnahme kann er seiner Pflicht, Schäden für die betroffenen Rechtsgüter, nämlich Leib und Leben der betroffenen Personen, zu vermeiden, effektiv nachkommen.[151]

---

[148] Siehe dazu unten, Teil 5 B. III. 1. a), S. 232.
[149] Siehe *Hobe*, in: FS-Dicke, S. 413, der sogar davon spricht, dass der Staat für den Zeitraum des Überflugs eine Art Garantie dahingehend übernehme, dass dem durchfliegenden Luftfahrzeug nichts passiert.
[150] *Hobe*, in: FS-Dicke, S. 413.
[151] In diesem Sinne auch *Adediran*, Issues in Aviation L. & Pol., 2015, 313 (337): „There is no doubt that armed conflicts cannot be prevented, and the only way to avoid air accidents which arise from armed attacks is to steer clear from the area."

II. Sperrpflicht als Ausdruck der Responsibility to Protect

Für das Bestehen einer Pflicht zur Sperrung des Luftraums über Konfliktzonen spricht auch, dass der VN-Sicherheitsrat, welcher nach Art. 24 VN-Charta bei der Wahrnehmung seiner Hauptverantwortung für die Wahrung des Weltfriedens und der internationalen Sicherheit *im Namen der Mitglieder der VN* handelt, in bestimmten Fällen sog. Flugverbotszonen (*No-Fly Zones*)[152] errichten kann. Stellvertretend für die Mitgliedstaaten kann er somit den Luftraum über einer Konfliktzone sperren.

Eine solche Flugverbotszone, die gegen den Willen des betroffenen Staates jedweden Flugverkehr über seinem Hoheitsgebiet unterbindet, bedeutet einen gravierenden Eingriff in dessen Lufthoheit und ist somit in besonderem Maße rechtfertigungsbedürftig.[153] Dies gilt umso mehr, als ihre Durchsetzung den Rückgriff auf militärische Mittel erfordern und somit das Gewaltverbot des Art. 2 Abs. 4 der VN-Charta berühren kann.[154] Rechtlich gerechtfertigt ist die Errichtung einer Flugverbotszone daher nur nach Maßgabe von Kapitel VII VN-Charta.[155] Danach kann der Sicherheitsrat im Falle der Feststellung einer Bedrohung, eines Friedensbruches oder einer Angriffshandlung im Sinne des Art. 39, Zwangsmaßnahmen nach Art. 41 und 42 VN-Charta ergreifen. Art. 41 VN-Charta, der den Sicherheitsrat auf friedliche Mittel verweist, führt explizit auch die vollständige oder teilweise Unterbrechung des Luftverkehrs auf. Sollte diese unzulänglich sein, ist nach Art. 42 VN-Charta die Anordnung einer mit Gewalt durchsetzbaren Flugverbotszone möglich.

Von dieser Möglichkeit machte der Sicherheitsrat zuletzt im Zuge des Bürgerkrieges in Libyen im Jahre 2011 Gebrauch.[156] Die Präambel der entsprechenden Resolution sieht vor, dass das umfassende Flugverbot über Libyen ein wichtiges Element des Schutzes der Zivilbevölkerung sowie einen entscheidenden Schritt zur Beendigung der Feindseligkeiten darstellt. Zur Gewährleistung der Sicherheit humanitärer Flüge und somit letztlich auch zum Schutz der Zivilbevölkerung wurde im Jahre 1992 über Bosnien und Herzegowina eine Flugverbotszone errichtet, die zunächst auf die militärische Luftfahrt begrenzt war[157] und kurz

---

[152] Zum Begriff sowie Abgrenzungen siehe *Kaiser*, ZLW, 2011, 402 (402 ff.).
[153] *Hobe/Fremuth*, ZLW, 2011, 389 (389 f.).
[154] *Hobe/Fremuth*, ZLW, 2011, 389 (395); *Schmitt*, YJIL, 2011, 45 (47).
[155] *Kaiser*, ZLW, 2011, 402 (408); *Scott/Trimarchi*, Internat. Aviation Law, S. 93. Zu einem etwaigen Selbstverteidigungsrecht nach Art. 51 VN-Charta, siehe *Hobe/Fremuth*, ZLW, 2011, 389 (395).
[156] Siehe oben, Teil 3 C. III. 3 d) aa) (2), S. 166 f.; UNSC Res. 1973 (2011) vom 17.3.2011, S/RES/1973 (2011). Näher dazu: *Hobe/Fremuth*, ZLW, 2011, 389 (389 ff.); *Schmitt*, YJIL, 2011, 45 (45 ff.).
[157] UNSC Res. 781 (1992) vom 9.10.1992, S/RES/781 (1922), Ziff. 1.

C. Sperrpflicht aus Grundsätzen des allgemeinen Völkerrechts 221

darauf unter Berufung auf Kapitel VII der VN-Charta auf alle „fixed-wing and rotary-wing aircraft"[158] erstreckt wurde. Gestützt auf Resolution 688 (1991) deklarierten die Vereinigten Staaten, das Vereinigte Königreich und Frankreich im selben Jahr zwei *No-Fly Zones* über irakischem Staatsgebiet. Zwar sah die Resolution die Errichtung einer Flugverbotszone nicht explizit vor, doch wurde sie aus humanitären Gründen dahingehend ausgelegt.[159]

Festzuhalten ist somit, dass mit der Errichtung von Flugverbotszonen stets das Ziel verfolgt wird, die zivile Bevölkerung vor den Auswirkungen bewaffneter Konflikte zu schützen. Eine bloß militärische Notwendigkeit genügt nicht.[160] Insofern fügt sich die Sperrung des Luftraums über Konfliktzonen in das Konzept der *Responsibility to Protect*[161] ein. Auch der Sicherheitsrat bekräftigt in der Präambel der Resolution 1973 (2011) zunächst die „responsibility of the Libyan authorities to protect the Libyan population" und fordert sie in Ziff. 3 dazu auf, ihren völkerrechtlichen Verpflichtungen nachzukommen und „[to] take all measures to protect civilians and meet their basic needs."[162] Versäumt der Staat es allerdings, seiner Schutzpflicht nachzukommen, so greift die subsidiäre Pflicht der internationalen Gemeinschaft, durch geeignete Mittel, worunter auch Kollektivmaßnahmen nach Kapitel VII fallen können, beim Schutz der Bevölkerung behilflich zu sein. Dies gilt nach der R2P, wie sie im Abschlussdokument des VN-Weltgipfels 2005 festgehalten wurde, jedenfalls im Falle von Völkermord, Kriegsverbrechen, ethnischer Säuberung sowie bei Verbrechen gegen die Menschlichkeit.

Der Abschuss eines zivilen Passagierluftfahrzeuges im Rahmen eines bewaffneten Konfliktes stellt einen schwerwiegenden Verstoß gegen die humanitärvölkerrechtlichen Bestimmungen zum Schutz ziviler Personen und ziviler Objekte dar und könnte somit als Kriegsverbrechen im Sinne des Art. 8 IStGH-Statut einzustufen sein.[163] Vorsätzliche Angriffe auf die Zivilbevölkerung als solche oder auf einzelne Zivilpersonen, die an den Feindseligkeiten nicht unmittelbar teilnehmen stellen danach sowohl im Rahmen internationaler bewaffneter Konflikte (Art. 8 Abs. 2 lit. a) i)) als auch im Rahmen nicht-internationaler bewaffneter Konflikte (Art. 8 Abs. 2 lit. e) i)) Kriegsverbrechen dar. In internationalen bewaffneten Konflikten wird auch der vorsätzliche Angriff auf zivile Objekte als

---

[158] UNSC Res. 861 (1993) vom 31.3.1993, S/RES/816 (1993), Ziff. 1.
[159] Dazu: *Kaiser*, ZLW, 2011, 402 (405 f.); *Schmitt*, Loy. L.A. Int'l & Comp. L. J., 1997, 727 (734 ff.). Kritisch zur Rechtmäßigkeit dieser No-Fly Zone *Venturini*, in: Ronzitti/Venturini, Law of Air Warfare, S. 17.
[160] *Kaiser*, ZLW, 2011, 402 (409); *Scott/Trimarchi*, Internat. Aviation Law, S. 93.
[161] Zur R2P siehe oben, Teil 2 D. I., S. 103 ff.
[162] UNSC Res. 973 (2011) vom 17.3.2011, S/RES/1973 (2011), Ziff. 3.
[163] *Von Arnauld*, Völkerrecht, Rn. 1259.

Kriegsverbrechen angesehen (Art. 8 Abs. 2 lit. a) ii)). Für die Einordnung als Kriegsverbrechen kommt es maßgeblich auf die innere Einstellung des Täters an, wobei der bereits angesprochene Art. 30 des Statuts *intent and knowledge* in Bezug auf die Tatbestandsverwirklichung fordert.[164] Ob ein konkreter Abschuss ein Kriegsverbrechen darstellt, hängt somit stark von den jeweiligen Umständen des Einzelfalls ab. Dies erklärt sich mit der Zielrichtung des Statuts, eine strafrechtliche Verantwortlichkeit von Individuen zu begründen. Die generelle Schutzverantwortung des Staates ist aber nicht auf die Prävention einzelner Kriegsverbrechen beschränkt. Vielmehr hat der Staat alles in seiner Macht Stehende zu tun, um die Bevölkerung vor den Auswirkungen bewaffneter Konflikte zu schützen. Auch ist die primäre Schutzverantwortung des Staates nicht auf die Verhinderung massiver Menschenrechtsverletzungen begrenzt. Die Begrenzung der R2P im Ergebnisdokument des VN-Gipfels auf die vier genannten Tatbestände ist – wie bereits erwähnt – mit Blick auf die Eingriffsbefugnisse der internationalen Gemeinschaft zu sehen.[165]

Verhängt der Sicherheitsrat eine Flugverbotszone aus humanitären Gründen, so nimmt er die Schutzverantwortung der Staatengemeinschaft wahr. Er handelt dabei anstelle des betroffenen Staates, welcher es versäumt hat, seiner Schutzpflicht nachzukommen. Daraus folgt, dass primär der Staat selbst dazu verpflichtet gewesen wäre, seinen Luftraum zum effektiven Schutz der Zivilbevölkerung zu sperren. Obgleich die bisherigen *No-Fly Zones* dem Schutz der Zivilbevölkerung vor Angriffen *aus* der Luft dienten, gilt dieselbe Verantwortlichkeit auch im Falle des Schutzes vor Angriffen *auf* die Luftfahrt. Die Staaten sind, wie erörtert, zur Gewährleistung der Sicherheit in ihrem Luftraum, insbesondere auch vor von außen kommenden Gefahren, verpflichtet. Ihre *Responsibility to Protect* erstreckt sich somit auf die Gewährleistung der *aviation security*.[166] Insofern stellt sich die Pflicht zur Sperrung des Luftraums über Konfliktzonen als Ausdruck der primären Schutzverantwortung der Staaten dar, welche im Falle ihres Versagens von der Staatengemeinschaft in Form des Sicherheitsrates wahrgenommen werden kann.

---

[164] Siehe dazu oben, Teil 3 D. II. 1., S. 187.
[165] Siehe oben, Teil 2 D. II., S. 106 f.
[166] *Hong*, Air & Space L., 2010, 9 (31).

D. Zwischenergebnis

Eine Pflicht zur Sperrung des Luftraums über Konfliktzonen ergibt sich, wie dargelegt, nicht nur aus den Bestimmungen des internationalen Luftrechts, sondern auch aus weiteren Völkerrechtsquellen.

So lässt sich eine Sperrpflicht auf das humanitäre Völkerrecht stützen, welches dem Schutz der Zivilbevölkerung sowie ziviler Objekte vor den Auswirkungen bewaffneter Konflikte dient. Zur Sicherstellung des Unterscheidungsgrundsatzes, der sowohl gezielte als auch unterschiedslose Angriffe auf Zivilisten und zivile Objekte untersagt, sind die Konfliktparteien dazu verpflichtet, präventive Schutzmaßnahmen zu ergreifen. Diese werden in den Art. 57 und 58 ZP I näher ausgestaltet und sind – entgegen Art. 49 Abs. 3 ZP I – auf *alle* Luftoperationen anwendbar. Dabei ist zu beachten, dass Passagierluftfahrzeugen aufgrund ihrer Vulnerabilität ein besonderer Schutzstatus zukommt. Entsprechend hat ein Staat, auf dessen Boden ein bewaffneter Konflikt herrscht, seinen Luftraum für die zivile Luftfahrt zu sperren sofern und soweit der Konflikt eine Gefahr für die Sicherheit der zivilen Luftfahrzeuge und somit der Zivilisten an Bord begründet. Diese Sperrpflicht folgt aus Art. 58 lit. c) ZP I, wonach die Konfliktparteien alle notwendigen Vorsichtsmaßnahmen zum Schutz vor den mit Kriegshandlungen verbunden Gefahren treffen, und gewährleistet die praktische Umsetzung des Unterscheidungsgrundsatzes.

Daneben kann eine Pflicht zur Sperrung des Luftraums über Konfliktzonen auch aus dem Menschenrecht auf Leben hergeleitet werden. Wie anhand der wesentlichen menschenrechtlichen Kodifikationen aufgezeigt, geht mit dem Recht auf Leben eine weitreichende Schutzpflicht des Staates einher, die auch und gerade in Zeiten bewaffneter Konflikte gilt. Die Schutzpflicht konkretisiert sich auf eine Pflicht zur Luftraumsperrung, wenn von einem bewaffneten Konflikt eine hinreichende und erkennbare Gefahr für die zivile Luftfahrt ausgeht und die Luftraumsperrung das zur Abwehr der Gefahr erforderliche Mittel ist.

Ferner kann sich eine Sperrpflicht auch aus einer konsequenten Anwendung des völkerrechtlichen Schädigungsverbots ergeben, wonach kein Staat sein Hoheitsgebiet – zu dem auch der Luftraum gehört – so nutzen darf bzw. nutzen lassen darf, dass anderen Staaten Schäden entstehen. Weiß ein Staat bzw. hätte er wissen müssen, dass auf seinem Boden ein Konflikt herrscht, der eine hinreichend wahrscheinliche Gefahr für die zivile Luftfahrt begründet, folgt somit schon aus dem Schädigungsverbot die Pflicht, den Luftraum für die zivile Luftfahrt zu sperren.

Für das Bestehen einer Sperrpflicht spricht auch, dass der VN-Sicherheitsrat Flugverbotszonen erlassen und somit den Luftraum über Konfliktzonen anstelle der betroffenen Staaten sperren kann. Die Errichtung der sog. *No-Fly Zones* dient dem Schutz der Zivilbevölkerung vor den Auswirkungen bewaffneter Konflikte und stellt insofern eine Wahrnehmung der staatlichen Schutzverantwortung durch den Sicherheitsrat dar. Dem Konzept der *Responsibility to Protect* entsprechend, obliegt die primäre Verantwortung für den Schutz der Zivilbevölkerung den Staaten selbst und geht nur auf die Staatengemeinschaft über, wenn ein Staat es versäumt hat, seiner Schutzpflicht nachzukommen. Daraus folgt, dass grundsätzlich der Staat dazu verpflichtet gewesen wäre, seinen Luftraum zu sperren.

Teil 5

Die Verletzung der Sperrpflicht:
Die Voraussetzungen einer Schutzpflichtverletzung am Beispiel des Falles MH17

In den bisherigen Ausführungen wurde aufgezeigt, dass sich eine Pflicht zur Sperrung des Luftraums über Konfliktzonen aus verschiedenen völkerrechtlichen Bestimmungen ergeben kann. Im Folgenden gilt es nunmehr zu erörtern, unter welchen Voraussetzungen die Schutzpflicht im Einzelfall greift, wann also die Nichtsperrung des Luftraums eine Schutzpflichtverletzung des Staates begründet.

Zwar wird die Schutzpflichtenproblematik im Völkerrecht bisher überwiegend fragmentarisch, anhand des jeweiligen Sachgebiets betrachtet, doch sind trotz fehlender übergreifender Dogmatik gewisse gemeinsame Grundprinzipien zu erkennen.[1] In Anlehnung an die im ILC-Artikelentwurf von 2001 niedergelegten Grundsätze zur Staatenverantwortlichkeit, welche weitestgehend völkergewohnheitsrechtliche Geltung beanspruchen,[2] lassen sich allgemeine Komponenten einer jeden Schutzpflichtverletzung definieren.[3] Diese werden anhand des Beispiels des Abschusses von Flug MH17 auf die Pflicht zur Sperrung des Luftraums über Konfliktzonen angewandt. Grundvoraussetzung ist zunächst die Deliktsfähigkeit des Staates. Ferner muss ein Verstoß gegen eine völkerrechtliche Handlungspflicht vorliegen. Ob das Vorliegen eine Schutzpflichtverletzung darüber hinaus von weiteren Voraussetzungen abhängig ist, bleibt zu erörtern.

A. Deliktsfähigkeit

Die Begehung einer Schutzpflichtverletzung setzt zunächst die Deliktsfähigkeit, also die Rechts- und Handlungsfähigkeit des Staates, voraus.[4] Ist diese grund-

---

[1] *Seibert-Fohr*, ZaöRV, 2013, 37 (49 f.).
[2] Siehe dazu nur *Dörr*, in: Ipsen, Völkerrecht, 7. Aufl., § 29 Rn. 2 sowie die zahlreichen Rechtsprechungshinweise in Fn. 7.
[3] Ausführlich dazu: *Stahl*, Schutzpflichten im Völkerrecht, S. 121 ff.; *Wiesbrock*, Schutz der Menschenrechte, S. 165.
[4] *Dörr*, in: Ipsen, Völkerrecht, 7. Aufl., § 30, Rn. 3; *Hobe*, Völkerrecht, S. 261; *von Ar-*

sätzlich unproblematisch, könnte im Zusammenhang mit sog. *Failed States*[5] etwas anderes gelten. Diese gescheiterten Staaten sind von massiven Gewaltausbrüchen gekennzeichnet, die zu einem derartigen Zusammenbruch des staatlichen Gewaltmonopols führen, dass wesentliche Staatsfunktionen nicht mehr erfüllt werden können.[6] Trotz des Verlustes effektiver Staatsgewalt wird ihre Staatlichkeit nicht in Frage gestellt.[7] Im Sinne des völkerrechtlichen Prinzips der Kontinuität[8] bleibt auch der *Failed State* ein souveräner Staat[9] und ist als solcher weiterhin Träger von Rechten und Pflichten.[10] Folglich bleibt er an bestehende völkerrechtliche Abkommen gebunden.[11] Das gilt insbesondere für menschenrechtliche Verpflichtungen, deren kontinuierliche Fortgeltung auch und gerade in Konfliktsituationen der Tendenz zur Maximierung des Individualschutzes im Völkerrecht entspricht.[12]

Davon zu trennen ist die Frage nach der Handlungsfähigkeit,[13] also der effektiven Fähigkeit der *Failed States*, ihre Rechte auszuüben und ihre Pflichten selbst tatsächlich befolgen und erfüllen zu können.[14] Sind Staaten grundsätzlich im selben Rahmen handlungsfähig, wie sie rechtsfähig sind, kann die Handlungsfähig-

---

nauld, Völkerrecht, Rn. 390. Kritisch zur Anerkennung der Deliktsfähigkeit als eigenständiger Kategorie im Völkerrecht: *Geiß*, Failed States, S. 254 ff.

[5] Der Begriff des Failed State geht auf *Helman/Ratner*, Foreign Policy, 1992, 3 (3 ff.) zurück. Ausführlich zu seiner normativen Erfassung siehe *Geiß*, Failed States.

[6] Zu den Wesensmerkmalen von Failed States siehe *Geiß*, Failed States, S. 91; *Thürer*, in: BerDGVR 1996, S. 12 f.

[7] Siehe zu dieser allgemeinen Ansicht etwa *Epiney*, Völkerrechtliche Verantwortlichkeit, S. 258; *Epping*, in: Ipsen, Völkerrecht, 7. Aufl., § 7, Rn. 142; *Geiß*, Failed States, S. 100, 120; *Kreß*, Gewaltverbot und Selbstverteidigungsrecht, S. 282 f.; *Schöbener*, ZfP, 2000, 293 (302). Dafür spricht insbesondere auch die fortdauernde Mitgliedschaft der Staaten bei den Vereinten Nationen, vgl. *Thürer*, in: BerDGVR 1996, S. 16. *Baldus*, in: Erberich et al., Frieden und Recht, S. 270, demzufolge das Gebilde das Staat war aufgrund des Wegfalls effektiver Staatsgewalt aufgehört habe, Staat zu sein, verkennt, wie *Schöbener* richtigerweise hervorhebt, dass der Wegfall der Staatsgewalt dauerhaft sein muss.

[8] Zum Kontinuitätsprinzip siehe *Delbrück*, in: Dahm/Delbrück/Wolfrum, Völkerrecht, Bd. I/3, S. 137; *Verdross/Simma*, Universelles Völkerrecht, § 390 ff., S. 230 ff.; umfassend dazu: *Fiedler*, Das Kontinuitätsproblem im Völkerrecht.

[9] Zur Anerkennung der Souveränität in Situationen interner Konflikte durch den Sicherheitsrat siehe die Hinweise auf die entsprechenden Resolutionen bei *Geiß*, Failed States, S. 121, Fn. 478, 479.

[10] *Geiß*, Failed States, S. 126.

[11] *Geiß*, Failed States, S. 170.

[12] *Geiß*, Failed States, S. 205.

[13] Zur Unterscheidung zwischen Rechts- und Handlungsfähigkeit auch im Völkerrecht, siehe *Epping*, in: Ipsen, Völkerrecht, 7. Aufl., § 6 Rn. 9 f.; *Hobe*, Völkerrecht, S. 48; *Knubben*, Hdb. des Völkerrechts, Bd. 2, Subjekte des Völkerrechts, S. 241 f.; *Mosler*, in: Strupp/Schlochauer, Wörterbuch des Völkerrechts Bd. 3, S. 667.

[14] *Knubben*, Hdb. des Völkerrechts, Bd. 2, Subjekte des Völkerrechts, S. 263.

keit in einigen Fällen hinter der Rechtsfähigkeit zurückstehen.[15] Die zur Wahrnehmung völkerrechtlicher Rechte und Pflichten erforderliche Staatsgewalt ist in *Failed States* nicht mehr gegeben,[16] so dass es ihnen an den notwendigen Mitteln zur ordnungsgemäßen Erfüllung ihrer Schutzpflichten fehlt.[17] Auch greift hier der Kerngedanke völkerrechtlicher Schutzpflichten als Korrelat zur Territorialhoheit ins Leere.[18] Die Handlungsunfähigkeit der *Failed States* wirkt sich zwar nicht auf das *Bestehen* ihrer Rechtspflichten aus, doch begründet eine Verletzung dieser Pflichten keine völkerrechtliche Verantwortlichkeit.[19]

Angewandt auf den hier zu prüfenden Fall bedeutet das, dass die Qualifizierung der Ukraine als *Failed State* das Bestehen einer etwaigen Pflicht, den Luftraum über der Konfliktzone zu sperren, nicht berühren würde. Als *Failed State* wäre sie aber nicht in der Lage, diese Schutzpflicht zu erfüllen, so dass die Nichtsperrung des Luftraums ihre völkerrechtliche Verantwortlichkeit nicht begründen würde. Zwar lag im Zeitpunkt des Abschusses von Flug MH17 ein bewaffneter Konflikt im Osten des Landes vor, der sich auf den Luftraum ausgeweitet hatte, doch hatte die Ukraine die Kontrolle über ebendiesen nicht verloren. Dafür spricht insbesondere, dass der betroffene Luftraum noch im unmittelbaren Vorfeld des Abschusses von Flug MH17 auf Initiative der staatlichen Flugsicherung UkSATSE bis zu FL320 gesperrt wurde.[20] Die Ukraine war somit rechtsfähig und – jedenfalls in Bezug auf den Luftraum über der Konfliktzone – handlungsfähig.[21]

B. Verstoß gegen eine völkerrechtliche Handlungspflicht

Anknüpfungspunkt der völkerrechtlichen Verantwortlichkeit ist ein dem Staat zurechenbares Verhalten, das eine Verletzung seiner völkerrechtlichen Verpflichtungen darstellt.[22] Wie im Rahmen der Bearbeitung aufgezeigt wurde, wurzelt

---

[15] *Mosler*, in: Strupp/Schlochauer, Wörterbuch des Völkerrechts Bd. 3, S. 667.
[16] *Herdegen*, in: BerDGVR 1996, S. 78. Zum Erfordernis eines funktionierenden Staatsapparates siehe *Pisillo-Mazzeschi*, GYIL, 1992, 9 (26).
[17] *Geiß*, Failed States, S. 273.
[18] *Geiß*, Failed States, S. 283 f.
[19] *Geiß*, Failed States, S. 209.
[20] Zum ukrainischen Luftraummanagement über der Konfliktzone siehe oben, Teil 1 A. II. 2., S. 23 ff.
[21] In diesem Sinne auch *de Hoon/Fraser/McGonigle Leyh*, White Paper, S. 37.
[22] Grundlegend dazu: StIGH, *Case Concerning the Factory at Chorzów*, Judgment, 13.9.1928, Series A No. 17, p. 29: „[I]t is a principle of international law, and even a general conception of law, that any breach of an engagement involves an obligation to make reparation." Siehe auch Art. 1 f. ILC-Draft Articles on State Responsibility.

die Pflicht zur Sperrung des Luftraums über Konfliktzonen in verschiedenen Völkerrechtsquellen. Nachfolgend wird erörtert, woraus sich die Sperrpflicht der Ukraine ergeben könnte. Sodann wird zu prüfen sein, ob die unterlassene vollständige Sperrung des Luftraums eine Schutzpflichtverletzung der Ukraine darstellt.

I. Rechtsquellen einer etwaigen Sperrpflicht

Die Ukraine könnte zunächst nach dem Chicagoer Abkommen, dem sie mit Wirkung vom 9. September 1992 beigetreten ist, zur Sperrung des Luftraums über dem Osten des Landes verpflichtet gewesen sein.

Wie erörtert, gehen schon mit der Öffnung des Luftraums für den internationalen Zivilluftverkehr weitreichende Verkehrssicherungspflichten des Staates einher, die sich zu einer Pflicht zur Sperrung des Luftraums über Konfliktzonen verdichten können.[23] Insbesondere schlagen sich diese Pflichten auch im Transitabkommen nieder, in dessen Art. 1 Abschn. 1 sich die Vertragsstaaten das Recht zum Überflug ohne Landung gewähren und dem sowohl die Ukraine als auch Malaysia beigetreten sind.[24] Mit dem Überflug der Ukraine durch Flug MH17, machte Malaysia am 17. Juli 2014 von diesem Recht Gebrauch.[25] Aus dem Transitabkommen folgt die vertragliche Nebenpflicht der Ukraine, auf die Interessen seiner Vertragspartner gebührende Rücksicht zu nehmen. Entsprechend sind Flugrouten, auf denen die Sicherheit der zivilen Luftfahrt nicht gewährleistet werden kann, dem Luftverkehr zu entziehen.[26]

Eine Pflicht zur Luftraumsperrung kann sich auch aus der Verantwortung der Ukraine für die Flugsicherung ergeben, welche ihre Grundlage in Art. 28 lit. a) CA findet und in den Annexen 2 und 11 zum CA näher ausgestaltet wird.[27] Ferner ist die Ukraine als Konfliktstaat auch zum Schutz der zivilen Luftfahrt vor den Auswirkungen des Konflikts verpflichtet gewesen. Wie sich insbesondere aus Kapitel 10.3 des *Manuals Concerning Safety Measures Relating to Military Activities Potentially Hazardous to Civil Aircraft Operations* ergibt, kann dieser Schutz eine Sperrung des Luftraums für die Zivilluftfahrt erfordern.

Als außergewöhnlicher Umstand *berechtigt* das Vorliegen einer Konfliktzone die Ukraine jedenfalls zu einer Luftraumsperrung nach Art. 9 lit. b) CA. Wie erörtert, kann sich dieses Recht zum Schutz der Sicherheit des internationalen

---

[23] Siehe oben, Teil 3 C. II., S. 129 ff.
[24] Zum Ratifikationsstand des Transitabkommens, siehe https://www.icao.int/secretariat/legal/list%20of%20parties/transit_en.pdf [zuletzt aufgerufen am 26.1.2023].
[25] *Giemulla/Kortas*, ZLW, 2015, 431 (432).
[26] Siehe oben, Teil 3 C. II. 2. b), S. 134 ff.
[27] Siehe oben, Teil 3 C. III. 1., S. 142 ff.

Zivilluftverkehrs in bestimmten Fällen zu einer konkreten Sperrpflicht verdichten.[28]

Darüber hinaus lässt sich eine Pflicht zur Luftraumsperrung auch aus der humanitärvölkerrechtlichen Pflicht der Ukraine ableiten, die zivile Bevölkerung vor den Auswirkungen des bewaffneten Konflikts im Osten des Landes zu schützen. Konkret könnte die Luftraumsperrung auf Art. 58 lit. c) ZP I gestützt werden, der die Pflicht zur Ergreifung notwendiger Vorsichtsmaßnahmen statuiert.[29]

Auch der Schutz des Menschenrechts auf Leben kann eine Sperrpflicht der Ukraine begründen. Einschlägig sind hier Art. 6 IPbpR sowie insbesondere Art. 2 EMRK.[30]

Schließlich lässt sich die Sperrpflicht der Ukraine auf das allgemeine Schädigungsverbot stützen. Mit diesem geht – wie erörtert – die präventive Pflicht der Staaten einher, sicherzustellen, dass von ihrem Hoheitsgebiet, und somit auch von ihrem Luftraum, keine schädigenden Auswirkungen ausgehen.[31] Ergreift ein Staat trotz Kenntnis bzw. Kennenmüssen von einer bestehenden Gefahr für die zivile Luftfahrt in seinem Luftraum keine angemessenen Präventionsmaßnahmen zur Abwehr ebendieser, so begeht er eine Schutzpflichtverletzung. Maßgeblich ist danach, ob die Ukraine wusste bzw. hätte wissen müssen, dass die zivile Luftfahrt in ihrem Luftraum nicht mehr sicher ist. Ob dies der Fall war, bleibt zu prüfen.

II. Unterlassen des Staates

Eine Schutzpflichtverletzung setzt das Unterlassen der Ukraine voraus, ihrer völkerrechtlichen Schutzpflicht in hinreichendem Maße nachzukommen. Aus dogmatischer Sicht haftet der Staat im Rahmen der nach Art. 2 des ILC-Artikelentwurfs anerkannten Unterlassenshaftung[32] nicht für einen ihm zurechenbaren Eingriff, sondern dafür, dass er keine bzw. keine ausreichenden Maßnahmen ergriffen hat, um das betroffene Rechtsgut vor Angriffen Dritter zu schützen.[33] Im Völkerrecht wird allerdings nicht sauber zwischen der abwehrrechtlichen und der schutzrechtlichen Dimension von Rechten differenziert. Wie die Analyse völ-

---

[28] Siehe oben, Teil 3 C. III. 3., S. 150 ff.
[29] Siehe oben, Teil 4 A. III., S. 200 ff.
[30] Ausführlich dazu Teil 4 B. II. 1. und 2., S. 204 ff.
[31] Dazu oben, Teil 4 C. I., S. 217 ff.
[32] Art. 2 ILC-Draft Articles on State Responsibility; *Klein*, in: ders., The Duty to Protect and to Ensure Human Rights, S. 302 f.
[33] Siehe *Jaeckel*, Schutzpflichten im dt. und europ. Recht, S. 140, die darauf hinweist, dass der Staat ihm zurechenbare Eingriffe schon nach der abwehrrechtlichen Funktion der Rechte zu unterlassen hat und es einer Schutzpflichtenkonstellation in solchen Fällen nicht bedarf. Ausführlich zur Zurechnung: *Stahl*, Schutzpflichten im Völkerrecht, S. 125 ff.

kerrechtlicher Teilbereiche gezeigt hat,[34] wurden Schutzpflichtverletzungen vielfach angenommen, obwohl die Rechtsgutsbeeinträchtigung dem Staat zurechenbar war. Auch für die Schutzpflicht des Staates, seinen Luftraum über Konfliktzonen zu sperren, kommt es, wie bereits erörtert, nicht darauf an, ob die eventuelle Rechtsgutsbeeinträchtigung dem Staat zuzurechnen ist. Zur Gewähr eines umfassenden Schutzes des zivilen Luftverkehrs über Konfliktzonen kann die Sperrpflicht nicht auf die Abwehr von Abschüssen durch Dritte begrenzt sein. Vielmehr muss auch der im Konflikt mögliche (unbeabsichtigte) Abschuss durch eigene Streitkräfte erfasst sein. Maßgeblich ist somit allein, ob der Staat es unterlassen hat, die Gefahren von seinem Luftraum abzuwehren. Im Vorfeld des Abschusses von Flug MH17 hatte die Ukraine ihren Luftraum zunächst bis FL260 und später bis FL320 gesperrt. Sie hat es aber unterlassen, ihren Luftraum vollständig zu sperren. Ob dies eine Schutzpflichtverletzung begründet, ist im Folgenden zu erörtern.

III. Bewertung als Schutzpflichtverletzung

Die Bewertung eines Unterlassens als Schutzpflichtverletzung setzt zunächst voraus, dass der Staat überhaupt zum Tätigwerden verpflichtet war. Bestand eine Handlungspflicht, so ist weiter zu prüfen, ob und welche Maßnahmen der Staat im Einzelfall ergriffen hat und ob diese zum Schutz des betroffenen Rechtsguts ausreichend waren.

1. Entstehen einer Handlungspflicht

Das Entstehen der staatlichen Pflicht, zum Schutze eines Rechtsguts tätig zu werden, setzt eine bestimmte Gefahr für ebendieses Rechtsgut voraus. Bevor auf die erforderliche Gefahrenschwelle eingegangen wird, gilt es den Begriff der Gefahr näher zu erläutern.

a) Der Begriff der Gefahr

Trotz des im Zuge der zunehmenden Internationalisierung und Europäisierung festzustellenden enormen Zuwachses transnationaler Gefährdungen der öffentlichen Sicherheit, hat sich bisher noch kein übernationales Gefahrenabwehrrecht herausgebildet.[35] Entsprechend gibt es im Völkerrecht auch keinen allgemeinen Gefahrenbegriff, wie er etwa aus dem deutschen Polizei- und Ordnungsrecht be-

---

[34] Siehe oben, Teil 2 C., S. 62 ff.
[35] Siehe dazu *Kokott*, in: VVDStRL, 2004, S. 7 ff.; *Kugelmann*, in: FS-Bothe, S. 112 ff.; *Thiel*, Die „Entgrenzung" der Gefahrenabwehr, S. 399 ff.; *Würtenberger*, in: Ehlers/Fehling/Pünder, Bes. VerwR, Bd. 3, 3. Aufl., § 68, Rn. 1.

kannt ist.³⁶ In den Vertragswerken finden sich vielmehr unterschiedliche Begriffe wie *hazard, risk, threat, danger* oder *peril* zur Umschreibung einer Gefahr. Eine Abgrenzung erweist sich dabei als schwierig, zumal die Begriffe zum Teil als Synonyme gehandelt werden.³⁷ Insbesondere wird auch – anders als im deutschen Recht –³⁸ nicht zwischen Gefahr und Risiko differenziert.³⁹ Der Begriff des Risikos wird auf übernationaler Ebene vielmehr als Sammelbegriff für alle antizipierten Schadensereignisse genutzt.⁴⁰ So verlangt der EGMR für eine Handlungspflicht staatlicher Stellen zum Schutz des Lebens nach Art. 2 Abs. 1 S. 1 EMRK „a real and immediate risk to life".⁴¹

Für eine Annäherung an den Gefahrenbegriff bietet sich eine Orientierung am deutschen Recht an. Das BVerfG, welches im Rahmen der Anerkennung grundrechtlicher Schutzpflichten den Begriff der Gefahr nutzt, hat keine eigenständige verfassungsrechtliche Definition geschaffen.⁴² Vielmehr wird auch hier auf den polizei- und ordnungsrechtlichen Gefahrenbegriff zurückgegriffen.⁴³ Zwar stößt diese Übertragung polizeirechtlicher Maßstäbe zum Teil auf Kritik,⁴⁴ doch nehmen auch die Kritiker den etablierten Gefahrenbegriff als Ausgangspunkt

---

³⁶ Vgl. *Harndt*, Völkerrechtliche Haftung für die schädlichen Folgen nicht verbotenen Verhaltens, S. 303, 855; speziell zum Europarecht siehe *Arndt*, Vorsorgeprinzip, S. 105 f.

³⁷ So wird „peril" i. S. d. Art. 25 ILC-Draft Articles on State Responsibility als „grave danger" umschrieben, siehe Draft articles on responsibility of States for internationally wrongful acts, in: YbILC, 2001, Vol. II, Part 2, S. 80. Speziell zu den begrifflichen Schwierigkeiten im Europarecht siehe *Arndt*, Vorsorgeprinzip, S. 105 f., 115 f.

³⁸ Kritisch zur Unterscheidung zwischen Risiko und Gefahr im deutschen Recht: *Thiel*, Die „Entgrenzung" der Gefahrenabwehr, S. 91 ff.

³⁹ Siehe in Bezug auf die Rechtsprechung des EGMR und die deutschsprachige Literatur dazu: *Hammel*, Schutz der Menschheit vor existentiellen Risiken, S. 312 f.

⁴⁰ *Appel/Mielke*, Risikoregulierung, S. 41; *Klafki*, Risiko und Recht, S. 17.

⁴¹ EGMR, *Osman v. The United Kingdom*, Judgment, 28.10.1998, Reports 1998-VIII, para. 116; *Opuz v. Turkey*, Judgment, 9.6.2009, Reports of Judgments and Decisions 2009, para. 129. Näher zum Begriff des „real risk": *Streuer*, Positive Verpflichtungen, S. 236 ff.

⁴² Vgl. BVerfGE 39, 1 (42, 51), wo das Gericht die Pflicht des Staates, sich „schützend und fördernd" vor das ungeborene Leben zu stellen anerkennt und prüft, ob der Gesetzgeber im konkreten Fall „das Erforderliche getan hat, um Gefahren von dem zu schützenden Rechtsgut abzuwenden." Siehe ferner BVerfGE 49, 89 (141 f.) – *Kalkar I*; 53, 30 (57, 59) – *Mülheim-Kärlich*; 56, 54 (78) – *Fluglärm*; 77, 170 (220) – *C-Waffen*, wonach Grundrechtsgefährdungen Grundrechtsverletzungen in bestimmten Fällen gleichzusetzen sind.

⁴³ BVerfGE 49, 89 (138, 142) – *Kalkar I*; 56, 54 (78) – *Fluglärm*; *Stern*, Staatsrecht, Bd. III/1, S. 740; *Murswiek*, Staatliche Verantwortung, S. 83 f.; *Breuer*, DVBl., 1978, 829 (833); *Ipsen*, AöR, 1982, 259 (260); *Rauschning*, in: VVDStRL, 1980, S. 191.

⁴⁴ *Dietlein*, Grundrechtliche Schutzpflichten, S. 107 ff.; *Unruh*, Grundrechtliche Schutzpflichten, S. 77 f.

und modifizieren ihn letztlich nur leicht, so dass sich in den Auffassungen keine grundlegenden Unterschiede ergeben.[45]

Nach dem polizei- und ordnungsrechtlichen Verständnis erfasst der Begriff der Gefahr eine Sachlage, die bei ungehindertem Geschehensablauf mit hinreichender Wahrscheinlichkeit in absehbarer Zeit zu einem Schaden für die öffentliche Sicherheit oder Ordnung führt.[46] Maßgeblich ist somit die hinreichende Wahrscheinlichkeit eines Schadenseintritts; das heißt der nicht unerheblichen Minderung des Bestands geschützter Rechtsgüter.[47] Bei der Beurteilung der Wahrscheinlichkeit handelt es sich um eine Prognoseentscheidung, die sich naturgemäß nach den Umständen des Einzelfalls richtet. Gleichwohl lassen sich etwa mit Art, Nähe und Ausmaß der Gefahr sowie Art und Rang des geschützten Rechtsguts gewisse objektive Bewertungskriterien identifizieren.[48] Im Sinne des rechtsstaatlichen Verhältnismäßigkeitsgrundsatzes muss der Grad der Wahrscheinlichkeit des Schadenseintritts größer sein, je geringer der mögliche Schaden ist und darf andererseits geringer sein, je schwerer der eventuelle Schaden wiegt.[49] Zur Wahrung des präventiven Charakters der Schutzpflichten dürfen an den Grad der Wahrscheinlichkeit aber keine übersteigerten Anforderungen gestellt werden.[50]

b) Die erforderliche Gefahrenschwelle

Grundsätzlich erfordert ein polizei- oder ordnungsrechtliches Einschreiten das Vorliegen einer konkreten Gefahr.[51] In Abgrenzung zur abstrakten Gefahr, die auf den typischen Fall bezogen ist,[52] liegt eine solche vor, wenn der Schadenseintritt bei ungehinderten Geschehensablauf im konkret zu beurteilenden Einzelfall hin-

---

[45] Siehe dazu *Jaeckel*, Schutzpflichten im dt. und europ. Recht, S. 86 mit Verweis auf *Breuer*, DVBl., 1978, 829 (833 ff.) und *Hermes*, Schutz von Leben und Gesundheit, S. 236 ff.; *Streuer*, Positive Verpflichtungen, S. 115 f.; vgl. dazu auch *Isensee*, in: Isensee/Kirchhof, HdbStR Bd. IX, § 191, Rn. 235 ff.

[46] So bereits PrOVGE 67, 334; 77, 341; 87, 301; BVerwGE 45, 51 (57); *Martens*, in: Drews et al., Gefahrenabwehr, S. 220; ähnlich für die EMRK: *Jaeckel*, Schutzpflichten im dt. und europ. Recht, S. 165.

[47] *Voßkuhle*, JuS, 2007, 908 (908).

[48] So für den grundrechtlichen Bereich: BVerfGE 49, 89 (142) – *Kalkar I*.

[49] BVerfGE 115, 320 (360 ff.); BVerwGE 88, 348 (351); 45, 51 (61); 62, 36 (39); *Schenke*, Polizei- und Ordnungsrecht, Rn. 82; *Gusy*, Polizei- und Ordnungsrecht, Rn. 119.

[50] *Stahl*, Schutzpflichten im Völkerrecht, S. 157.

[51] Siehe *Gusy*, Polizei- und Ordnungsrecht, Rn. 117; *Giemulla*, in: Giemulla/van Schyndel, LuftSiG, § 3, Rn. 16; *Richter*, Luftsicherheit, S. 91.

[52] *Voßkuhle*, JuS, 2007, 908 (909).

reichend wahrscheinlich ist.[53] Der Schaden muss dabei nicht tatsächlich eintreten. Ausreichend ist vielmehr, dass die Wahrscheinlichkeitsprognose aus objektiver *ex ante* Sicht gerechtfertigt war.[54] Abstrakte und konkrete Gefahr unterscheiden sich somit nicht im Grad der Wahrscheinlichkeit, sondern ausschließlich im Bezugspunkt. In beiden Fällen müssen – bei konkreter bzw. abstrakt-genereller Betrachtung – tatsächliche Anhaltspunkte gegeben sein, die den Schluss auf den Schadenseintritt zulassen.[55] Ist der Schadenseintritt nicht wahrscheinlich, sondern nur möglich, liegt keine Gefahr, sondern bloß ein Risiko vor.[56]

Auf die Schutzpflichtenproblematik bezogen bedeutet das, dass der Staat jedenfalls dann eingreifen muss, wenn die hinreichende Wahrscheinlichkeit eines Schadens für das geschützte Rechtsgut, also eine konkrete Gefahr, gegeben ist.[57] Allerdings hat das BVerfG im Zusammenhang mit dem Schutz von Leben, Gesundheit und Sachgütern das Ziel der „bestmögliche[n] Gefahrenabwehr und Risikovorsorge"[58] hervorgehoben. Mit diesem Ziel ist es unvereinbar, die Eingriffsschwelle im Bereich grundrechtlicher Schutzpflichten von vornherein auf das Bestehen einer konkreten Gefahr zu beschränken.[59] Je nach Intensität des möglichen Schadens kann ein Eingreifen zum Schutz des betroffenen Rechtsguts somit auch unterhalb der Schwelle einer konkreten Gefahr erforderlich sein. Maßgeblich ist danach nicht die Kategorisierung in Risiko oder Gefahr, sondern das Verhältnis von Wahrscheinlichkeit und Schadensintensität.[60] Ist der Schadenseintritt bloß theoretisch möglich, liegt also nur ein Risiko vor, so kann dies dazu führen, dass auf Rechtsfolgenseite geringere Anforderungen an den Staat zu stellen sind.

Das Völkerrecht steht diesem Schluss nicht entgegen. Ohne auf etwaige Begrifflichkeiten näher einzugehen, wird vielmehr auch hier für das Entstehen von Schutzpflichten auf das Verhältnis zwischen Wahrscheinlichkeit des Schadens-

---

[53] BVerwG, Urt. v. 26.6.1970, IV C 99/67, in: NJW 1970, 1890 (1892); BVerwGE, 116, 347 (351); BVerwG, Beschl. v. 14.9.2017, 3 C 4/16, in: NVwZ 2018, 504 (506).

[54] Eine solche sog. Anscheinsgefahr wurde z.B. im Fall *McCann* für ausreichend erachtet, in dem sich die Befürchtung, dass die drei getöteten Mitglieder der IRA einen Anschlag verüben wollten im Nachhinein als falsch herausstellte, EGMR, *McCann and Others v. The United Kingdom*, Judgment, 27.9.1995, Series A324.

[55] BVerwG, Urt. v. 28.6.2004, 6 C 21/03, Juris Rn. 25.

[56] Ausführlich zum Begriff des Risikos: *Klafki*, Risiko und Recht, S. 10 ff.; *Murswiek*, Staatliche Verantwortung, S. 81 ff.

[57] So für das Schädigungsverbot: *Epiney*, AVR, 1995, 309 (330).

[58] BVerfGE 49, 89, (142 f.) – *Kalkar I*.

[59] So auch *Dietlein*, Grundrechtliche Schutzpflichten, S. 108; *Jaeckel*, Schutzpflichten im dt. und europ. Recht, S. 86; *Kloepfer*, DVBl., 1988, 305 (311); *Murswiek*, Staatliche Verantwortung, S. 85 f.; *Streuer*, Positive Verpflichtungen, S. 114.

[60] Siehe auch *Hermes*, Schutz von Leben und Gesundheit, S. 239; *Murswiek*, in: Konrad, Internat. Menschenrechtsschutz, S. 235 f.

eintritts sowie des potenziellen Schadensausmaßes abgestellt.[61] So wird etwa im ILC-Artikelentwurf zur *Prevention of Transboundary Harm* das Risiko grenzüberschreitender Schäden als „combined effect of the probability of occurrence of an accident and the magnitude of its injurious impact"[62] definiert. Einen ähnlichen Ansatz verfolgt die ICAO. In ihrem *Risk Assessment Manual for Civil Aircraft Operations Over or Near Conflict Zones*, welches in Reaktion auf den Abschuss von Flug MH17 erlassen wurde, hebt sie hervor, dass es bei der Beurteilung, ob und welche Maßnahmen zu ergreifen sind, insbesondere auf die Wahrscheinlichkeit des Schadenseintritts sowie das Ausmaß der Folgen ankommt.[63]

Anders als im Gefahrenabwehrrecht ist somit nicht notwendig, dass das Rechtsgut bereits konkret gefährdet ist. Maßgeblich ist vielmehr, ob eine Abwägung zwischen der Wahrscheinlichkeit des Schadenseintritts und des Ausmaßes des eventuellen Schadens im Einzelfall zu dem Ergebnis führt, dass ein Eingreifen des Staates zum Schutze des Rechtsguts erforderlich ist.

2. Bewertung der ergriffenen Maßnahmen am Maßstab der due diligence

Zwar generiert das Bestehen einer hinreichenden Gefahr für ein Rechtsgut die Pflicht des Staates, sich durch positive Maßnahmen schützend vor ebendieses zu stellen, doch ist mit den staatlichen Schutzpflichten anerkanntermaßen keine Erfolgsgarantie verbunden.[64] Die Schutzpflichten legen es dem Staat nicht auf, Übergriffe gänzlich zu unterbinden, sondern erfordern lediglich, dass der Staat alle ihm zumutbaren und zur Abwehr der entsprechenden Gefahr erforderlichen Maßnahmen ergreift. Tut er dies und tritt eine Rechtsverletzung gleichwohl ein, so liegt keine Pflichtverletzung des Staates vor.[65] Es handelt sich bei den Schutzpflichten somit nicht um ergebnisbezogene (*obligations of result*), sondern um verhaltensbezogene Pflichten (*obligations of conduct*).[66] Welche Maßnahmen im

---

[61] Siehe für das Umweltvölkerrecht *Birnie/Boyle/Redgwell*, Internat. Law & the Environment, S. 170 f.

[62] ILC-Draft Articles on Prevention of Transboundary Harm, YbILC 2001, Vol. II/2, S. 152.

[63] ICAO Doc 10084, Risk Assessment Manual, 3.1.6, 4.1.4.

[64] IGH, *Application of the Convention on the Prevention and Punishment of the Crime of Genocide (Bosnia Herzegovina v. Serbia and Montenegro)*, Judgment, 26.2.2007, I.C.J. Rep. 2007, p. 43, para. 430; EGMR, *Plattform „Ärzte für das Leben" v. Austria*, Judgment, 21.6.1988, Series A139, para. 34; IAGMR, *Velásquez Rodríguez v. Honduras*, Judgment, 29.7.1988, Series C No. 4., Inter-Am.Ct.H.R., Ser. C No. 4 (1988), para. 175; *Seibert-Fohr*, ZaöRV, 2013, 37 (50); *Stahl*, Schutzpflichten im Völkerrecht, S. 319; *Wiesbrock*, Schutz der Menschenrechte, S. 167.

[65] *Seibert-Fohr*, ZaöRV, 2013, 37 (50); *Wiesbrock*, Schutz der Menschenrechte, S. 168.

[66] IGH, *Application of the Convention on the Prevention and Punishment of the Crime of Genocide (Bosnia Herzegovina v. Serbia and Montenegro)*, Judgment, 26.2.2007, I.C.J.

konkreten Fall zu ergreifen sind, ist nach dem objektiven Maßstab der angemessenen Sorgfalt (*due diligence*) zu bestimmen. Entscheidend ist danach, was in der Situation von dem betroffenen Staat zu erwarten ist, wie also eine „vernünftige Regierung" vorzugehen hätte.[67] Dabei kann vom Staat nur gefordert werden, was ihm faktisch – also auch finanziell – und rechtlich möglich ist.[68] Im Übrigen ist dem Staat bei der Auswahl der Mittel grundsätzlich weites Ermessen einzuräumen.[69]

Bei der Ermessensausübung ist der Grundsatz der Verhältnismäßigkeit zu beachten, welcher seine Wurzeln im deutschen Recht findet, mittlerweile aber in allen Rechtskreisen sowie allgemein im Völkerrecht anerkannt ist.[70] Zwar finden sich in den völkerrechtlichen Teilbereichen verschiedene Bezeichnungen wie etwa *proportionality, necessity, reasonableness, appropriateness* oder *fair balancing* zur Umschreibung der Verhältnismäßigkeit,[71] doch ist eine genaue Abgrenzung dieser Begrifflichkeiten nicht erforderlich. Sie beruhen im Kern alle auf der Erkenntnis, dass jede staatliche Maßnahme das Ergebnis einer Abwägung sein muss, die einen schonenden Ausgleich zwischen den gegenläufigen Interessen herstellt.[72]

Rep. 2007, p. 43, para. 430; kritisch zu dieser Unterscheidung: *Pisillo-Mazzeschi*, GYIL, 1992, 9 (47); *Tomuschat*, in: FS-Schermers, S. 323.

[67] *L. F. H. Neer and Pauline Neer (U.S.A.) v. United Mexican States*, 15.10.1926, RIAA, Vol. IV, p. 61; ILC-Draft Articles on Prevention of Transboundary Harm, YbILC 2001, Vol. II/2, S. 155; *Freeman*, RdC, 1955, 263 (277 f.); *Seibert-Fohr*, ZaöRV, 2013, 37 (50 f.).

[68] EGMR, *Osman v. The United Kingdom*, Judgment, 28.10.1998, Reports 1998-VIII, para. 116; *Epiney*, Völkerrechtliche Verantwortlichkeit, S. 230 f.; *Seibert-Fohr*, ZaöRV, 2013, 37 (52 f.); *Stahl*, Schutzpflichten im Völkerrecht, S. 321 ff.

[69] EGMR, *X and Y v. The Netherlands*, Judgment, 26.3.1985, Series A91, para. 24; *Johnston and Others v. Ireland*, Judgment, 18.12.1986, Series A112, para. 55; *Plattform „Ärzte für das Leben" v. Austria*, Judgment, 21.6.1988, Series A139, para. 34; siehe auch *Sudre*, RTDH, 1995, 363 (375).

[70] *Peters*, in: Baade et al., Verhältnismäßigkeit im Völkerrecht, S. 2 ff.; zur Verhältnismäßigkeit als Grundsatz des Völkerrechts siehe *Delbrück*, in: Bernhardt, EPIL III, Proportionality, S. 1144. Für eine kritische Betrachtung des Grundsatzes siehe *Baade*, Der EGMR als Diskurswächter, S. 111 ff.; *Klatt/Meister*, Der Staat, 2012, 159.

[71] Siehe *Laura M. B. Janes et al. U.S.A. v. United Mexican States*, General Claims Commission, 16.11.1925, UNRIAA, Vol. IV, p. 91: „obligation to take appropriate steps"; EGMR, *Rees v. The United Kingdom*, Judgment, 17.10.1986, Series A106, para. 37: „In determining whether or not a positive obligation exists, regard must be had to the fair balance that has to be struck between the general interest of the community and the interests of the individual […]" und EGMR, *Plattform „Ärzte für das Leben" v. Austria*, Judgment, 21.6.1988, Series A139, para. 36: „necessary measures", para. 39: „reasonable and appropriate measures". Zur Verhältnismäßigkeit im Rahmen der EMRK siehe *Sudre*, RTDH, 1995, 363 (378 ff.).

[72] *Peters*, in: Baade et al., Verhältnismäßigkeit im Völkerrecht, S. 1, 11.

a) Die Risikobewertung zum Überflug von Konfliktzonen

Aus dem Grundsatz der Verhältnismäßigkeit folgt, dass jede Maßnahme in Bezug auf den Überflug von Konfliktzonen das Ergebnis einer Risikobewertung des betroffenen Staates sein muss.[73] Zur Unterstützung ebendieser hat die ICAO in Reaktion auf den Abschuss von Flug MH17 das *Risk Assessment Manual for Civil Aircraft Operations Over or Near Conflict Zones* erlassen. Danach basiert eine vollständige Risikobewertung auf den Faktoren „threat, likelihood, consequence, vulnerability and hazards",[74] wobei unter *threat* das Risiko absichtlicher Abschüsse durch Boden-Luft-Raketen und unter *hazards* das Risiko unabsichtlicher Abschüsse geprüft werden.[75]

Mit Blick auf die Unvorhersehbarkeit im bewaffneten Konflikt werden in Anhang A des *Manuals* bestimmte Faktoren zusammengestellt, die ein gesteigertes Risiko für die zivile Luftfahrt über Konfliktzonen signalisieren. Dazu gehört zunächst das Vorhandensein von Boden-Luft-Raketen in der vom bewaffneten Konflikt betroffenen Umgebung. Die diesbezüglich häufig unsichere Informationslage sowie die weite Verbreitung und hohe Mobilität der Raketen erfordere es allerdings, auf weitere, spezifischere Kriterien abzustellen. Als solche benennt das *Manual* etwa den Einsatz von Militärflugzeugen in Kampfrolle oder zur feindlichen Aufklärung sowie den Einsatz von Luftfahrzeugen zum Transport von Bodentruppen oder militärischer Ausrüstung. Letztere seien, gerade wenn sie in Reiseflughöhe operieren, schwerer von zivilen Luftfahrzeugen zu unterscheiden. Hinzu komme – insbesondere bei nichtstaatlichen Akteuren – das erhöhte Risiko einer Fehlidentifizierung von zivilen Luftfahrzeugen durch schlecht ausgebildetes oder unerfahrenes Personal. Auch das Fehlen eines effizienten Flugverkehrsmanagements, etwa in Gebieten, in denen der Staat die Kontrolle über sein Territorium verloren hat, steigere das Risiko beim Überflug von Konfliktzonen. Gleiches gelte, wenn die Flugroute über oder in der Nähe von Orten bzw. Vermögenswerten von hoher strategischer Bedeutung verläuft.[76]

Die mit Hilfe dieser Kriterien zu beurteilende Wahrscheinlichkeit des Schadenseintritts, die Folgen und die Verwundbarkeit können auf einer Fünf-Punkte-Skala von extrem hoch bis niedrig bewertet werden.[77] Dabei ist für die Problematik des Überflugs von Konfliktzonen zu beachten, dass im Falle der Verwirklichung der Gefahr die *consequenes*, also die Folgen, stets gravierend und

---

[73] So auch: ICAO Doc 10084, Risk Assessment Manual, 3.1.6.
[74] ICAO Doc 10084, Risk Assessment Manual, 4.1.4, 2.1.1.
[75] ICAO Doc 10084, Risk Assessment Manual, 4.1.3, 4.4.1, 4.5.
[76] ICAO Doc 10084, Risk Assessment Manual, Appendix A, A-1 f.; siehe auch DSB-Abschlussbericht, S. 248; DSB-Appendices, Appendix U, S. 164.
[77] Zum Security Risk Assessment, siehe ICAO Doc 10084, Risk Assessment Manual, Appendix A, A-2 ff.; zum Safety Risk Assessment, siehe Appendix B des Manuals.

irreparabel sind. Hinzu kommt, dass zivile Luftfahrzeuge auf gewöhnlicher Flughöhe keine Möglichkeit haben, einer eingesetzten Rakete auszuweichen oder diese abzuwehren.[78] Die Wahrscheinlichkeit des Schadenseintritts darf daher nicht vorschnell beurteilt werden. Obgleich der Abschuss eines zivilen Luftfahrzeugs ein statistisch gesehen relativ unwahrscheinliches Szenario darstellt,[79] bedarf es aufgrund der Höhe des potenziellen Schadens für jede Konfliktzone einer umfassenden Risikobewertung, die auch mögliche Entwicklungen sowie das Risiko unbeabsichtigter Abschüsse und menschlicher Fehler berücksichtigt.[80] Führt die Risikobewertung im konkreten Fall zu dem Ergebnis, dass ein Boden-Luft-Angriff auf die zivile Luftfahrt über der Konfliktzone jedenfalls nicht unwahrscheinlich ist, erfordert das besondere Ausmaß des potenziellen Schadens unverzügliche Maßnahmen. Dabei ist in einem solchen Fall, wie auch im *Risk Assessment Manual* hervorgehoben wird, die Umgehung des betroffenen Luftraums die einzig verfügbare Abhilfemaßnahme.[81]

b) Anwendung auf den konkreten Fall

In Anwendung der vorgestellten Grundsätze ist zu prüfen, ob die Ukraine alle ihr zumutbaren und zur Abwehr der Gefahr erforderlichen Maßnahmen ergriffen hat. Wie bereits dargestellt, wurde der Luftraum über der Ostukraine im Vorfeld des Abschusses von Flug MH17 zunächst bis FL260 und schließlich bis FL320, also etwa bis zu einer Flughöhe von 9750 m, für den zivilen Luftverkehr gesperrt.[82] Drei Tage nach der Erweiterung der Luftraumsperrung wurde Flug MH17 auf etwa 10000 m, also knapp über der errichteten Sperrzone, abgeschossen. Die nur teilweise Sperrung des Luftraums erwies sich somit als unzureichend. Gleichwohl zieht dies keine völkerrechtliche Verantwortlichkeit der Ukraine nach sich, sofern mit der teilweisen Sperrung bereits eine Erfüllung ihrer *Due-Diligence-Verpflichtung* einhergegangen ist.

Wie erörtert, wird das den Staaten zustehende Ermessen hinsichtlich der im Rahmen ihrer Schutzpflicht zu ergreifenden Maßnahmen durch den Grundsatz der Verhältnismäßigkeit begrenzt. Danach muss die Maßnahme zur Erreichung des Schutzzwecks geeignet, erforderlich und insbesondere angemessen sein.[83] Die teilweise Sperrung des Luftraums über der Ostukraine diente der Schaffung

---

[78] Zum Ganzen ICAO Doc 10084, Risk Assessment Manual, 4.1.4, 4.6.1.
[79] ICAO Doc 10084, Risk Assessment Manual, 2.3.3, 2.4.2.
[80] So auch DSB-Abschlussbericht, S. 247 f.; DSB-Appendices, Appendix U, S. 167.
[81] ICAO Doc 10084, Risk Assessment Manual, 2.3.3., 2.4.3, 4.6.7.
[82] Siehe oben, Teil 1 A. II. 2., S. 23 ff.
[83] *Crawford*, Proportionality, in: MPEPIL, Rn. 2, wobei in der völkerrechtlichen Rechtsprechung teilweise nicht sauber zwischen den einzelnen Komponenten getrennt wird, siehe dazu *Grabenwarter/Pabel*, EMRK, § 18, Rn. 14 ff.

einer klaren Trennung zwischen militärischen Aktivitäten und dem zivilen Luftverkehr und war insofern geeignet, den Schutz ebendieser zu fördern.[84] Problematisch ist hier nicht, ob die nur teilweise Luftraumsperrung *erforderlich* war, sondern ob sie *ausreichend* war. Dies ist eine Frage der Angemessenheit der Maßnahme, welche – als Kern der Verhältnismäßigkeitsprüfung – einen Ausgleich der im konkreten Fall gegenüberstehenden Interessen erfordert.[85]

Eine vollständige Sperrung des Luftraums über der Konfliktzone bedeutet für die Ukraine als Bodenstaat zunächst, dass ihr beträchtliche Überfluggebühren entgehen. Darüber hinaus führt eine solche Luftraumsperrung zu einem erhöhten Flugverkehrsaufkommen auf den sonstigen Routen und stellt somit eine Herausforderung für das *Air Traffic Management* dar. Auch kommt es durch die erforderlichen Umleitungen ggf. zu längeren Flugzeiten und somit zu einem erhöhten Kerosinverbrauch und höheren Kosten für Reisende und Fluggesellschaften.[86] Mit der Errichtung von Luftsperrgebieten geht somit ein erheblicher Eingriff in den internationalen Luftverkehr einher.[87] Auf der anderen Seite begründet die nicht vollständige Sperrung des Luftraums über Konfliktzonen eine Gefahr für die Sicherheit der zivilen Luftfahrt sowie Leib und Leben einer Vielzahl von Personen. Obgleich das Interesse am Schutz des Lebens zahlreicher Personen das Interesse am reibungslosen Ablauf des internationalen Zivilluftverkehrs grundsätzlich überwiegt, ist ihm kein absoluter Vorrang einzuräumen. Vielmehr ist der Luftfahrt ein gewisses Risiko immanent, so dass stets für den Einzelfall zu erörtern ist, welche Risiken noch hinzunehmen sind und wann der Staat Abhilfe schaffen muss.

Wie bereits erläutert, hatte sich der bewaffnete Konflikt im Osten der Ukraine spätestens Ende April 2014 auf den Luftraum ausgeweitet.[88] Insbesondere kam es vermehrt zum Beschuss von Kampfflugzeugen und -hubschraubern sowie Transportluftfahrzeugen der ukrainischen Streitkräfte, wobei ukrainischen Behörden zufolge vorwiegend MANPADS eingesetzt wurden.[89] Drei Tage vor dem Abschuss von Flug MH17 wurde allerdings ein militärisches Luftfahrzeug auf einer Höhe von 6500 m erfasst, was für die Nutzung einer „more powerful weapon"[90] spreche. Noch am Tag vor der Katastrophe um Flug MH17 wurde ein

---

[84] Zur Geeignetheit siehe BVerfGE 30, 292 (316); 80, 1 (24 f.); *Borowski*, Grundrechte als Prinzipien, S. 257; *Stahl*, Schutzpflichten im Völkerrecht, S. 310 f.
[85] EGMR, *Rees v. The United Kingdom*, Judgment, 17.10.1986, Series A106, para. 37; näher zum sog. Abwägungsgebot siehe *Alexy*, Theorie der Grundrechte, S. 79 ff.
[86] Zum Ganzen: ICAO Doc 10084, Risk Assessment Manual, 4.6.7.
[87] *Schladebach*, Lufthoheit, S. 214.
[88] Siehe oben, Teil 1 A. II. 2., S. 23 ff.
[89] DSB-Abschlussbericht, S. 185.
[90] DSB-Abschlussbericht, S. 183.

B. Verstoß gegen eine völkerrechtliche Handlungspflicht

weiteres Kampfflugzeug in der vom Konflikt betroffenen Region abgeschossen. Wiederum gaben die Behörden Höhen an, die nur von leistungsstarken, weitreichenden Boden-Luft-Raketen oder Luft-Luft-Waffen erreicht werden können. Des Weiteren kursierten in den Monaten vor dem Abschuss des Fluges MH17 Berichte in den (sozialen) Medien, wonach die bewaffneten Gruppen in der Konfliktzone im Besitz von leistungsstarken Waffen, unter anderem auch Boden-Luft-Raketen, waren.[91]

Das DSB hebt in seinem Abschlussbericht hervor, dass Natur und Ausmaß der militärischen Kapazitäten der am Ostukrainekonflikt beteiligten Parteien auch in der Retrospektive nur schwer nachzuzeichnen sind.[92] Trotz der ungesicherten Informationsgrundlage zeigen aber jedenfalls die Ereignisse im unmittelbaren Vorfeld des Abschusses des Fluges MH17, dass in der Region die Verfügbarkeit von leistungsstarken Raketen, die zivile Luftfahrzeuge auch auf gewöhnlicher Flughöhe erreichen können, nicht auszuschließen war. Gab es noch zum Zeitpunkt der Sperrung des Luftraums bis FL260 möglicherweise nur Anzeichen für die Nutzung von Kurzstreckenraketen, änderte sich dies spätestens mit den Abschüssen vom 14. und 16. Juli 2014.[93] Obgleich die ukrainischen Behörden dabei Höhen angaben, die nur von weitreichenden Raketen erreicht werden können, erfolgte auch die Sperrung des Luftraums bis FL320 nur mit Blick auf die militärische Luftfahrt, nicht aber mit Blick auf etwaige Gefahren des Konflikts für die Zivilluftfahrt. Letztere wurde bis zum Abschuss des Fluges MH17 nicht als gefährdet erachtet. Dies zeigt, dass die Risikobewertung maßgeblich auf die Intention der am Konflikt beteiligten Parteien konzentriert war und das Risiko, dass zivile Luftfahrzeuge in der Folge von Fehlgängen oder menschlichen Fehlern erfasst werden, nicht hinreichend berücksichtigt wurde.[94] Insofern war die Risikobewertung nicht vollständig.[95]

Angesichts der militärischen Angriffs- und Transportflüge im vom Konflikt betroffenen Luftraum, der steigenden Zahl an Abschüssen von militärischen Luftfahrzeugen sowie der Tatsache, dass bei nichtstaatlichen Akteuren verstärkt mit der Gefahr von Fehlidentifizierungen ziviler Luftfahrzeuge zu rechnen ist, war der Eintritt eines Schadens für die zivile Luftfahrt im Vorfeld des Abschusses von Flug MH17 jedenfalls nicht als unwahrscheinlich einzustufen. Vielmehr lagen gleich mehrere der Faktoren vor, welche im *Risk Assessment Manual* als ri-

---

[91] DSB-Abschlussbericht, S. 187 sowie Fn. 98.
[92] DSB-Abschlussbericht, S. 188.
[93] DSB-Abschlussbericht, S. 206.
[94] Zum Fokus auf die Intention siehe DSB-Appendices, Appendix U, S. 167.
[95] So auch DSB-Abschlussbericht, S. 207.

sikosteigernd angeführt werden.[96] Obgleich das *Manual* erst nach dem Abschuss von Flug MH17 erarbeitet wurde, bietet es sich als Orientierungshilfe an. Aufgrund der gravierenden Folgen im Falle des Schadenseintritts führt schon die Einstufung des Schadenseintritts als *nicht unwahrscheinlich* zu einem nach dem ICAO *safety risk index* nicht hinnehmbaren Risiko.[97] Entsprechend musste die Ukraine unverzüglich reagieren und Abhilfe schaffen.

Dabei ist zu bedenken, dass Staaten im Rahmen ihrer „general duty of protection"[98] dazu verpflichtet sind, ausreichende Maßnahmen normativer und tatsächlicher Art zu ergreifen, die einen angemessenen und als solchen wirksamen Schutz der betroffenen Rechtsgüter erreichen.[99] Diese Ausprägung des Verhältnismäßigkeitsgrundsatzes kann, gerade wenn es – wie hier – um die Abwehr gravierender, irreparabler Schäden für besonders gewichtige Rechtsgüter wie Leib und Leben einer Vielzahl von Menschen geht, dazu führen, dass der Staat seiner Schutzpflicht nur mit einer konkreten Maßnahme genügen kann.[100] Im Falle dieser sog. Ermessensreduzierung auf Null verdichtet sich das Auswahlermessen des Staates zur Pflicht zur Ergreifung einer bestimmten Maßnahme.[101]

Vorliegend musste die Ukraine nach dem soeben Dargestellten davon ausgehen, dass in der Region leistungsstarke Waffen verfügbar sind, die eine beträchtliche Gefahr für die zivile Luftfahrt begründen. Dafür spricht auch, dass sie den Luftraum kurz vor dem Abschuss des Fluges MH17 bis FL320 gesperrt hatte, um den Sicherheitsabstand zwischen militärischer und ziviler Luftfahrt zu vergrößern. Die nur teilweise Sperrung des Luftraums lässt aber die zivile Luftfahrt auf gewöhnlicher Flughöhe unberührt und stellt insofern keine angemessene Schutzmaßnahme dar. Auch die Ausstellung einer NOTAM zu Art und Ausmaß des

---

[96] Siehe oben, Teil 5 B. III. 2. a), S. 236 f.; ICAO Doc 10084, Risk Assessment Manual, Appendix A, A-1 f.

[97] Der Safety Risk Index, welcher im Risk Assessment Manual aufgegriffen wurde (Appendix B, B-4), geht auf das ICAO Doc 9858, Safety Management Manual zurück, das schon in seiner ersten Auflage von 2006 eine tabellarische Darstellung der noch bzw. nicht mehr hinnehmbaren Risiken enthielt.

[98] *Tomuschat*, in: FS-Schermers, S. 323.

[99] Im deutschen Verfassungsrecht wird diese Ausprägung des Verhältnismäßigkeitsgrundsatzes als Untermaßverbot bezeichnet. Grundlegend dazu: BVerfGE 88, 203 (254 f.) – *Schwangerschaftsabbruch II*, mit Verweis auf *Isensee*, in: Isensee/Kirchhof, HdbStR Bd. V, § 111, Rn. 165 f.; *Canaris*, AcP, 1984, 201 (228); kritisch dazu: *Szczekalla*, Grundrechtliche Schutzpflichten, S. 111 f.

[100] *Bleckmann*, in: FS-Bernhardt, S. 320 f.; *Murswiek*, in: Konrad, Internat. Menschenrechtsschutz, S. 239; *Tomuschat*, in: FS-Schermers, S. 323. Zur Möglichkeit von Ermessensreduzierungen bei Übergriffen ius cogens sowie bei Beeinträchtigungen des Kernbereichs der Menschenrechte, *Wiesbrock*, Schutz der Menschenrechte, S. 171 f.; zur a.A. siehe *Stahl*, Schutzpflichten im Völkerrecht, S. 300 f.

[101] *Maurer/Waldhoff*, Allg. VerwR, § 7, Rn. 24; siehe auch oben, Teil 3 C. III. 3. b), S. 158.

Konflikts hätte keinen hinreichenden Schutz geboten. Insbesondere würde so die Entscheidung für den Überflug der Konfliktzone den Luftfahrtunternehmen überlassen, welche im Rahmen ihrer Risikobewertung zu unterschiedlichen Ergebnissen kommen können. Der erforderliche einheitliche und effiziente Schutz der zivilen Luftfahrt sowie der Fluggäste konnte nur durch eine vollständige Sperrung des vom Konflikt betroffenen Luftraums erreicht werden.[102] Mit Blick auf die zugespitzte Gefährdungslage hatte sich das Auswahlermessen der Ukraine somit auf Null reduziert und sich auf die Pflicht zur vollständigen Sperrung des Luftraums über der Konfliktzone konkretisiert.[103]

C. Weitere Voraussetzungen

Zu erörtern bleibt, ob das Vorliegen einer Schutzpflichtverletzung von weiteren Voraussetzungen abhängig ist.

I. Rechtswidrigkeit

Nach den Grundsätzen der ILC schließen die in den Art. 20 ff. des Artikelentwurfs aufgezählten Rechtfertigungsgründe die Verantwortlichkeit des Staates aus (*circumstances precluding wrongfulness*). Im Rahmen der Prüfung einer Schutzpflichtverletzung erübrigt sich aber eine eigenständige Behandlung des Merkmals der Rechtswidrigkeit. War die Nichtsperrung des Luftraums über einer Konfliktzone – etwa aufgrund höherer Gewalt – gerechtfertigt, so liegt schon kein Verstoß gegen die *Due-Diligence-Verpflichtung* vor.[104]

II. Schaden

Auch setzt eine Schutzpflichtverletzung nach allgemeiner Auffassung keinen über die Rechtsbeeinträchtigung hinausgehenden materiellen oder immateriellen Schaden voraus.[105] Mit Blick auf die Präventivfunktion der Schutzpflichten kann eine Rechtsbeeinträchtigung schon anzunehmen sein, wenn das Rechtsgut nicht

---

[102] So auch ICAO Doc 10084, Risk Assessment Manual, 4.6.7.
[103] Ähnlich *Adediran*, Issues in Aviation L. & Pol., 2015, 313 (330); *Giemulla/Kortas*, ZLW, 2015, 431 (436).
[104] Ähnlich *Stahl*, Schutzpflichten im Völkerrecht, S. 194 f.
[105] EGMR, *Artico v. Italy*, Judgment, 13.5.1980, Series A37, para. 35; *Epiney*, Völkerrechtliche Verantwortlichkeit, S. 67 ff.; *Hobe*, Völkerrecht, S. 266; *Stahl*, Schutzpflichten im Völkerrecht, S. 195; *von Arnauld*, Völkerrecht, Rn. 400.

verletzt, sondern bloß gefährdet wurde.[106] Dies ist insbesondere in Bezug auf sog. *basic rights*, also den in ihrer Bedeutung herausragenden, grundlegenden Menschenrechten,[107] anerkannt. Entsprechend hielt der EGMR fest, dass je nach Art und Ausmaß der angewandten Gewalt und Art der Verletzungen ein Verstoß gegen Art. 2 EMRK auch gegeben sein kann, wenn die betroffene Person nicht gestorben ist, sofern das Verhalten aus sich heraus eine ernsthafte Gefährdung des Lebens darstellt.[108] Unter Berufung auf die Rechtsprechung des EGMR hielt auch der IAGMR im Fall *Rochela Massacre* eine bloße Gefährdung des Rechts auf Leben für ausreichend.[109] Ferner betont der Menschenrechtsausschuss in der Allgemeinen Bemerkung Nr. 36, dass eine Verletzung des Rechts auf Leben aus Art. 6 IPbpR den Todeseintritt nicht zwingend voraussetzt.[110] Kann die Verursachung einer Rechtsgutsgefährdung somit bereits eine Schutzpflichtverletzung begründen, ist zum Zwecke des Ausschlusses von Bagatellen zu fordern, dass die Gefährdung von gewissem Gewicht ist.[111]

Im konkreten Fall führte der Abschuss des Fluges MH17 zu zahlreichen Lebensverlusten sowie wirtschaftlichen Einbußen. Es kam dabei nicht nur zu Rechtsbeeinträchtigungen, sondern darüber hinaus auch zu materiellen und immateriellen Schäden.

---

[106] So für das deutsche Verfassungsrecht: BVerfGE 51, 324 (346 f.) mit Verweis auf BVerfGE 49, 89 (141 f.); dazu auch *Krings*, Grundrechtliche Schutzansprüche, S. 225 ff. So auch: *Stahl*, Schutzpflichten im Völkerrecht, S. 154.

[107] Vgl. zum von der Straßburger Judikatur entwickelten Begriff der sog. basic rights: *Streuer*, Positive Verpflichtungen, S. 205 f.

[108] Siehe EGMR, *Osman v. The United Kingdom*, Judgment, 28.10.1998, Reports 1998-VIII, para. 116. So auch schon EGMR, *L.C.B. v. The United Kingdom*, Judgment, 9.6.1998, Reports 1998-III, para. 36 ff.; ähnlich EGMR, *Yaşa v. Turkey*, Judgment, 2.9.1998, Reports 1998-VI, para. 100 ff., wo der versuchte Mord als ausreichend erachtet wird. Siehe auch EGMR, *Ilhan v. Turkey*, Judgment, 27.6.2000, Reports 2000-VII, para. 76; *Makaratzis v. Greece*, Judgment, 20.12.2004, Reports 2004-XI; para. 55; *Soare and Others v. Romania*, Judgment, 22.2.2011, Appl. No. 24329/02, para. 108 f.; *Trévalec v. Belgium*, Judgment, 14.6.2011, Appl. No. 30812/07, para. 55 ff. Für eine Erstreckung dieser Rechtsprechung auf Fälle nichtstaatlichen Handelns siehe EGMR, *Yotova v. Bulgaria*, Judgement, 23.10.2012, Appl. No. 43606/04, para. 69 sowie EGMR, *Tërshana v. Albania*, Judgment, 4.8.2020, Appl. No. 48756/14, para. 131 f.

[109] IAGMR, *Rochela Massacre v. Colombia*, Judgment, 11.5.2007, Series C No. 163, para. 127.

[110] GenC No. 36, Right to life, Ziff. 7.

[111] Zur Bagatellgrenze siehe *Stahl*, Schutzpflichten im Völkerrecht, S. 163 f.

III. Kausalität

Zwischen dem Unterlassen des Staates und der Rechtsbeeinträchtigung muss auch ein gewisser Kausalzusammenhang bestehen.[112] So statuierte der EGMR im Fall *Young, James and Webster* unter Berufung auf Art. 1 EMRK, dass ein Staat für die Verletzung von Menschenrechten durch Dritte verantwortlich ist, sofern diese *aus der Missachtung der staatlichen Schutzpflicht folgt*.[113] Im Fall *Botta* forderte er einen „direct and immediate link",[114] also einen direkten und engen Zusammenhang zwischen dem Unterlassen und der Rechtsgutsbeeinträchtigung. Auch die Kommission hatte im Zusammenhang mit Art. 2 EMRK – in abwehrrechtlicher Konstellation – geurteilt, dass die Rechtsgutsverletzung eine direkte Konsequenz des staatlichen Fehlverhaltens darstellen muss.[115] Im Fall *Keller* forderte sie dazu eine „sufficiently direct connection"[116]. Ähnlich sieht es der VN-Menschenrechtsausschuss, der im Fall *Bordes* prüfte, ob die Verletzung des Rechts auf Leben im konkreten Fall das Resultat der durch Frankreich durchgeführten Nukleartests darstellte.[117] Speziell zur Schutzpflichtenkonstellationen ist auf den Fall *Velásquez* hinzuweisen, in dem der IAGMR das Erfordernis eines Kausalzusammenhangs besonders deutlich hervorhebt. Danach sei es Aufgabe des Gerichts zu bestimmen, „whether the violation *is the result of a State's failure* to fulfill its duty to respect and guarantee those rights, as required by Article 1 (1) of the Convention."[118]

Die Spruchpraxis macht somit erkenntlich, dass ein gewisser Kausalzusammenhang erforderlich ist, lässt aber offen, wie genau dieser ausgestaltet sein muss. Jedenfalls muss die Missachtung der staatlichen Schutzpflicht eine Bedingung für die Rechtsgutsverletzung dargestellt haben.[119] Unter Rückgriff auf die deutschen Kausalitätslehren ist dies zu bejahen, sofern die Rechtsgutsbeeinträch-

---

[112] *Wiesbrock*, Schutz der Menschenrechte, S. 177; ausführlich zur Kausalität: *Stahl*, Schutzpflichten im Völkerrecht, S. 169 ff.

[113] EGMR, *Young, James and Webster v. The United Kingdom*, Judgment, 13.8.1981, Series A44, para. 49.

[114] EGMR, *Botta v. Italy*, Judgment, 24.2.1998, Reports 1998-I, para. 35. Ähnlich: EGMR, *Guerra and Others v. Italy*, Judgment 19.2.1998, Reports 1998-I, para. 57; siehe auch *Ress*, in: Klein, The Duty to Protect and to Ensure Human Rights, S. 181.

[115] EKMR, *Tugar v. Italy*, Decision, 18.10.1995, D.R. 83-A, p. 26, para. 1.

[116] EKMR, *Keller v. Germany*, Decision, 4.3.1998, App. No. 36283/97, mit Verweis auf *Asociación de Aviadores de la República Mata et al. v. Spain*, Nr. 10733/84, Decision on the admissibility of the application, 11.3.1985, D.R. 41, p. 211.

[117] HRCee, *Bordes and Temeharo v. France*, Communication Nr. 645/1995, CCPR/C/57/D/645/1995, para. 5.4, 5.5.

[118] IAGMR, *Velásquez Rodríguez v. Honduras*, Judgment, 29.7.1988, Series C No. 4, para. 173 (Hervorhebung durch Verf.).

[119] *Wiesbrock*, Schutz der Menschenrechte, S. 177.

tigung mit an Sicherheit grenzender Wahrscheinlichkeit ausgeblieben wäre, wenn die Handlung, die vom Staat erwartet wurde, tatsächlich vorgenommen worden wäre.[120] Einschränkend ist zu fordern, dass das staatliche Unterlassen auch adäquat kausal war, es also die Möglichkeit der Rechtsgutsbeeinträchtigung nach allgemeiner Lebenserfahrung in nicht unerheblicher Weise erhöht hat.[121] Dies ist etwa dann nicht der Fall, wenn ein atypischer Kausalverlauf vorliegt oder die Rechtsgutsbeeinträchtigung nicht vom Schutzzweck der Norm erfasst ist.

Im Fall von Flug MH17 ist das Unterlassen der Ukraine, den Luftraum über der Konfliktzone zu sperren, für den Abschusses des Luftfahrzeuges – und somit für den Eintritt der Rechtsbeeinträchtigungen – adäquat kausal gewesen. Ein atypischer Kausalverlauf liegt nicht vor. Vielmehr entspricht es gerade dem Zweck der Sperrpflicht, Abschüsse ziviler Luftfahrzeuge zu vermeiden.

D. Zwischenergebnis

Die Pflicht zur Sperrung des Luftraums über Konfliktzonen stellt eine völkerrechtliche Schutzpflicht dar, deren Verletzung die Haftung des Staates nach den Grundsätzen der Staatenverantwortlichkeit begründet. Voraussetzung dafür ist zunächst die Handlungsfähigkeit des betroffenen Staates, welche bei sog. *Failed States* nicht gegeben ist. War der Staat handlungsfähig, gilt es zu erörtern, ob das Unterlassen, den Luftraum über einer Konfliktzone zu sperren, als Verletzung seiner Schutzpflicht zu werten ist. Das ist der Fall, wenn der Staat zum Schutze des betroffenen Rechtsguts zum Handeln verpflichtet war und er seiner Handlungspflicht nicht oder nicht zu genüge nachgekommen ist. Maßgeblich für das Entstehen der Schutzpflicht ist die hinreichende Wahrscheinlichkeit des Schadenseintritts, wobei an die Wahrscheinlichkeit geringere Anforderungen zu stellen sind, wenn der potenzielle Schaden – wie beim Überflug von Konfliktzonen – besonders hoch ist. Zu beachten ist ferner, dass der Staat im Rahmen seiner Schutzpflicht keinen bestimmten Erfolg schuldet, sondern lediglich dazu verpflichtet ist, alle ihm zumutbaren und zur Abwehr der entsprechenden Gefahr erforderlichen Maßnahmen zu ergreifen. Die Frage, welche Maßnahmen im Einzelfall zu erwarten sind, richtet sich nach einem objektiven Sorgfaltsmaßstab. Kommt dem Staat dabei grundsätzlich ein weiter Ermessensspielraum zu, kann sich die Schutzpflicht im Einzelfall auf eine bestimmte Maßnahme konkretisieren.

---

[120] *Freund*, in: MüKo StGB, Bd. 1, § 13, Rn. 213 f.; zur EMRK: *Streuer*, Positive Verpflichtungen, S. 274.

[121] *Freund*, in: MüKo StGB, Bd. 1, Vorb. zu § 13, Rn. 348; zur Übertragung dieser Grundsätze auf völkerrechtliche Schutzpflichten: *Stahl*, Schutzpflichten im Völkerrecht, S. 174 ff.

Wie dargelegt, stellte die nur teilweise Sperrung des Luftraums über der Ostukraine keine Erfüllung der ukrainischen Schutzpflicht dar. Die Ukraine wusste bzw. hätte wissen müssen, dass der bewaffnete Konflikt eine Gefahr für die zivile Luftfahrt begründet. Mit Blick auf das Ausmaß des potenziellen Schadens sowie der erhöhten Wahrscheinlichkeit des Schadenseintritts wäre eine vollständige Sperrung des Luftraums erforderlich gewesen. Die nicht vollständige Luftraumsperrung war adäquat kausal für den Abschuss des Fluges MH17 und die damit einhergegangenen Schäden. In der Folge ist die Ukraine schadensersatzpflichtig.[122]

---

[122] Siehe grundlegend zu den Rechtsfolgen i.R.d. Staatenverantwortlichkeit: StIGH, *Case Concerning the Factory at Chorzów*, Judgment, 13.9.1928, Series A No. 17, p. 47; Art. 28 ff. ILC-Artikelentwurf.

Schlussbetrachtung:
Ergebnis der Untersuchung

Anlass dieser Untersuchung war der Abschuss des Fluges MH17 am 17. Juli 2014 über der Ostukraine, welcher die Gefahren des Überflugs von Konfliktzonen selbst für zivile Luftfahrzeuge auf gewöhnlicher Flughöhe illustrierte und die Lückenhaftigkeit des derzeitigen Schutzsystems offenbarte. Zwar wurden infolge des Abschusses zahlreiche Maßnahmen auf internationaler sowie nationaler Ebene ergriffen, doch sind diese nicht dazu geeignet, einen effektiven Schutz der zivilen Luftfahrt zu gewährleisten. Die ergriffenen Maßnahmen konzentrieren sich maßgeblich auf den Informationsaustausch, der über das – letztlich gescheiterte – ICAO-*Repository* zentralisiert werden sollte. Obwohl die Bereitstellung von möglichst genauen Informationen zur Konfliktlage wesentlich für eine adäquate Risikobewertung aller Betroffenen und somit grundsätzlich begrüßenswert ist, reicht diese Maßnahme zum Schutz der zivilen Luftfahrt über Konfliktzonen nicht aus. Dies gilt insbesondere, weil die verfügbaren Informationen zu einer bestimmten Konfliktlage, wie schon am Beispiel der Ostukraine ersichtlich wird, unterschiedlichen Bewertungen durch die Staaten sowie den Luftfahrtunternehmen zugänglich sind. Ein einheitlicher Schutz aller Zivilluftfahrzeuge innerhalb eines Luftraumes kann nur dadurch erreicht werden, dass der Bodenstaat selbst handelt, die Staatengemeinschaft frühzeitig vor den Gefahren in seinem Luftraum warnt und diesen erforderlichenfalls der Zivilluftfahrt entzieht.

Im Rahmen der Bearbeitung wurde aufgezeigt, dass ein Staat, auf dessen Boden ein bewaffneter Konflikt herrscht, nicht nur für die Sperrung des Luftraums zuständig ist, sondern zur Gewährleistung eines einheitlichen und effizienten Schutzes der zivilen Luftfahrt in seinem Hoheitsgebiet unter bestimmten Voraussetzungen sogar *de lege lata* hierzu verpflichtet ist.

Nachfolgend werden zunächst die erarbeiteten Voraussetzungen für das Entstehen der Sperrpflicht dargestellt, bevor die Ergebnisse zur Herleitung der Pflicht zusammengefasst werden und ein kurzes Fazit erfolgt.

I. Voraussetzungen für die Pflicht zur Sperrung des Luftraums über einer Konfliktzone

Grundvoraussetzung für eine Sperrpflicht ist zunächst das Vorliegen einer Konfliktzone. Darunter ist nach hiesigem Verständnis ein Gebiet zu verstehen, auf dem sich ein bewaffneter Konflikt im Sinne des humanitären Völkerrechts ereignet. Dieser muss sich auf die Luftsicherheit auswirken, wobei letztere in einem weiten Sinne zu verstehen ist und die Aspekte der *safety* und der *security* umfasst.

Ferner muss die zivile Luftfahrt über der Konfliktzone tatsächlich gefährdet sein. Maßgebend für die Beurteilung der Gefahr ist das Verhältnis zwischen der Wahrscheinlichkeit eines Schadenseintritts und dem Ausmaß des potenziellen Schadens. Mit Blick auf die Vielzahl der gefährdeten Menschenleben sowie der Tatsache, dass zivile Luftfahrzeuge auf gewöhnlicher Flughöhe keine Möglichkeit haben, einer eingesetzten Rakete auszuweichen oder sie abzuwehren, ist der potenzielle Schaden beim Überflug von Konfliktzonen stets besonders hoch. Entscheidend ist daher die Frage, ab wann der Schadenseintritt im Einzelfall als hinreichend wahrscheinlich einzustufen ist. Hier bietet sich eine Orientierung an den von der ICAO infolge des Abschusses von MH17 entwickelten Kriterien an, die im *Risk Assessment Manual for Civil Aircraft Operations Over or Near Conflict Zones* zusammengefasst sind. Danach liegt schon ein gesteigertes Risiko für die zivile Luftfahrt vor, wenn in der vom bewaffneten Konflikt betroffenen Umgebung Boden-Luft-Raketen vorhanden sind. Aufgrund der diesbezüglich häufig unsicheren Informationslage ist zusätzlich auf weitere, spezifischere Kriterien zurückzugreifen. Zu diesen gehören etwa der Einsatz von Militärflugzeugen in Kampfrolle oder zur feindlichen Aufklärung und der Einsatz von Flugzeugen zum Transport von Bodentruppen oder Ausrüstung. Diese Luftfahrzeuge sind, gerade wenn sie in Reiseflughöhen operieren, nur schwer von zivilen Passagierluftfahrzeugen zu unterscheiden. Das Risiko einer Fehlidentifizierung wird durch schlecht ausgebildetes oder unerfahrenes Personal erhöht. Risikosteigernd wirkt auch das Fehlen eines effizienten Flugverkehrsmanagements im betroffenen Gebiet. Gleiches gilt, wenn die Flugroute ziviler Luftfahrzeuge über oder in der Nähe von Orten bzw. Vermögenswerten von hoher strategischer Bedeutung verläuft. Ferner sind mögliche Entwicklungen des Konflikts sowie das Risiko unbeabsichtigter Abschüsse und menschlicher Fehler in die Bewertung einzubeziehen. Erscheint der Schadenseintritt infolge der Risikobewertung als – wenn auch nur entfernt – wahrscheinlich, erfordert es die Höhe des potenziellen Schadens beim Überflug von Konfliktzonen, dass der Staat unverzüglich Schutzmaßnahmen ergreift. Dabei kommt ihm grundsätzlich ein gewisser Ermessenspielraum zu. Ist aber die Sicherheit der zivilen Luftfahrt auf gewöhnlicher Flughöhe gefährdet, stellt die Sperrung des gesamten vom Konflikt betroffenen Luftraums die einzig effektive Schutzmaßnahme dar. Der staatliche Handlungsspielraum verdichtet sich insofern zu einer Pflicht zur Sperrung des Luftraums über der Konfliktzone. Wie anhand des Beispiels der Ukraine erörtert, kann die Missachtung der Sperrpflicht die Haftung des – handlungsfähigen – Staates nach den Grundsätzen der Staatenverantwortlichkeit begründen.

II. Zusammenfassung zur Herleitung der Sperrpflicht

Nachdem das Ergebnis der Untersuchung aufgezeigt wurde, soll im Folgenden die Begründung der Pflicht zur Sperrung des Luftraums über Konfliktzonen zusammenfassend dargestellt werden.

1. Die Pflicht zur Sperrung des Luftraums über Konfliktzonen stellt eine staatliche Handlungspflicht zum Schutz der zivilen Luftfahrt und der mit ihr in Berührung stehenden Personen vor sämtlichen vom Konflikt ausgehenden Gefahren dar, unabhängig davon, ob sie dem Staat zurechenbar sind oder nicht.

2. Die staatliche Souveränität steht der Herleitung derartiger Schutzpflichten nicht entgegen, sondern gebietet sie vielmehr.

3. Staatliche Schutzpflichten durchziehen das gesamte Völkerrecht. Pflichten zum Schutz anderer Staaten folgen aus dem völkergewohnheitsrechtlich anerkannten allgemeinen Schädigungsverbot, wonach kein Staat sein Territorium wissentlich so nutzen bzw. nutzen lassen darf, dass einem anderen Staat dadurch Schäden entstehen. Daneben haben sich zahlreiche Pflichten zum Schutz des Individuums als solchem herausgebildet, welche im Kern auf dem Gedanken beruhen, dass mit der Gebietshoheit, gleichsam als Korrelat, die Pflicht der Staaten zum Schutz der auf ihrem Hoheitsgebiet befindlichen Personen einhergeht. Dieser rechtshistorisch tief verwurzelte Gedanke wurde völkerrechtlich erstmals im Fremdenrecht aufgegriffen und entwickelte sich, wie anhand des Investitionsschutzrechts, des Diplomaten- und des Konsularrechts, des humanitären Völkerrechts sowie des Menschenrechtsschutzes aufgezeigt wurde, zur Grundlage der Anerkennung von Schutzpflichten.

4. Die Tendenz zur Herausbildung völkerrechtlicher Schutzpflichten verdeutlicht, dass sich der Schutz des Individuums zum vorrangigen Ziel des Völkerrechts entwickelt hat und belegt eine Wandlung des Souveränitätsverständnisses, dem eine Verantwortungskomponente nicht mehr abzusprechen ist. Auf dieser Re-Charakterisierung von Souveränität als Kontrolle hin zur Souveränität als Verantwortung fußt auch das maßgeblich durch die ICISS geprägte Konzept der *Responsibility to Protect*, welches die Staatengemeinschaft im Abschlussdokument des VN-Weltgipfels 2005 ausdrücklich anerkannt hat.

5. Das Prinzip der souveränen Schutzverantwortung, wonach staatliche Schutzpflichten keinen Widerspruch zur Souveränität, sondern einen Ausdruck

ebendieser darstellen, lässt sich auf die Pflicht zur Sperrung des Luftraums über Konfliktzonen konkretisieren.

6. Die Sperrpflicht ergibt sich zunächst aus dem internationalen öffentlichen Luftrecht, welches auf der Grundannahme der in Art. 1 CA anerkannten Lufthoheit beruht. Diese begründet nicht nur die unbeschränkte und alleinige Hoheitsgewalt der Staaten im Luftraum über ihrem Staatsgebiet, sondern auch die umfassende Verantwortung des Bodenstaates für die Sicherheit seines Luftraums und der darin verkehrenden Luftfahrzeuge.

7. Aus der Lufthoheit folgt, dass der staatliche Luftraum *de iure* geschlossen ist und dass der Bodenstaat mit der Öffnung des Luftraums die Verantwortung für die Sicherheit der darin verkehrenden Luftfahrzeuge übernimmt. Mit der Öffnung des Luftraums schafft der Staat eine Gefahrenquelle, die ihn zur Ergreifung von Maßnahmen zum Schutz Dritter verpflichtet.

8. Der allgemeine Gedanke der Verkehrssicherungspflicht findet Ausdruck in den multi- und bilateralen Luftverkehrsabkommen. So folgt aus der im Transitabkommen niedergelegten Verantwortung des Bodenstaates für die Bestimmung des zur Verfügung stehenden Luftraums die vertragliche Nebenpflicht, Letzteren zu schließen, wenn er eine Gefahr für die Vertragspartner begründet. Darüber hinaus enthalten die bilateralen Luftverkehrsabkommen, wie am Beispiel des *Open-Skies-Abkommens* zwischen der EU und den USA aufgezeigt wurde, spezielle Bestimmungen zum Schutz der Flug- und Luftsicherheit. In diesen bekräftigen die Vertragsstaaten – unter genereller Bezugnahme auf die entsprechenden internationalen Instrumente – ihre Verpflichtung zum Schutz der Zivilluftfahrt vor widerrechtlichen Eingriffen. Aus dieser Schutzverpflichtung kann im Einzelfall die Pflicht zur Sperrung des Luftraums über Konfliktzonen folgen.

9. Aus der Lufthoheit folgt die umfassende und ausschließliche Zuständigkeit des Bodenstaates für die Organisation seines Luftraumes und des darin erfolgenden Flugverkehrs. Damit einher geht die Pflicht zur Gewährleistung adäquater Flugsicherungsdienste, welcher sich der Staat auch nicht dadurch entziehen kann, dass er die Erbringung der Dienste auf andere Staaten oder private Anbieter überträgt. Zur Flugsicherung gehört die Flugverkehrskontrolle (ATC), die für die Freigabe der Flugrouten zuständig ist. Herrscht auf dem Boden ein Konflikt, der die zivile Luftfahrt gefährdet, trägt die zuständige ATC die Verantwortung dafür, die betroffene Route dem Luftverkehr zu entziehen. Entsprechende Fehlentscheidungen sind dem Staat zuzurechnen.

10. Die Verantwortung des Bodenstaates für das Luftraummanagement beinhaltet die Pflicht zur Koordination von militärischer und ziviler Luftfahrt, welche in Annex 11 sowie im *Manual Concerning Safety Measures Relating to Military Activities Potentially Hazardous to Civil Aircraft Operations* konkretisiert wird. Letzteres sieht vor, dass die Verantwortung für die Gewährleistung der Sicherheit

des zivilen Luftverkehrs in Konfliktzonen bei dem Staat liegt, der die Flugsicherungsdienste (ATS) im betroffenen Luftraum erbringt. Dieser hat die Gefahren für den internationalen Zivilluftverkehr zu bewerten und zu bestimmen, ob ziviler Luftverkehr weiter stattfinden darf oder nicht. Kommt der Staat im Rahmen seiner Risikobewertung zu dem Ergebnis, dass die Sicherheit der zivilen Luftfahrt gefährdet ist, hat er die entsprechenden Maßnahmen zu ergreifen, wobei beim Überflug von Konfliktzonen regelmäßig nur in Betracht kommt, den betroffenen Luftraum für die zivile Luftfahrt zu sperren. Wie bereits erwähnt, ist es – auch im Falle einer Delegation der Erbringung der ATS-Dienste – stets der Bodenstaat, der die Letztverantwortung für ebendiese trägt.

11. Eine Pflicht zur Sperrung des Luftraums über Konfliktzonen kann sich auch unmittelbar aus Art. 9 CA ergeben. Dieser unterwirft in seinen lit. a) und b) das sich aus der Lufthoheit ergebende Recht der Staaten ihren Luftraum zu sperren bestimmten Voraussetzungen. Eine Auslegung nach Ziel und Zweck der Regelung, welche durch die Praxis der Staaten und der ICAO in der Anwendung der Norm gestützt wurde, führte zu dem Ergebnis, dass sich das in Art. 9 CA statuierte Recht zur Luftraumsperrung in bestimmten Fällen zu einer Rechtspflicht verdichtet. Eine solche Ermessensreduzierung auf Null tritt ein, wenn die Sicherheit der zivilen Luftfahrt im staatlichen Luftraum aufgrund eines bewaffneten Konflikts derart gefährdet ist, dass der Staat seiner Schutzpflicht nur dadurch nachkommen kann, dass er seinen Luftraum für die zivile Luftfahrt sperrt.

12. Eine Pflicht zur Sperrung des Luftraums über Konfliktzonen lässt sich grundsätzlich auch den luftstrafrechtlichen Normen entnehmen, wie sie insbesondere im Montrealer Übereinkommen von 1971 und im Pekinger Übereinkommen von 2010 festgehalten sind. Diese kriminalisieren die vorsätzliche und widerrechtliche Zerstörung von Luftfahrzeugen im Einsatz und sehen vor, dass sich die Vertragsstaaten darum bemühen, alle geeigneten Maßnahmen zur Verhinderung dieser Straftat zu ergreifen. Mit Blick auf die Beschränkung der luftstrafrechtlichen Bestimmungen auf vorsätzliche Abschüsse ziviler Luftfahrzeuge ist eine Pflicht zur Sperrung des Luftraums über Konfliktzonen aus ihnen aber nur in den Fällen herzuleiten, in denen es konkrete Anzeichen für derartige Angriffe gibt. Bloß versehentliche Abschüsse sind vom Schutzzweck des Luftstrafrechts nicht erfasst.

13. Eine Pflicht zur Sperrung des Luftraums über Konfliktzonen folgt nicht nur aus luftrechtlichen Bestimmungen, sondern darüber hinaus auch aus dem humanitären Völkerrecht. Zu stützen ist die Sperrpflicht auf Art. 58 lit. c) ZP I, wonach die am Konflikt beteiligten Parteien alle notwendigen Vorsichtsmaßnahmen treffen, um die Zivilbevölkerung, einzelne Zivilpersonen und zivile Objekte, die ihrer Herrschaft unterstehen, vor den mit Kriegshandlungen verbundenen Gefahren zu schützen. Insbesondere in Bezug auf zivile Passagierluftfahrzeuge,

welche anerkanntermaßen einen besonderen Schutzstatus genießen, ist der den Konfliktparteien durch die Vorschrift eingeräumte Beurteilungsspielraum eng auszulegen. Spielt sich auf dem Boden eines Staates ein bewaffneter Konflikt ab, der die Sicherheit der zivilen Luftfahrt gefährdet, konkretisiert sich die Pflicht zur Ergreifung aller notwendigen Vorsichtsmaßnahmen auf die Pflicht des Staates, seinen Luftraum für Zivilluftfahrzeuge zu sperren. Nur so kann er den Schutz der Zivilbevölkerung sowie ziviler Objekte vor den Auswirkungen des Konflikts gewährleisten und das Unterscheidungsgebot wahren.

14. Die Sperrpflicht kann sich ferner aus der Pflicht zum Schutz des Menschenrechts auf Leben ergeben. Wie anhand seiner wesentlichen konventionsrechtlichen Verbürgungen in Art. 6 IPbpR, Art. 2 EMRK sowie Art. 4 AMRK aufgezeigt wurde, sind Staaten dazu verpflichtet, positive Maßnahmen zum Schutz des Rechts auf Leben vor Übergriffen, auch seitens Dritter, zu ergreifen. Diese Schutzpflicht eines jeden Staates kann sich zu einer konkreten Sperrpflicht verdichten. Anders als nach der Rechtsprechung des EGMR im Fall *Osman* kommt es dafür nicht auf das Vorliegen eines *real and immediate risk* für bestimmte Personen an. Mit Blick auf die Besonderheiten der Problematik des Überflugs von Konfliktzonen ist vielmehr maßgeblich, ob der Staat eine hinreichend wahrscheinliche Gefahr für die zivile Luftfahrt in seinem Luftraum erkennt bzw. hätte erkennen müssen und ob die Sperrung des Luftraums die im konkreten Fall angemessene Maßnahme zur Abwehr der Gefahr für das Leben der Fluggäste darstellt.

15. Die Pflicht zur Sperrung des Luftraums über Konfliktzonen folgt auch aus dem völkergewohnheitsrechtlich anerkannten Schädigungsverbot, welches der IGH im *Korfu-Kanal-Fall* als „every State's obligation not to allow knowingly its territory to be used for acts contrary to the rights of other States" formulierte. Mit diesem Schädigungsverbot, das sich auf den staatlichen Luftraum erstreckt, gehen weitreichende Präventionspflichten einher. Dabei sind an die Schutzpflicht des Staates besonders hohe Anforderungen zu stellen, wenn – wie beim Überflug von Konfliktzonen – der potenzielle Schaden besonders hoch und zudem irreparabel ist. Entsprechend hat ein Staat schon aufgrund des völkerrechtlichen Schädigungsverbots seinen Luftraum für die zivile Luftfahrt zu sperren, sofern er weiß bzw. hätte wissen müssen, dass eine hinreichend wahrscheinliche Gefahr für die zivile Luftfahrt in seinem Luftraum besteht.

16. Die Pflicht, den Luftraum über Konfliktzonen zu sperren, wird dadurch untermauert, dass der VN-Sicherheitsrat nach Maßgabe von Kapitel VII der VN-Charta an die Stelle des seine Schutzpflicht verletzenden Staates treten und den Luftraum über dessen Hoheitsgebiet zum Schutz der Zivilisten sperren kann. Die Errichtung dieser sog. *No-Fly Zones* fügt sich in das Konzept der *Responsibility to Protect* ein und bekräftigt, dass die Sperrpflicht ein Ausdruck der primä-

ren Schutzverantwortung der Staaten ist. Diese kann im Falle des staatlichen Versagens von der Staatengemeinschaft in Form des Sicherheitsrates wahrgenommen werden.

III. Fazit

Die Sicherheit des internationalen Zivilluftverkehrs stellt ein globales Anliegen dar, dessen Verwirklichung maßgeblich von der Bereitschaft eines jeden Staates abhängt, seiner Schutzverantwortung nachzukommen und möglichst früh auf erkennbare Gefährdungslagen zu reagieren. Dies gilt insbesondere in Bezug auf die Gefahren des Überflugs von Konfliktzonen, welche sich, wie zuletzt durch den Abschuss des Fluges PS752 der Ukrainian International Airlines über dem Iran im Jahre 2020 verdeutlicht, kurzfristig realisieren können. Die Frage nach einer Pflicht der Staaten, ihren Luftraum über Konfliktzonen zu sperren, hat seit dem Abschuss von Flug MH17 weder an Brisanz noch an Aktualität verloren. Nach wie vor werden zahlreiche Konfliktzonen der Welt tagtäglich von Passagierluftfahrzeugen überflogen. Vor diesem Hintergrund ist es unerlässlich, dass jeder Konfliktstaat fortlaufend Risikobewertungen durchführt, seine Sicherheitskonzepte anpasst und die im Einzelfall erforderlichen Maßnahmen ergreift. Nur so kann ein schonender Ausgleich zwischen der Funktionstüchtigkeit des internationalen Luftverkehrs und der Sicherheit der Zivilluftfahrt dauerhaft gewährleistet werden. Die sich im Einzelfall ergebende Pflicht zur Sperrung des Luftraums über Konfliktzonen beruht auf dem Konzept der als Verantwortung verstandenen Souveränität und fügt sich in das Gefüge des modernen Völkerrechts ein, dessen primärer Zweck im Schutz des Individuums als solchem liegt. Trotz ihrer völkerrechtlich tiefen Verwurzelung und ihrer immensen Bedeutung für die Sicherheit des internationalen Zivilluftverkehrs ist die Sperrpflicht völkervertragsrechtlich bislang nicht kodifiziert. Eine entsprechende Klarstellung im Chicagoer Abkommen ist wünschenswert. Sie würde zu einer breiteren Akzeptanz der Sperrpflicht führen, die Verantwortung der Staaten für die Luftsicherheit hervorheben und somit mehr Rechtssicherheit für alle Beteiligten, insbesondere auch für die Luftfahrtunternehmen, schaffen. Denkbar wäre, wie im Rahmen der Bearbeitung vorgeschlagen wurde, die Annahme eines Zusatzprotokolls zur Schaffung eines Art. 9*bis* CA betreffend die Pflicht zur Errichtung von Luftsperrgebieten über Konfliktzonen.

Literaturverzeichnis

Abeyratne, Ruwantissa, The Legal Status of the Chicago Convention and Its Annexes, in: Air & Space Law, Vol. 19, 1994, S. 113–123

ders., Responsibility and Liability Aspects of the Icelandic Volcanic Eruption, in: Air & Space Law, Vol. 35, 2010, S. 281–292

ders., The Beijing Convention of 2010: An Important Milestone in the Annals of Aviation Security, in: Air & Space Law, Vol. 36, 2011, S. 243–256

ders., Convention on International Civil Aviation, A Commentary, Heidelberg (u. a.) 2014

ders., Flight MH 17: The Legal and Regulatory Fallout, in: Air & Space Law, Vol. 39, 2014, S. 329–340

ders., Civil Air Transport Over Conflict Zones – ICAO's Role in Risk Management, in: Zeitschrift für Luft- und Weltraumrecht, 64. Jahrgang, 2015, S. 18–29

ders., The ICAO High Level Safety Conference – Protection and Dissemination of Safety Information, in: Zeitschrift für Luft- und Weltraumrecht, 64. Jahrgang, 2015, S. 463–480

Adediran, Adejoke O., States' Responsibility Concerning International Civil Aviation Safety: Lessons From the Malaysia Airlines Flight MH17 Air Crash, in: Issues in Aviation Law and Policy, Vol. 14 , 2015, S. 313–338

Aldrich, George H., The Laws of War on Land, in: The American Journal of International Law, Vol. 94, 2000, S. 42–63

Alebeek, Rosanne van/Nollkaemper, André, The Legal Status of Decisions by Human Rights Treaty Bodies in National Law, in: Hellen Keller, Geir Ulfstein (Hrsg.), UN Human Rights Treaty Bodies, Law and Legitimacy, Cambridge (u. a.) 2012, S. 356–413

Alexy, Robert, Theorie der Grundrechte, 7. Aufl., Frankfurt am Main 2015

Ambos, Kai (Hrsg.), Rome Statute of the International Criminal Court, Article-by-Article Commentary, 4. Aufl., München (u. a.) 2022 (zitiert: *Bearbeiter*in*, in: Ambos, Rome Statute)

Amer, Salah El-Din, The Protection of Civilian Population, in: Natalino Ronzitti, Gabriella Venturini (Hrsg.), The Law of Air Warfare, Contemporary Issues, Utrecht 2006, S. 17–33

Antwerpen, Niels van, Cross-Border Provision of Air Navigation Services with Specific Reference to Europe, Safeguarding Transparent Lines of Responsibility and Liability, Alphen aan den Rijn 2008

Appel, Ivo/Mielke, Sebastian, Strategien der Risikoregulierung, Bedeutung und Funktion eines Risk-Based Approach bei der Regulierung im Umweltrecht, Baden-Baden 2014

Arnauld, Andreas von, Souveränität und Responsibility to Protect, in: Die Friedens-Warte, Vol. 84, 2009, S. 11–52

ders., Souveränität als fundamentales Konzept des Völkerrechts, in: Die Friedens-Warte, Vol. 89, 2014, S. 51–72

ders., Völkerrecht, 5. Aufl., Heidelberg 2022

Arndt, Birger, Das Vorsorgeprinzip im EU-Recht, Tübingen 2009

Ayeni, Victor Oluwasina, The African Human Rights Architecture: Reflections on the Instruments and Mechanisms Within the African Human Rights System, in: Beijing Law Review, Vol. 10, 2019, S. 302–316

Baade, Björnstjern, Der Europäische Gerichtshof für Menschenrechte als Diskurswächter, Zur Methodik, Legitimität und Rolle des Gerichtshofs im demokratisch-rechtsstaatlichen Entscheidungsprozess, Berlin/Heidelberg 2017

Baldus, Manfred, Extraterritoriale Interventionen der Bundeswehr zur Rettung von fremden und deutschen Staatsangehörigen, in: Ingo Erberich, Ansgar Hörster, Michael Hoffmann, Thorsten Kingreen, Hermann Pünder, Rainer Störmer (Hrsg.), Frieden und Recht, Stuttgart (u.a.) 1998, S. 259–296

Balendra, Natasha, Defining Armed Conflict, in: Cardozo Law Review, Vol. 29, 2008, S. 2461–2516

Barboza, Julio, International Liability for the Injurious Consequences of Acts Not Prohibited by International Law and Protection of the Environment, in: Recueil des Cours de l'Academie de Droit international de la Haye, Vol. 247, 1994, S. 293–405

Barth, Olivia, Zivilpersonen im modernen Luftkrieg, Herausforderungen des Rechts des bewaffneten Konflikts im Hinblick auf den Schutz von Zivilpersonen im Rahmen von Luftoperationen, Berlin 2020

Baumann, Karsten, Der Schutz von Verfassungsorganen gegen terroristische Angriffe aus der Luft, in: Die Öffentliche Verwaltung, 59. Jahrgang, 2006, S. 331–338

Bäumler, Jelena, Das Schädigungsverbot im Völkerrecht, Eine Untersuchung anhand des Umwelt-, Welthandels- und Finanzvölkerrechts, Berlin/Heidelberg 2017

Beco, Gauthier de, War Crimes in International Versus Non-international Armed Conflicts: New Wine in Old Wineskins, in: International Criminal Law Review, Vol. 8, 2008, S. 319–330

Bentzien, Joachim, Das internationale öffentliche Luftrecht als Teil des Völkerrechts, in: Mariette Benkö, Walter Kröll (Hrsg.), Luft- und Weltraumrecht im 21. Jahrhundert, Liber Amicorum, Karl-Heinz Böckstiegel, Köln (u.a.) 2001, S. 3–25

ders., Das Luftverkehrsabkommen zwischen der EG und ihren Mitgliedsstaaten und den USA vom 30. April 2007, in: Zeitschrift für Luft- und Weltraumrecht, 56. Jahrgang, 2007, S. 587–609

ders., Problems Relating to the First Freedom of the Air, in: Zeitschrift für Luft- und Weltraumrecht, 57. Jahrgang, 2008, S. 508–53

Bergmann, Karl-Otto/Schumacher, Hermann, Die Kommunalhaftung, Ein Praxishandbuch des Staatshaftungsrechts, 4. Aufl., Köln (u.a.) 2007

Bernhardt, Rudolf (Hrsg.), Encyclopedia of Public International Law, Vol. I, A–D, Amsterdam (u.a.) 1992 (zitiert: *Bearbeiter*in*, in: Bernhardt, EPIL I)

ders., Encyclopedia of Public International Law, Vol. II, E–I, Amsterdam (u.a.) 1995 (zitiert: *Bearbeiter*in*, in: Bernhardt, EPIL II)

ders., Encyclopedia of Public International Law, Vol. III, J–P, Amsterdam (u.a.) 1997 (zitiert: *Bearbeiter*in*, in: Bernhardt, EPIL III)

ders., Encyclopedia of Public International Law, Vol. IV, Q–Z, Amsterdam (u.a.) 2000 (zitiert: *Bearbeiter*in*, in: Bernhardt, EPIL IV)

Berz, Ulrich/Burmann, Michael (Hrsg.), Handbuch des Straßenverkehrsrechts, 46. Ergänzungslieferung, München 2022 (zitiert: *Bearbeiter*in*, in: Berz/Burmann, Hdb. des Straßenverkehrsrechts)

Beyerlin, Ulrich, Klagebefugnis von Ausländern gegen grenzüberschreitende Umweltbelastungen, Anmerkung zum Urteil des Verwaltungsgerichts Straßburg vom 27. Juli 1983 im Rechtsstreit zwischen der Provinz Nord-Holland u.a. und der Französischen Republik, in: Zeitschrift für ausländisches öffentliches Recht und Völkerrecht, 44. Jahrgang, 1984, S. 336–342

ders., Grenzüberschreitender Umweltschutz und allgemeines Völkerrecht, in: Kay Hailbronner, Georg Ress, Torsten Stein (Hrsg.), Staat und Völkerrechtsordnung, Festschrift für Karl Doehring, Berlin/Heidelberg 1989, S. 37–61
ders./Marauhn, Thilo, International Environmental Law, Oxford (u. a.) 2011
Birnie, Patricia W. (Begr.)*/Boyle, Alan E./Redgwell, Catherine,* Birnie, Boyle & Redgwell's International Law and the Environment, 4. Aufl., Oxford 2021
Bleckmann, Albert, Grundgesetz und Völkerrecht, Ein Studienbuch, Berlin 1975
ders., Das Souveränitätsprinzip im Völkerrecht, in: Archiv des Völkerrechts, 23. Band, 1985, S. 450–477
ders., Neue Aspekte der Drittwirkung der Grundrechte, in: Deutsches Verwaltungsblatt, 103. Jahrgang, 1988, S. 938–946
ders., Die Entwicklung staatlicher Schutzpflichten aus den Freiheiten der Europäischen Menschenrechtskonvention, in: Ulrich Beyerlin, Michael Bothe, Rainer Hofmann, Ernst-Ulrich Petersmann (Hrsg.), Recht zwischen Umbruch und Bewahrung, Völkerrecht, Europarecht, Staatsrecht, Festschrift für Rudolf Bernhardt, Berlin/Heidelberg 1995, S. 309–321
Bluntschli, Johann Caspar, Das moderne Völkerrecht der civilsirten Staaten als Rechtsbuch dargestellt, 3. Aufl., Nördlingen 1878
Böckenförde, Ernst-Wolfgang, Der Westfälische Frieden und das Bündnisrecht der Reichsstände, in: Der Staat, 8. Band, 1969, S. 449–478
Bodin, Jean, Les Six Livres de la République, Paris 1576
Boelaert-Suominen, Sonja, Grave Breaches, Universal Jurisdiction and Internal Armed Conflict: Is Customary Law Moving Towards a Uniform Enforcement Mechanism for All Armed Conflicts, in: Journal of Conflict and Security Law, Vol. 5, 2000, S. 63–103
Boisson de Chazournes, Laurence/Condorelli, Luigi, Common Article 1 of the Geneva Conventions Revisited: Protecting Collective Interests, in: International Review of the Red Cross, Vol. 82, 2000, S. 67–87
dies., De la „responsabilité de protéger", ou d'une nouvelle parure pour une notion déjà bien établie, in: Revue Générale de Droit International Public, Vol. 110, 2006, S. 11–18
Borowski, Martin, Grundrechte als Prinzipien, 3. Aufl., Baden-Baden 2018
Bossuyt, Marc, Les Travaux du Comité des Nations Unies des Droits de l'Homme, in: Revue Trimestrielle des Droits de l'Homme, Vol. 5, 1994, S. 31–40
Bothe, Michael/Partsch, Karl Josef/Solf, Waldemar A., New Rules for Victims of Armed Conflicts, Commentary on the Two 1977 Protocols Additional to the Geneva Conventions of 1949, 2. Aufl., Leiden/Boston 2013
Bourbonnière, Michel/Haeck, Louis, Military Aircraft and International Law: Chicago Opus 3, in: Journal of Air Law & Commerce, Vol. 66, 2001, S. 885–978
Bowring, Bill, Fragmentation, Lex Specialis and the Tensions in the Jurisprudence of the European Court of Human Rights, in: Journal of Conflict and Security Law, Vol. 14, 2009, S. 485–498
Boyle, Alan E., State Responsibility and International Liability for Injurious Consequences of Acts Not Prohibited by International Law: A Necessary Distinction?, in: The International and Comparative Law Quarterly, Vol. 39, 1990, S. 1–26
Breuer, Marten, Souveränität in der Staatengemeinschaft, in: Marten Breuer, Astrid Epiney, Andreas Haratsch, Stefanie Schmahl, Norman Weiß (Hrsg.), Der Staat im Recht, Festschrift für Eckart Klein zum 70. Geburtstag, Berlin 2013, S. 747–764
Breuer, Rüdiger, Gefahrenabwehr und Risikovorsorge im Atomrecht, Zugleich ein Beitrag zum Streit um die Berstsicherung für Druckwasserreaktoren, in: Deutsches Verwaltungsblatt, 93. Jahrgang, 1978, S. 829–839

Brownlie, Ian, Principles of Public International Law, 7. Aufl., Oxford (u. a.) 2008

Brunnée, Jutta, Sic utere tuo ut alienum non laedas, in: Max Planck Encyclopedia of Public International Law, Januar 2022

Bryde, Brun-Otto, Umweltschutz durch allgemeines Völkerrecht?, in: Archiv des Völkerrechts, 31. Band, 1993, S. 1–12

Buergenthal, Thomas, Law-Making in the International Civil Aviation Organization, New York 1969

ders., To Respect and to Ensure: State Obligations and Permissible Derogations, in: Louis Henkin (Hrsg.), The International Bill of Rights, The Covenant on Civil and Political Rights, New York 1981, S. 72–91

ders., The Normative and Institutional Evolution of International Human Rights, in: Human Rights Quarterly, Vol. 19, 1997, S. 703–723

ders., The Evolving International Human Rights System, in: The American Journal of International Law, Vol. 100, 2006, S. 783–807

Bungenberg, Marc/Griebel, Jörn/Hobe, Stephan/Reinisch, August (Hrsg.), International Investment Law, Baden-Baden 2015 (zitiert: *Bearbeiter*in*, in: Bungenberg et al., Internat. Investment Law)

Canaris, Claus-Wilhelm, Grundrechte und Privatrecht, in: Archiv für die civilistische Praxis, 1984, S. 201–246

Cançado Trindade, Antônio Augusto, Some Reflections on the Principle of Humanity in Its Wide Dimension, in: Robert Kolb, Gloria Gaggioli (Hrsg.), Research Handbook on Human Rights and Humanitarian Law, Cheltenham (u. a.) 2013, S. 188–197

Carnahan, Burrus M., Lincoln, Lieber and the Laws of War: The Origins and Limits of the Principle of Military Necessity, in: The American Journal of International Law, Vol. 92, 1998, S. 213–231

Cassese, Antonio, The Statute of the International Criminal Court: Some Preliminary Reflections, in: European Journal of International Law, Vol. 10, 1999, S. 144–171

ders., The Martens Clause: Half a Loaf or Simply Pie in the Sky?, in: European Journal of International Law, Vol. 11, 2000, S. 187–216

Cerna, Christina M., The History of the Inter-American System's Jurisprudence as Regards Situations of Armed Conflict, in: Journal of International Humanitarian Legal Studies, Vol. 2, 2011, S. 3–52

Cheng, Bin, State Ships and State Aircraft, in: Current Legal Problems, Vol. 11, 1958, S. 225–257

ders., The Law of International Air Transport, London/New York 1962

ders., The Destruction of KAL Flight KE007, and Article 3 Bis of the Chicago Convention, in: J. W. E. Storm van's Gravesande, A. van der Veen Vonk (Hrsg.), Air Worthy, Liber Amicorum honouring Professor Dr. I. H. Ph. Diederiks-Verschoor, Deventer (u. a.) 1985, S. 49–74

ders., International Legal Instruments to Safeguard International Air Transport: The Conventions of Tokyo, the Hague, Montreal, and a New Instrument Concerning Unlawful Violence at International Airports, in: Conference Proceedings, Aviation Security, January 1987

ders., Aviation, Criminal Jurisdiction and Terrorism: The Hague Extradition/Prosecution Fomula and Attacks at Airports, in: Bin Cheng, Edward Duncan Brown (Hrsg.), Contemporary Problems of International Law: Essays in Honour of Georg Schwarzenberger on His Eightieth Birthday, London 1988, S. 25–52

Choi, Jin-Tai, Aviation Terrorism, Historical Survey, Perspectives and Responses, London 1994

Cicero, Marcus Tullius, De Officiis, Vom pflichtgemäßen Handeln, Lateinisch-Deutsch, hrsg. und übers. von Rainer Nickel, Düsseldorf 2008

Clapham, Andrew, The „Drittwirkung" of the Convention, in: Ronald S. Macdonald, Franz Matscher, Herbert Petzold (Hrsg.), The European System for the Protection of Human Rights, Dordrecht 1993, S. 163–206

ders./Gaeta, Paola (Hrsg.), The Oxford Handbook of International Law in Armed Conflict, Oxford 2014 (zitiert: *Bearbeiter*in*, in: Clapham/Gaeta, Internat. Law in Armed Conflict)

Cooper, John Cobb, The Bermuda Plan: World Pattern for Air Transport, in: Foreign Affairs, Vol. 25, 1946, S. 59–71

ders., Air Transport and World Organization, in: The Yale Law Journal, Vol. 55, 1946, S. 1191–1213

ders., State Sovereignty in Space: Developments 1910 to 1914, in: Leo Brandt (Hrsg.), Beiträge zum internationalen Luftrecht, Festschrift zu Ehren von Prof. Dr. jur. Alex Meyer aus Anlaß seines 75. Geburtstages am 15. Dezember 1954, dargebracht von Freunden, Fachgenossen und Schülern, Düsseldorf 1954, S. 41–49

ders., The Chicago Convention – After Twenty Years / 20 Jahre Abkommen von Chikago, in: Zeitschrift für Luftrecht und Weltraumrechtsfragen, 14. Band, 1965, S. 272–295

ders., Roman Law and the Maxim „Cujus est solum" in International Air Law, in: Explorations in Aerospace Law, Selected Essays by John Cobb Cooper, 1946–1966, edited by Ivan A. Vlasic, Montreal 1968

Cordero Moss, Giuditta, Full Protection and Security, in: August Reinisch (Hrsg.), Standards of Investment Protection, Oxford (u. a.) 2008, S. 131–150

Correia, Vincent, The Legacy of the 1919 Paris Convention Relating to the Regulation of Aerial Navigation, in: Pablo Mendes de Leon, Niall Buissing (Hrsg.), Behind and Beyond the Chicago Convention, The Evolution of Aerial Sovereignty, Alphen aan den Rijn 2019, S. 3–23

Crawford, Emily, Proportionality, in: Max Planck Encyclopedia of Public International Law, Mai 2011

Crawford, James/Pellet, Alain/Olleson, Simon (Hrsg.), Oxford Commentaries on International Law, The Law of International Responsibility, Oxford (u. a.) 2010

Criddle, Evan J./Fox-Decent, Evan, Mandatory Multilateralism, in: The American Journal of International Law, Vol. 113, 2019, S. 272–325

Cunliffe, Philip, Critical Perspectives on the Responsibility to Protect, Interrogating Theory and Practice, London/New York 2011

Cushing, Caleb, The Treaty of Washington: Its Negotiation, Execution, and the Discussions Relating Thereto, New York 1873

Dahm, Georg, Die Stellung des Menschen im Völkerrecht unserer Zeit, in: Recht und Staat in Geschichte und Gegenwart, Eine Sammlung von Vorträgen und Schriften aus dem Gebiet der gesamten Staatswissenschaft, Heft 238, Tübingen 1961

ders. (Begr.)/*Delbrück, Jost/Wolfrum, Rüdiger*, Völkerrecht, Band I/1, Die Grundlagen. Die Völkerrechtssubjekte, 2. Aufl., Berlin/New York 1989 (zitiert: *Bearbeiter*in*, in: Dahm/Delbrück/Wolfrum, Völkerrecht, Bd. I/1)

dies., Völkerrecht, Band I/2, Der Staat und andere Völkerrechtssubjekte; Räume unter internationaler Verwaltung, 2. Aufl., Berlin 2002 (zitiert: *Bearbeiter*in*, in: Dahm/Delbrück/Wolfrum, Völkerrecht, Bd. I/2)

dies., Völkerrecht, Band I/3, Die Formen des völkerrechtlichen Handelns; Die inhaltliche Ordnung der internationalen Gemeinschaft, Berlin 2002 (zitiert: *Bearbeiter*in*, in: Dahm/Delbrück/Wolfrum, Völkerrecht, Bd. I/3)

Darcy, Shane, Judges, Law and War, The Judicial Development of International Humanitarian Law, Cambridge 2014

Delbrück, Jost, Globalization of Law, Politics and Markets – Implications for Domestic Law – A European Perspective, in: Indiana Journal of Global Legal Studies, Vol. 1, 1993, S. 9–36

ders., Structural Changes in the International System and Its Legal Order, International Law in the Era of Globalization, in: Schweizerische Zeitschrift für internationales und europäisches Recht, 11. Jahrgang, 2001, S. 1–36

Dempsey, Paul Stephen, Structural Changes in the International System and Its Legal Order, International Law in the Era of Globalization, in: North Carolina Journal of International Law, Vol. 30, 2004, S. 1–74

ders./*Jakhu, Ram S.* (Hrsg.), Routledge Handbook of Public Aviation Law, New York 2017 (zitiert: *Bearbeiter*in*, in: Dempsey/Jakhu, Public Aviation Law)

Deng, Francis Mading/Kimaro, Sadikiel/Lyons, Terrence/Rothchild, Donald/Zartman, William I., Sovereignty as Responsibility, Conflict Management in Africa, Washington D.C. 1996

Denza, Eileen, Diplomatic Law, Commentary on the Vienna Convention on Diplomatic Relations, 4. Aufl., Oxford 2016

Detter, Ingrid, The Law of War, 3. Aufl., Farnham 2013

Dicke, Klaus, Effizienz und Effektivität internationaler Organisationen, Darstellung und kritische Analyse eines Topos im Reformprozeß der Vereinten Nationen, Berlin 1994

Dietlein, Johannes, Die Lehre von den grundrechtlichen Schutzpflichten, 2. Aufl., Berlin 2005

Dinstein, Yoram, War, Aggression and Self-Defence, 6. Aufl., Cambridge (u.a.) 2017

ders., The Conduct of Hostilities Under the Law of International Armed Conflict, 4. Aufl., Cambridge (u.a.) 2022

Dintelmann, Klaus, Die Verunreinigung internationaler Binnengewässer insbesondere in Westeuropa aus der Sicht des Völkerrechts, Köln (u.a.) 1965

Doehring, Karl, Die allgemeinen Regeln des völkerrechtlichen Fremdenrechts und das deutsche Verfassungsrecht, Köln (u.a.) 1963

ders., Völkerrecht, Ein Lehrbuch, 2. Aufl., Heidelberg 2004

Dolzer, Rudolf/Stevens, Margrete, Bilateral Investment Treaties, Den Haag/Boston/London 1995

ders./*Kriebaum, Ursula/Schreuer, Christoph*, Principles of International Investment Law, 3. Aufl., Oxford 2022

Domingo, Rafael, The New Global Law, Cambridge (u.a.) 2010

Dörmann, Knut/Linjnzaad, Liesbeth/Sassòli, Marco/Spoerri, Philip (Hrsg.), International Committee of the Red Cross, Commentary on the First Geneva Convention, Convention (I) For the Amelioration of the Condition of the Wounded and Sick in Armed Forces in the Field, Cambridge (u.a.) 2016 (zitiert: *Bearbeiter*in*, in: ICRC Commentary 2016, GC I)

Dörr, Oliver/Schmalenbach, Kirsten (Hrsg.), Vienna Convention on the Law of Treaties, A Commentary, 2. Aufl., Berlin 2018 (zitiert: *Bearbeiter*in*, in: Dörr/Schmalenbach, VCLT Commentary)

Doswald-Beck, Louise (Hrsg.), San Remo Manual on International Law Applicable to Armed Conflicts at Sea, Prepared by International Lawyer and Naval Experts Convened by the International Institute of Humanitarian Law, Cambridge 1995

dies., Human Rights in Times of Conflict and Terrorism, Oxford (u.a.) 2011

Draper, Gerald, Humanitarian Law and Human Rights, in: Acta Juridica, 1979, S. 193–206

Drews, Bill (Begr.)/*Wacke, Gerhard/Vogel, Klaus/Martens, Wolfgang*, Gefahrenabwehr, Allgemeines Polizeirecht (Ordnungsrecht) des Bundes und der Länder, 9. Aufl., Köln (u.a.) 1986 (zitiert: *Bearbeiter*in*, in: Drews et al., Gefahrenabwehr)

Dröge, Cordula, Positive Verpflichtungen der Staaten in der Europäischen Menschenrechtskonvention, Berlin/Heidelberg 2003

dies., The Interplay Between International Humanitarian Law and International Human Rights Law in Situations of Armed Conflict, in: Israel Law Review, Vol. 40, 2007, S. 310–355

Dupuy, Pierre-Marie/Hoss, Cristina, Trail Smelter and Terrorism, International Mechanisms to Combat Transboundary Harm, in: Rebecca M. Bratspies, Russell A. Miller (Hrsg.), Transboundary Harm in International Law, Lessons from the *Trail Smelter* Arbitration, Cambridge 2006, S. 225–239

Dupuy, Réné Jean/Leonetti, Antoine, La notion de conflict armé à caractère non international, in: Antonio Cassese (Hrsg.), The New Humanitarian Law of Armed Conflict, Napoli 1979, S. 258–276

Dürig, Günter (Begr.)*/Herzog, Roman/Scholz, Rupert/Herdegen, Matthias/Klein, Hans Hugo* (Hrsg.), Grundgesetz Kommentar, begr. von Theodor Maunz und Günter Dürig, 99. Ergänzungslieferung, München 2022 (zitiert: *Bearbeiter*in*, in: Dürig/Herzog/Scholz, GG)

Durner, Wolfgang, Common Goods, Statusprinzipien von Umweltgütern im Völkerrecht, Baden-Baden 2001

Duvic-Paoli, Leslie-Anne, The Prevention Principle in International Environmental Law, Cambridge 2018

Eagleton, Clyde, The Responsibility of States in International Law, New York 1928

Ehlers, Dirk/Fehling, Michael/Pünder, Hermann (Hrsg.), Besonderes Verwaltungsrecht, Band 3, Kommunalrecht, Haushalts- und Abgabenrecht, Ordnungsrecht, Sozialrecht, Bildungsrecht, Recht des öffentlichen Dienstes, 3. Aufl., Heidelberg (u. a.) 2013 (zitiert: *Bearbeiter*in*, in: Ehlers/Fehling/Pünder, Bes. VerwR, Bd. 3, 3. Aufl.)

Eisemann, Hans, Einige Gedanken zu Art. 9 des Abkommens von Chicago über die internationale Zivilluftfahrt vom 7.12.1944, in: Zeitschrift für Luftrecht und Weltraumrechtsfragen, 19. Jahrgang, 1970, S. 165–172

Eleftheriadou, Evlalia, Die Haftung aus Verkehrspflichtverletzung im deutschen und griechischen Deliktsrecht, Köln (u. a.) 2005

Ellis, Jaye, Has International Law Outgrown *Trail Smelter*?, in: Rebecca M. Bratspies, Russell A. Miller (Hrsg.), Transboundary Harm in International Law, Lessons From the *Trail Smelter* Arbitration, Cambridge 2006, S. 56–65

Emmerich-Fritsche, Angelika, Vom Völkerrecht zum Weltrecht, Berlin 2007

Epikur, Wege zum Glück, Griechisch-Lateinisch-Deutsch, hrsg. und übers. von Rainer Nickel, 3. Aufl., Manheim 2011

Epiney, Astrid, Die völkerrechtliche Verantwortlichkeit von Staaten für rechtswidriges Verhalten im Zusammenhang mit Aktionen Privater, Baden-Baden 1992

dies., Das „Verbot erheblicher grenzüberschreitender Umweltbeeinträchtigungen": Relikt oder konkretisierungsfähige Grundnorm?, in: Archiv des Völkerrechts, 33. Band, 1995, S. 309–360

dies., Lac Lanoux Arbitration, in: Max Planck Encyclopedia of Public International Law, November 2006

dies./Scheyli, Martin, Strukturprinzipien des Umweltvölkerrechts, Baden-Baden 1998

Erkelens, Catherine, Sovereignty in Relation to Air Traffic Management, in: Pablo Mendes de Leon, Niall Buissing (Hrsg.), Behind and Beyond the Chicago Convention, The Evolution of Aerial Sovereignty, Alphen aan den Rijn 2019, S. 187–195

Erler, Jochen, Rechtsfragen der ICAO, Die Internationale Zivilluftfahrtorganisation und ihre Mitgliedstaaten, Heidelberg 1967

Eyermann, Erich/Fröhler/Ludwig (Hrsg.), Verwaltungsgerichtsordnung, Kommentar, 16. Aufl., München 2022 (zitiert: *Bearbeiter*in*, in: Eyermann/Fröhler, VwGO)

Faller, Edmund, Aviation Security: The Role of ICAO in Safeguarding International Civil Aviation Against Acts of Unlawful Interference, in: Annals of Air and Space Law, Vol. 17, 1992, S. 369–382

Fassbender, Bardo, Der Schutz der Menschenrechte als zentraler Inhalt des völkerrechtlichen Gemeinwohls, in: Europäische Grundrechte-Zeitschrift, 30. Jahrgang, 2003, S. 1–16

ders./Siehr, Angelika, Vorwort, in: Bardo Fassbender, Angelika Siehr (Hrsg.), Suprastaatliche Konstitutionalisierung, Perspektiven auf die Legitimität, Kohärenz und Effektivität des Völkerrechts, Baden-Baden 2012, S. 5–8

Fauchille, Paul, Le domaine aérien et le régime juridique des aérostats, in: Revue Générale de Droit International Public, Tome VIII, 1901, S. 414–485

ders., Régime juridique des aérostats, Rapport et projet de résolutions de M. Paul Fauchille, premier rapporteur, in: Annuaire de l'institut de droit international, Session de Bruxelles, Vol. XIX, 1902, S. 19–86

Ferrer Mac-Gregor, Eduardo/Pelayo Möller, Carlos María, La obligación de „respetar" y „garantizar" los derechos humanos a la luz de la jurisprudencia de la corte interamericana, Análisis del artículo 1° del pacto de San José como fuente convencional del derecho procesal constitucional mexicano, in: Estudios Constitucionales, Vol. 10, 2012, S. 141–192

Fiedler, Wilfried, Das Kontinuitätsproblem im Völkerrecht, Zum funktionalen Zusammenhang zwischen Völkerrecht, Staatsrecht und Politik, Freiburg im Breisgau 1978

Finke, Jasper/Wandscher, Christiane, Terrorismusbekämpfung jenseits militärischer Gewalt, in: Vereinte Nationen, Vol. 49, 2001, S. 168–173

Finnin, Sarah, Mental Elements Under Article 30 of the Rome Statute of the International Criminal Court: A Comparative Analysis, in: The International and Comparative Law Quarterly, Vol. 61, 2012, S. 325–359

FitzGerald, Gerald F., Offences and Certain Other Acts Committed on Board Aircraft: The Tokyo Conventoin of 1963, in: The Canadian Yearbook of International Law, Vol. 2, 1964, S. 191–204

Fitzmaurice, Gerald, The Law and Procedure of the International Court of Justice 1951–4: Treaty Interpretation and Other Treaty Points, in: The British Yearbook of International Law, Vol. 33, 1957, S. 203–293

Fleck, Dieter, Friedrich von Martens: A Great International Lawyer From Pärnu, in: Baltic Defence Review, 2000, S. 19–26

ders. (Hrsg.), The Handbook of International Humanitarian Law, 2. Aufl., Oxford 2008 (zitiert: *Bearbeiter*in*, in: Fleck, Humanitarian Law, 2. Aufl.)

ders. (Hrsg.), The Handbook of International Humanitarian Law, 4. Aufl., Oxford 2021 (zitiert: *Bearbeiter*in*, in: Fleck, Humanitarian Law, 4. Aufl.)

Foont, Brian E., Shooting Down Civilian Aircraft: Is There an International Law?, in: Journal of Air Law & Commerce, Vol. 72, 2007, S. 695–725

Freeman, Alwyn V., Responsibility of States for Unlawful Acts of Their Armed Forces, in: Recueil des Cours de l'Academie de Droit international de la Haye, Vol. 88, 1955, S. 263–416

Fremuth, Michael Lysander, Menschenrechte, Grundlagen und Dokumente, Berlin/Wien 2020

Friedmann, Wolfgang, The Changing Structure of International Law, London 1964

Friesecke, Albrecht, Bundeswasserstraßengesetz, Kommentar, 7. Aufl., Köln 2020 (zitiert: *Bearbeiter*in*, in: Friesecke, WaStrG)

Fröhlich, Manuel, „Responsibility to Protect", Zur Herausbildung einer neuen Norm der Friedenssicherung, in: Johannes Varwick, Andreas Zimmermann (Hrsg.), Die Reform der Vereinten Nationen, Bilanz und Perspektiven, Berlin 2006, S. 167–186

Furgler, Kurt Johannes, Die Verkehrssicherungspflicht im schweizerischen Haftpflichtrecht, Freiburg/Schweiz, Univ., Diss., 1978

Gading, Heike, Der Schutz grundlegender Menschenrechte durch militärische Maßnahmen des Sicherheitsrates – das Ende staatlicher Souveränität?, Berlin 1996

Gaggioli, Gloria/Kolb, Robert, A Right to Life in Armed Conflicts? The Contribution of the European Court of Human Rights, in: Israel Yearbook on Human Rights, Vol. 37, 2007, S. 115–163 (zitiert: *Gaggioli/Kolb*, IYHR, 2007, 115)

Galtung, Johan, Frieden mit friedlichen Mitteln, Friede und Konflikt, Entwicklung und Kultur, Opladen 1998

Gamillscheg, Ernst, Etymologisches Wörterbuch der französischen Sprache, 2. Aufl., Heidelberg 1969

Gardiner, Richard K., Treaty Interpretation, 2. Aufl., Oxford 2015

Garner, Bryan A./Garner, Karolyne H. C./Jackson, Tiger/Moler, Becky R./Newman, Jeff, Black's Law Dictionary, 11. Aufl., St. Paul 2019

Garraway, Charles H. B., Accountability and Reconciliation – Squaring the Circle in Situations of Internal Violence, in: Horst Fischer, Ulrike Froissart, Wolff Heintschel von Heinegg, Christian Raap (Hrsg.), Krisensicherung und Humanitärer Schutz – Crisis Management and Humanitarian Protection, Festschrift für Dieter Fleck, Berlin 2004, S. 125–138

Gasser, Hans-Peter, Humanitarian Law, International, in: Max Planck Encyclopedia of Public International Law, Dezember 2015

ders./Melzer, Nils/Geiß, Robin, Humanitäres Völkerrecht, Eine Einführung, Mit einer Einleitung von Daniel Thürer, 3. Aufl., Berlin 2021

Geiß, Robin, „Failed States", Die normative Erfassung gescheiterter Staaten, Berlin 2005

ders., Das humanitäre Völkerrecht im Lichte aktueller Herausforderungen, in: Hans-Joachim Heintze, Knut Ipsen (Hrsg.), Heutige bewaffnete Konflikte als Herausforderungen an das humanitäre Völkerrecht, 20 Jahre Institut für Friedenssicherungsrecht und Humanitäres Völkerrecht – 60 Jahre Genfer Abkommen, Berlin 2011, S. 45–67

Gellman, Aaron J., Relating Aviation Safety and Security, in: Issues in Aviation Law and Policy, Vol. 2004–2008, 2004, S. 1085–1089

Gestri, Marco, The Chicago Convention and Civilian Aircraft in Time of War, in: Natalino Ronzitti, Gabriella Venturini (Hrsg.), The Law of Air Warfare, Contemporary Issues, Utrecht 2006, S. 129–155

Ghandi, P. R., The Universal Declaration of Human Rights at Fifty Years: Its Origins, Significance and Impact, in: German Yearbook of International Law, Vol. 41, 1998, S. 206–251

Giemulla, Elmar/Rothe, Bastian R. (Hrsg.), Handbuch Luftsicherheit, Berlin 2011 (zitiert: *Bearbeiter*in*, in: Giemulla/Rothe, Hdb. Luftsicherheit)

ders./Kortas, Peter, Die internationale Zivilluftfahrt im Zeitalter der „Konfliktzonen", in: Zeitschrift für Luft- und Weltraumrecht, 64. Jahrgang, 2015, S. 431–452

ders./Schmid, Ronald (Hrsg.), Frankfurter Kommentar zum Luftverkehrsrecht, Band 1.1, Luftverkehrsgesetz, Loseblatt, Stand: 92. Aktualisierungslieferung, Köln 2022 (zitiert: *Bearbeiter*in*, in: Giemulla/Schmid, LuftVG)

ders./Schyndel, Heiko van (Hrsg.), Frankfurter Kommentar zum Luftverkehrsrecht, Band. 1.3, Luftsicherheitsgesetz, Loseblatt, Stand: 88. Aktualisierungslieferung, Köln 2021 (zitiert: *Bearbeiter*in*, in: Giemulla/van Schyndel, LuftSiG)

Gislason, S. R./Hassenkam, T./Nedel, S./Bovet, N./Eiriksdottir, E. S./Alfredsson, H. A./Hem, C. P./Balogh, Z. I./Dideriksen, K./Oskarsson, N./Sigfusson, B./Larsen, G./Stipp, S. L. S./Berner, Robert A., Characterization of Eyjafjallajökull Volcanic Ash Particles and a Protocol for Rapid Risk Assessment, in: Proceedings of the National Academy of Sciences of the United States of America, Vol. 108, 2011, S. 7307–7312

Goedhart, Robert F. A., The Never Ending Dispute: Delimitation of Air Space and Outer Space, Gif-sur-Yvette 1996

Gornig, Carolin, Der Ukraine-Konflikt aus völkerrechtlicher Sicht, Berlin 2020

Gosling, Kimberly R./Ayres, Jacob A., Surface to Air: Malaysia Airlines Flight MH17 and Loss Recovery by States for Civilian Aircraft Shootdowns, in: Journal of Air Law & Commerce, Vol. 80, 2015, S. 497–520

Gowlland-Debbas, Vera/Gaggioli, Gloria, The Relationship Between International Human Rights and Humanitarian Law: An Overview, in: Robert Kolb, Gloria Gaggioli (Hrsg.), Research Handbook on Human Rights and Humanitarian Law, Cheltenham (u. a.) 2013, S. 77–103

Grabenwarter, Christoph/Pabel, Katharina, Europäische Menschenrechtskonvention, Ein Studienbuch, 7. Aufl., München 2021

Gray, Christine, International Law and the Use of Force, 4. Aufl., Oxford 2018

Greenwood, Christopher, The Concept of War in Modern International Law, in: The International and Comparative Law Quarterly, Vol. 36, 1987, S. 283–306

ders., Human Rights and Humanitarian Law – Conflict or Convergence, in: Case Western Reserve Journal of International Law, Vol. 43, 2010, S. 419–512

Grewe, Wilhelm G. (Hrsg.), Fontes Historiae Iuris Gentium, Quellen zur Geschichte des Völkerrechts, Band 2, 1493–1815, Berlin/Boston 1988

Griebel, Jörn, Internationales Investitionsrecht, Lehrbuch für Studium und Praxis, München 2008

Grimm, Dieter, Souveränität, Herkunft und Zukunft eines Schlüsselbegriffs, Berlin 2009

Groenewege, Adrianus D., The Compendium of International Civil Aviation, 3. Aufl., Montreal 2003

Grotius, Hugo, Mare Liberum, Von der Freiheit des Meeres, übers. und eingel. von Richard Boschan, Leipzig 1919

Gusy, Christoph, Polizei- und Ordnungsrecht, 10. Aufl., Tübingen 2017

Haanappel, Peter P. C., Bilateral Air Transport Agreeements – 1913–1980, in: International Trade Law Journal, Vol. 5, 1980, S. 241–267

ders., The Transformation of Sovereignty in the Air, in: Air and Space Law, Vol. 20, 1995, S. 311–317

ders., The Law and Policy of *Air Space* and *Outer Space*, A Comparative Approach, Den Haag/London/New York 2003

ders., Aerial Sovereignty: From Paris 1919, Through Chicago 1944, to Today, in: Pablo Mendes de Leon, Niall Buissing (Hrsg.), Behind and Beyond the Chicago Convention, The Evolution of Aerial Sovereignty, Alphen aan den Rijn 2019, S. 25–51

Häberle, Peter, Europäische Rechtskultur, Versuch einer Annäherung in zwölf Schritten, Baden-Baden 1994

Haley, Andrew Gallagher, Space Law and Government, New York 1963

Hammel, Lena, Der Schutz der Menschheit vor existentiellen Risiken im Völkerrecht, Eine Untersuchung am Beispiel der künstlichen Intelligenz, Berlin 2019

Hanke, Heinz Marcus, Die Haager Luftkriegsregeln von 1923, Beitrag zur Entwicklung des völkerrechtlichen Schutzes der Zivilbevölkerung vor Luftangriffen, in: Auszüge der Revue Internationale de la Croix-Rouge, 1991, S. 139–172

Harndt, Raimund, Völkerrechtliche Haftung für die schädlichen Folgen nicht verbotenen Verhaltens, Schadensprävention und Wiedergutmachung, Typologische Betrachtungen der völkerrechtlichen Haftungstatbestände mit einem rechtsvergleichenden Überblick über die des innerstaatlichen Zivilrechts in ausgewählten Rechtsordnungen, Berlin 1993

Haupt, Günter, Der Luftraum, Eine staats- und völkerrechtliche Studie, Breslau 1931

Haus, Klaus-Ludwig/Krumm, Carsten/Quarch, Matthias (Hrsg.), Gesamtes Verkehrsrecht, Verkehrszivilrecht, Versicherungsrecht, Ordnungswidrigkeiten- und Strafrecht, Verkehrsverwaltungsrecht, 3. Aufl., Baden-Baden 2022 (zitiert: *Bearbeiter*in*, in: Haus/Krumm/Quarch, Gesamtes Verkehrsrecht)

Havel, Brian F., Beyond Open Skies, A New Regime for International Aviation, Alphen aan den Rijn 2009

ders./Grabiel, Sanchez S., The Principles and Practice of International Aviation Law, New York 2014

Hegel, Georg Wilhelm Friedrich, Grundlinien der Philosophie des Rechts, hrsg. und eingel. von Klaus Grotsch, Hamburg 2017

Heinsch, Robert, Conflict Classification in Ukraine: The Return of the „Proxy War"?, in: International Law Studies, Vol. 91, 2015, S. 323–360

Heintze, Hans-Joachim, Europäischer Menschenrechtsgerichtshof und Durchsetzung der Menschenrechtsstandards des humanitären Völkerrechts, in: Zeitschrift für Rechtspolitik, 33. Jahrgang, 2000, S. 506–511

ders., Theories on the Relationship Between Humanitarian Law and Human Rights Law, in: Robert Kolb, Gloria Gaggioli (Hrsg.), Research Handbook on Human Rights and Humanitarian Law, Cheltenham (u. a.) 2013, S. 53–74

Helman, Gerald B./Ratner, Steven R., Saving Failed States, in: Foreign Policy, 1992, S. 3–20

Helmerich, Martina, Die Ukraine zwischen Autokratie und Demokratie, Institutionen und Akteure, Berlin 2003

Henckaerts, Jean-Marie, Bringing the Commentaries on the Geneva Conventions and Their Additional Protocols Into the Twenty-First Century, in: International Review of the Red Cross, Vol. 94, 2012, S. 1551–1555

ders./Doswald-Beck, Louise (Hrsg.), Customary International Humanitarian Law, Vol. I: Rules, Cambridge 2005

Henderson, Ian, The Contemporary Law of Targeting, Military Operations, Proportionality and Precautions in Attac under Additional Protocol I, Leiden 2009

Henkin, Louis, International Law: Politics, Values and Functions, General Course on Public International Law, in: Recueil des Cours de l'Academie de Droit International de la Haye, Vol. 216, 1989, S. 9–416

Henrich, Dieter/Huber, Peter, Einführung in das englische Privatrecht, 3. Aufl., Heidelberg 2003

Herdegen, Matthias, Der Wegfall effektiver Staatsgewalt im Völkerrecht: „The Failed State", in: Der Wegfall effektiver Staatsgewalt: „The Failed State", Berichte der Deutschen Gesellschaft für Völkerrecht, 34. Band, Heidelberg 1996, S. 49–86

ders., Souveränität heute, in: Matthias Herdegen, Hans Hugo Klein, Hans-Jürgen Papier, Rupert Scholz (Hrsg.), Staatsrecht und Politik, Festschrift für Roman Herzog zum 75. Geburtstag, München 2009, S. 117–130

ders., Internationales Wirtschaftsrecht, Ein Studienbuch, 12. Aufl., München 2020 *ders.*, Völkerrecht, 21. Aufl., München 2022

Hermes, Georg, Das Grundrecht auf Schutz von Leben und Gesundheit, Schutzpflicht und Schutzanspruch aus Art. 2 Abs. 2 Satz 1 GG, Heidelberg 1987

Hillgruber, Christian, Die Souveränität der Staaten, Grundlage und Geltungsbedingung des Völkerrechts, Hermann Hellers Beitrag zu einer Theorie des Völkerrechts, in: Der Staat, 53. Band, 2014, S. 475–493

Hilpold, Peter, Die Schutzverantwortung im Recht der Vereinten Nationen (Responsibility to Protect) auf dem Weg zur Etablierung eines umstrittenen Konzepts?, in: Schweizerische Zeitschrift für internationales und europäisches Recht, 21. Jahrgang, 2011, S. 231–242

Hinds, Caroline, Das Prinzip „sic utere tuo ut aleinum non laedus" und seine Bedeutung im internationalen Umweltrecht, in: Archiv des Völkerrechts, 30. Band, 1992, S. 298–325

Hobbes, Thomas, Vom Bürger, Dritte Abteilung der Elemente der Philosophie (De Cive, 1647), hrsg. und übers. von Lothar R. Waas, Hamburg 2017

Hobe, Stephan, Das Europakonzept Johann Kaspar Bluntschlis vor dem Hintergrund seiner Völkerrechtslehre, in: Archiv des Völkerrechts, 31. Band, 1993, S. 367–379

ders., Der offene Verfassungsstaat zwischen Souveränität und Interdependenz, Eine Studie zur Wandlung des Staatsbegriffs der deutschsprachigen Staatslehre im Kontext internationaler institutionalisierter Kooperation, Berlin 1998

ders., Die Zukunft des Völkerrechts im Zeitalter der Globalisierung, in: Archiv des Völkerrechts, 37. Band, 1999, S. 253–282

ders., Das humanitäre Völkerrecht in asymmetrischen Konflikten: Anwendbarkeit, modifizierende Interpretation, Notwendigkeit einer Reform?, in: Moderne Konfliktformen, Humanitäres Völkerrecht und privatrechtliche Folgen, Berichte der Deutschen Gesellschaft für Völkerrecht, 44. Band, Heidelberg (u.a.) 2010, S. 41–88

ders., Der asymmetrische Krieg als Herausforderung der internationalen Ordnung des Völkerrechts, in: Hans-Joachim Heintze, Knut Ipsen (Hrsg.), Heutige bewaffnete Konflikte als Herausforderungen an das humanitäre Völkerrecht, 20 Jahre Institut für Friedenssicherungsrecht und Humanitäres Völkerrecht – 60 Jahre Genfer Abkommen, Berlin/Heidelberg 2011, S. 69–86

ders., Urteilsanmerkung zu Oberverwaltungsgericht Berlin-Brandenburg, Urteil vom 9.12.2015 (6 A 8.15), in: Zeitschrift für Luft- und Weltraumrecht, 65. Jahrgang, 2016, S. 423–425

ders., Die völkerrechtliche Pflicht der Sperrung des Luftraums über Konfliktzonen als Ausdruck staatlicher Souveränität, in: Manuel Fröhlich, Oliver W. Lembcke, Florian Weber-Stein (Hrsg.), Universitas, Ideen, Individuen und Institutionen in Politik und Wissenschaft, Festschrift für Klaus Dicke, Baden-Baden 2019, S. 407–416

ders., Sovereignty as a Basic Concept of International Law and a Core Principle of Air Law, in: Pablo Mendes de Leon, Niall Buissing (Hrsg.), Behind and Beyond the Chicago Convention, The Evolution of Aerial Sovereignty, Alphen aan den Rijn 2019, S. 35–44

ders., Einführung in das Völkerrecht, 11. Aufl., Tübingen 2020

ders./Fremuth, Michael Lysander, „No-Fly Zones", Eine Betrachtung der Flugverbotszone und des Flugbanns als Sanktionsmittel in der Wechselbezüglichkeit von Völkerrecht und Luftrecht am Beispiel Libyen, in: Zeitschrift für Luft- und Weltraumrecht, 60. Jahrgang, 2011, S. 389–401

ders./Nowrot, Karsten, Whither the Sovereign State, in: German Yearbook of International Law, Vol. 50, 2007, S. 243–302

ders./Ruckteschell, Nicolai von (Hrsg.), Kölner Kompendium des Luftrechts, Band 1, Grundlagen, Köln/München 2008 (zitiert: *Bearbeiter*in*, in: Hobe/von Ruckteschell, Kölner Kompendium, Bd. 1) *ders./Ruckteschell, Nicolai von* (Hrsg.), Kölner Kompendium des Luftrechts, Band 2, Luftverkehr, Köln 2009 (zitiert: *Bearbeiter*in*, in: Hobe/von Ruckteschell, Kölner Kompendium, Bd. 2)

ders./Ruckteschell, Nicolai von/Heffernan, David (Hrsg.), Cologne Compendium on Air Law in Europe, Köln 2013 (zitiert: *Bearbeiter*in*, in: Hobe/von Ruckteschell/Heffernan, Cologne Compendium)

Hofmann, Max/Grabherr, Edwin (Begr.)/*Reidt, Olaf/Wysk, Peter* (Hrsg.), Luftverkehrsgesetz, Kommentar, Loseblatt, Stand: 22. Ergänzungslieferung 2021 (zitiert: *Bearbeiter*in*, in: Grabherr/Reidt/Wysk, Luftverkehrsgesetz)

Hollis, Duncan B. (Hrsg.), The Oxford Guide to Treaties, 2. Aufl., Oxford 2020 (zitiert: *Bearbeiter*in*, in: Hollis, Guide to Treaties)

Hong, Jane, Liability of Aviation Security Service Providers and Responsibility of States, in: Air and Space Law, Vol. 35, 2010, S. 9–32

Hong, Mathias, Der Menschenwürdegehalt der Grundrechte, Grundfragen, Entstehung und Rechtsprechung, Tübingen 2019

Hoon, Marieke de, Navigating the Legal Horizon: Lawyering the MH17 Disaster, in: Utrecht Journal of International and European Law, Vol. 33, 2017, S. 90–119

Huang, Jiefang, Aviation Safety Through the Rule of Law, ICAO's Mechanisms and Practices, Alphen aan den Rijn 2009

ders., Aviation Safety, ICAO and Obligations Erga Omnes, in: Chinese Journal of International Law, Vol. 8, 2009, S. 63–79

ders./Vaugeois, Mathieu, The Impact of Sovereignty on the Administration of International Civil Aviation Through International and Regional Organizations: The Role of ICAO, in: Pablo Mendes de Leon, Niall Buissing (Hrsg.), Behind and Beyond the Chicago Convention, The Evolution of Aerial Sovereignty, Alphen aan den Rijn 2019, S. 55–66

Huck, Winfried, Grundlagen der Produkthaftung in der Volksrepublik China, in: Haftpflicht international, Recht und Versicherung, Vol. 3, 2006, S. 98–106

Hulme, Max H., Preambles in Treaty Interpretation, in: University of Pennsylvania Law Review, Vol. 164, 2016, S. 1281–1343

International Commission on Intervention and State Sovereignty, The Responsibility to Protect, Research, Bibliography, Background, Supplementary Volume to the Report of the ICISS Ottawa 2001

Ipsen, Knut, Zum Begriff des „internationalen bewaffneten Konflikts", in: Jost Delbrück, Knut Ipsen, Dietrich Rauschning (Hrsg.), Recht im Dienst des Friedens, Festschrift für Eberhard Menzel zum 65. Geburtstag am 21. Januar 1976, Berlin 1975, S. 405–425

ders., Die Genehmigung technischer Großanlagen, Rechtliche Regelung und neuere Judikatur, in: Archiv des öffentlichen Rechts, 107. Band, 1982, S. 259–296

ders. (Hrsg.), Völkerrecht, Ein Studienbuch, 6. Aufl., München 2014 (zitiert: *Bearbeiter*in*, in: Ipsen, Völkerrecht, 6. Aufl.)

ders., Völkerrecht, Ein Studienbuch, hrsg. von Volker Epping, Wolff Heintschel von Heinegg, 7. Aufl., München 2018 (zitiert: *Bearbeiter*in*, in: Ipsen, Völkerrecht, 7. Aufl.)

Irmscher, Tobias H., Menschenrechtsverletzungen und bewaffneter Konflikt: Die ersten Tschetschenien-Entscheidungen des Europäischen Gerichtshofs für Menschenrechte, in: Europäische Grundrechte-Zeitschrift, 33. Jahrgang, 2006, S. 11–19

Isaac, Frederick M., Is It Safe Up There?, in: Transportation Law Journal, Vol. 25, 1997, S. 183–193

Isensee, Josef, Das Grundrecht auf Sicherheit, Zu den Schutzpflichten des freiheitlichen Verfassungsstaates, Berlin/New York 1983 *ders./Kirchhof, Paul* (Hrsg.), Handbuch des Staatsrechts der Bundesrepublik Deutschland, Band V, Allgemeine Grundrechtslehren, Heidelberg 1992 (zitiert: *Bearbeiter*in*, in: Isensee/Kirchhof, HdbStR Bd. V)

dies., Handbuch des Staatsrechts der Bundesrepublik Deutschland, Band II, Verfassungsstaat, 3. Aufl., Heidelberg 2004 (zitiert: *Bearbeiter*in*, in: Isensee/Kirchhof, HdbStR Bd. II)

dies., Handbuch des Staatsrechts der Bundesrepublik Deutschland, Band IX, Allgemeine Grundrechtslehren, 3. Aufl., Heidelberg 2011 (zitiert: *Bearbeiter*in*, in: Isensee/Kirchhof, HdbStR Bd. IX)

dies., Handbuch des Staatsrechts der Bundesrepublik Deutschland, Band X, Deutschland in der Staatengemeinschaft, 3. Aufl., Heidelberg 2012 (zitiert: *Bearbeiter*in*, in: Isensee/Kirchhof, HdbStR Bd. X)

dies., Handbuch des Staatsrechts der Bundesrepublik Deutschland, Band XI, Internationale Bezüge, 3. Aufl., Heidelberg 2013 (zitiert: *Bearbeiter*in*, in: Isensee/Kirchhof, HdbStR Bd. XI)

Jaeckel, Liv, Schutzpflichten im deutschen und europäischen Recht, Eine Untersuchung der deutschen Grundrechte, der Menschenrechte und Grundfreiheiten der EMRK sowie der Grundrechte und Grundfreiheiten der Europäischen Gemeinschaft, Baden-Baden 2001

Jaffe, Steven D., Airspace Closure and Civil Aviation, A Strategic Resource for Airline Managers, London/New York 2015

Jellinek, Georg, Die rechtliche Natur der Staatenverträge, Ein Beitrag zur juristischen Construction des Völkerrechts, Wien 1880

ders., Die Lehre von den Staatenverbindungen, Wien 1882

ders., System der subjektiven öffentlichen Rechte, Tübingen 1905

ders., Allgemeine Staatslehre, 3. Aufl., Berlin 1914

Kaiser, Stefan A., Sovereignty in the Air: From National Security to the Single European Sky, in: Annals of Air and Space Law, Vol. 35, Part I, 2010, S. 153–175

ders., Aviation Security: Technical and Regulatory Measures against MANPADS, in: Air & Space Law, Vol. 35, 2010, S. 45–58

ders., No-Fly Zones Established by the United Nations Security Council, in: Zeitschrift für Luft- und Weltraumrecht, 60. Jahrgang, 2011, S. 402–411

ders., Legal Considerations About the Loss of Malaysia Airlines Flight MH 17 in Eastern Ukraine, in: Air & Space Law, Vol. 40, 2015, S. 107–121

Kalshoven, Frits, The Undertaking to Respect and Ensure Respect in All Circumstances: From Tiny Seed to Ripening Fruit, in: Yearbook of International Humanitarian Law, Vol. 2, 1999, S. 3–61

Kant, Immanuel, Über den Gemeinspruch: Das mag in der Theorie richtig sein, taugt aber nicht für die Praxis, Zum ewigen Frieden, Ein philosophischer Entwurf, hrsg. und eingel. von Heiner F. Klemme, Hamburg 1992

ders., Grundlegung zur Metaphysik der Sitten, hrsg. und eingel. von Bernd Kraft und Dieter Schönecker, 2. Aufl., Hamburg 2016

ders., Metaphysische Anfangsgründe der Rechtslehre, Metaphysik der Sitten, Erster Teil, hrsg. und eingel. von Bernd Ludwig, 4. Aufl., Hamburg 2018

Keller, Hellen/Grover, Leena, General Comments of the Human Rights Committee and Their Legitimacy, in: Hellen Keller, Geir Ulfstein (Hrsg.), UN Human Rights Treaty Bodies, Law and Legitimacy, Cambridge (u. a.) 2012, S. 116–198

Kelsen, Hans, Das Problem der Souveränität und die Theorie des Völkerrechts, Beitrag zu einer reinen Rechtslehre, Tübingen 1920

Kersting, Wolfgang, Die politische Philosophie des Gesellschaftsvertrags, Darmstadt 1994

Kido, Masahiko, The Korean Airlines Incident on September 1, 1983, and Some Measures Following It, in: Journal of Air Law & Commerce, Vol. 62, 1997, S. 1049–1070

Kimminich, Otto, Schutz der Menschen in bewaffneten Konflikten, Zur Fortentwicklung des humanitären Völkerrechts, München 1979

Kinne, Sylvia, Das Luftverkehrsabkommen Open Skies und seine Bedeutung für den transatlantischen Luftverkehrsmarkt, Hamburg 2009

Klabbers, Jan, Treaties, Object and Purpose, in: Max Planck Encyclopedia of Public International Law, Dezember 2006

Klafki, Anika, Risiko und Recht, Risiken und Katastrophen im Spannungsfeld von Effektivität, demokratischer Legitimation und rechtsstaatlichen Grundsätzen am Beispiel von Pandemien, Tübingen 2017

Kläger, Roland, „Fair and Equitable Treatment" in International Investment Law, Cambridge (u. a.) 2011

Klatt, Matthias/Meister, Moritz, Verhältnismäßigkeit als universelles Verfassungsprinzip, in: Der Staat, 51. Band, 2012, S. 159–188

Kleemeier, Ulrike, Grundfragen einer philosophischen Theorie des Krieges, Berlin 2002

Kleffner, Jann K., The Applicability of International Humanitarian Law to Organized Armed Groups, in: International Review of the Red Cross, Vol. 93, 2011, S. 443–461

Klein, Eberhard, Umweltschutz im völkerrechtlichen Nachbarrecht, Berlin 1976

Klein, Eckart., Universeller Menschenrechtsschutz – Realität oder Utopie?, in: Europäische Grundrechte-Zeitschrift, 26. Jahrgang, 1999, S. 109–115

ders., The Duty to Protect and to Ensure Human Rights Under the International Covenant on Civil and Political Rights, in: Eckart Klein (Hrsg.), The Duty to Protect and to Ensure Human Rights, Colloquium Potsdam, 1–3 July 1999, Berlin 2000, S. 295–318

ders./*Kretzmer, David*, The UN Human Rights Committee: The General Comments – The Evolution of an Autonomous Monitoring Instrument, in: German Yearbook of International Law, Vol. 58, 2015, S. 189–229

Klein, Nicolas, Das Investitionsschutzrecht als völkerrechtliches Individualschutzrecht im Mehrebenensystem, Baden-Baden 2018

Kloepfer, Michael, Umweltschutz und Verfassungsrecht, Zum Umweltschutz als Staatspflicht, in: Deutsches Verwaltungsblatt, 103. Jahrgang, 1988, S. 305–316

Klußmann, Niels/Malik, Arnim, Lexikon der Luftfahrt, 4. Aufl., Berlin/Heidelberg 2018

Knittlmayer, Norbert, Völkerrechtliche Pflicht zur Sperrung des Luftraums über „Konfliktzonen"? – Erörterung am Beispiel des Abschusses von Flug MH17, in: Zeitschrift für Luft- und Weltraumrecht, 65. Jahrgang, 2016, S. 44–66

Knubben, Rolf, Handbuch des Völkerrechts, Zweiter Band, Erste Abteilung, Die Subjekte des Völkerrechts, Allgemeine Lehre von der vollen und beschränkten völkerrechtlichen Rechts- und Handlungsfähigkeit, Stuttgart 1928

Kokott, Juliane, Der Interamerikanische Gerichtshof für Menschenrechte und seine bisherige Praxis, in: Zeitschrift für ausländisches öffentliches Recht und Völkerrecht, 44. Jahrgang, 1984, S. 806–839

dies., The Duty to Protect and to Ensure Human Rights Under the Inter-American System of Human Rights, in: Eckart Klein (Hrsg.), The Duty to Protect and to Ensure Human Rights, Colloquium Potsdam, 1–3 July 1999, Berlin 2000, S. 235–276

dies., Die Staatsrechtslehre und die Veränderung ihres Gegenstandes: Konsquenzen von Europäisierung und Internationalisierung, in: Veröffentlichungen der Vereinigung der Deutschen Staatsrechtslehrer, 63. Band, 2004, S. 7–40

Kolb, Robert, Aspects Historiques de la relation Entre le Droit International Humanitaire et les Droits de l'Homme, in: The Canadian Yearbook of International Law, Vol. 37, 1999, S. 57–98

ders., La Bonne Foi en Droit International Public, Contribution à l'étude des principes généraux de droit, 2000

Konert, Anna, The Development of Civil Aviation and Its Impact on Sovereignty, in: Pablo Mendes de Leon, Niall Buissing (Hrsg.), Behind and Beyond the Chicago Convention, The Evolution of Aerial Sovereignty, Alphen aan den Rijn 2019, S. 45–51

Koranyi, Johannes, Europäische Standards für die Öffnung des Strafvollzugs, Zur Implementierung von Artikel 2 Absatz 1 Satz 1 EMRK im Bereich der Lockerungsgewährung unter besonderer Berücksichtigung der deutschen und englischen Vollzugspraxis, Baden-Baden 2012

Kotaite, Assad, Is There a Lessening of State Sovereignty or a Real Will to Co-operate Globally?, in: Air & Space Law, Vol. 20, 1995, S. 288–293

Krähenmann, Sandra, Positive Obligations in Human Rights Law During Armed Conflicts, in: Robert Kolb, Gloria Gaggioli (Hrsg.), Research Handbook on Human Rights and Humanitarian Law, Cheltenham (u. a.) 2013, S. 170–187

Krakau, Knud, Die Harmon Doktrin: eine These der Vereinigten Staaten zum internationalen Flussrecht, Hamburg 1966

Krämer, Paul Michael, Kapazitätsengpässe im Luftraum, Köln (u. a.) 1994

Kreß, Claus, Gewaltverbot und Selbstverteidigungsrecht nach der Satzung der Vereinten Nationen bei staatlicher Verwicklung in Gewaltakte Privater, Berlin 1995

ders., Friedenssicherungs- und Konfliktvölkerrecht auf der Schwelle zur Postmoderne, Das Urteil des Internationalen Straftribunals für das ehemalige Jugoslawien (Appeals Chamber) im Fall Tadic vom 2. Oktober 1995 [HRLJ 1995, 437], in: Europäische Grundrechte-Zeitschrift, 23. Jahrgang, 1996, S. 638–648

Kreuter-Kirchhof, Charlotte, Völkerrechtliche Schutzverantwortung bei elementaren Menschenrechtsverletzungen. Die Responsibility to Protect als Verantwortungsstruktur, in: Archiv des Völkerrechts, 48. Band, 2010, S. 338–382

Krieger, Heike, Positive Verpflichtungen unter der EMRK: Unentbehrliches Element einer gemeineuropäischen Grundrechtsdogmatik, leeres Versprechen oder Grenze der Justiziabilität, in: Zeitschrift für ausländisches öffentliches Recht und Völkerrecht, 74. Jahrgang, 2014, S. 187–213

Krings, Günter, Grund und Grenzen grundrechtlicher Schutzansprüche, Die subjektiv-rechtliche Rekonstruktion der grundrechtlichen Schutzpflichten und ihre Auswirkung auf die verfassungsrechtliche Fundierung des Verbrauchervertragsrechts, Berlin 2003

Kugelmann, Dieter, Das Verständnis von Sicherheit im Völkerrecht, in: Andreas Fischer-Lescano, Hans-Peter Gasser, Thilo Marauhn, Natalino Ronzitti (Hrsg.), Frieden in Freiheit, Peace in liberty, Paix en liberté, Festschrift für Michael Bothe zum 70. Geburtstag, Baden-Baden 2008, S. 175–186

Kunig, Philip, Regionaler Menschenrechtsschutz im interkontinentalen Vergleich, in: Hans-Joachim Konrad (Hrsg.), Grundrechtsschutz und Verwaltungsverfahren unter besonderer Berücksichtigung des Asylrechts, Internationaler Menschenrechtsschutz, Referate der 23. Tagung der wissenschaftlichen Mitarbeiter der Fachrichtung „Öffentliches Recht", 22.–26. Februar 1983 in Berlin, Berlin 1985, S. 243–274

ders., Nachbarrechtliche Staatenverpflichtungen bei Gefährdungen und Schädigungen der Umwelt, in: Umweltschutz im Völkerrecht und Kollisionsrecht, Berichte der Deutschen Gesellschaft für Völkerrecht, 32. Band, Heidelberg 1992, S. 9–56

ders., Das Völkerrecht als Recht der Weltbevölkerung, in: Archiv des Völkerrechts, 41. Band, 2003, S. 327–335

Lachs, Manfred, Some Thoughts on the Role of Good Faith in International Law, in: Robert J. Akkerman, Peter J. van Krieken, Charles O. Pannenborg (Hrsg.), Declarations on Principles, A Quest for Universal Peace, Liber Amicorum Discipulorumque Prof. Dr. Bert V.A. Röling, Leiden 1977, S. 47–56

Lauterpacht, Elihu, The Legal Irrelevance of the „State of War", in: Proceedings of the American Society of International Law at Its Annual Meeting (1921–1969), Vol. 62, 1968, S. 58–68

Lauterpacht, Hersch (Hrsg.), Oppenheim's International Law, A Treatise, Vol. II., Disputes, War and Neutrality, 7. Aufl., London/New York/Toronto 1952

ders., Oppenheim's International Law, A Treatise, Vol. I., Peace, 8. Aufl., London/New York/Toronto 1955

Lavrysen, Laurens, Positive Obligations in the Jurisprudence of the Inter-American Court of Human Rights, in: Inter-American and European Human Rights Journal, Vol. 7, 2014, S. 94–115

Lee, Kelvin Lester K., The Legal Definition of War, in: Ateneo Law Journal, Vol. 53, 2008, S. 364–432

Lillich, Richard B., Duties of States Regarding the Civil Rights of Aliens, in: Recueil des Cours de l'Academie de Droit International de la Haye, Vol. 161, 1978, S. 329–444

ders., Towards the Harmonization of International Human Rights Law, in: Ulrich Beyerlin, Michael Bothe, Rainer Hofmann, Ernst-Ulrich Petersmann (Hrsg.), Recht zwischen Umbruch und Bewahrung, Völkerrecht, Europarecht, Staatsrecht, Festschrift für Rudolf Bernhardt, Berlin 1995, S. 453–476

Linderfalk, Ulf, Is Treaty Interpretation an Art or a Science? International Law and Rational Decision Making, in: The European Journal of International Law, Vol. 26, 2015, S. 169–189

Lindroos, Anja, Addressing Norm Conflicts in a Fragmented Legal System: The Doctrine of Lex Specialis, in: Nordic Journal of International Law, Vol. 74, 2005, S. 27–66

Locke, John, Two Treatises of Government and a Letter Concerning Toleration, hrsg. und eingel. von Ian Shapiro, mit Beiträgen von John Dunn, Ruth W. Grant, Ian Shapiro, New Haven/London 2003

Lübbe-Wolff, Gertrude, Die Grundrechte als Eingriffsabwehrrechte, Struktur und Reichweite der Eingriffsdogmatik im Bereich staatlicher Leistungen, Baden-Baden 1998

Lübben, Natalie., Das Recht auf freie Benutzung des Luftraums, Berlin 1993

dies./Ohlhoff, Stefan/Wolfrum, Rüdiger, Zugang zu grenznahen Flughäfen, Gedanken zum An- und Abflug nach Zürich über Deutschland, in: Zeitschrift für Luft- und Weltraumrecht, 50. Jahrgang, 2001, S. 350–372

Luck, Edward C., Der verantwortliche Souverän und die Schutzverantwortung, Auf dem Weg von einem Konzept zur Norm, in: Vereinte Nationen, Vol. 56, 2008, S. 51–58

Lycklama à Nijeholt, Johanna Francina, Air Sovereignty, Den Haag 1910

Mangu, Andre Mbata B., The Changing Human Rights Landscape in Africa: Organisation of African Unity, African Union, New Partnership for Africa's Development and the African Court, in: Netherlands Quarterly of Human Rights, Vol. 23, 2005, S. 379–408

Matte, Nicolas Mateesco, Treatise on Air-Aeronautical Law, Montreal 1981

Maurer, Hartmut/Waldhoff, Christian, Allgemeines Verwaltungsrecht, 20. Aufl., München 2020

McCaffrey, Stephen C., The Harmon Doctrine One Hundred Years Later: Buried, Not Praised, in: National Resources Journal, Vol. 36, 1996, S. 965–1007 *ders.*, Of Paradoxes, Precedents, and Progeny: The *Trail Smelter* Arbitration 65 Years Later, in: Rebecca M. Bratspies, Russell A. Miller (Hrsg.), Transboundary Harm in International Law, Lessons from the *Trail Smelter* Arbitration, Cambridge 2006, S. 34–45

McWhinney, Edward, Aerial Piracy and International Terrorism, The Illegal Diversion of Aircraft and International Law, 2. Aufl., Dordrecht/Boston/Lancaster 1987

ders., The Legal Interdiction of International Terrorism, the Interdependence of Municipal Law and International Law Controls, in: Kay Hailbronner, Georg Ress, Torsten Stein (Hrsg.), Staat und Völkerrechtsordnung, Festschrift für Karl Doehring, Berlin/Heidelberg 1989, S. 567–577

Mendes de Leon, Pablo, Introduction to Air Law, 10. Aufl., Alphen aan den Rijn 2017

Meron, Theodor, The Continuing Role of Custom in the Formation of International Humanitarian Law, in: The American Journal of International Law, Vol. 90, 1996, S. 238–249

ders., The Humanization of International Law, Leiden/Boston 2006

Meyer, Alex, Die Erschliessung des Luftraumes in ihren rechtlichen Folgen, Ein Vortrag, Frankfurt am Main 1909

ders., Freiheit der Luft als Rechtsproblem, Rückblick, Gegenwart, Ausblick, Ein Leitfaden für internationales Luftverkehrsrecht, Zürich 1944

ders., Luftrecht in fünf Jahrzehnten, Köln 1961

ders., La réalité et la nécessité de la souveraineté aérienne et de la liberté de l'espace extraatmosphérique, Wirklichkeit und Notwendigkeit der Staatshoheit im Luftraum und Freiheit des Weltraumgebietes, in: Zeitschrift für Luftrecht und Weltraumrechtsfragen, 12. Jahrgang, 1963, S. 2–11

ders., Zum Begriff „Militärluftfahrzeug", in: Zeitschrift für Lufrecht und Weltraumrechtsfragen, 12. Jahrgang, 1963, S. 133–147

ders., Die Staatshoheit im Luftraum und die Entwicklungen im Weltraum – Bemerkungen zu der Abhandlung von Professor Cooper – Das Abkommen von Chikago nach 20 Jahren in: Zeitschrift für Luftrecht und Weltraumrechtsfragen, 14. Jahrgang, 1965, S. 296–311

Meyer-Ladewig, Jens/Nettesheim, Martin/Raumer, Stefan von (Hrsg.), EMRK, Europäische Menschenrechtskonvention, Handkommentar, 4. Aufl., Baden-Baden 2017

Michelson, Karin, Rereading Trail Smelter, in: The Canadian Yearbook of International Law, Vol. 31, 1993, S. 219–234

Milde, Michael, Interception of Civil Aircraft vs. Misuse of Civil Aviation, in: Annals of Air and Space Law, Vol. 11, 1986, S. 105–130

ders., Enforcement of Aviation Safety Standards: Problems of Safety Oversight, in: Zeitschrift für Luft- und Weltraumrecht, 45. Jahrgang, 1996, S. 3–17

ders., Aviation Safety Oversight: Audits and the Law, in: Annals of Air and Space Law, Vol. 26, 2001, S. 165–178

ders., Status of Military Aircraft in International Law, in: Mariette Benkö, Walter Kröll (Hrsg.), Luft- und Weltraumrecht im 21. Jahrhundert, Liber Amicorum, Karl-Heinz Böckstiegel, Köln (u. a.) 2001, S. 152–165

ders., The Beijing Convention and Beijing Protocol Adopted at the International Conference on Air Law, Held under the Auspices of the International Civil Aviation Organization at Beijing, 30 August to 10 September 2010, in: Zeitschrift für Luft- und Weltraumrecht, 60. Jahrgang, 2011, S. 9–14

ders., International Air Law and ICAO, Essential Air and Space Law, 3. Aufl., Utrecht 2016

Moeckli, Daniel/Shah, Sangeeta/Sivakumaran, Sandesh (Hrsg.), International Human Rights Law, 3. Aufl., Oxford 2018 (zitiert: *Bearbeiter*in*, in: Moeckli/Shah/Sivakumaran, Internat. Human Rights Law)

Moir, Lindsay, The Law of Internal Armed Conflict, Cambridge 2002

Morvay, Werner, Rechtsprechung nationaler Gerichte zur Europäischen Konvention zum Schutze der Menschenrechte und Grundfreiheiten vom 4. November 1950 (MRK) nebst Zusatzprotokoll vom 20. März 1952 (ZP), in: Zeitschrift für ausländisches öffentliches Recht und Völkerrecht, 21. Jahrgang, 1961, S. 316–347

Moser, Johann Jacob, Von der Landeshoheit derer Teutschen Reichs-Stände überhaupt, Frankfurt/Leipzig 1773

Möstl, Markus, Die staatliche Garantie für die öffentliche Sicherheit und Ordnung, Tübingen 2002

Münchener Kommentar zum Strafgesetzbuch, Band 1, §§ 1–37, hrsg. von Volker Erb, Jürgen Schäfer, 4. Aufl., München 2020 (zitiert: *Bearbeiter*in*, in: MüKo StGB, Bd. 1)

– Band 9, Nebenstrafrecht III, Völkerstrafgesetzbuch, 4. Aufl., München 2022 (zitiert: *Bearbeiter*in*, in: MüKo StGB, Bd. 9)

Murswiek, Dietrich, Die Pflicht des Staates zum Schutz vor Eingriffen Dritter nach der Europäischen Menschenrechtskonvention, in: Hans-Joachim Konrad (Hrsg.), Grundrechtsschutz und Verwaltungsverfahren unter besonderer Berücksichtigung des Asylrechts, Internationaler Menschenrechtsschutz, Referate der 23. Tagung der wisschenschaftlichen Mitarbeiter der Fachrichtung „Öffentliches Recht", 22.–26. Februar 1983 in Berlin, Berlin 1985, S. 213–242

ders., Die staatliche Verantwortung für die Risiken der Technik, Verfassungsrechtliche Grundlagen und immissionsschutzrechtliche Ausformung, Berlin 1985

Mushkat, Mario'n, The Development of International Humanitarian Law and the Law of Human Rights, in: German Yearbook of International Law, Vol. 21, 1978, S. 150–168

Müssig, Bernd/Meyer, Frank, Zur strafrechtlichen Verantwortlichkeit von Bundeswehrsoldaten, in: Hans-Ullrich Paeffgen, Martin Böse, Urs Kindhäuser, Stephan Stübinger, Torsten Verrel, Rainer Zaczyk (Hrsg.), Strafrechtswissenschaft als Analyse und Konstruktion, Festschrift für Ingeborg Puppe zum 70. Geburtstag, Berlin 2011, S. 1501–1527

Nagel, Thomas, The Problem of Global Justice, in: Philosophy & Public Affairs, Vol. 33, 2005, S. 113–147

Nase, Vernon/Kielsgard, Mark, A Call for Legal Accountability in the Wake of the MH17 Tragedy, in: Journal of Air Law & Commerce, Vol. 80, 2015, S. 639–692

Nettesheim, Martin, Das kommunitäre Völkerrecht, in: Juristenzeitung, 57. Jahrgang, 2002, S. 569–578

Newcombe, Andrew/Paradell, Lluís, Law and Practice of Investment Treaties, Standards of Treatment, Alphen aan den Rijn 2009

Nijman, Janne Elisabeth, The Concept of International Legal Personality, An Inquiry Into the History and Theory of International Law, Den Haag 2004

Nowak, Manfred, U.N. Covenant on Civil and Political Rights, CCPR Commentary, 2. Aufl., Kehl 2005

Odinkalu, Chidi Anselm, The Role of Case and Complaints Procedures in the Reform of the African Regional Human Rights System, in: African Human Rights Law Journal, Vol. 1, 2001, S. 225–246

Oellers-Frahm, Karin, Die Entscheidung des IGH im Fall LaGrand – Eine Stärkung der internationalen Gerichtsbarkeit und der Rolle des Individuums im Völkerrecht, Zum Urteil des IGH vom 27. Juni 2001 in der Rechtssache Deutschland gegen die USA im Fall LaGrand, in: Europäische Grundrechte-Zeitschrift, 28. Jahrgang, 2001, S. 265–272

Oeter, Stefan, Souveränität, Ein überholtes Konzept?, in: Hans-Joachim Cremer, Thomas Giegerich, Dagmar Richter, Andreas Zimmermann (Hrsg.), Tradition und Weltoffenheit des Rechts, Festschrift für Helmut Steinberger, Berlin/Heidelberg 2002, S. 259–290

Ohlin, Jens David, Targeting and the Concept of Intent, in: Michigan Journal of International Law, Vol. 35, 2013, S. 79–130

Oliveira, Ricardo de, The Distinction Between Civil and State Aircraft: Does the Current Legal Framework Provide Sufficient Clarity of Law with Regard to Civil and State Aircraft in Relation to Aviation Practicalities?, in: Air & Space Law, Vol. 41, 2016, S. 329–344

Orgad, Liav, The Preamble in Constitutional Interpretation, in: International Journal of Constitutional Law, Vol. 8, 2010, S. 714–738

Pappa, Christoph, Das Individualbeschwerdeverfahren des Fakultativprotokolls zum Internationalen Pakt über bürgerliche und politische Rechte, Bern 1996

Partsch, Karl Josef, Die Entstehung der europäischen Menschenrechtskonvention, in: Zeitschrift für ausländisches öffentliches Recht und Völkerrecht, 15. Jahrgang, 1954, S. 631–660

ders., Vor- und Nachteile einer Regionalisierung des internationalen Menschenrechtsschutzes, in: Europäische Grundrechte-Zeitschrift, 16. Jahrgang, 1989, S. 1–9

Pejić, Jelena, Status of armed conflicts, in: Elizabeth Wilmshurst, Susan Breau (Hrsg.), Perspectives on the ICRC Study on Customary International Humanitarian Law, Cambridge (u.a) 2007, S. 77–100

Peters, Anne, Jenseits der Menschenrechte, Die Rechtsstellung des Individuums im Völkerrecht, Tübingen 2014

dies., Verhältnismäßigkeit als globales Verfassungsprinzip, in: Björnstjern Baade, Sebastian Ehricht, Matthäus Fink, Robert Frau, Mirka Möldner, Isabella Risini, Torsten Stirner (Hrsg.), Verhältnismäßigkeit im Völkerrecht, Tübingen 2016, S. 1–18

Petersen, Niels, Life, Right to, International Protection, in: Max Planck Encyclopedia of Public International Law, Juni 2019

Pfeil, Florian, Globale Verrechtlichung, Global Governance und die Konstitutionalisierung des internationalen Rechts, Baden-Baden 2011

Pictet, Jean S., The Geneva Conventions of 12 August 1949, Commentary, Geneva Convention for the Amelioration of the Condition of the Wounded and Sick in Armed Forces in the Field (I), Genf 1952

ders., The Geneva Conventions of 12 August 1949, Commentary, Geneva Convention relative to the Protection of Civilian Persons in Time of War (IV), Genf 1958

Pieper, Stefan Ulrich, Der Westfälische Friede und seine Bedeutung für das Völkerrecht, in: Juristische Arbeitsblätter, 27. Jahrgang, 1995, S. 988–995

Pisillo-Mazzeschi, Riccardo, The Due Diligence Rule and the Nature of the International Responsibility of States, in: German Yearbook of International Law, Vol. 35, 1992, S. 9–51

Platon, Politeia, Der Staat, Platon Werke in Acht Bänden, Band 4, Griechisch und Deutsch, hrsg. von Gunther Eigler, bearbeitet von Dietrich Kurz, Darmstadt 1971

Pogge, Thomas, Priorities of Global Justice, in: Metaphilosophy, Vol. 32, 2001, S. 6–24

Politis, Nicolas-Socrate, Le problème des limitations de la souveraineté et la théorie de l'abus des droits dans les rapports internationaux, in: Recueil des Cours de l'Academie de Droit International de la Haye, Vol. 6, 1925, S. 5–121

Polkowska, Malgorzata, State Sovereignty in the Airspace: An Old Notion in a New Reality, in: Annals of Air and Space Law, Vol. 36, 2011, S. 579–598

Poscher, Ralf, Grundrechte als Abwehrrechte, Reflexive Regelung rechtlich geordneter Freiheit, Tübingen 2003

Proelß, Alexander (Hrsg.), Internationales Umweltrecht, 2. Aufl., Berlin/Boston 2022 (zitiert: *Bearbeiter*in*, in: Proelß, Internat. Umweltrecht)

Provost, René, Reciprocity in Human Rights and Humanitarian Law, in: The British Yearbook of International Law, Vol. 65, 1994, S. 383–454

Pufendorf, Samuel von, Über die Pflicht des Menschen und des Bürgers nach dem Gesetz der Natur, hrsg. und übers. von Klaus Luig, Frankfurt am Main 1994

Quaritsch, Helmut, Staat und Souveränität, Band 1, Die Grundlagen, Frankfurt am Main 1970

ders., Souveränität, Entstehung und Entwicklung des Begriffs in Frankreich und Deutschland vom 13. Jh. bis 1806, Berlin 1986

Quéguiner, Jean-Francois, Dix ans après la création du Tribunal pénal international pour l'ex-Yougoslavie: évaluation de l'apport de sa jurisprudence au droit international humanitaire, in: International Review of the Red Cross, Vol. 85, 2003, S. 271–311

Ramcharan, Bertrand G., The Right to Life, in: Netherlands International Law Review, Vol. 30, 1983, S. 297–329

Randelzhofer, Albrecht, Völkerrechtliche Aspekte des Heiligen Römischen Reiches nach 1648, München 1967

ders./Simma, Bruno, Das Kernkraftwerk an der Grenze, Eine „ultra-hazardous activity" im Schnittpunkt von internationalem Nachbarrecht und Umweltschutz, in: Dieter Blumenwitz, Albrecht Randelzhofer (Hrsg.), Festschrift für Friedrich Berber zum 75. Geburtstag, München 1973, S. 389–432

Rausch, Anne, Responsibility to Protect, Eine juristische Betrachtung, Frankfurt am Main 2011

Rauschning, Dietrich, Umweltschutz als Problem des Völkerrechts, in: Europa-Archiv, Zeitschrift für Internationale Politik, Vol. 27, 1972, S. 567–580

ders., Staatsaufgabe Umweltschutz, Bericht, in: Veröffentlichungen der Vereinigung der Deutschen Staatsrechtslehrer, 38. Band, 1980, S. 167–210

Rawls, John, A Theory of Justice, Cambridge 1971

Read, John E., The Trail Smelter Dispute, in: The Canadian Yearbook of International Law, Vol. 1, 1963, S. 213–229

Rebane, Gerli, EASA Basic Regulation, Improving the Performance of the European Aviation Safety System, in: Zeitschrift für Luft- und Weltraumrecht, 68. Jahrgang, 2019, S. 51–63

Rensmann, Thilo, Die Humanisierung des Völkerrechts durch das *ius in bello* – Von der Martens'schen Klausel zur „*Responsibility to Protect*", in: Zeitschrift für ausländisches öffentliches Recht und Völkerrecht, 68. Jahrgang, 2008, S. 111–128

Ress, Georg, The Duty to Protect and to Ensure Human Rights Under the European Convention on Human Rights, in: Eckart Klein (Hrsg.), The Duty to Protect and to Ensure Human Rights, Colloquium Potsdam, 1–3 July 1999, Berlin 2000, S. 165–205

Richter, Steffen, Luftsicherheit, Einführung in die Aufgaben und Maßnahmen zum Schutz vor Angriffen auf die Sicherheit des zivilen Luftverkehrs, 3. Aufl., Stuttgart/München 2013

Richtsteig, Michael, Wiener Übereinkommen über diplomatische und konsularische Beziehungen, Entstehungsgeschichte, Kommentierung, Praxis, 2. Aufl., Baden-Baden 2010

Riedi, Severin, Die technischen Normen der Internationalen Organisation für Zivilluftfahrt (ICAO), Völkerrechtliche Bedeutung und Umsetzung der Standards, Recommended Practices und PANS ins schweizerische Recht, Bern 2015

Riese, Otto, Luftrecht, Das internationale Recht der zivilen Luftfahrt unter besonderer Berücksichtigung des schweizerischen Rechts, Stuttgart 1949

Rittberger, Volker/Baumgärtner, Heiko, Die Reform des Weltsicherheitsrats, Stand und Perspektiven, in: Johannes Varwick, Andreas Zimmermann (Hrsg.), Die Reform der Vereinten Nationen, Bilanz und Perspektiven, Berlin 2006, S. 47–66

Robbers, Gerhard, Sicherheit als Menschenrecht, Aspekte der Geschichte, Begründung und Wirkung einer Grundrechtsfunktion, Baden-Baden 1987

Robertson, Horace B. Jr., The Status of Civil Aircraft in Armed Conflict, in: Israel Yearbook on Human Rights, Vol. 27, 1997, S. 113–150

Robson, Verity, The Common Approach to Article 1: The Scope of Each State's Obligation to Ensure Respect for the Geneva Conventions, in: Journal of Conflict and Security Law, Vol. 25, 2020, S. 101–115

Roper, Albert, La Convention Internationale du 13 Octobre 1919 Portant Réglementation de la Navigation Aérienne, Son origine – Son application – Son avenir, Paris 1930

Ros, Enrique Jorge, Le pouvoir législatif international de l'O.A.C.I. et ses modalités, in: Revue Générale de l'Air, Vol. 16, 1953, S. 25–35

Rosenberg, Sheri P., Responsibility to Protect: A Framework for Prevention, in: Global Responsibility to Protect, Vol. 1, 2009, S. 442–477

Rosenmöller, Christoph, Die Internationale Organisation der Zivilluftfahrt – ICAO – Ein Beitrag zum Recht der internationalen Organisationen, Münster, Univ., Diss., 1959

Rösgen, Peter, Rechtsetzungsakte der Vereinten Nationen und ihrer Sonderorganisationen, Bestandsaufnahme und Vollzug in der Bundesrepublik Deutschland, Bonn, Univ., Diss., 1985

Rossi Dal Pozzo, Francesco, EU Legal Framework for Safeguarding Air Passenger Rights, Cham 2015

Rossow, Cord-Christian/Wolf, Klaus/Horst, Peter (Hrsg.), Handbuch der Luftfahrzeugtechnik, München 2014 (zitiert: *Bearbeiter*in*, in: Rossow/Wolf/Horst, Luftfahrzeugtechnik)

Roßkopf, Ulrich, Die innere Tatseite des Völkerrechtsverbrechens, Ein Beitrag zur Auslegung des Art. 30 IStGH-Statut, Berlin 2007

Roth, Andreas Hans, The Minimum Standard of International Law Applied to Aliens, Leiden 1949

Rubin, Alfred P., Pollution by Analogy, The Trail Smelter Arbitration, in: Oregon Law Review, Vol. 50, 1971, S. 259–282

Sand, Peter H./Freitas, Jorge de Sousa/Pratt, Geoffrey N., An Historical Survey of International Air Law Before the Second World War, in: McGill Law Journal, Vol. 7, 1960, S. 24–42

ders./Lyon, James T./Pratt, Geoffrey N., An Historical Survey of International Air Law Since 1944, in: McGill Law Journal, Vol. 7, 1960, S. 125–160

Sandoz, Yves/Swinarski, Christophe/Zimmermann, Bruno (Hrsg.), Commentary on the Additional Protocols of 8 June 1977 to the Geneva Conventions of 12 August 1949, Genf 1987

Sassòli, Marco, State Responsibility for Violations of International Humanitarian Law, in: International Review of the Red Cross, Vol. 84, 2002, S. 401–434

ders., The Implementation of International Humanitarian Law: Current and Inherent Challenges, in: Yearbook of International Humanitarian Law, Vol. 10, 2007, S. 45–73

ders./Cameron, Lindsey, The Protection of Civilian Objects – Current State of the Law and Issues *de lege ferenda*, in: Natalino Ronzitti, Gabriella Venturini (Hrsg.), The Law of Air Warfare, Contemporary Issues, Utrecht 2006, S. 35–74

Satzger, Helmut, Internationales und Europäisches Strafrecht, Strafanwendungsrecht, Europäisches Straf- und Strafverfahrensrecht, Völkerstrafrecht, 10. Aufl., Baden-Baden 2022

Saul, Ben (Hrsg.), Research Handbook on International Law and Terrorism, 2. Aufl., Cheltenham/Massachusetts 2020 (zitiert: *Bearbeiter*in*, in: Saul, Internat. Law and Terrorism)

Schabas, William A., Lex Specialis? Belt and Suspenders? The Parallel Operation of Human Rights Law and the Law of Armed Conflict, and the Conundrum of *Jus Ad Bellum*, in: Israel Law Review, Vol. 40, 2007, S. 592–613

Schaefer, Christoph, Anmerkung zum Beschluss des Bundesverwaltungsgerichts vom 14. September 2017 zur Rechtsgrundlage für behördlich verfügte Flugverbote im Ausland (BVerwG 3 C 4.16), in: Zeitschrift für Luft- und Weltraumrecht, 67. Jahrgang, 2018, S. 162–166

Schäffer, Heiko, Der Schutz des zivilen Luftverkehrs vor Terrorismus, Der Beitrag der International Civil Aviation Organisation (ICAO), Baden-Baden 2007

Schaller, Christian, Gibt es eine „Responsibility to Protect"?, in: Aus Politik und Zeitgeschichte, 2008, S. 9–14

Schenke, Wolf-Rüdiger, Polizei- und Ordnungsrecht, 11. Aufl., Heidelberg 2021

Schermers, Henry G./Blokker, Niels M., International Institutional Law, 6. Aufl., Leiden/Boston 2018

Scheu, Julian, Systematische Berücksichtigung von Menschenrechten in Investitionsschiedsverfahren, Baden-Baden 2017

Scheuner, Ulrich, Naturrechtliche Strömungen im heutigen Völkerrecht, in: Zeitschrift für ausländisches öffentliches Recht und Völkerrecht, 13. Jahrgang, 1950/51, S. 556–614

Schiedermair, Stephanie, Der Schutz des Privaten als internationales Grundrecht, Tübingen 2012

Schill, Stephan W., Internationales Investitionsschutzrecht und Vergleichendes Öffentliches Recht: Grundlagen und Methode eines öffentlich-rechtlichen Leitbildes für die Investitionsschiedsgerichtsbarkeit, in: Zeitschrift für ausländisches öffentliches Recht und Völkerrecht, 71. Jahrgang, 2011, S. 247–289

Schindler, Dietrich, Human Rights and Humanitarian Law: Interrelationship of the Laws, in: American University Law Review, Vol. 31, 1982, S. 935–944

ders./Toman, Jiří, The Laws of Armed Conflicts, A Collection of Conventions, Resolutions and Other Documents, 4. Aufl., Leiden/Boston 2004

Schladebach, Marcus, Lufthoheit, Kontinuität und Wandel, Tübingen 2014

ders., Luftrecht, 2 Aufl., Tübingen 2018

Schmahl, Stefanie, Cybersecurity, in: Rechtsidentifikation zwischen Quelle und Gericht, Berichte der Deutschen Gesellschaft für Internationales Recht, 47. Band, 2016, S. 159–212

Schmidt, Lars, Das humanitäre Völkerrecht in modernen asymmetrischen Konflikten, Eine Untersuchung unter besonderer Berücksichtigung des Israel-Palästina-Konflikts, Berlin 2012

Schmitt, Michael N., Clipped Wings: Effective and Legal No-Fly Zone Rules of Engagement, in: Loyola of Los Angeles International and Comparative Law Journal, Vol. 20, 1997, S. 727–790

ders., Wings over Libya: The No-Fly Zone in Legal Perspective, in: The Yale Journal of International Law Online, Vol. 36, 2011, S. 45–58

Schöbener, Burkhard, Schutz der Menschenrechte mit militärischer Gewalt: die humanitäre Intervention zwischen Völkerrecht und internationaler Politik, in: Zeitschrift für Politik, Vol. 47, 2000, S. 293–317

ders./Herbst, Jochen/Perkams, Markus, Internationales Wirtschaftsrecht, Heidelberg (u. a.) 2010

Schönwald, Lars, Der Abschuss von Zivilflugzeugen als ultima ratio zur Abwehr von sogenannten Renegades aus völkerrechtlicher Sicht, in: Archiv des Völkerrechts, 50. Band, 2012, S. 75–98

Schreuer, Christoph, The Waning of the Sovereign State: Towards a New Paradigm for International Law?, in: European Journal of International Law, Vol. 4, 1993, S. 447–471

ders., Fair and Equitable Treatment in Arbitral Practice, in: The Journal of World Investment & Trade, Vol. 6, 2005, S. 357–386

ders., Interrelationship of Standards, in: August Reinisch (Hrsg.), Standards of Investment Protection, Oxford (u. a.) 2008, S. 1–7

ders., Full Protection and Security, in: Journal of International Dispute Settlement, Vol. 1, 2010, S. 353–369

Schrijver, Nico, The Changing Nature of State Sovereignty, in: The British Yearbook of International Law, Vol. 70, 2000, S. 65–98

Schröder, Meinhard, Precautionay Approach/Principle, in: Max Planck Encyclopedia of Public International Law, März 2014

Schroeder, Matt, Global Efforts to Control MANPADS, in: Stockholm International Peace Research Institute Yearbook, Armaments, Disarmament and International Security, 2007, S. 623–639

Schubert, Francis P., The Creation of a Single European Sky: The Shrinking Concept of Sovereignty, in: Annals of Air and Space Law, Vol. 25, 2000, S. 239–262

Schwarzenberger, Georg, The Fundamental Principles of International Law, in: Recueil des Cours de l'Academie de Droit international de la Haye, Vol. 87, 1955–I, S. 191–385

Schwelb, Egon, The International Court of Justice and the Human Rights Clauses of the Charter, in: The American Journal of International Law, Vol. 66, 1972, S. 337–351

Schwenk, Walter/Giemulla, Elmar, Handbuch des Luftverkehrsrechts, 5. Aufl., Köln 2019

Scott, Benjamyn Ian/Trimarchi, Andrea, Fundamentals of International Aviation Law and Policy, Abingdon/New York 2020

Seibert-Fohr, Anja, Die völkerrechtliche Verantwortung des Staats für das Handeln von Privaten: Bedarf nach Neuorientierung?, in: Zeitschrift für ausländisches öffentliches Recht und Völkerrecht, 73. Jahrgang, 2013, S. 37–60

Seidel, Gerd, Die Völkerrechtsordnung an der Schwelle zum 21. Jahrhundert, in: Archiv des Völkerrechts, 38. Band, 2000, S. 23–47

Shaw, Malcolm N., International Law, 9. Aufl., Cambridge (u. a.) 2021

Shawcross and Beaumont (Begr.), Air Law, Vol. I, General Text, hrsg. von David J. McClean, John Balfour, Richard K. Gardiner, Jeffrey Goh, Rod D. Margo, 4. Aufl., London 2003

Sheppard, Paul/Sochor, Eugene, Setting International Aviation Security Standards, in: Yonah Alexander, Eugene Sochor (Hrsg.), Aerial Piracy and Aviation Security, Dordrecht/Boston/London 1990, S. 3–19

Simatupang, Andika Immanuel, State Responsibility over Safety and Security on Air Navigation of Civil Aviation, in: Indonesian Journal of International Law, Vol. 13, 2016, S. 275–295

Simma, Bruno/Khan, Daniel-Erasmus/Nolte, Georg/Paulus, Andreas (Hrsg.), The Charter of the United Nations, A Commentary, Vol. I, 3. Aufl., Oxford (u. a.) 2012 (zitiert: *Bearbeiter*in*, in: Simma et al., Charter of the UN)

dies., The Charter of the United Nations, A Commentary, Vol. II, 3. Aufl., Oxford (u. a.) 2012 (zitiert: *Bearbeiter*in*, in: Simma et al., Charter of the UN)

Sivakumaran, Sandesh, The Law of Non-International Armed Conflict, Oxford 2012

Skinner, Quentin, The Foundations of Modern Political Thought, Vol. II, The Age of Reformation, Cambridge (u. a.) 1978

Sliedregt, Elies van, Individual Criminal Responsibility in International Law, Oxford 2012

Sohn, Louis B., The New International Law: Protection of the Rights of Individuals Rather Than States, in: American University Law Review, Vol. 32, 1982, S. 1–64

Solis, Gary D., The Law of Armed Conflict, International Humanitarian Law in War, 3. Aufl., Cambridge (u. a.) 2022

Spaight, James Molony, Air Power and War Rights, 3. Aufl., London 1947

Spiermann, Ole, Individual Rights, State Interests and the Power to Waive ICSID Jurisdiction under Bilateral Investment Treaties, in: Arbitration International, Vol. 20, 2004, S. 179–212

Spinoza, Baruch de, Ethica Ordine Geometrico demonstrata et in quinque Partes distincta, Ethik in geometrischer Ordnung dargestellt und gegliedert, Lateinisch-Deutsch, hrsg. und eingel. von Wolfgang Bartuschat, 4. Aufl., Hamburg 2015

Sreejith, S. G., Legality of the Gulf Ban on Qatari Flights: State Sovereignty at Crossroads, in: Air & Space Law, Vol. 43, 2018, S. 191–204

Stahl, Sandra, Schutzpflichten im Völkerrecht, Ansatz einer Dogmatik, Heidelberg (u. a.) 2012

Stahn, Carsten, Responsibility to Protect: Political Rhetoric or Emerging Legal Norm?, in: The American Journal of International Law, Vol. 101, 2007, S. 99–120

Starski, Paulina, Right to Self-Defense, Attribution and the Non-State Actor – Birth of the „Unable or Unwilling" Standard?, in: Zeitschrift für ausländisches öffentliches Recht und Völkerrecht, 75. Jahrgang, 2015, S. 455–501

dies., Der „schweigende Staat" und die Dynamik des Gewaltverbots, in: Die Öffentliche Verwaltung, 71. Jahrgang, 2018, S. 85–96

Staudinger, Julius von (Hrsg.), Kommentar zum Bürgerlichen Gesetzbuch mit Einführungsgesetz und Nebengesetzen, Buch 2, Recht der Schuldverhältnisse, §§ 823 E–I, 824, 825, Verkehrspflichten, deliktische Produkthaftung, Verletzung eines Schutzgesetzes, Arzthaftungsrecht, Berlin 2021 (zitiert: *Bearbeiter*in*, in: Staudinger BGB)

Stein, Torsten/Marauhn, Thilo, Völkerrechtliche Aspekte von Informationsoperationen, in: Zeitschrift für ausländisches öffentliches Recht und Völkerrecht, 60. Jahrgang, 2000, S. 1–40

ders./Buttlar, Christian von/Kotzur, Markus, Völkerrecht, 14. Aufl., München 2017

Stern, Klaus, Das Staatsrecht der Bundesrepublik Deutschland, Band III/1, Allgemeine Lehren der Grundrechte, Grundlagen und Geschichte, nationaler und internationaler Grundrechtskonstitutionalismus, juristische Bedeutung der Grundrechte, Grundrechtsberechtigte, Grundrechtsverpflichtete, München 1988

ders., Das Staatsrecht der Bundesrepublik Deutschland, Band IV/1, Die einzelnen Grundrechte, Der Schutz und die freiheitliche Entfaltung des Individuums, München 2006

Stewart, James G., Towards a Single Definition of Armed Conflict in International Humanitarian Law: A Critique of Internationalized Armed Conflict, in: International Review of the Red Cross, Vol. 85, 2003, S. 313–350

Stolleis, Michael, Die Idee des souveränen Staates, in: Mußgnug, Reinhard (Red.), Entstehen und Wandel verfassungsrechtlichen Denkens, Tagung der Vereinigung für Verfassungsgeschichte in Hofgeismar vom 15.3.–17.3.1993, Der Staat, Beiheft 11, 1996, S. 63–85

Strauss, Ekkehard, A Bird in the Hand is Worth Two in the Bush, On the Assumed Legal Nature of the Responsibility to Protect, in: Alex J. Bellamy, Sara E. Davies, Luke Glanville (Hrsg.), The Responsibility to Protect and International Law, Leiden/Boston 2011, S. 25–57

Streuer, Wibke, Die positiven Verpflichtungen des Staates, Eine Untersuchung der positiven Verpflichtungen des Staates aus den Grund- und Menschenrechten des Grundgesetzes und der Europäischen Menschenrechtskonvention, Baden-Baden 2003

Strupp, Karl (Begr.)/*Schlochauer, Hans-Jürgen* (Hrsg.), Wörterbuch des Völkerrechts, 3. Band, Rapallo-Vertrag bis Zypern, Berlin 1962 (zitiert: *Bearbeiter*in*, in: Strupp/Schlochauer, Wörterbuch des Völkerrechts Bd. 3)

Stuckenberg, Carl-Friedrich, Vorstudien zu Vorsatz und Irrtum im Völkerstrafrecht, Versuch einer Elementarlehre für eine übernationale Vorsatzdogmatik, Berlin 2007

ders., Vorsatz im Völkerstrafrecht, in: Zeitschrift für Internationale Strafrechtsdogmatik, 13. Jahrgang, 2018, S. 524–535

Sudre, Frédéric, Les „obligations positives" dans la jurisprudence européenne des droits de l'homme, in: Revue Trimestrielle des Droits de l'Homme, 1995, S. 363–384

Suy, Eric, Le Préambule, in: Emile Yakpo, Tahar Boumedra (Hrsg.), Liber Amicorum, Judge Mohammed Bedjaoui, Den Haag/London/Boston 1999, S. 253–269

Szczekalla, Peter, Die sogenannten grundrechtlichen Schutzpflichten im deutschen und europäischen Recht, Inhalt und Reichweite einer „gemeineuropäischen Grundrechtsfunktion", Berlin 2002

Szpak, Agnieszka, Legal Classification of the Armed Conflict in Ukraine in Light of International Humanitarian Law, in: Hungarian Journal of Legal Studies, Vol. 58, 2017, S. 261–280

Tallinn Manual 2.0 on the International Law Applicable to Cyber Operations, Prepared by the International Groups of Experts at the Invitation of the NATO Cooperative Cyber Defence Centre of Excellence, hrsg. von Michael N. Schmitt, 2. Aufl., Cambridge (u. a.) 2017

Tams, Christian J., Enforcing Obligations *Erga Omnes* in International Law, Cambridge (u. a.) 2005

Teuchert, Wilfried, Luftrecht, Grundriß, Berlin 1979

The Law Commission, Criminal Law, A Criminal Code for England and Wales, Vol. 2, Commentary on Draft Criminal Code Bill, London 1989

The Program on Humanitarian Policy and Conflict Research at Harvard University, HPCR Manual on International Law Applicable to Air and Missile Warfare, Cambridge (u. a.) 2013

Thiel, Markus, Die „Entgrenzung" der Gefahrenabwehr, Grundfragen von Freiheit und Sicherheit im Zeitalter der Globalisierung, Tübingen 2010

Thürer, Daniel, Der Wegfall effektiver Staatsgewalt: „The Failed State", in: Der Wegfall effektiver Staatsgewalt: „The Failed State", Berichte der Deutschen Gesellschaft für Völkerrecht, 34. Band, 1996, S. 9–48

Tietje, Christian/Nowrot, Karsten (Hrsg.), Internationales Wirtschaftsrecht, 3. Aufl., Berlin/Boston 2021 (zitiert: *Bearbeiter*in*, in: Tietje/Nowrot, Internat. Wirtschaftsrecht)

Tomuschat, Christian, Obligations Arising for States Without or Against Their Will, in: Recueil des Cours de l'Academie de Droit International de la Haye, Vol. 241, 1993, S. 195–375

ders., What is a „Breach" of the European Convention on Human Rights?, in: Rick Lawson, Matthijs de Blois (Hrsg.), The Dynamics of the Protection of Human Rights in Europe, Essays in Honour of Henry G. Schermers, Vol. III, Dordrecht/Boston/London 1994, S. 315–335

ders., International Law: Ensuring the Survival of Mankind on the Eve of a New Century: General Course on Public International Law, in: Recueil des Cours de l'Academie de Droit International de la Haye, Vol. 281, 1999, S. 9–438

ders., Positive Duties Under General International Law, in: Marten Breuer, Astrid Epiney, Andreas Haratsch, Stefanie Schmahl, Norman Weiß (Hrsg.), Der Staat im Recht, Festschrift für Eckart Klein zum 70. Geburtstag, Berlin 2013, S. 923–937

Trouwborst, Arie, Evolution and Status of the Precautionary Principle in International Law, Den Haag/Boston/London 2002

ders., Precautionary Rights and Duties of States, Leiden 2006

United Kingdom, Ministry of Defence, The Manual of the Law of Armed Conflict, Oxford 2004

United States, Department of State, Proceedings of the International Civil Aviation Conference: Chicago, Illinois, November 1–December 7, 1944, Vol. I, Washington 1948

– Proceedings of the International Civil Aviation Conference: Chicago, Illinois, November 1–December 7, 1944, Vol. II, Washington 1948

Unruh, Peter, Zur Dogmatik der grundrechtlichen Schutzpflichten, Berlin 1996

Vandevelde, Kenneth J., A Brief History of International Investment Agreements, in: UC Davis Journal of International Law and Policy, Vol. 12, 2005, S. 157–194

Vattel, Emer de, Le droit des gens ou principes de la loi naturelle, Appliqués à la conduite et aux afaires des Nations et des Souverains, London 1758

Venturini, Gabriella, Air Exclusion Zones, in: Natalino Ronzitti, Gabriella Venturini (Hrsg.), The Law of Air Warfare, Contemporary Issues, Utrecht 2006, S. 107–128

Verdross, Alfred, Les règles internationales concernant le traitement des étrangers, in: Recueil des Cours de l'Academie de Droit International de la Haye, Vol. 37, 1932, S. 323–412

ders./Simma, Bruno, Universelles Völkerrecht, Theorie und Praxis, 3. Aufl., Berlin 1984
Verlage, Christopher, Responsibility to Protect, Ein neuer Ansatz im Völkerrecht zur Verhinderung von Völkermord, Kriegsverbrechen und Verbrechen gegen die Menschlichkeit, Tübingen 2009
Vitzthum, Wolfgang Graf/Proelß, Alexander (Hrsg.), Völkerrecht, 8. Aufl., Berlin/Boston 2019 (zitiert: *Bearbeiter*in*, in: Graf Vitzthum/Proelß, Völkerrecht)
Vogel, Friedemann/Luth, Janine/Ptashnyk, Stefaniya (Hrsg.), Linguistische Zugänge zu Konflikten in europäischen Sprachräumen, Korpus, Pragmatik, kontrovers, Heidelberg 2016 (zitiert: *Bearbeiter*in*, in: Vogel/Luth/Ptashnyk, Linguistische Zugänge zu Konflikten in europ. Sprachräumen)
Volkmann, Kurt, Internationales Luftrecht, Berlin 1930
Vöneky, Silja, Der Lieber's Code und die Wurzeln des modernen Kriegsvölkerrechts, in: Zeitschrift für ausländisches öffentliches Recht und Völkerrecht, 62. Jahrgang, 2002, S. 423–460
Voßkuhle, Andreas, Grundwissen – Öffentliches Recht: Der Gefahrenbegriff im Polizei- und Ordnungsrecht, in: Juristische Schulung, 47. Jahrgang, 2007, S. 908–909
Vyver, Johan D. van der, The International Criminal Court and the Concept of *Mens Rea* in International Criminal Law, in: University of Miami International & Comparative Law Review, Vol. 12, 2004, S. 57–150
Walter, Christian, Cyber Security als Herausforderung für das Völkerrecht, in: Juristenzeitung, 70. Jahrgang, 2015, S. 685–693
Warbrick, Colin, The European Convention on Human Rights and the Prevention of Terrorism, in: The International and Comparative Law Quarterly, Vol. 32, 1983, S. 82–119
ders./Rowe, Peter, The International Criminal Tribunal for Yugoslavia: The Decision of the Appeals Chamber on the Interlocutory Appeal on Jurisdiction in the Tadic Case, in: The International and Comparative Law Quarterly, Vol. 45, 1996, S. 691–701
Wassenbergh, Henri, Safety in Air Transportation and Market Entry, National Licensing and Safety Oversight in Civil Aviation, in: Air & Space Law, Vol. 23, 1998, S. 74–81
Weber, Klaus (Hrsg.), Rechtswörterbuch, 24. Aufl., München 2022
Weber, Ludwig, Convention on International Civil Aviation – 60 Years, in: Zeitschrift für Luft- und Weltraumrecht, 53. Jahrgang, 2004, S. 289–311
ders., International Civil Aviation Organization (ICAO), 4. Aufl., Alphen aan den Rijn 2021
Wehberg, Hans, Das Genfer Friedensprotokoll, in: Die Friedens-Warte, 24. Band, 1924, S. 253–261
Welsh, Jennifer M., The Responsibility to Protect: Securing the Individual in International Society, in: Benjam Jervis Goold, Liora Lazarus (Hrsg.), Security and Human Rights, Oxford/Portland 2007, S. 363–384
Werkner, Ines-Jacqueline, Die internationale Schutzverantwortung, Anhaltspunkt für eine Ethik des gerechten Friedens?, in: Ines-Jacqueline Werkner, Thilo Marauhn (Hrsg.), Die internationale Schutzverantwortung im Lichte des gerechten Friedens, Wiesbaden 2019, S. 1–14
Werle, Gerhard/Jessberger, Florian, „Unless Otherwise Provided": Article 30 of the ICC Statute and the Mental Element of Crimes under International Criminal Law, in: Journal of International Criminal Justice, Vol. 3, 2005, S. 35–55
dies., Völkerstrafrecht, 5. Aufl., Tübingen 2020
Wicks, Elizabeth, The Right to Life and Conflicting Interests, Oxford 2010
Wiesbrock, Katja, Internationaler Schutz der Menschenrechte vor Verletzungen durch Private, Berlin 1999

Wolfrum, Rüdiger, Puroposes and Principles of International Environmental Law, in: German Yearbook of International Law, Vol. 33, 1990, S. 308–330

Woltag, Johann-Christoph, Cyber Warfare, Military Cross-Border Computer Network Operations under International Law, Cambridge/Antwerpen/Portland 2014

Wrangell, Nikolas von, Globalisierungstendenzen im internationalen Luftverkehr, Entwicklung der Regulierung und Liberalisierung unter Berücksichtigung strategischer Allianzen und des Code-Sharing, Frankfurt am Main 1999

Yannaca-Small, Katia, Fair and Equitable Treatment Standard, Recent Developments, in: August Reinisch (Hrsg.), Standards of Investment Protection, Oxford (u. a.) 2008, S. 111–130

You, Paul, Le Préambule des traités internationaux, Freiburg 1941

Zhang, Wanlu Laura, Humanitarian Considerations in International Air Law, in: Cambridge Journal of International and Comparative Law, Vol. 5, 2016, S. 450–474

dies., Risk Reduction and Response Mechanisms in Aviation, in: Katja L. H. Samuel, Marie Aronsson-Storrier, Kirsten N. Bookmiller (Hrsg.), The Cambridge Handbook of Disaster Risk Reduction and International Law, Cambridge (u. a.) 2019, S. 315–335

Ziegler, Karl-Heinz, Die Bedeutung des Westfälischen Friedens von 1648 für das europäische Völkerrecht, in: Archiv des Völkerrechts, 37. Band, 1999, S. 129–151

Zoller, Elisabeth, La Bonne Foi en Droit International Public, Paris 1977

Sachverzeichnis

Afrikanische Charta der Rechte der Menschen und der Völker 97 f.
Agentur der Europäischen Union für Flugsicherheit (EASA) 17, 39, 42, 168
– Conflict Zone Information Bulletin 42, 168
– EASA-Grundverordnung 17
Air Traffic Services 142 f., 147–149, 176
– siehe auch Flugsicherungsdienste
Alabama Claims Arbitration 69
Allgemeine Bemerkung, siehe General Comment
Allgemeine Erklärung der Menschenrechte (AEMR) 88 f.
Amerikanische Menschenrechtskonvention (AMRK) 94–97, 215 f.
Annexe zum Chicagoer Abkommen 113–120
– Annahmeverfahren 116–118, 172 f.
– Annex 2 145 f., 228
– Annex 11 34, 143–148, 176, 228, 250
– Annex 13 27
– Annex 15 45, 176 f.
– Annex 17 13, 15 f., 140, 176, 183, 189 f.
– Annex 19 13
– rechtliche Bindungswirkung 114, 141
– rechtliche Einordnung 172 f.
Armed conflict 10
– siehe auch bewaffneter Konflikt
Auslegungsmittel, siehe Wiener Übereinkommen über das Recht der Verträge (WVK)
Auswahlermessen 160, 241
Außergewöhnliche Umstände 155–157

Bermuda I-Abkommen 137
Beurteilungsspielraum 155, 178, 201, 252
Bewaffneter Konflikt 9 f.
– Menschenrechte im bewaffneten Konflikt 202–204
– internationaler bewaffneter Konflikt 10
– Internationalisierung 21
– nichtinternationaler bewaffneter Konflikt 197
– Ostukraine 20–22
Bodin, Jean 56
Briand-Kellogg-Pakt 59
BUK-Rakete 2, 31 f., 34 f.
Bundesverfassungsgericht (BVerfG) 231–233
– Lüth 52 f.
– Schwangerschaftsabbruch I 53 f.

Charta der Vereinten Nationen 59 f., 87 f., 105, 167, 220 f., 252
Chicagoer Abkommen 110 f., 157
– Anwendbarkeit 111 f., 181
– Art. 3 bis CA 157, 165, 183, 194, 198
– Art. 9 CA 37, 150–162, 170 f., 175–179, 251
– Art. 84 CA 154
– Art. 89 CA 149, 179–181
– Präambel 127 f., 157, 160
– Sperrpflicht 179–182
Chicagoer Konferenz 116, 130, 157, 160 f., 178
Circular 173 f.
Conflict Zone Information Bulletin 42, 168
Conflict Zone Information Repository 42, 43–45

Deliktsfähigkeit 225 f.
Diplomatenschutzkonvention 81
Diskriminierungsverbot 153, 155
Drittwirkung, mittelbare 52 f.
Due Diligence 66, 71, 73, 189, 207, 235, 237

Dutch Safety Board (DSB) 26–28
- Abschlussbericht 28–36, 46 f., 165 f.
- Follow-Up Bericht 47, 159, 175, 177
- Preliminary Report 27 f.
Duty to Ensure Respect 86, 89 f., 95, 200
Duty to Protect 51, 84, 90, 204
- siehe auch Schutzpflichten
Duty to Respect 84, 86, 89, 95, 200, 204

Entschließungsermessen 159
Erga-Omnes 86, 119, 147, 149
Ermessen 141, 156, 178, 218, 244, 248
- Auswahlermessen 160, 241
- Entschließungsermessen 159
Ermessensreduzierung auf Null 158 f., 178 f., 219, 240 f., 244, 249, 251
Eurocontrol 39 f.
Europäischer Gerichtshof für Menschenrechte (EGMR) 91–93, 102, 158 f., 208–212, 231, 242 f., 251
- Osman-Rechtsprechung 209, 211–213, 252
- Positive Verpflichtungen 51 f., 208
Europäische Kommission für Menschenrechte (EKMR) 92, 208
Europäische Menschenrechtskonvention (EMRK) 91–94
- Schutzpflichten 92–94, 207–212
- Sperrpflicht 212–214

Failed State 226 f., 244
Fair and Equitable Treatment 78–80
Flight Level 23
Flug IR655 148, 165, 180
Flug KAL 007 157, 165
Flug MH17 26–32
Flug PS752 3, 165, 253
Fluginformationsdienst (FIS) 145
Fluginformationsgebiet (FIR) 28
Flugplan 145 f.
Flugsicherheit 13 f., 17, 138, 141, 185
- siehe auch safety
Flugsicherungsdienst 142–145
- siehe auch Air Traffic Services
- Verantwortung 143–145, 250
Flugverbot 15 f., 166, 168 f., 220
- siehe auch No-Fly Zone

Flugverkehrskontrolle (ATC) 145 f., 179, 250
Freiheiten der Luft, siehe Verkehrsrechte
Friendly Relations Declaration 72 f.
Full Protection and Security 78–80

Gebot der Menschlichkeit 83 f., 193 f., 201
Gefahr, hinreichend wahrscheinliche 213 f., 217–219., 232–234, 248, 252
Gefahrenbegriff 230–232
General Comment 89, 205, 242
Genfer Abkommen vom 12. August 1949 9, 85 f., 200
- Zusatzprotokoll I (ZP I) 85, 194–201
- Zusatzprotokoll II (ZP II) 19, 197
Gewaltverbot 59, 103, 220
Globalisierung 61
Grundsatz der militärischen Notwendigkeit 83

Haager Abkommen von 1899 und 1907 83
Haager Landkriegsordnung 194
Haager Luftkriegsregeln 194, 198
Haager Übereinkommen zur Bekämpfung der widerrechtlichen Inbesitznahme von Luftfahrzeugen vom 16. Dezember 1970 184
Handlungsfähigkeit 225–227, 244
Harmon Doktrin 62 f.
Heidelberger Institut für Internationale Konfliktforschung 7 f., 21
Hobbes, Thomas 50, 107

Individualbeschwerde 91, 214
Interamerikanische Menschenrechtskommission (IAMRK) 94
Interamerikanischer Gerichtshof für Menschenrechte (IAGMR) 94–97, 215, 242 f.
International Commission for Air Navigation (ICAN) 113
International Commission on Intervention and State Sovereignty (ICISS) 103 f., 249
International Investment Agreements 78, 99
International Law Commission (ILC) 71, 151, 163 f., 172
- Artikelentwurf zur Responsibility of States for Internationally Wrongful Acts 225, 229, 241

- Artikelentwurf zur Prevention of Transboundary Harm from Hazardous Activities 71, 234
Internationale Zivilluftfahrtorganisation (ICAO) 16, 113 f., 118 f., 172–177
- Guidance Material 47, 148, 173, 177
- Safety Risk Index 240
- State Letter 41, 47, 174 f.
- Temple Air Services Agreement (TASA) 141 f.
- Zuständigkeit 46 f., 128
Internationaler bewaffneter Konflikt 10
Internationaler Gerichtshof (IGH) 65, 70, 74, 82, 84 f., 173, 201, 204
- Statut 109 f.
Internationaler Pakt über bürgerliche und politische Rechte (IPbpR) 89 f.
- Communication 206
- Schutzpflichten 89 f., 205–207
- Sperrpflicht 207, 252
Internationaler Pakt über wirtschaftliche, soziale und kulturelle Rechte (IPwskR) 89
Internationaler Strafgerichtshof für das ehemalige Jugoslawien 9 f., 18 f., 101
Internationales Komitee vom Roten Kreuz (IKRK) 21, 85 f., 199
Investitionsrecht 77–80
Island of Palmas-Fall 57, 63
Ius in bello 82

Joint Investigation Team 35

Kant, Immanuel 50 f., 68 f.
Kausalität 243 f.
Kollateralschaden 195 f.
Kombattant 84 f., 194 f.
Kombattantenimmunität 22
Konfliktzone 7– 9, 12, 19 f., 36–39, 40–43, 45–47, 248
- geographische Grenzen 18
- Ostukraine 20–26
- zeitliche Grenzen 19
Kontinuitätsprinzip 226
Korfu Kanal-Fall 70, 74, 84, 194, 218, 252
Kriegsbegriff 9, 180
Kriegsverbrechen 221 f.

Lieber Code 152
Locke, John 50
Luftbeschränkungsgebiet 150 f.
Luftfahrt, militärische 146 – 148, 250
- Abschüsse 23–26, 238 f.
Luftfahrzeug, staatlich 111 f.
Luftfahrzeug, zivil 111 f.
- Abschüsse 3, 164 f.
- Schutzstatus 197–200
Luftfreiheitstheorie 120 f.
Lufthoheit 120 f., 150, 179, 250
- Begriff 122 f.
- Schutzverantwortung 123–125, 136, 142, 179
Lufthoheitstheorie 120 f.
Luftraum, staatlicher 121 f.
Luftraummanagement 142–150, 179
- über Konfliktzonen 164–172
Luftraumsperrung 4, 113, 165 f., 169–172
- Art. 9 CA 151–157
- Ukraine 23–26, 237, 240
- Zuständigkeit 37, 46 f., 174
Luftrechtsbegriff 109
Luftsicherheit 17, 248
- *siehe auch* security
Luftsicherheitsgesetz (LuftSiG) 12, 14–16
Luftsperrgebiet 4, 18–20, 150
Luftstrafrecht, internationales 182–186
- Sperrpflicht 188–191
Luftverkehrsabkommen, bilaterale 136 f.
- *siehe auch* Open-Skies-Abkommen
Luftverkehrsgesetz (LuftVG) 12, 14–16, 167 f.

MANPADS 2, 23 f., 40, 238
Manuals 173 f.
Manual Concerning Safety Measures Relating to Military Activities Potentially Hazardous to Civil Aircraft Operations 148–150, 228, 250 f.
Manual on International Law applicable to Air and Missile Warfare 199 f.
Martens'sche Klausel 83, 193 f., 201
Menschenrechte im bewaffneten Konflikt 202–204, 210–212
Menschenrechtsschutz 86–98, 108, 204–212, 215 f.
Menschenwürde 76, 92 f.

Militärische Notwendigkeit 151 f., 156, 176, 221
Mindeststandard, fremdenrechtlicher 75–77, 99
Montrealer Übereinkommen zur Bekämpfung widerrechtlicher Handlungen gegen die Sicherheit der Zivilluftfahrt 140, 184–188, 251

Nachbarrecht, völkerrechtliches 62
Nicht-internationaler bewaffneter Konflikt 18 f., 22, 180, 197, 221
No-Fly Zone 166 f., 220–222, 223 f., 252
– siehe auch Flugverbotszone
NOTAM 39, 42, 45, 166–170, 177 f., 240 f.

Obligation 51
– of Conduct 234
– of Result 234
– to Ensure 66, 86
– to Protect, siehe Schutzpflichten
Öffentliche Sicherheit 152 f., 232
Open Skies-Abkommen 137–139, 250
– Verkehrsrechte 138
– Sperrpflicht 139–142
– Osman-Rechtsprechung 209, 211–213, 252

Pan-Amerikanisches Abkommen von Havanna 110 f.
Pariser Luftverkehrsabkommen 110 f., 114, 116, 120 f., 129, 160 f., 162
Pekinger Übereinkommen über die Bekämpfung widerrechtlicher Handlungen mit Bezug auf die internationale Zivilluftfahrt 185 f., 188, 251
Petersburger Erklärung 194
Positive Duties, siehe Schutzpflichten
Positive Obligations, siehe Positive Verpflichtungen
Positive Verpflichtungen 51 f., 54, 92–94, 208 f., 211
Präambel, rechtliche Bindungswirkung 125–127
Präventionspflicht 66 f., 69–73, 188–191
Pre-flight Information Bulletin 45
Public Safety 152 f.
– siehe auch öffentliche Sicherheit

Pufendorf, Samuel von 50, 68

Real and immediate risk 209 f., 212, 217, 231, 252
Recht auf Leben 204–217
– Art. 2 EMRK 92 f., 207–214
– Art. 4 AMRK 215 f.
– Art. 6 IPbpR 205–207
– Sperrpflicht 217, 252
Rechtsfähigkeit 225–227
Rechtswidrigkeit 241
Recommended Practices 114 f.
Regional Air Navigation Plan 143
Responsibility to Prevent 104
Responsibility to Protect 51, 102–108, 221–224, 249, 252 f.
– siehe auch Schutzpflichten
Responsibility to Rebuild 104
Responsibility to React 104
Rio-Erklärung 65 f.
Risiko 231, 233 f.
Risikobewertung 37–39, 43–47, 147, 149, 176, 236 f., 251, 253
Risk Assessment Manual for Civil Aircraft Operations Over or Near Conflict Zones 8, 43, 176, 234, 236 f., 248
Rom Statut 11, 187 f.

Safety 12–14, 16 f., 113, 119, 124, 138, 141, 157, 182
– siehe auch Security
Safety Management Manual 13
Schaden 67, 159, 178, 210, 213, 219, 232–234, 241 f., 244 f.
Schädigungsverbot, allgemeines 68–74, 99, 107 f., 130, 189, 217 f., 249, 252
Schädigungsverbot, umweltvölkerrechtliches 63–67
Schutzpflichten 249
~ aus der Afrikanischen Menschenrechtskonvention 98
~ aus der Amerikanischen Menschenrechtskonvention 95–97, 215 f.
– Begriff 51–54, 99
~ aus dem Chicagoer Abkommen 123–125
~ aus dem Diplomaten- und Konsularrecht 80 f.
– Entwicklung 49–51

~ aus der Europäischen Menschenrechtskonvention 92–94, 208–212
~ aus dem fremdenrechtlichen Mindeststandard 76
~ aus dem humanitären Völkerrecht 84–86, 195–197
~ aus dem Internationalen Pakt für bürgerliche und politische Rechte 89 f., 205–207
~ aus dem Investitionsrecht 79 f.
~ aus dem Schädigungsverbot 66, 73 f.
~ aus Verkehrssicherungspflichten 130
Schutzpflichtverletzung 218, 244
– Ukraine 237–241
– Voraussetzungen 225–235, 241–244
Schutzverantwortung 103–107, 222, 249 f.
– siehe auch Responsibility to Protect
Security 12–17, 124, 140, 157, 182 f., 222
Sic-Utere-Grundsatz 68, 71 f.
Souveränität 55–61, 63, 100–108, 120–125, 249
Spätere Übung 151, 163 f., 178
Sperrpflicht 54, 107, 223 f.
~ aus dem Chicagoer Abkommen 127 f., 134 f., 149 f., 178 f.
~ aus dem humanitären Völkerrecht 201 f.
~ aus dem internationalen Luftstrafrecht 190 f.
~ aus dem Recht auf Leben 207, 212–214, 217,
~ aus dem Schädigungsverbot 74, 219
– Ukraine 228 f., 239–241
Staatenverantwortlichkeit 225, 244, 249
Staatsluftfahrzeug 24, 111–113, 146
Standards and Recommended Practices 113, 140, 143 f., 147
– Begriffe 114
– Rechtsverbindlichkeit von Recommended Practices 115, 118, 119 f.
– Rechtsverbindlichkeit von Standards 115–120, 190
State Letter 41, 47, 174–176
State Responsibility for Internationally Wrongful Acts 51 f.
Stockholmer Erklärung 64 f.

Tadić 10 f., 18 f., 101
Task Force on Risks to Civil Aviation Arising from Conflict Zones 42

Teheraner Geiselfall 82
Template Air Services Agreement 141 f.
Territorialhoheit 102, 108, 189, 207, 217
Tokioter Abkommen vom 14. September 1963 über strafbare und bestimmte andere an Bord von Luftfahrzeugen begangene Handlungen 183 f.
Trail Smelter 63 f., 70
Transitabkommen 133–136, 150, 228, 250
Transportabkommen 133 f.
Treu und Glauben 135, 150

Überfluggebühren 39, 238
Ukrainekonflikt 20 f.
Universal Safety Oversight Audit Programme 118 f.
Universal Security Audit Programme 118 f.
Unterscheidungsgrundsatz 84, 194 f., 198, 200–202, 223, 252

Vereinte Nationen 59, 61, 87 f.
– siehe auch Charta der Vereinten Nationen
– Menschenrechtsausschuss 89, 205–207, 243
– Sicherheitsrat 59, 166 f., 180, 189 f., 220–222
Verhältnismäßigkeit 153, 195, 218 f., 232, 235, 237 f., 240
Verkehrsrechte 133 f., 136, 138
Verkehrssicherungspflicht 130–132, 228, 250
Völkerbund 58, 61
Völkerrecht
– Grundsätze des allgemeinen Völkerrechts 217 f.
– Humanisierung 82–84, 202
– humanitäres Völkerrecht 9–11, 82–86, 193–202, 251
– klassisches Völkerrecht 57 f.
– modernes Völkerrecht 58–60, 216
– Wandel des Völkerrechts 87, 101 f., 108, 123
Völkerrechtssubjekte 60, 74 f.
von Kármán-Linie 122
Vorsatz 187 f., 222
Vorsorgeprinzip 66 f., 74, 159

Westfälischer Frieden 57
Wiener Übereinkommen über das Recht der Verträge (WVK) 111, 126, 150
– Auslegungsmittel 150 f.
– Historische Auslegung 160 f.
– Spätere Übereinkunft 163, 172 f.
– Spätere Übung 163 f., 173, 178
Wiener Übereinkommen über diplomatische Beziehungen (WÜD) 80 f.
Wiener Übereinkommen über konsularische Beziehungen (WÜK) 80 f.

Zivilluftfahrt 111 f., 124, 128, 138–141, 146 f., 157, 189 f., 201

Zivilobjekt 84, 194–198
Zivilperson 84, 194–198
Zusatzprotokoll zu den Genfer Abkommen vom 12. August 1949 über den Schutz der Opfer internationaler bewaffneter Konflikte (ZP I) 85, 194–201
– Sperrpflicht 201 f., 223, 229, 251 f.
Zusatzprotokoll zu den Genfer Abkommen vom 12. August 1949 über den Schutz der Opfer nicht internationaler bewaffneter Konflikte (ZP II) 19, 197
Zusatzprotokoll zur Modernisierung des Haager Abkommens 185

Jus Internationale et Europaeum

herausgegeben von
Thilo Marauhn und Christian Walter

Die Einwirkung des internationalen und des europäischen Rechts auf die nationalen Rechtsordnungen nimmt beständig zu. Diese Entwicklung stellt eine gewaltige Herausforderung dar, weil es heute nicht mehr nur um die Umsetzung völker- und europarechtlicher Vorgaben geht, sondern darüber hinausgehende Anpassungsnotwendigkeiten in den nationalen Rechtsordnungen verarbeitet werden müssen. Abgesehen von den praktischen Schwierigkeiten, die häufig damit verbunden sind, verlangt dieser Prozess nach einer theoretischen Verarbeitung, welche im öffentlichen Recht, das nach wie vor ein ambivalentes Verhältnis zum Völker- und Europarecht hat, weitgehend noch am Anfang steht. Die Schriftenreihe soll zur theoretischen und dogmatischen Durchdringung der Internationalisierung und Europäisierung des öffentlichen Rechts beitragen und Lösungsvorschläge für damit einhergehende praktische Probleme unterbreiten. In der Reihe erscheinen herausragende Arbeiten, die sich mit Rechtsfragen an der Schnittstelle zwischen nationalem öffentlichen Recht und internationalem Recht beschäftigen oder genuin völker- bzw. europarechtliche Themen behandeln. Besonderes Interesse liegt dabei auf Arbeiten, die eine Brücke zwischen Grundlagenfragen und praktischer Rechtsanwendung schlagen.

ISSN: 1861-1893
Zitiervorschlag: JusIntEu

Alle lieferbaren Bände finden Sie unter *www.mohrsiebeck.com/jusinteu*

Mohr Siebeck
www.mohrsiebeck.com